"十四五"普通高等教育本科系列教材

U0657928

工程经济学（第三版）

主　编　李相然

副主编　陈　慧

编　写　辛翠香　张友全　王　敏　丛苏莉

中国电力出版社

CHINA ELECTRIC POWER PRESS

内 容 提 要

本书为"十四五"普通高等教育本科系列教材。

本书采用理论与实例相结合的方法,全面系统地介绍了工程经济分析的理论、方法与应用。内容分为三篇十二章,上篇工程经济学基本原理包括概论、工程经济要素与现金流量、资金时间价值计算、工程经济评价的基本指标,中篇工程经济学方法包括工程项目多方案的经济比较与选择、工程项目财务评价、工程项目国民经济评价、工程项目不确定性分析与风险分析、工程项目的可行性研究与后评价、价值工程及其应用,下篇工程经济学应用包括公益性项目的经济评价、工程经济学在工程建设过程中的应用。

本书体系完整,思路清晰,案例丰富,既可作为高等院校土木工程、工程管理等专业的教材,也可供各类工程技术人员学习参考,还可以作为注册结构工程师、注册建造师、注册造价工程师、注册土木工程(岩土工程)师、注册监理工程师等各类注册执业资格考试的参考书。

图书在版编目(CIP)数据

工程经济学/李相然主编. —3 版. —北京:中国电力出版社,2022.10(2023.6 重印)

"十四五"普通高等教育本科系列教材

ISBN 978-7-5198-6865-9

Ⅰ.①工… Ⅱ.①李… Ⅲ.①工程经济学-高等学校-教材 Ⅳ.①F062.4

中国版本图书馆 CIP 数据核字(2022)第 138553 号

出版发行:中国电力出版社

地 址:北京市东城区北京站西街 19 号(邮政编码 100005)

网 址:http://www.cepp.sgcc.com.cn

责任编辑:熊荣华(010-63412543)马玲科

责任校对:黄 蓓 王小鹏

装帧设计:郝晓燕

责任印制:吴 迪

印 刷:三河市航远印刷有限公司

版 次:2008 年 5 月第一版 2016 年 8 月第二版 2022 年 10 月第三版

印 次:2023 年 6 月北京第十五次印刷

开 本:787 毫米×1092 毫米 16 开本

印 张:21.75

字 数:542 千字

定 价:56.00 元

前　言

  工程经济学是研究工程（技术）领域经济问题和经济规律的科学，是对工程技术问题进行经济分析的系统理论与方法。作为高等院校土木工程专业、工程管理专业的主干课程之一，工程经济学提供了一个对工程技术方案进行经济性分析与评价的系统框架，并协助工程师们对工程项目进行科学、有效地经济决策，具备较强的实践应用价值。

  自 2008 年 5 月《工程经济学》出版以来，受到各高校师生的重视和好评，使用效果很好，2011 年获得山东省高等学校优秀教材一等奖，2016 年 8 月《工程经济学（第二版）》出版。本书在第二版的基础上，吸取了教师和学生反馈的意见和建议，依据国家投资体制改革和税制改革的新情况和学科新发展，同时考虑当前行业政策的变化和对项目进行经济分析的新要求、新内容，注入课程思政要素，在结构和内容上进一步优化，增加了工程项目国民经济评价，去掉了房地产开发项目的经济评价一章。新版教材深入浅出、通俗易懂，通过例题介绍概念和原理，通过案例介绍应用，更加有利于学生学习。

  本书继续保持原来的结构框架，由三部分内容组成，即工程经济学基本原理、工程经济学方法和工程经济学应用。具体内容包括十二章，分别为概论、工程经济要素与现金流量、资金时间价值计算、工程经济评价的基本指标、工程项目多方案的经济比较与选择、工程项目财务评价、工程项目国民经济评价、工程项目不确定性分析与风险分析、工程项目的可行性研究与后评价、价值工程及其应用、公益性项目的经济评价、工程经济学在工程建设过程中的应用。

  本书是由烟台大学、烟台理工学院、山东建筑大学、山东工商学院等高校长期从事工程经济学及相关课程教学工作的教师共同完成的。全书由李相然主编，陈慧副主编，东南大学成虎教授主审。具体分工如下：第一章、第三章、第八章、第十二章由烟台大学、烟台理工学院李相然编写，第二章、第四章、第五章、第六章由烟台大学陈慧编写，第七章由烟台理工学院丛苏莉编写，第九章由烟台大学辛翠香编写，第十章由山东建筑大学张友全编写，第十一章由山东工商学院王敏编写。

  本书在编写过程中参考了大量近年出版的相关文献，在此谨向引用的参考文献的作者表示衷心的感谢！

  限于编者水平，书中难免存在疏漏之处，恳请读者批评指正。

编　者
2022 年 7 月

第一版前言

为贯彻落实教育部《关于进一步加强高等学校本科教学工作的若干意见》和《教育部关于以就业为导向深化高等职业教育改革的若干意见》的精神，加强教材建设，确保教材质量，中国电力教育协会组织制订了普通高等教育"十一五"教材规划。该规划强调适应不同层次、不同类型院校，满足学科发展和人才培养的需求，坚持专业基础课教材与教学急需的专业教材并重、新编与修订相结合。本书为新编教材。

工程经济学（Engineering Economics）是由工程科学、经济学与管理科学等相互融合渗透而形成的一门综合性科学，具有理论面宽、实践性强、政策要求高的特点，其核心过程是对工程技术方案进行经济分析与评价，选择技术上先进、经济上合理的最佳方案。

工程经济学是一门研究工程（技术）领域经济问题和经济规律的科学，是介于自然科学和社会科学之间的边缘学科，是根据现代科学技术和社会经济发展的需要，在自然科学和社会科学发展过程中，各学科互相渗透、互相促进、互动交叉，逐渐形成和发展起来的。工程经济学是土木工程类专业、工程管理类专业主干课程之一，也是各类工科专业的必修课。

本书编写者力求为读者提供工程经济学完整的理论与应用前景。通过本书的学习，能掌握工程经济分析的基本方法，具有初步的工程经济分析的能力。全书由三部分内容组成，即工程经济学基本原理、工程经济学方法和工程经济学应用。具体内容包括 12 章，分别为绪论、工程经济要素与现金流量、资金时间价值计算、工程经济评价的基本指标、工程项目多方案的经济比较和选择、工程项目财务评价、工程项目不确定性分析与风险分析、工程项目可行性研究和后评价、价值工程及其应用、房地产开发项目的经济评价、公益性项目的经济评价、工程经济学在工程建设过程中的应用。

本书具有以下三个特点：①内容系统全面。本书的理论和方法体系比较完整，力求体现我国目前在工程经济分析和建设项目经济评价的实际做法。②案例丰富。工程经济分析是一门应用性很强的学科，本书编写过程中，始终坚持理论联系实际，精选了大量的以土木工程专业和工程管理专业为背景的例题、习题，学生通过案例学习和习题练习，能够提高解决实际的工程经济问题的能力。③实用性强。工程经济学的性质属于应用经济学的一个分支，为此，我们不仅增加了房地产开发项目的经济评价、公益性项目的经济评价、工程经济学在工程建设过程中的应用等工程经济学的应用内容，而且在案例选择上，充分考虑了将来参加注册结构工程师、注册建造师、注册造价工程师等的培训学习。

本书在广泛吸收国内外优秀教材、研究成果的基础上编写而成。本书由烟台大学、山东建筑大学、山东工商学院、烟台大学文经学院（独立学院）等高校中长期从事工程经济学及相关课程教学工作的教师共同完成。全书由李相然主编，陈慧为副主编，东南大学成虎教授主审。具体分工如下：第 1 章由李相然编写，第 2 章由陈慧编写，第 3 章由李相然编写，第 4 章、第 5 章、第 6 章由陈慧编写，第 7 章由李相然编写，第 8 章由辛翠香编写，第 9 章由张友全编写，第 10 章由崔淑梅编写，第 11 章由王敏编写，第 12 章由李相然编写，最后由李相然统稿。

　　本书的出版得到同行、同事的大力支持和帮助，建设部工程管理专业指导委员会委员、江苏省土木建筑学会工程管理专业委员会主任委员、东南大学博士生导师成虎教授亲自审阅书稿，在此深表谢忱。在本书编写过程中，参考了国内外众多学者的著作，并在参考文献中列出，在此向引用的参考文献的作者致以谢意。

　　本书虽几经修改，但限于作者水平，难免有疏漏、错误之处，恳请各位专家、同行、读者提出宝贵意见。

编　者

2008 年 3 月

第二版前言

　　工程经济学（Engineering Economics）是由工程科学、经济学与管理科学等相互融合渗透而形成的一门综合性科学，具有理论面宽、实践性强、政策要求高的特点，其核心过程是对工程技术方案进行经济分析与评价，选择技术上先进、经济上合理的最佳方案。

　　工程经济学是一门研究工程（技术）领域经济问题和经济规律的科学，是介于自然科学和社会科学之间的边缘学科，是根据现代科学技术和社会经济发展的需要，在自然科学和社会科学发展过程中，各学科互相渗透、互相促进、互动交叉，逐渐形成和发展起来的。工程经济学是土木工程类专业、工程管理类专业主干课程之一，也是各类工科专业的必修课。

　　本书编写者力求为读者提供工程经济学完整的理论与应用前景。通过本书的学习，能掌握工程经济分析的基本方法，具有初步的工程经济分析的能力。全书由三部分内容组成，即工程经济学基本原理、工程经济学方法和工程经济学应用。具体内容包括十二章，分别为概论、工程经济要素与现金流量、资金时间价值计算、工程经济评价的基本指标、工程项目多方案的经济比较和选择、工程项目财务评价、工程项目不确定性分析与风险分析、工程项目可行性研究和后评价、价值工程及其应用、房地产开发项目的经济评价、公益性项目的经济评价、工程经济学在工程建设过程中的应用。

　　本书具有以下三个特点：①内容系统全面。本书的理论和方法体系比较完整，力求体现我国目前在工程经济分析和建设项目经济评价的实际做法。②案例丰富。工程经济分析是一门应用性很强的学科，本书编写过程中，始终坚持理论联系实际，精选了大量的以土木工程专业和工程管理专业为背景的例题、习题，学生通过案例学习和习题练习，能够提高解决实际的工程经济问题的能力。③实用性强。工程经济学的性质属于应用经济学的一个分支，为此，我们不仅增加了房地产开发项目的经济评价、公益性项目的经济评价、工程经济学在工程建设过程中的应用等工程经济学的应用内容，而且在案例选择上，充分考虑了将来参加注册结构工程师、注册建造师、注册造价工程师等的培训学习。

　　本书在广泛吸收国内外优秀教材、研究成果的基础上编写而成。本书由烟台大学、山东建筑大学、山东工商学院、烟台大学文经学院（独立学院）等高校中长期从事工程经济学及相关课程教学工作的教师共同完成。全书由李相然主编，陈慧为副主编，东南大学成虎教授主审。具体分工如下：第一章由李相然编写，第二章由陈慧编写，第三章由李相然编写，第四章、第五章、第六章由陈慧编写，第七章由李相然编写，第八章由辛翠香编写，第九章由张友全编写，第十章由崔淑梅编写，第十一章由王敏编写，第十二章由李相然编写，最后由李相然统稿。

　　本书的出版得到同行、同事的大力支持和帮助，住房和城乡建设部工程管理专业指导委员会委员、江苏省土木建筑学会工程管理专业委员会主任委员，东南大学博士生导师成虎教授亲自审阅书稿，在此深表谢忱。在本书编写过程中，参考了国内外众多学者的著作，并在参考文献中列出，在此向引用的参考文献的作者致以谢意。

2008 年 5 月该书出版后，一直在各高校土木工程专业、工程管理专业使用，得到师生的一致好评。2011 年 11 月，该教材获第二届山东省高等学校优秀教材一等奖。本次修订是在第一版的基础上，进行局部修改补充，使其更加完善。

本书虽几经修改，但限于作者水平，难免有疏漏、错误之处，恳请各位专家、同行、读者提出宝贵意见。

编　者

2016 年 5 月

目　录

上篇　工程经济学基本原理

中篇　工程经济学方法

上篇　工程经济学基本原理

第一章　概　　论

───── *本章提要与学习目标* ─────

随着社会生产力的发展，孤立于经济之外的工程技术是没有生命力的，经济的发展更离不开工程技术的进步。工程经济学正是一门研究如何分析工程经济活动的代价以及目标实现的程度，并在此基础上分析寻求实现目标的最有效途径，设计和选择最佳实施方案的学科。

本章学习工程经济学的含义、研究对象和范围，工程经济学的理论基础、特点及与其他学科的关系，工程经济分析的步骤与原则，工程经济学的学习意义与学习内容等。学习过程中要求掌握工程经济学的有关概念、特点，理解工程经济学与其他学科的关系。

第一节　工程经济学的基本概念

一、工程经济学的含义

工程经济学（engineering economics），是一门研究工程（技术）领域经济问题和经济规律的科学。具体地说，就是研究对为实现一定功能而提出的在技术上可行的技术方案、生产过程、产品或服务，在经济上进行计算、分析、比较和论证的方法的科学。工程经济学的核心内容是一套工程经济分析的理论和方法，是人类提高工程经济活动效率的基本工具。

工程经济学是介于自然科学和社会科学之间的边缘学科，是根据现代科学技术和社会经济发展的需要，在自然科学和社会科学发展过程中，各学科互相渗透、互相促进、互动交叉，逐渐形成和发展起来的。在这门学科中，经济学处于支配地位，因此，工程经济学的性质属于应用经济学的一个分支。

工程经济学研究各种工程技术方案的经济效益，是指研究各种技术在使用过程中如何以最小的投入获得预期产出或者说如何以等量的投入获得最大产出；如何用最低的寿命周期成本实现产品、作业及服务的必要功能。就工业产品而言，寿命周期成本是指从产品的研究、开发、设计开始，经过制造和投入使用，直至报废的整个产品寿命周期内所花费的全部费用。

寿命周期成本中，投资所费是一项重要内容。投资所费是指投资活动中的消耗和占用。

投资所费的第一个含义是投资活动中的消耗。它是投资运动中的两个"流"的总称。一是资金的"流"，即工程项目建造和购置中支出的货币资金；二是物资与活劳动的"流"，即在资金支出的背后，是投资产品、施工力量以及其他物质产品的消耗。在这两个"流"中，第二个"流"是主要的。资金的流动仅仅是物资流动的外在标志和媒介。正如马克思所说："因为要使货币能够转化为生产资本的要素，这些要素必须是在市场上可以买到的商品，即使这些要素不是作为商品来买，而是按订货制造，在这里也不会有什么差异。只有在它们存在以后，并且无论如何只有在对它们实际进行规模扩大的再生产以后……才会对它们进行支付。这是由于再生产扩大的可能性在没有货币的情况下就已经存在，因为货币本身不是实际再生产的要素。"❶ 这就是为什么仅仅有钱还不能进行投资的原因。

投资所费的第二个含义是指资源的占用。资源的占用表现在两个方面：一是工程项目建设过程中物质条件的占用，如建筑用吊车、混凝土搅拌机、建筑施工力量等，由于工程甲的使用导致工程乙不能使用；或者由于建造的固定资产使用前，使现行生产不能使用。二是投资品和活劳动创造的价值长期以"在建工程"的形式被占用。这与生产企业半成品占用企业流动资金和活劳动创造的价值相类似。

与投资所费对应的概念是投资所得，它是指通过投资活动所取得的有用成果。从表现形式上看，有价值成果和实物成果；从投资的目的来看，有直接成果和最终成果；从投资受益者来看，又有直接成果和间接成果。对工程项目经济效益的考察就是要从技术——经济系统出发，对方案的效益水平进行全面分析、评价和比较，寻求技术与经济的最佳结合。

二、工程技术、经济的含义与关系

(一) 工程

一般意义上，工程是指土木建筑或其他生产、制造部门用比较大而复杂的设备来进行的工作，如土木工程、机械工程、化学工程、水利工程等。技术是人类在认识自然和改造自然的反复实践中积累起来的有关生产劳动的经验、知识、技巧和设备等。

一项工程能被人们所接受必须做到有效，即必须具备两个条件：一是技术上的可行性；二是经济上的合理性。在技术上无法实现的项目是不可能存在的，因为人们还没有掌握它的客观规律；而一项工程如果只讲技术可行性，忽略经济合理性也同样是不能被接受的。人们发展技术、应用技术的根本目的，正是在于提高经济活动的合理性，这就是经济效益。因此，为了保证工程技术更好地服务于经济，最大限度地满足社会需要，就必须研究、寻找技术与经济的最佳结合点，在具体目标和条件下，获得投入产出的最大效益。

(二) 技术

一般认为，技术是人类在利用自然和改造自然的过程中积累起来并在生产劳动中体现出来的经验和知识以及操作技巧的科学总结，是人类改造自然的手段和方法，也可以这样理解，技术是生产和生活领域中，运用各种科学所揭示的客观规律，进行各种生产和非生产活动的技能，以及根据科学原理改造自然的一切方法，如电工技术、焊接技术、木工技术、激光技术、作物栽培技术、育种技术等。

人们往往把科学与技术视为一体。但严格说来，科学是人们对客观规律的认识和总结。而技术则是人类改造自然的手段和方法，是应用各种科学所揭示的客观规律，进行各种产品（或结构、系统及过程）开发、设计和制造所采用的方法、措施、技巧等水平的总称。其目的是更好地改造世界，为人类造福。

工程技术与科学是既有联系又有区别的两个概念。科学是技术存在的前提，技术是科学的应用。对工程技术人员来说，其基本任务就在于把科学家的发现，应用到各种结构、系

---

❶ 马克思：《资本论》（第2卷），见《马克思恩格斯全集》，中文1版，第23卷，552页，北京，人民出版社，1972。

统、过程的设计和制造中去。

由于人们对技术的理解不同，技术经济学研究的对象就不同。从技术经济学的角度来看，技术是科学知识和技术知识的总和，是运用科学原理对自然进行控制与变革的方法和手段，是科学的具体应用。

科学技术是生产力，这是马克思主义历来的观点。目前世界范围内正面临着新技术革命的兴起，这个新的技术革命将使整个世界的社会生产力产生飞跃，对经济、社会、劳动甚至家庭生活都会产生深远的影响。我国实现四个现代化，科学技术是关键；只有科学技术现代化，才有工业、农业和国防现代化。但科学技术只有通过下面几个途径才能直接转化为生产力：一是随着科学技术的发展，不断改进现有的生产工具和技术装备，创造出更高效率的生产工具和技术装备，创造出巨大的生产力；二是不断提高劳动对象的质量，扩大劳动对象的领域；三是通过教育、科研和人才开发，把现代科学技术转变为劳动者的知识和技能。

技术发展的任务基本表现在两方面：一方面是它能创造落后技术所不能创造的产品和劳务，例如宇宙技术、微电子技术、海洋技术、新材料、新能源、新生产技术等；另一方面是它能用更少的人力和物力创造出相同的产品和劳务。

（三）经济

经济也是大家熟悉的名词，其应用也很广，人们对其概念的理解也不尽相同。一般认为经济是个多义词，其内涵包括：

（1）经济指生产关系。经济是人类社会发展到一定阶段的社会经济制度，是生产关系的总和，是政治和思想意识等上层建筑赖以建立起来的基础。从政治经济学角度来看，经济指的是生产关系和生产力的相互作用，它研究的是生产关系运动的规律。

（2）经济是指一国国民经济的总称，或指国民经济的各部门，如工业经济、农业经济、运输经济等。

（3）经济指社会生产和再生产。即指物质资料的生产、交换、分配、消费的现象和过程，如国民经济学、部门经济学，它们是研究社会和部门经济发展规律的科学。

（4）经济指节约或节省。也就是人们日常所说的"经济不经济"。技术经济学研究中较多应用的概念是第四种，是指人、财、物、时间等资源的节约和有效使用。例如在工程建设中，以较少的费用建成具有同样效用的工程，或以同样数量的费用，建成更多更好的工程等，不论哪一种情况，都是为了获得单位效用所消耗的费用的节约。

此外，技术经济决策所涉及的经济问题，又多与社会生产和再生产的部门经济发展规律有关，因而技术经济学的经济概念基本上是上述的第三种和第四种含义。

（四）技术与经济的关系

经济是技术进步的目的和动力，技术则是经济发展的手段和方法。技术的先进性与经济的合理性是社会发展中一对相互促进、相互制约的既有统一、又有矛盾的统一体。

（1）在社会再生产活动中，技术和经济是密切联系、相互促进而又相互制约的两个方面，既有矛盾、又有统一。技术进步是经济发展的重要条件和物质基础。技术一般包括自然技术和社会技术两方面。自然技术是根据生产实践经验和自然科学原理而发展形成的各种工艺操作方法、技能和相应的生产工具及其他物质装备。社会技术是指组织和管理生产及流通的技术。由这两部分组成的技术，是变革物质代谢过程的手段，是科学与生产联系的纽带，是改造自然、变革自然的手段和方法。技术进步是提高劳动生产率、推动经济发展的最为重要的手段和物质基础。

人类历史上已经发生了三次世界性的重大技术革命，每一次都是由于有新的科学发现和技术的发展而产生的。这些新的发现和发展导致生产手段和生产方法的重大变革，促进了新的产业部门的建立和经济水平的提高，有力地推动了生产的发展和社会的进步。

第一次世界性的技术革命是18世纪60年代首先从英国开始的，其基础是用煤冶炼矿石和纺织工业机械化，以蒸汽机的广泛使用为主要标志。随着蒸汽机的广泛使用，1807年发明了轮船，1814年发明了火车，使交通运输业得到了巨大的发展，因而大大促进了当时许多国家的工业和商业的发展。

第二次世界性的技术革命发生在19世纪70年代到20世纪初，是以电力作为新能源用于生产开始的。电动机单独驱动使机器的结构简化，设备布置方便，并有利于工业的合理分布。在这一时期，内燃机技术逐渐成熟，相继出现了汽油机和柴油机。在内燃机技术的基础上，20世纪建立了汽车工业、拖拉机工业、航空工业等新兴产业。

第三次世界性技术革命从20世纪40年代开始，以原子能技术、电子计算机和空间技术的发展为标志。

现在，全世界范围内正面临着新的技术革命，被称为"第四次产业革命""第三次浪潮"。这是指信息科学、遗传工程、新型材料、海洋工程等方面的重大突破，这些也必将大大推动社会生产力的发展，也会对生产组织和社会生活等方面带来巨大影响。目前世界各经济发达国家都竞相采用新技术来促进经济发展。

（2）技术进步促进经济发展，而经济发展则是技术进步的归宿和基础。经济发展的需要是推动技术进步的动力，任何一项新技术的产生都是经济上的需要引起的。同时技术发展是要受经济条件制约的。一项新技术的发展、应用和完善，主要取决于是否具备必要的经济条件，是否具备广泛使用的可能性，这种可能性包括与采用该项技术相适应的物质和经济条件。

（3）在技术和经济的关系中，经济占据支配地位。技术进步是为经济发展服务的，技术是人类进行生产斗争和改善生活的手段，它的产生就具有明显的经济目的。因此，任何一种技术，在推广应用时首先要考虑其经济效果问题。一般情况下，技术的发展会带来经济效果的提高，技术的不断发展过程也正是其经济效果不断提高的过程。随着技术的进步，人类能够用越来越少的人力和物力消耗获得越来越多的产品和劳务。从这方面看，技术和经济是统一的，技术的先进性和它的经济合理性是相一致的。绝大多数先进技术大都具有较高的经济效果，恰恰是较高的经济效果才决定它是先进的技术。但是，有时新技术缺少社会条件的经济适应性，与经济又是相互矛盾、相互对立的。例如，有的技术在国外的社会综合条件下是先进的，而引进到国内来，由于电力、运输、原料质量以及技术管理水平与技术工人的操作水平等与新技术不协调、不适应，而使新技术发挥不出应有的经济效益。另外，也有的技术，本身并不算很先进，但在一定条件下采用时，经济效益却不错。这是因为任何技术的应用都必然受到当地、当时具体自然条件和社会条件的约束。条件不同，技术带来的经济效果也就不同。随着条件的变化，技术的经济效果也会发生变化，原来经济效果不好的技术会变好，原来经济效果好的技术可能发展得更好或变得不好。技术经济学的主要任务，就是研究技术和经济之间的合理关系，找出它们的协调发展规律，促进技术的发展和经济效果的提高。

建筑工程技术包括技术方案、技术政策、技术措施、新材料、新工艺、新技术、新设备，建筑工程技术与经济之间的关系与一般的技术与经济的关系相一致，技术方案、技术政策、技术措施、新材料、新工艺等一切新技术的成败均取决于技术的先进性和经济的合理性。一般说来，建筑工程技术的先进性和经济的合理性是一致的，但它们之间又存在着一定的矛盾。因此，为了保证技术很好地服务于生产活动和经济活动，就需研究在当时、当地具体条件下采取哪一种技术才能收到较好的经济效果。

三、工程经济学的研究对象和范围

20世纪初，纽约电话公司总工程师卡尔迪（John J. Carty）在审查提交给他的许多工程建议书时，总要问下面三个问题：

第一，究竟为什么要干这个工程？

第二，为什么要现在干这个工程？

第三，为什么要以这种方式干这个工程？

第一个问题可以延伸为：是否可以执行另一个新的工程建设方案？现在项目是否应当扩大、缩小或报废？现行标准和生产流程是否加以修改？

第二个问题可以延伸为：现在是按超过要求的生产能力来建设，还是仅用足够的生产能力来及时满足预期的需求？投资的费用及其他条件是否有利于现在做这个工程？

第三个问题可以延伸为：有没有其他可执行的方式？这些方式中哪种更经济？

他所提到的上述问题是人们在工程技术活动中常遇到的一些问题，工程经济学研究的对象就是解决这类问题的方案和途径。

在日常生活中，人们对生活中所遇到的事情都要进行选择，例如采购一样物品，人们总是选择适合自己使用的，同时价格又便宜的物品，为此，人们可能要多询问几个商品供应者。同样，在工程实践中，工程技术人员将涉及各种设计方案、工艺流程方案、设备方案的选择，工程管理人员会遇到项目投资决策、生产计划安排和人员调配等问题，解决这些问题也有多种方案。

由于技术上可行的各种行动方案可能涉及不同的投资、不同的经常性费用和收益，因此就存在着这些方案是否划算的问题，即需要与其他可能的方案进行比较，判断一个方案是否在经济学上更为合理。这种判断不能是无根据的主观臆断，而是需要作出经济分析和研究。如何进行经济分析和研究，就是工程经济学所要解决的问题。

工程经济学的研究对象是工程项目技术经济分析的最一般方法，即研究采用何种方法、建立何种方法体系，才能正确估价工程项目的有效性，才能寻求到技术与经济的最佳结合点。工程经济学为具体工程项目分析提供方法基础，而工程经济分析的对象则是具体的工程项目。如前所述，这里所说的工程项目不仅仅是指固定资产建造和购置活动中的具有独立设计方案、能够独立发挥功能的工程整体，更主要的是指投入一定资源的计划、规划和方案并可以进行分析和评价的独立单位。因此，工程项目的含义是十分广泛的。它可以大到一个水利枢纽工程，小到一项技术革新，甚至一个零部件的更换。复杂的工程项目总是由许多不同内容的子项目所组成，每个子项目由于具有独立的功能和明确的费用投入，因而都可以作为进一步进行工程经济分析的对象。例如，可以把一个工厂的改造项目作为经济分析的对象，同时，还可以把工厂中的某一个车间也作为工程经济分析的对象。

工程经济学的主要任务，就是研究技术与经济之间的合理关系，找出其协调发展的规律，促进技术进步和提高经济效益。

第二节　工程经济学的特点及与其他学科的关系

一、工程经济学的产生与发展

工程经济学的产生已有 100 多年，其标志是：1887 年，美国的土木工程师亚瑟 . M. 威灵顿出版了著作《铁路选线的经济理论》。他首次将成本分析方法应用于铁路的最佳长度和路线的曲率选择问题，并提出了工程利息的概念，开创了工程领域中的经济评价工作。在其著作中，他将工程经济学描述为"一门少花钱多办事的艺术"。

1920 年，J.C. 菲什和 O.B. 戈尔德曼研究了工程结构的投资问题，并在著作《财务工程学》中提出了用复利法来分析各个方案的比较值。

1930 年，E.L. 格兰特教授出版了《工程经济学原理》，从而奠定了经典工程经济学的基础。该书历经半个世纪，到 1982 年已再版 6 次，是一部公认的学科代表著作。在《工程经济学原理》一书中，作者指出了古典工程经济学的局限性，以复利计算为基础，讨论了判别因子和短期投资评价的重要性，以及长期资本投资的比较。格兰特教授的许多贡献获得社会承认，被称为工程经济学之父。

1982 年，J.L. 里格斯出版的《工程经济学》系统阐述了工程经济学的内容，把工程经济学的学科水平向前推进了一大步。

近代工程经济学的发展侧重于用概率统计方法进行风险性、不确定性的新方法研究，以及对非经济因素的研究。

我国对工程经济学的研究和应用起步于 20 世纪 70 年代后期，其发展过程大致分为以下几个阶段：

雏形阶段（20 世纪 50 年代初）：为经济分析方法阶段，经济分析方法开始应用于工程技术中。

第一阶段（20 世纪 60 年代初～20 世纪 70 年代初）：为经济效果学阶段，经济分析方法在工程建设和许多领域得到广泛应用。

第二阶段（20 世纪 70 年代）：为停滞、涣散阶段。

第三阶段（20 世纪 80 年代以后）：为蓬勃发展阶段。20 世纪 80 年代，进行了建筑工程招标承包制、建筑产品价格改革、建筑产业政策研究、我国住宅技术政策等经济体制改革的理论研究。1894 年 3 月，国务院发文明确规定所有新建、扩建的大中型项目，以及所有利用外资进行的基本建设项目都必须有可行性的研究报告。20 世纪 90 年代，研究领域进一步扩大到土木工程以及其他建设项目领域，逐渐形成了一套工程经济理论体系和方法。

20 世纪 80 年代以来，工程经济学的原理与方法在"企业战略投资"中发挥了越来越重要的作用，广泛应用于投资决策分析、项目评估与管理中，工程经济学进入了蓬勃发展阶段。

近年来，工程经济学理论逐步应用与普及，为工程经济学的发展提供了更广阔的空间。工程经济学已成为高等院校工科必修课之一。

二、工程经济学的理论基础

工程经济学虽然是边缘学科，融合了经济学、管理学、数学、工程技术学、社会学等很多学科的知识，但也有坚实的理论基础。其基本理论主要包括经济效益理论、工程技术经济比较理论、工程经济评价理论、工程经济决策理论、资金时间价值理论、技术选择理论。

三、工程经济学的特点

工程经济学是工程技术和经济相结合的综合性的边缘学科。因此，它具有边缘学科的特点，即具有综合性、系统性、可预测性、实践性等特点。工程经济学必须以自然规律为基础，但不同于技术科学研究自然规律本身，又不同于其他经济科学研究经济规律本身，而是以经济科学作为理论指导和方法论。

工程经济学的任务不是创造和发明新技术，而是对成熟的技术和新技术进行经济性分析、比较和评价，从经济的角度为技术的采用和发展提供决策依据。工程经济学也不研究经济规律，它是在尊重客观规律的前提下，对工程方案的经济效果进行分析和评价。

工程经济学具有如下特点：

（1）工程经济学强调的是技术可行性基础上的经济分析。工程经济学的研究是在技术可行性研究的基础上，进行经济合理性的研究与论证工作，它为技术可行性提供经济依据，并为改进技术方案提供符合社会采纳条件的改进方案和途径。

（2）工程技术的经济分析和评价与所处的客观环境关系密切。技术方案的择优过程必须受到自然环境和社会环境的客观条件制约。工程经济学是研究技术在某种特定的社会经济环境下的效果的科学，是把技术问题放在社会的政治、经济与自然环境的大系统中加以综合分析、综合评价的科学。因此，工程经济学的特点之一是系统的综合评价。

（3）工程经济学是对新技术的各种可行方案的未来"差异"进行经济效果分析比较的科学。工程经济学的着眼点，除研究各方案可行性与合理性之外，还要放在各方案之间的经济效果差别上，把各方案中相等的因素在具体分析中略去，以简化分析和计算。

（4）工程经济学所讨论的经济效果问题几乎都和"未来"有关。着眼于"未来"，也就是在技术政策制定后或技术方案被采纳后，对将要带来的经济效果进行计算、分析与比较。工程经济学关心的不是某方案已经花费了多少代价，它不考虑过去发生的、在今后的决策过程中已无法控制的、已用去的那一部分费用的多少，而只考虑从现在起为获得同样使用效果的各种机会或方案的经济效果。既然工程经济学讨论的是各方案未来的经济效果问题，那就意味着它们会有"不确定性因素"与"随机因素"的预测与估计，这就关系到技术效果评价的结果。因此，工程经济学是确立在预测基础上的科学。

综上所述，工程经济学具有很强的技术和经济的综合性、技术和环境的系统性、方案差异的对比性、对未来的预测性及方案的择优性等特点。

四、工程经济学与其他相关学科的关系

（一）工程经济学与西方经济学

工程经济学是西方经济学的重要组成部分。它研究问题的出发点、分析的方法和主要指标内容都与西方经济学一脉相承。例如，资源的稀缺性和资源的最佳配置要求，同样是工程经济学分析问题的依据和追求的目标，西方经济学中的效用、利润、成本、收益、商品价格、供给与需求等都是工程经济学分析工程项目的工具；西方经济学要研究的"生产什么？生产多少？怎样生产？"等问题，正是工程经济学所要回答的问题。由此可见，西方经济学

是工程经济学的理论基础，而工程经济学则是西方经济学的具体化和延伸。

（二）工程经济学与技术经济学

工程经济学与技术经济学既有许多共性而又有所不同。技术经济学是一门兼跨技术科学与经济科学的边缘学科，也是研究技术与经济相互关系及其矛盾对立统一的科学。通过技术比较、经济分析和效果评价，寻求技术与经济的最佳结合，确定技术先进、经济合理的最优经济界限。这些与工程经济学都是一致的。

工程经济学与技术经济学的主要区别在于：

（1）对象不同。工程经济学研究的对象是工程项目技术经济分析的最一般方法，它可以涉及技术问题，也可以不涉及技术问题；而技术经济学的研究对象是各种不同的技术政策、技术方案和技术措施，每一个分析评价与"技术"都有不可分离的关系。

（2）研究内容不同。技术经济学研究技术经济政策，即规定国民经济及各部门技术发展和经济活动方向的准则和措施。其中，技术经济政策规定技术发展的方向、重点和途径，即确定要发展哪些新技术和怎样发展这些新技术，要限制、禁止或淘汰哪些落后技术。

正是因为技术的复杂性，技术经济学有许多分支，如农业技术经济学、工业技术经济学、运输技术经济学、能源技术经济学、建筑技术经济学、冶金技术经济学等。由于工程经济学属于方法论科学，所以它的内容主要包括货币时间价值分析方法、多方案比较方法、风险分析方法等。当然，工程经济学在对"工程"进行经济分析时，也必须借助技术经济学的成果，如技术经济参变数、技术经济指标、技术经济预测等。

（三）工程经济学与投资项目评估学

投资项目评估学是指在可行性研究的基础上，根据国家有关部门颁布的政策、法规、方法、参数和条例等，分别从项目（或企业）、国民经济、社会角度出发，由贷款银行或有关机构对拟建投资项目建设的必要性、建设条件、生产条件、产品市场需求、工程技术、财务效益、经济效益和社会效益等进行全面评价、分析、论证的技术经济学科。从学科性质上看，工程经济学侧重于方法论科学，而投资项目评估学侧重于实质性科学。投资项目评估学具体研究投资项目应具备的条件、厂址的选择与生产规模的确定、财务与经济评价方法和标准，其内容随着时间、地点的变动而调整。工程经济学为投资项目评估学提供分析的方法依据，其内容是相对稳定的。工程经济学货币时间价值分析方法、不确定分析方法等，不会因为经济和政策环境的变化而变化。

（四）工程经济学与投资效果学

投资效果学中的投资，一般是指有形资产的投资，是指为建造和购置固定资产、购买和储备流动资产而事先垫付的资金及其经济行为。这种垫付是为了获得资本增值。因此，是否发生增值，在多大程度上发生了增值是投资者最关心的。投资效果学，就是研究投资效益在宏观和微观上不同的表现形式和指标体系等。投资效果学虽然也要对工程项目的投资进行分析评价，但主要是在事后进行，这种分析与评价的价值主要在于取得经验和教训。分析的基本方法是把实际指标值与国内外先进指标值加以比较。与此相关，工程经济学与投资效果学采用的经济指标存在重大区别。前者均为一般经济指标，这些指标一般不含有对比关系，如果有对比关系，也只是一种绝对对比关系；而后者则必须在同一个指标中包含投入与产出的内容，反映投入与产出的相对对比关系。

第三节 工程经济分析的步骤与原则

一、工程经济分析的基本步骤

工程经济分析可大致概括为五个步骤：①确定目标；②寻找关键要素；③穷举方案；④评价方案；⑤决策。工程经济分析的基本步骤如图1-1所示。

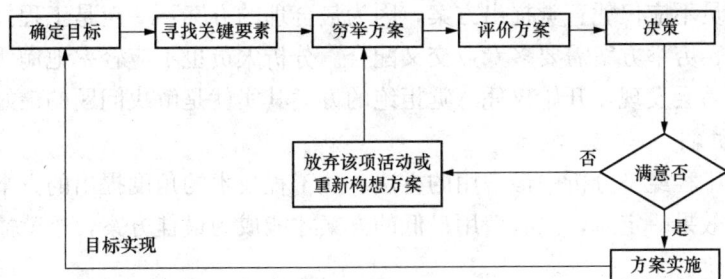

图1-1 工程经济分析的基本步骤

（一）确定目标

工程经济分析的第一步就是通过调查研究寻找经济环境中显在和潜在的需求，确立工作目标。无数事实说明，工程项目的成功与否，并不完全取决于系统本身效率的高低，而取决于系统是否能满足人们的需要。因此，只有通过市场调查，明确了目标，才能谈得上技术可行性和经济合理性。

（二）寻找关键要素

关键要素是实现目标的制约因素，确定关键要素是工程经济分析的重要一环。只有找出了主要矛盾，确定了系统的各种关键要素，才能集中力量，采取最有效的措施，为目标的实现扫清道路。

寻找关键要素，实际上是一个系统分析的过程，需要树立系统思想方法，综合地运用各种相关学科的知识和技能。

例如，美国在20世纪30年代开发田纳西河流域时，就采用了系统分析的方法来确定项目的关键要素。1933年以前的田纳西河不仅不能给两岸人民造福，还经常泛滥成灾，洪水淹没大片农田，卷走牲畜，毁坏家园，造成水土流失，瘟疫流行，人民生活水平远比其他地区低。1933年成立的田纳西河流域管理局一开始就认识到不能片面地从某一方面对田纳西河进行开发。如果仅建设制洪系统，那么被洪水冲下山的泥沙很快会堵塞系统；如果两岸人民收入低到连电都用不起，那么水力发电的效果就无法体现；如果生产不发展，没有货物可运，那么航运如何能发挥效益？因此，管理委员会决定运用系统工程的分析方法，对整个流域进行综合治理。他们经过论证，确定了整个开发系统的六个关键要素：①控制水患；②改善通航条件；③发展水电；④通过绿化进行水土保持；⑤改变沿岸的耕作方式；⑥不断提高两岸人民生产和生活水平。

（三）穷举方案

关键要素找到后，紧接着要做的工作就是制定各种备选方案。很显然，一个问题可采用多种方法来解决，因而可以制定出许多不同的方案。例如，降低人工费可采用新设备，也可采用简化操作的方法；新设备可降低产品允许的废品率，但同样的结果也可通过质量控制方法得到。工程经济分析过程本身就是多方案选优，如果只有一个方案，决策的意义就不大了。所以穷举方案就是要尽可能多地提出潜在方案，包括什么都不做的方案，也就是维持现状的方案。实际工作中往往有这样的情况，虽然在分析时考虑了若干方案，但是，由于恰恰没有考虑更为合理的某个方案，导致了不明智的决策结果。很明显，一个较差的方案与一个更差的方案比较也会变得有吸引力。

工程技术人员不应仅凭直觉提出方案，因为最合理的方案不一定是工程技术人员认为最好的方案。因此，穷举方案需要多专业交叉配合。分析人员也不应轻率地淘汰方案，有时经仔细的定量研究后会发现，开始仅凭感觉拒绝的方案其实就是解决问题的最好方案。

（四）评价方案

评价方案是工程经济分析中最常用的方法。从工程技术的角度提出的方案往往都是技术上可行的，但在效果一定时，只有费用最低的方案才能成为最佳方案，这就需要对备选方案进行经济效果评价。

评价方案，首先必须将参与分析的各种因素定量化，一般将方案的投入和产出转化为用货币表示的收益和费用，即确定各对比方案的现金流量，并估计现金流量发生的时点，然后运用数学手段进行综合运算、分析对比，从中选出最优的方案。

（五）决策

决策即从若干行动方案中选择令人满意的实施方案，它对工程项目建设的效果有决定性的影响。在决策时，工程技术人员、经济分析人员和决策人员应特别注重信息交流和沟通，减少由于信息的不对称所产生的分歧，使各方人员充分了解各方案的工程经济特点和各方面的效果，提高决策的科学性和有效性。

二、工程经济分析的基本原则

在工程经济的学习和工作实践中应始终把握如下基本原则，将有助于做出正确的工程经济分析。

（一）资金的时间价值原则

工程经济学中一个最基本的概念是资金具有时间价值，即今天的1元钱比未来的1元钱更值钱。投资项目的目标是增加财富，财富是在未来的一段时间获得的，能不能将不同时期获得的财富价值直接加总来表示方案的经济效果呢？显然不能。由于资金时间价值的存在，未来时期获得的财富价值从现在看来需要打一个折扣，以反映其现在时刻的价值高。如果不考虑资金的时间价值，就无法合理地评价项目的未来收益和成本。

（二）增量分析原则

增量分析符合人们对不同事物进行选择的思维逻辑。对不同方案进行选择和比较时，应从增量角度进行工程经济分析，即考察增加投资的方案是否值得，将两个方案的比较转化为单个方案的评价问题，使问题得到简化，并容易进行。

（三）可持续发展原则

进行工程经济分析必须立足于可持续发展，这是实践证明必须要坚持的一条原则。首先要注意资源的可持续利用。任何项目的实施都依赖社会经济资源的投入，离开了资源的可持续利用就不可能有可持续发展。所以，在项目分析评价中，应关注资源的合理配置，关注资源经济效益的节约、节省，关注资源的循环利用，关注紧缺资源的可替代使用等问题。其次，应注意项目和生态—社会系统的协调和优化。必须把项目置于生态—社会系统中来考虑项目的社会"有效性"。全面分析、论证项目的投入、产出对生态、环境和社会系统的影响，致力于项目和其赖以存在的生态—社会系统的协调。再次，要从长远和全局的角度来分析问题、研究问题，不仅关注眼前的、局部的利益，更要关注未来的和全局的利益。

（四）"有无对比"原则

准确识别和估算项目的效益和费用是正确评价项目的前提。在识别和估算项目的效益和费用时，应遵循"有无对比"的原则，分别对"有项目"和"无项目"两种状态下项目的未来运行情况进行预测分析，而后通过对比分析确定项目的效益和费用，保证估算的准确性和可靠度。避免因为忽略"无项目"时状态自身的优化作用，而导致对项目效益估算的"虚增"或对费用估算的"虚减"，夸大项目自身的经济效益水平；也要克服因为忽略"无项目"时状态自身的优化作用，而导致对项目效益估算的"虚减"或对费用估算的"虚增"，缩减项目自身的经济效益水平。

（五）定量分析和定性分析相结合，定量为主原则

工程经济分析以定量分析为重点，力求把效益因素货币量化，以增强评价结论的科学性和说服力。但并不排斥、忽略定性分析，在进行量化计算之前，首先要对问题进行定性的描述，以把握问题的全貌，使工程经济分析更全面。同时，对难以量化的因素，也有必要的定性分析。

（六）静态评价与动态评价相结合，动态评价为主原则

静态评价方法就是在不考虑时间因素的前提下，用一定的指标考察工程项目的经济性的方法。由于其忽略了资金的时间价值，因而评价结论是粗略的，通常适用于项目初评。动态评价方法是指在考虑资金的时间因素的前提下，定量计算工程项目经济效益，并对方案实施情况作出评价的方法。它反映了资金的运行规律，所以全面地评价了项目的经济效益状况，真实地反映了项目经济效益水平，因而是常用的评价方法。

（七）统计预测和不确定分析相结合

工程经济分析主要是针对拟建项目，即未来项目进行的。因此，评价必须建立在科学统计预测的基础上，恰当地选择预测方法，以提高评价信息的质量。尽管在预测和统计方法的选择上，力求完善和科学，但由于事物发展不确定性的存在，使得评价本身就潜伏着风险，影响决策的有效性。所以在进行工程经济分析时，不仅要通过确定性评价揭示项目收益，关注项目收益，还要通过不确定性分析和风险分析，揭示风险，关注风险，使投资人在权衡了项目收益和风险后再行决策。

第四节　工程经济学的学习意义与学习内容

一、工程经济分析人员的基本要求与工程经济学的学习意义

（一）工程经济分析人员应具备的知识和能力

工程经济学的理论和方法具有很强的综合性、系统性和应用性。为有效地对工程项目进行经济分析，工程经济分析人员应具备以下知识和能力：

1. 了解经济环境中人的行为和动机

工程项目建设的目的是满足人们的需求，因此技术分析人员应了解人们需求层次的多样

性，熟悉人们的需求变化受哪些因素的影响，掌握需求变化的规律。

2. 具备市场调查的能力

在市场经济条件下，产品和服务的价值取决于其效用大小。效用大小往往要用人们愿意为此付出的金钱来衡量，不论技术系统的设计多么精良。如果生产出的产品市场销路不畅，这样的技术系统的经济效果就会很低。因此，作为工程经济分析人员，必须获取国内外市场供需信息，把握市场显在和潜在的需求，了解产品所处的生命周期，清楚现有企业的生产能力和可挖掘的生产潜力。

3. 掌握科学的预测工具

工程经济分析具有很强的预见性，但仅凭直觉是远远不够的。工程经济分析人员应掌握科学的预测方法，尽可能地对未来的发展情况做出准确的估计和推测，提高决策科学化水平。

4. 坚持客观公正的原则

工程经济分析人员应实事求是，遵守诚实、信用、客观、公正的原则，保证评价结果经得起时间和实践的检验。

5. 遵守国家的法律、法规和部门规章

国家的法律、法规和部门规章会对具体的工程项目的建设起导向作用，只有正确理解国家的法律、法规和有关政策，才能正确评价技术方案，并不断减少工程项目与投资目标的偏差。

（二）工程经济学的学习意义

工程技术人员必须具有经济头脑，工程技术人员必须知道，尽管产品是工人制造出来的，但是产品的先进程度和制造费用的高低是工程技术人员在产品设计和工艺选择过程中决定的。如果工程技术人员在设计产品和选择制造工艺时不考虑经济性，产品就可能没有市场或没有竞争力。

最早讨论工程经济的著作是威灵顿的《铁路选线的经济理论》。铁路的线路选择是一个包含有多条线路的建设方案的选择问题。然而，作为铁路工程师的威灵顿注意到，许多选线工程师几乎完全忽视了他们所做的决策对铁路未来的运营费用和收益的影响。在他的著作中，他辛辣地写道："……月薪150美元的少数低能之辈（因选线错误）可以使为数众多的镐、铲和机车头干着徒劳无益的活。"

提出相对价值的复利模型的戈尔德曼教授在他的《财务工程学》著作中也提到"有一种奇怪而遗憾的现象，就是许多作者在他们的工程学书籍中没有或很少考虑成本问题。实际上，工程师的最基本的责任是分析成本，以达到真正的经济性，即赢得最大可能数量的货币，获得最佳财务效益。"

曾任世界生产力科学联合会主席的 J. L. 里格斯教授在他的著作《工程经济学》中写道："工程师的传统工作是把科学家的发明转变为有用的产品。而今，工程师不仅要提出新颖的技术发明，还要能够对其实施的结果进行熟练的财务评价。现在，在密切而复杂地联系着的现代工业、公共部门和政府之中，成本和价值的分析比以往更为细致、更为广泛（如工人的安全、环境影响、消费者保护）。缺少这些分析，整个项目往往很容易成为一种负担，而收益不大。"

美国麻省理工学院电机专业的一位早期毕业生到一家公司工作后，设计了一种电机，技术水平一流，但因成本太高、价格太贵，在市场上卖不出去。美国的教育家找出的原因是学生不懂经济。后来就在这所著名的学校成立了管理学院，对未来的工程师们进行经济知识的教育，让他们懂得什么是市场，什么是竞争，什么是成本，以及如何使产品做到物美价廉。

显然，工程经济学家们是把工程经济学作为一门为工程师准备的经济学而创立的一门独立的经济学。这就是为什么工程专业类的学生要学习工程经济学的原因。作为一名工程师，不仅必须精通本行的专业技术，具有较高的技术水平，还要有强烈的经济意识，能够进行经济分析与决策。

工程师不同于其他的就业者，他所从事的工作是以技术为手段，把自然资源（矿物、能源、农作物、信息、资金等）转变为有益于人类的产品或服务，满足人们的物质和文化生活的需要。技术的目的是经济性的，而技术生存的基础又是经济性的（资源的稀缺性）。工程师的任何工程技术活动，包括工程管理者的决策和管理的职能等，都离不开经济，任何的计划和生产都应被财务化，最终都导向经济目标，并由经济尺度去检查工程技术和工程管理活动的效果。

人们生活在一个资源有限的社会，合理分配和有效利用现有资源来满足人类社会的需要，是人们面临的一项艰巨任务。从个人投资到重大工程项目的建设，都需要利用工程经济学的知识进行经济分析与决策。

因此，工程师必须掌握基本的工程经济学原理并付诸实践。作为理工科大学生，学习工程经济学，树立经济观点，建立经济意识，掌握工程经济分析与决策的方法和技能，是十分必要的。

二、工程中的主要经济问题与工程经济学的研究内容

（一）工程中的主要经济问题

实践中经常碰到的工程经济问题主要有：

（1）如何计算某方案的经济效果？

（2）几个相互竞争的方案应该选择哪一个？

（3）在资金有限的情况下，应该选择哪一个方案？

（4）正在使用的技术、设备是否应该更新换代？

（5）公共工程项目的预期效益多大时，才能接受其建设费用？

（6）是遵从安全而保守的行动准则，还是从事能够带来较大潜在收益的高风险活动？

（二）工程经济学的研究内容

根据上述分析，工程经济学研究的主要内容包括如下方面：

1. 方案评价方法

研究方案的评价指标，以分析方案的可行性。

2. 投资方案选择

投资项目往往具有多个方案，分析多个方案之间的关系，进行多方案选择是工程经济学研究的重要内容。

3. 筹资分析

随着社会主义市场经济体制的建立，建设项目资金来源多元化已成为必然。因此，要研究在市场经济体制下，如何建立筹资主体和筹资机制，怎样分析各种筹资方式的成本和风险。

4. 财务分析

研究项目对各投资主体的贡献，从企业财务角度分析项目的可行性。

5. 经济分析

研究项目对国民经济的贡献，从国民经济角度分析项目的可行性。

6. 社会分析

研究项目对社会发展目标的贡献，从社会福利角度分析项目的可行性。

7. 风险和不确定性分析

任何一项经济活动，由于各种不确定性因素的影响，会使期望的目标与实际状况发生差异，可能会造成经济损失。为此，需要识别和估计风险，进行不确定性分析。

8. 建设项目后评估

项目后评估是在项目建成后，衡量和分析项目的实际情况与预测情况的差距，为提高项目投资效益提出对策措施。因此，需要研究怎样进行建设项目后评估，采用什么方法和指标。

9. 技术选择

为了实现一定的经济目标，要考虑客观因素的制约，对各种可能得到的技术手段进行分析比较，选取最佳方案。因此，需要研究各种客观条件是如何影响技术选择的，怎样进行对技术手段的分析比较来选取最佳方案。

三、本书的内容体系

本书主要是作为工程管理和土木工程等专业的教材，内容分为三部分，即工程经济学基本原理、工程经济学方法和工程经济学应用。具体内容包括十二章，分别为概论、工程经济要素与现金流量、资金时间价值计算、工程经济评价的基本指标、工程项目多方案的经济比较与选择、工程项目财务评价、工程项目国民经济评价、工程项目不确定性分析与风险分析、工程项目的可行性研究与后评价、价值工程及其应用、公益性项目的经济评价、工程经济学在工程建设过程中的应用。

通过本书的学习，读者能掌握工程经济学的基本原理，并具备初步进行工程项目经济分析和工程方案比较与选择的技能。

━━━● 本章总结 ●━━━

工程经济学是工程与经济的交叉学科，是适应投资决策科学化而兴起的一门研究如何有效利用资源、提高经济效益的学科，它的核心过程是对工程技术方案进行经济分析与评价，选择技术上先进、经济上合理的最佳方案。

工程经济学的研究对象是工程项目技术经济分析的最一般方法，其研究方法具有理论联系实际、定量与定性相结合、系统分析与平衡分析相结合、静态分析与动态分析相结合等多方面特点。

工程经济学是西方经济学的组成部分，与技术经济学相互关联但在研究对象与研究内容上有所不同。工程经济学是投资项目评估学的方法论基础，与投资效果学的主要区别在于评价的目的和采用的指标不同。

━━━● 关键概念 ●━━━

工程　　　　　　　　　经济　　　　　　　　工程经济学

—— 思考题 ——

1. 如何正确理解工程经济学的研究对象?
2. 工程经济学的研究内容是什么?
3. 工程经济学有何特点?
4. 怎样理解工程经济学与技术经济学、投资项目评估学、投资效果学的联系与区别?
5. 作为一名工程师为什么要学习工程经济学?

第二章　工程经济要素与现金流量

━━━━●　本章提要与学习目标　●━━━━

　　工程经济要素是工程经济分析的基础数据，主要包括投资、成本、收入、利润和税金等，项目基础数据的预测和分析是项目现金流量分析的前提，也是项目经济分析的前提。本章主要介绍工程经济分析的常用要素及其关系，并在此基础上介绍项目现金流量的分析。

　　通过本章的学习，要求能够掌握主要经济要素的含义、作用和构成，了解一般工业项目的资金运转过程：投资形成资产，生产经营形成产品成本，最后通过产品销售取得收入并实现投资的增值。同时要求了解一般工业项目主要现金流量的项目构成和分析角度。本章的学习要与第六章结合起来，从而加深对项目财务分析的理解。

第一节　工程项目投资及资金筹措

一、工程项目投资及投资构成

（一）项目与投资项目

　　项目是一个特殊的将被完成的有限任务。它是在一定时间内，满足一系列特定指标的多项相关工作的总称。项目是一项有待完成的任务，有特定的环境与要求。它有一定的组织机构，利用有限资源，在规定的时间内完成任务。其任务要满足其性能、质量、数量、技术指标等要求。

　　投资是指经济主体（包括法人和自然人）为未来获得收益而于现在投入生产要素（资金或资本），以形成资产的一种经济活动。投资是由投资主体、投资目标、投资要素、投资形式、投资领域、投资行为、投入与产出关系等因素按照一定规律和方式有机结合而成的一个大的系统。投资有三大特征，即收益性、风险性和长期性。

　　投资项目是指投入一定资金以获取预期效益的一整套投资活动，是在规定期限内为完成某项开发指标而规划投资、实施政策措施、组建机构，以及包括其他活动在内的独立的整体。一个投资项目一般包括以下因素或其中的几个因素：

　　（1）具有能用于土建工程和（或）机器设备及其安装等投资的资金；

　　（2）具备提供有关工程设计、技术方案，实施施工监督，改进操作和维修等服务的能力；

　　（3）拥有一个按集中统一原则组织起来的，能协调各方面关系，促进各类要素合理配置，高效、精干的组织机构；

　　（4）改进与项目有关的价格、补贴、税收和成本回收等方面的政策，使项目能与所属部门和整个国民经济的发展目标协调一致，并提高项目自身的经济效益；

　　（5）拟订明确的项目目标以及项目的具体实施计划。

　　本书的投资项目主要是指用固定投资兴建的工程建设项目（包括新建项目与更新改造项

目），它必须按照规划、决策、设计、施工、投产、经营等一系列规范程序，在规定的建设工期、投资预算、质量标准的条件下，以形成固定资产为明确目标。

作为投资者，都希望以最少的投入获得最大的产出（效益）。因此，就必须对投资项目进行科学的项目评估和投资决策，以正确选择和确定投资方案。

（二）投资估算与投资构成

投资是指投资主体为了特定的目的，以达到预期收益的价值垫付行为或垫付的资金。一般而言，投资的目的就是使所投入的资金，在经过一定的价值运动过程后，产生尽可能大的增值。而对于项目所需资金的预测过程就是投资估算。

因此，投资估算是对项目的建设规模、技术方案、设备方案、工程方案及项目实施进度等进行研究并在基本确定的基础上，估算建设项目总投资（包括建设投资、建设期利息和流动资金）并测算建设期内分年资金需要量。

进行投资估算，首先要明确投资估算的范围，投资估算的范围应与项目建设方案设计所确定的研究范围和各单项工程内容相一致。

对于生产性建设项目，建设项目总投资由建设投资、建设期利息和流动资金组成，根据《建设项目投资估算编审规程》，建设投资由设备及工器具购置费、建筑安装工程费、工程建设其他费用、基本预备费、价差预备费组成，如图2-1所示。

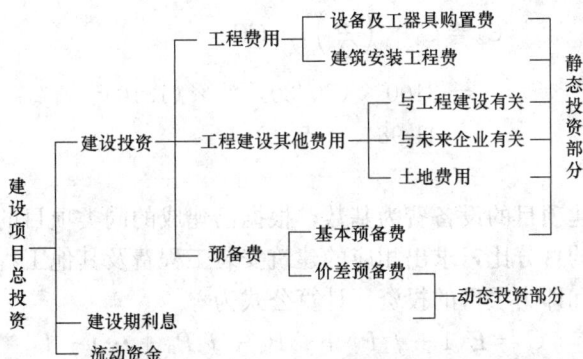

图2-1　建设项目总投资构成

建设项目投资在项目建成后形成项目的资产，在竣工决算阶段，根据有关规定，具体核算新增资产的类型和价值；在可行性研究阶段，一般认为设备及工器具购置费、建筑安装工程费和建设期利息在项目交付使用后形成固定资产，基本预备费一般也按形成固定资产考虑；工程建设其他费用将根据具体的费用项目构成分别形成固定资产、无形资产和其他资产；流动资金一般形成项目的流动资产。

二、项目建设投资的简单估算法

（一）生产能力指数法

该方法是根据已建成的、性质类似的建设项目的投资额和生产能力与拟建项目的生产能力估算拟建项目的投资额，其计算公式为

$$C_2 = C_1 \times \left(\frac{Q_2}{Q_1}\right)^n \times CF \tag{2-1}$$

式中　C_2——拟建项目的投资额；

C_1——已建类似项目的投资额；

Q_2——拟建项目的生产能力；

Q_1——已建类似项目的生产能力；

CF——新老项目建设间隔期内定额、单价、费用变更等的综合调整系数；

n——生产能力指数，$0 \leqslant n \leqslant 1$。

运用生产能力指数法估算项目投资的重要条件，需要有合理的生产能力指数。若已建类似项目的规模和拟建项目的规模相差不大，生产规模比值为 0.5～2，则指数 n 的取值近似为 1；若已建类似项目的规模和拟建项目的规模相差不大于 50 倍，且拟建项目规模的扩大仅靠增大设备规模来达到时，则 n 取值为 0.8～0.9。

采用生产能力指数法，计算简单、速度快；但要求类似工程的资料可靠，条件基本相同，否则误差就会增大。

【例 2-1】 1985 年在某地动工兴建一座年产 30 万 t 合成氨的化肥厂，总投资为 3100 万元，2008 年打算在该地开工兴建一座年产 50 万 t 合成氨的化肥厂，已知合成氨的生产能力指数为 0.81，假设 1985～2008 年间每年平均工程造价指数为 1.10，即每年递增 10%，试估算其总投资。

解 根据式 (2-1)，则有

$$C_2 = C_1 \times \left(\frac{Q_2}{Q_1}\right)^n \times CF$$
$$= 3100 \times (50/30)^{0.81} \times (1.10)^{23}$$
$$= 41\,984.7 \text{(万元)}$$

（二）比例估算法

比例估算法以拟建项目的设备费为基数，根据已建成的同类项目的建筑安装工程费和其他工程费等占设备费的百分比，求出相应的建筑安装工程费及其他工程费等，再加上拟建项目的其他费用，其总和即为项目的投资。计算公式为

$$C = E(1 + f_1 P_1 + f_2 P_2 + f_3 P_3 + \cdots) + I \tag{2-2}$$

式中　　　　C——拟建项目的投资额；

E——根据拟建项目当时当地价格计算的设备费（含运杂费）的总和；

P_1，P_2，P_3…——已建项目中建筑工程费、安装工程费及其他工程费等占设备费的百分比；

f_1，f_2，f_3…——由于时间因素引起的定额、价格、费用标准等的综合调整系数；

I——拟建项目的其他费用。

【例 2-2】 某新建项目设备投资估算为 12 000 万元，根据已建同类项目统计情况，一般建筑工程费、安装工程费和其他工程费分别占设备投资的 35%，10%，8%。三种费用的调整系数分别为 1.1，1.2，1.1，其他费用估价为 600 万元，试估算该项目的投资额。

解 根据式 (2-2)，该项目的投资额为

$$C = E(1 + f_1 P_1 + f_2 P_2 + f_3 P_3 + \cdots) + I$$
$$= 12\,000 \times (1 + 35\% \times 1.1 + 10\% \times 1.2 + 8\% \times 1.1) + 600$$
$$= 19\,116 \text{(万元)}$$

（三）系数估算法

1. 朗格系数法

这种方法以主要设备费为基础，乘以适当系数来推算项目的建设费用。估算公式为

$$D = C(1 + \sum K_i)K_c \qquad (2-3)$$

式中　D——总建设费用；

C——主要设备费用；

K_i——管线、仪表、建筑物等费用的估算系数；

K_c——管理费、合同费、应急费等间接费在内的总估算系数。

总建设费用与设备费用之比为朗格系数 K_L，即

$$K_L = (1 + \sum K_i)K_c \qquad (2-4)$$

这种方法比较简单，但没有考虑设备规格、材质的差异，所以精确度不高。

2. 设备及厂房系数法

一个项目中，工艺设备投资和厂房土建投资之和占整个项目投资的绝大部分。如果设计方案已确定生产工艺，初步选定了工艺设备并进行了工艺布置，这就有了工艺设备的重量及厂房的高度和面积。那么，工艺设备投资和厂房土建投资就可以分别估算出来，其他专业，与设备关系较大的按设备系数计算，与厂房土建关系较大的则以厂房土建投资系数计算，两类投资加起来就得出整个项目的投资，这个方法，在预可行性阶段使用是比较合适的。

【例2-3】某工业建设项目，其工艺设备及安装费用估计为1900万元，厂房土建费用估计为3600万元，其他各专业工程投资系数如下：

　　　　工艺设备：1　　　　　　　　厂房土建（含设备基础）：1

　　　　起重设备：0.06　　　　　　　给排水工程：0.035

　　　　加热炉及烟道：0.10　　　　　采暖通风：0.028

　　　　气化冷却：0.01　　　　　　　工业管道：0.011

　　　　余热锅炉：0.04　　　　　　　电器照明：0.012

　　　　供电及转动：0.15

　　　　自动化仪表：0.015

解　工艺设备相关专业系数合计为1+0.06+0.10+0.01+0.04+0.15+0.015=1.375。

厂方土建相关专业系数合计为1+0.035+0.028+0.011+0.012=1.086。

根据上面所述方法，该项目的总投资为1900×1.375+3600×1.086=6522.1（万元）。

（四）投资估算指标法

投资估算指标是编制和确定项目可行性研究报告中投资估算的基础和依据，与概预算定额相比，投资估算指标以独立的建设项目、单项工程或单位工程为对象，综合项目全过程投资和建设中的各类成本和费用，反映出其扩大的技术经济指标，具有较强的综合性和概括性。

投资估算指标分为建设项目综合指标、单项工程指标和单位工程指标三种。建设项目综合指标一般以项目的综合生产能力单位投资表示，如元/t、元/kW，或以使用功能表示，如医院床位表示为元/床。单项工程指标一般以单项工程生产能力单位投资表示，如一般工业与民用建筑表示为元/m³，工业窑炉砌筑表示为元/m³，变配电站表示为元/kVA等。单位工程指标按规定应列入能独立设计、施工的工程费用，即建筑安装工程费用，一般以如下方

式表示：房屋区别不同结构形式，以元/m² 表示；管道区别不同材质、管径，以元/m 表示。

【例 2 - 4】　新建一 500 床的综合医院，其相应的投资估算指标为 18 万～21 万元/床（多层一般标准）。

解　全部投资为 $500 \times (18 \sim 21) = 9000 \sim 10\ 500$（万元）。

三、项目建设投资的分类估算法

所谓分类估算法就是根据建设投资的构成，分别对建筑工程费、设备及工器具购置费、安装工程费、工程建设其他费用、基本预备费、价差预备费、建设期利息七项费用进行估算，最后汇总形成建设投资的方法。

（一）单位建筑工程投资估算法

建筑工程费是指为建造永久性和大型临时性建筑物和构筑物所需要的费用。建筑工程费的估算根据设计深度，一般可以采用单位建筑工程投资估算法、单位实物量投资估算法、概算指标投资估算法进行估算。

【例 2 - 5】　新建一 500 床的综合医院。

解　根据面积参考指标，每床位建筑面积为 60～70m²。

则医院总建筑面积为 $500 \times (60 \sim 70) = 30\ 000 \sim 35\ 000$（m²）。

按每 1m² 建筑工程费用 2000 元计（多层一般标准），则 500 床医院建设安装工程投资为 $(30\ 000 \sim 35\ 000) \times 2000 = 6000 \sim 7000$（万元）。

本题所采用的方法即可看成单位建筑工程投资估算法。

（二）设备及工器具购置费的估算

设备购置费估算应根据项目主要设备表及价格、费用资料编制，设备购置费应按国内设备和进口设备分别估算，工器具购置费一般按站设备费的一定比例计取。

国内设备购置费为设备出厂价加运杂费。运杂费主要包括运输费、装卸费和仓库保管费等，运杂费可按设备出厂价的一定百分比计算。

进口设备购置费的计算公式为

$$进口设备购置费 = 进口设备货价 + 进口从属费用 + 国内运杂费 \qquad (2 - 5)$$

1. 进口设备货价

进口设备货价通过向有关生产厂商询价、报价、订货合同价计算。

2. 进口从属费用

$$进口从属费用 = 国际运费 + 运输保险费 + 进口关税 + 增值税 + 消费税$$
$$+ 外贸手续费 + 银行财务费 + 海关监管手续费 \qquad (2 - 6)$$

（1）国际运费，即从装运港到达我国抵达港的运费。计算公式为

$$国际运费 = 离岸价(FOB 价) \times 运费率$$
$$或国际运费 = 单位运价 \times 运量 \qquad (2 - 7)$$

其中，运费率或单位运价参照有关部门或进出口公司的规定执行。

（2）运输保险费。由保险人（保险公司）与被保险人订立保险契约，在被保险人交付议定的保险费后，保险人根据契约的规定对货物在运输过程中发生的承包责任范围内的损失给予经济上的补偿。计算公式为

$$运输保险费 = (离岸价 + 国际运费) \times 国外保险费率 \qquad (2 - 8)$$

其中，保险费按照保险公司规定的进口货物保险费率计算。

（3）进口关税。由海关对进出口国境或关境的货物和物品征收的一种税。计算公式为

$$进口关税 = （进口设备离岸价 + 国际运费 + 运输保险费）\times 进口关税率 \quad (2-9)$$

其中，进口关税率按照我国海关总署发布的进口关税税率计算。

（4）增值税。我国增值税条例规定，进口应税产品均按组成计税价格和增值税税率直接计算应纳税额。计算公式为

$$增值税额 = 组成计税价格 \times 增值税税率 \quad (2-10)$$

$$组成计税价格 = 关税完成价格 + 进口关税 + 消费税 \quad (2-11)$$

其中，增值税税率根据规定的税率计算，目前进口设备适用税率为 17%。

（5）外贸手续费。是指国家对外贸经济合作部规定的对进口产品征收的费用，计算公式为

$$外贸手续费 = [进口设备离岸价（FOB 价）+ 国际运费$$
$$+ 运输保险费] \times 外贸手续费率 \quad (2-12)$$

其中，外贸手续费率按国家对贸易经济合作部规定的外贸手续费计算，一般取 1.5%。

（6）银行财务费。一般指中国银行手续费，计算公式为

$$银行财务费 = 进口设备离岸价（FOB 价）\times 银行财务费率 \quad (2-13)$$

其中，目前银行财务费率取 0.4%～0.5%。

（7）海关监管手续费。是指海关对进口减免税、保税设备实施监督、管理、提供服务的手续费。对全额征收关税的货物不收海关监管手续费。计算公式为

$$海关监管手续费 = 进口设备到岸价 \times 海关监管手续费费率 \quad (2-14)$$

其中，按照目前有关规定，海关监管手续费费率一般取 0.3%。

（8）消费税。仅对部分进口设备（如轿车、摩托车等）征收。一般计算公式为

$$消费税 = [设备离岸价（FOB 价）+ 国际运费 + 运输保险费 + 关税]/$$
$$（1 - 消费税税率）\times 消费税税率 \quad (2-15)$$

3. 国内运杂费

国内运杂费通常由下列各项构成：

（1）运费与装卸费。

（2）包装费。

（3）设备供销部门的手续费。

（4）采购与仓库保管费。

设备运杂费按设备离岸价乘以设备运杂费率计算，其公式为

$$设备运杂费 = 设备离岸价 \times 设备运杂费率 \quad (2-16)$$

其中，设备运杂费率按各部门及省、市等的规定计取。

【例 2-6】 某公司拟从国外进口一套机电设备，质量 1500t，装运港船上交货价，即离岸价为 400 万美元。其他有关费用参数为：国际运费标准为 360 美元/t；海上运输保管费率为 0.266%；中国银行费率为 0.5%；外贸手续费率为 1.5%；关税税率为 22%；增值税税率为 17%；美元的银行牌价为 8.27 元人民币，设备的国内运杂费率为 2.5%。现对该套设备进行估价。

解 根据上述各项费用的计算公式，则有

进口设备货价 = 400×8.27 = 3308（万元）

国际运费＝360×1500×8.27＝446.6（万元）

国外运输保险费＝（3308＋446.6）×0.266％＝10（万元）

进口关税＝（3308＋446.6＋10）×22％＝828.2（万元）

增值税＝（3308＋446.6＋10＋828.2）×17％＝780.8（万元）

银行财务税＝3308×0.5％＝16.5（万元）

外贸手续费＝（3308＋446.6＋10）×1.5％＝56.5（万元）

国内运杂费＝3308×2.5％＝82.7（万元）

购置费＝3308＋446.6＋10＋828.2＋780.8＋16.5＋56.5＋82.7＝5529.3（万元）

（三）安装工程费的估算

安装工程费通常按行业有关安装工程定额、取费标准和指标估算投资。具体计算可按安装费率、每吨设备安装费或者每单位安装工程实物量的费用估算，即

$$安装工程费 = 设备原价×安装费率 \tag{2-17}$$

$$安装工程费 = 设备吨位×每吨安装费 \tag{2-18}$$

$$安装工程费 = 安装工程实物量×安装费用指标 \tag{2-19}$$

（四）工程建设其他费用的估算

工程建设其他费用指从工程筹建到工程竣工验收交付使用为止的整个建设期间，除建设安装工程费用和设备及工器具购置费以外的，为保证工程建设顺利完成和交付使用后能够正常发挥效用而发生的各项费用。按其内容大体可分为三类：第一类指与土地使用有关的费用；第二类指与工程建设有关的其他费用；第三类指与未来企业生产经营有关的其他费用。在估算时，根据有关标准和建设项目具体情况进行合理估算。

（五）基本预备费

基本预备费是指在可行性研究阶段难以预料的费用，又称工程建设不可预见费。主要指涉及变更及施工过程中可能增加工程量的费用。

基本预备费以建筑工程费、设备及工器具购置费、安装工程费及工程建设其他费用之和为基数，按行业主管部门规定的基本预备费率计算。计算公式为

$$基本预备费 =（建筑工程费＋设备工器具购置费＋安装工程费$$
$$＋工程建设其他费用）×基本预备费率 \tag{2-20}$$

（六）价差预备费

价差预备费是对建设工期较长的项目，在建设期内价格上涨可能引起投资增加而预留的费用，也称为价格变动不可预见费。价差预备费以建筑工程费、设备及工器具购置费、安装工程费之和为计算基数。计算公式为

$$PF = \sum_{t=1}^{n} I_t \left[(1+f)^m (1+f)^{0.5} (1+f)^{t-1} - 1 \right] \tag{2-21}$$

式中　PF——价差预备费；

　　　　n——建设期年份数；

　　　　I_t——建设期中第 t 年的投资计划额，包括工程费用、工程建设其他费用及基本预备费，即第 t 年的静态投资；

　　　　f——年均投资价格上涨率；

　　　　m——建设前期年限（从编制估算到开工建设），年。

【例2-7】　某建设项目，经投资估算确定的工程费用与工程建设其他费用合计为2000万元，项目建设期为2年，每年各完成投资计划50%。在基本预备费为5%，年均投资价格上涨率为10%的情况下，试估计该项目建设期的价差预备费。

解　项目建设准备期为1年。

（1）基本预备费＝2000×5%＝100（万元）

（2）静态投资＝2000+100＝2100（万元）

（3）第一年投资计划用款额为

$$I_1 = 2100 \times 50\% = 1050 (万元)$$

第一年价差预备费为

$$PF_1 = I_1[(1+f)^1(1+f)^{0.5} - 1] = 1000 \times [(1+10\%) \times (1+10\%)^{0.5} - 1]$$
$$= 161.374 (万元)$$

第二年投资计划用款额为

$$I_2 = 2000 \times 50\% = 1000 (万元)$$

第二年价差预备费为

$$PF_2 = I_2[(1+f)^1(1+f)^{0.5}(1+f) - 1]$$
$$= 1050 \times [(1+10\%) \times (1+10\%)^{0.5} \times (1+10\%) - 1]$$
$$= 282.512 (万元)$$

所以，项目建设期价差预备费为

$$PF = 161.374 + 282.512 = 443.886 (万元)$$

（七）建设期利息

建设期利息是指项目借款在建设期内发生并计入固定资产的利息，包括借款利息及手续费、承诺费、管理费等项财务费用。根据各个项目借款和建设期利息偿还的不同，贷款在建设期各年年初发放、年中发放几种情况，建设期利息采用不同的计算公式。

对于贷款在建设期各年年初发放，建设期不支付贷款利息时，建设期贷款利息的计算公式为

$$Q_i = (P_{i-1} + A_i)i \tag{2-22}$$

式中　Q_i——建设期第i年应计利息；

　　P_{i-1}——建设期第$i-1$年末借款本息累计；

　　A_i——建设期第i年借款额；

　　i——借款年利率。

有多种借款资金来源，每笔借款的年利率各不相同的项目，既可分别计算每笔借款的利息，也可先计算出各笔借款加权平均的年利率，再以此计算全部借款的利息。

【例2-8】　某新建项目，建设期为3年，第一年贷款300万元，第二年贷款600万元，第三年贷款400万元，年利率为6%，试计算项目建设期贷款利息。

解　第一年贷款利息为

$$Q_1 = A_1 i = 300 \times 6\% = 18 (万元)$$

第二年贷款利息为

$$Q_2 = (P_1 + A_2)i = (300 + 18 + 600) \times 6\% = 55.08 (万元)$$

第三年贷款利息为

$$Q_3 = (P_2 + A_3)i = (300 + 18 + 600 + 55.08 + 400) \times 6\% = 82.38 (万元)$$

所以，项目建设期贷款利息为

$$Q = Q_1 + Q_2 + Q_3 = 18 + 55.08 + 82.38 = 155.46 (万元)$$

对于贷款在当年均衡发放的情况，当年所贷款额按照一半计算利息。

$$Q_i = (P_{i-1} + A_i/2)i \tag{2-23}$$

四、流动资金的估算方法

流动资金是流动资产的表现形式，即企业可以在一年内或超过一年的一个生产周期内变现或者耗用的资产合计。流动资金估算通常有扩大指标估算法和分项详细估算法。

（一）扩大指标估算法

扩大指标估算法是一种简化的流动资金估算方法，一般可参照同类企业流动资金占销售收入、经营成本的比例，或者单位产量占用流动资金的数额估算。虽然扩大指标估算法简便易行，但准确度不高，一般适用于项目建议书阶段的流动资金估算。

（二）分项详细估算法

对流动资金构成的各项流动资产和流动负债分别进行估算。在可行性研究中，为了简化，仅对存货、现金、应收账款和应付账款四项内容估算，计算公式为

$$流动资金 = 流动资产 - 流动负债 \tag{2-24}$$

$$流动资产 = 应收账款 + 存货 + 现金 \tag{2-25}$$

$$流动负债 = 应付账款 \tag{2-26}$$

$$流动资金本年年增加额 = 本年流动资金 - 上年流动资金 \tag{2-27}$$

流动资金估算的具体步骤，首先计算存货、现金、应收账款和应付账款的年周转次数，然后分项估算占用资金额。

1. 周转次数计算

周转次数的计算公式为

$$周转次数 = 360 / 最低周转天数 \tag{2-28}$$

存货、现金、应收账款和应付账款的最低周转天数，参照类似企业的平均周转天数并结合项目特点确定，或按部门（行业）规定计算。

2. 存货计算

存货是企业为销售或耗用而储备的各种货物，主要有原材料、辅助材料、燃料、低值易耗品、修理用备件、包装物、在产品、自制半成品和产成品等。为简化计算，仅考虑外购原材料、外购燃料、在产品和产成品，并分项进行计算。计算公式为

$$存货 = 外购原材料 + 外购燃料 + 在产品 + 产成品 \tag{2-29}$$

$$外购原材料 = 年外购原材料 / 按种类分项周转次数 \tag{2-30}$$

$$外购燃料 = 年外购燃料 / 按种类分项周转次数 \tag{2-31}$$

$$在产品 = (年外购原材料 + 年外购燃料 + 年工资及福利费 + 年修理费$$
$$+ 年其他制造费用) / 在产品周转次数 \tag{2-32}$$

$$产成品 = 年经营成本 / 产成品周转次数 \tag{2-33}$$

3. 应收账款估算

应收账款是指企业对外销售商品、提供劳务尚未收回的资金，包括很多科目，一般只计

算应收销售款。计算公式为

$$应收账款＝年销售收入／应收账款周转次数 \qquad (2-34)$$

4. 现金需要量估算

项目流动资金中的现金是指货币资金，即企业生产运营活动中停留于货币形式的那一部分资金，包括企业库存现金和银行存款。计算公式为

$$现金需要量＝（年工资及福利费＋年其他费用）／现金周转次数 \qquad (2-35)$$

$$年其他费用＝制造费用＋管理费用＋销售费用—以上三项费用中所含的$$
$$工资及福利费、折旧费、维简费、摊销费、修理费 \qquad (2-36)$$

5. 流动负债估算

流动负债是指在一年或超过一年的一个营业周期内，需要偿还的各种债务。一般流动负债的估算只考虑应付账款一项。计算公式为

$$应付账款＝（年外购原材料＋年外购燃料）／应付账款周转次数 \qquad (2-37)$$

五、项目的资金使用计划和资金筹措

（一）项目投入总资金

按投资估算内容和估算方法估算出上述各项投资并进行汇总，编制项目投入总资金估算汇总表。

根据国家发展和改革委员会与建设部发布的《建设项目经济评价方法与参数（第三版）》（以下简称《方法与参数》），投资估算可以根据项目前期研究各阶段对投资估算精度的要求、行业特点和相关规定，选用概算法（见表2-1）或形成资产法（见表2-2）编制表格。

表2-1　　　　　　　　　　　建设投资估算表（概算法）　　　　　　人民币单位：万元

序 号	工程或费用名称	建筑工程费	设备购置费	安装工程费	其他费用	合计	其中：外币	比例（％）
1	工程费用							
1.1	主体工程							
1.1.1	×××							
	……							
1.2	辅助工程							
1.2.1	×××							
	……							
1.3	公用工程							
1.3.1	×××							
	……							
1.4	服务性工程							
1.4.1	×××							
	……							

续表

序　号	工程或费用名称	建筑工程费	设备购置费	安装工程费	其他费用	合计	其中：外币	比例（%）
1.5	厂外工程							
1.5.1	×××							
	……							
1.6	×××							
2	工程建设其他费用							
2.1	×××							
	……							
3	预备费							
3.1	基本预备费							
3.2	价差预备费							
4	建设投资合计							
比例（%）								

表 2-2　　　　　　建设投资估算表（形成资产法）　　　　人民币单位：万元

序　号	工程或费用名称	建筑工程费	设备购置费	安装工程费	其他费用	合计	其中：外币	比例（%）
1	固定资产费用							
1.1	工程费用							
1.1.1	×××							
1.1.2	×××							
	……							
1.2	固定资产其他费用							
	×××							
	……							
2	无形资产费用							
2.1	×××							
	……							
3	其他资产费用							
3.1	×××							
	……							
4	预备费							
4.1	基本预备费							

续表

序　号	工程或费用名称	建筑工程费	设备购置费	安装工程费	其他费用	合计	其中：外币	比例（%）
4.2	价差预备费							
5	建设投资合计							
比例（%）								

根据投资估算汇总表，对项目投入总资金构成的合理性、各单项工程投资比例的合理性，以及单位生产能力投资指标的先进性进行分析，并为项目融资决策提供基础。

（二）分年投资计划

估算出项目不含建设期利息的建设投资、建设期利息和流动资金后，应根据项目计划进度的安排，编制分年投资计划表（见表 2-3）。该表中的分年建设投资（不含建设期利息）可以作为安排融资计划、估算建设期利息的基础，由此估算出的建设期利息列入表 2-3。流动资金本来就是分年估算的，可由流动资金估算表转入。分年投资计划表是编制项目资金筹措计划表的基础，实践中往往将两者合一，编制项目总投资使用计划与资金筹措表。

表 2-3　　　　　　　　　　分年投资计划表

序　号	名　称	人民币			外　币		
		第一年	第二年	…	第一年	第二年	…
1	分年计划（%）						
2	建设投资						
3	建设期利息						
4	流动资金						
5	项目投入总资金（2+3+4）						

建设期资金投入分配和运营期流动资金投入计划主要是依据项目的实施进度计划安排的。项目实施进度主要是指合理安排建设过程各阶段的工作进度，以便合理分配和使用资金，尽快形成生产能力，发挥投资效益。建设过程各阶段工作进度的安排主要根据国家有关部门制定的行业项目建设工期定额和单位工程工期定额，结合项目建设内容的繁简、工程量的大小、建设难易程度以及施工条件等具体情况综合考虑，然后据此列出主要单项工程的建设起止时间表。

（三）项目的资金筹措

在投资估算的基础上，还要对建设投资和流动资金所需总资金的来源渠道和筹措方式进行分析，初步确定融资方案，通过对初步融资方案的资金结构、融资成本和融资风险的分析，结合融资后财务分析，比选、确定融资方案。

设定融资方案，应先确定融资主体。按照融资主体不同，融资方式分为既有法人融资和新设法人融资两种。既有法人融资方式，建设项目所需资金来源于既有法人内部融资、新增资本金和新增债务资金；新设法人融资方式，建设项目所需资金来源于项目公司股东投入的资本金和项目公司承担的债务资金。

项目资本金（即项目权益资金）的来源渠道和筹措方式，应根据项目融资主体的特点按下列要求进行选择：既有法人融资项目的新增资本金可通过原有股东增资扩股、吸收新股东投资、发行股票、政府投资等渠道和方式筹措；新设法人融资项目的资本金可通过股东直接投资、发行股票、政府投资等渠道和方式筹措。

项目债务资金可通过商业银行贷款、政策性银行贷款、外国政府贷款、国际金融组织贷款、出口信贷、银团贷款、企业债券、国际债券、融资租赁等渠道和方式筹措。

在初步确定项目的融资主体和资金来源的基础上，对于融资方案资金来源的可靠性、资金结构的合理性、融资成本高低和融资风险大小，应进行综合分析，结合融资后财务分析，比选、确定融资方案。

资金来源可靠性分析是指对投入项目的各类资金在币种、数量和时间要求上是否能够满足项目需要所进行的分析，主要包括既有项目法人内部融资的可靠性分析、项目资本金的可靠性分析和项目债务资金的可靠性分析。

资金结构合理性分析是指对项目资本金与项目债务资金、项目资本金内部结构以及项目债务资金内部结构等资金比例合理性的分析。

第二节　固定资产折旧及其计算

建设项目投资在项目建设完成后会形成各类资产——固定资产、流动资产、无形资产和其他资产，在项目的经营期内，各类资产通过参与项目运营，形成产品或劳务的成本费用，从而实现投资的回收。本节主要讨论固定资产投资的回收方式——折旧的概念和计算，并简要介绍无形资产及其他资产投资的回收方式——摊销的概念和计算。对于项目总投资中哪些费用形成固定资产，哪些费用形成流动资产、无形资产和递延资产，可以参考工程造价管理方面的参考书中竣工决算部分的有关内容，本书不做讨论。

一、固定资产及其折旧的概念

（一）固定资产

固定资产（fixed assets）是指使用年限在一年以上，单位价值在规定的标准以上，并且在使用过程中保持原有物质形态的资产。

固定资产的管理包括固定资产需要量的预测、固定资产投资决策、固定资产折旧管理，以及固定资产的日常管理等内容。本节主要介绍固定资产的折旧方法，其他内容可以参考财务管理和会计学的相关内容。

固定资产投资的回收是采取在使用寿命期分期收回的方式进行的，因此，在固定资产的使用寿命期间，固定资产的价值存在双重形态，一部分转移到产品或劳务中，通过产品或劳务的出售而收回，称为转移价值或折旧价值；另一部分仍然保留在固定资产上，称为固定资产净值或剩余价值。

（二）折旧的概念

固定资产折旧（depreciation）是指固定资产因磨损和损耗而转移到产品或服务中去的那部分价值。从折旧的现金流转来看，固定资产折旧是以成本形式从收入中提取的用于补偿固定资产损耗的价值，折旧是一项非现金流出，但它可以影响所得税额，因此在进行税后工程经济研究时，必须对其加以合理考虑。

因此，固定资产折旧不仅是固定资产价值损耗的补偿尺度，还通过折旧从收入中提取的形式形成了固定资产更新的准备金，保证了固定资产简单再生产的资金来源，同时固定资产折旧是产品成本的一个重要组成部分，因此，正确计算固定资产折旧，对于加强企业经济核算和正确组织固定资产的再生产都有重要的作用。

但是在投资项目计算期的现金流量表中，折旧费并不构成现金流出，但是在估算利润总额和所得税时，它们是总成本费用的组成部分。从企业角度看，折旧的多少与快慢并不代表企业的这项费用实际支出的多少与快慢。因为它们本身就不是实际的支出，而只是一种会计手段，把以前发生的一次性支出在年度（或季度、月份）中进行分摊，以核算年（季、月）应缴付的所得税和可以分配的利润。因此，一般说来，企业总希望多提和快提折旧费以期少交和慢交所得税。从政府角度看，也要防止企业的这种倾向，保证正常的税收来源。因此，对折旧的计算，国家有相关的规定。

（三）影响折旧的因素

影响折旧额计算的因素主要有以下三个方面：

（1）折旧基数——固定资产原值。折旧基数指计算固定资产折旧的基数，一般为取得固定资产的原始成本，即固定资产原值。

对于建设项目，固定资产原值是指项目投产（达到预定可使用状态）时按规定由投资形成固定资产的部分，主要有工程费用（设备购置费、安装工程费、建筑工程费、工器具购置费）、待摊投资（工程建设其他费用中应计入固定资产原值的部分，即除按规定计入无形资产和其他资产以外的工程建设其他费用）、预备费和建设期利息。

（2）固定资产净残值。固定资产净残值是指预计在固定资产报废时可以收回的残余价值扣除预计清理费用后的数额。

残余价值和清理费用只有在它被清理并在市场上出售后才能准确地计量，而折旧却是在使用中逐期计提的，因此，折旧计算只能人为地估计，不可避免地会产生主观臆断。为了避免人为调整净残值数额从而人为地调整计提折旧额，进而影响实现利润和所得税的缴纳，我国《企业会计制度》规定，净残值按照固定资产原值的 3%～5%，由企业自主确定。由于情况特殊，需调整残值比例的，应报主管财政机关备案。

（3）固定资产使用年限。固定资产使用年限的长短直接影响着生产经营各期应计提的折旧额。确定固定资产使用年限时，不仅要考虑固定资产的有形损耗，还要考虑固定资产的无形损耗。由于这两种损耗难以准确估计，因此，固定资产的使用年限也只能预计，同样具有主观随意性。

国家为了控制所得税税源，对各类固定资产使用年限的范围做了规定，企业应根据国家的有关规定，结合本企业的具体情况合理地确定固定资产的折旧年限。

（四）计提折旧的范围

（1）计提折旧的固定资产范围如下：

1）房屋及建筑物。不论是否使用，从入账的次月起就应计提折旧。

2）在用固定资产。指已投入使用的施工机械、运输设备、生产设备、仪器及试验设备等生产性固定资产以及已投入使用的非生产性固定资产。

3）季节性停用和修理停用的固定资产。

4）以融资租赁方式租入的固定资产。

5）以经营租赁方式租出的固定资产。

（2）不计提折旧的固定资产范围如下：

1）除房屋及建筑物以外的未使用、不需用的固定资产。

2）以经营租赁方式租入的固定资产。

3）已提足折旧但继续使用的固定资产。

4）破产、关停企业的固定资产。

5）提前报废的固定资产。不补提折旧，其净损失计入营业外支出。

固定资产折旧，从固定资产投入使用月份的次月起，按月计提。停止使用的固定资产，从停止月份的次月起，停止计提折旧。

二、固定资产折旧方法

按财务制度的有关规定，企业有权选择具体折旧方法和折旧年限。企业根据自身财务状况及其变动趋势，就固定资产折旧方法和折旧年限所作出的选择就是企业的折旧政策。在开始实行年度前报主管财政机关备案。折旧年限和折旧方法一经确定，不得随意变更。需要变更的，由企业提出申请，并在变更年度前报主管财政机关批准。

固定资产折旧的计算方法有平均年限法、工作量法、双倍余额递减法和年数总和法。

（一）平均年限法

平均年限法也称使用年限法，它是按照固定资产的预计使用年限平均分摊固定资产折旧额的方法。这种方法计算的折旧额在各个使用年（月）份都是相等的，折旧的累计额所绘出的图线是直线。因此，这种方法也称直线法。

平均年限法的固定资产折旧率和折旧额的计算公式为

$$年折旧率 = \frac{1 - 预计净残值率}{折旧年限} \times 100\% \tag{2-38}$$

$$月折旧率 = 年折旧率 \div 12 \tag{2-39}$$

$$月折旧额 = （固定资产原值 - 预计残值）\times 月折旧率 \tag{2-40}$$

$$年折旧额 = （固定资产原值 - 预计残值）\times 年折旧率 \tag{2-41}$$

净残值率按照固定资产原值的 3‰～5‰ 确定，净残值率低于 3‰ 或者高于 5‰ 的，由企业自主确定，报主管财政机关备案。

【例 2-9】 某企业有一个厂房，原值是 120 万元，预计使用年限为 20 年，预计净残值率为 4‰，试计算该厂房年折旧率和年折旧额。

解 该厂房年折旧率和年折旧额计算如下：

$$年折旧率 = \frac{1 - 预计净残值率}{折旧年限} \times 100\% = \frac{1 - 4\%}{20} \times 100\% = 4.8\%$$

$$年折旧额 = 固定资产原值 \times 年折旧率 = 120 \times 4.8\% = 5.76（万元）$$

（二）工作量法

这是按照固定资产生产经营过程中所完成的工作量计提折旧的一种方法，是平均年限法派生出的方法，适用于各种时期使用程度不同的专业大型机械、设备。

采用工作量法的固定资产折旧额的计算公式如下：

（1）按照行驶里程计算折旧的公式为

$$单位里程折旧额 = \frac{原值 \times (1 - 预计净残值率)}{规定的总行驶里程} \tag{2-42}$$

$$月折旧额 = 月实际行驶里程 \times 单位里程折旧额 \tag{2-43}$$

（2）按照工作小时计算折旧的公式为

$$每工作小时折旧额 = \frac{原值 \times (1 - 预计净残值率)}{规定的总工作小时} \tag{2-44}$$

$$月折旧额 = 月实际工作小时 \times 每工作小时折旧额 \tag{2-45}$$

（3）按照台班计算折旧的公式为

$$每台班折旧额 = \frac{原值 \times (1 - 预计净残值率)}{规定的总工作台班} \tag{2-46}$$

$$月折旧额 = 月实际工作台班 \times 每台班折旧额 \tag{2-47}$$

工作量法实际上也是直线法，只不过是按照固定资产所完成的工作量平均计算每期的折旧额。

（三）双倍余额递减法

双倍余额递减法是在不考虑固定资产残值的情况下，按照固定资产账面净值和固定的折旧率计算折旧的方法，是加速折旧法的一种。其年折旧率是平均年限法的两倍，并且在计算年折旧率时不考虑预计净残值率。计算月折旧额时，以固定资产账面净值（即固定资产原值减去已提折旧后的余额）为基数。采用这种方法时，折旧率是固定的，但计算基数逐年递减，因此计提的折旧额逐年递减。

采用双倍余额递减法的固定资产折旧率和折旧额的计算公式为

$$年折旧率 = \frac{2}{折旧年限} \times 100\% \tag{2-48}$$

$$月折旧率 = 年折旧率 \div 12$$

$$月折旧额 = 固定资产账面净值 \times 月折旧率 \tag{2-49}$$

$$年折旧额 = 固定资产账面净值 \times 年折旧率 \tag{2-50}$$

实行双倍余额递减法的固定资产，为了使计算中最后一年的固定资产账面净值不低于其预计残值，应当在其固定资产折旧年限到期前两年内，将固定资产净值扣除预计净残值后的净额平均摊销。

【例 2-10】 某项固定资产原价为 10 000 元。预计净残值为 400 元，预计使用年限为 5 年。采用双倍余额递减法计算各年的折旧额。

解 年折旧率 = 2 ÷ 5 = 40%

第一年折旧额：10 000 × 40% = 4000（元）

第二年折旧额：(10 000 - 4000) × 40% = 2400（元）

第三年折旧额：(10 000 - 4000 - 2400) × 40% = 1440（元）

第四年折旧额：(10 000 - 4000 - 2400 - 1440 - 400) ÷ 2 = 880（元）

第五年折旧额：(10 000 - 4000 - 2400 - 1440 - 400) ÷ 2 = 880（元）

（四）年数总和法

也称年限总和法，是以固定资产原值减去预计净残值后的余额为基数，按照逐年递减的折旧率计提折旧的一种方法，是加速折旧法的一种。其折旧率以该项固定资产预计尚可使用的年数（包括当年）做分子，而以逐年可使用年数之和做分母。分母是固定的，而分子逐年递减，所以折旧率逐年递减。采用这种方法时，计算基数是固定的，但折旧率逐年递减，因此计提的折旧额逐年递减。

采用年数总和法的固定资产折旧率和折旧额的计算公式为

$$年折旧率 = \frac{尚可使用年限}{各年预计使用年限之和} \times 100\% \qquad (2-51)$$

或

$$年折旧率 = \frac{折旧年限 - 已使用年数}{折旧年限 \times (折旧年限 + 1) \div 2} \times 100\% \qquad (2-52)$$

$$月折旧率 = 年折旧率 \div 12$$

$$月折旧额 = (固定资产原值 - 预计净残值) \times 月折旧率$$

$$年折旧额 = (固定资产原值 - 预计净残值) \times 年折旧率$$

【例 2-11】 某项固定资产原价为 10 000 元，预计净残值为 400 元，预计使用年限为 5 年。采用年数总和法计算各年的折旧额。

解 计算折旧的基数 = 10 000 - 400 = 9600（元）

年数总和 = 5 + 4 + 3 + 2 + 1 = 15（年）或 5 × (5 + 1) ÷ 2 = 15（年）

第一年折旧额：9600 × 5/15 = 3200（元）

第二年折旧额：9600 × 4/15 = 2560（元）

第三年折旧额：9600 × 3/15 = 1920（元）

第四年折旧额：9600 × 2/15 = 1280（元）

第五年折旧额：9600 × 1/15 = 640（元）

在上述几种固定资产折旧方法中，双倍余额递减法和年数总和法属于加速折旧法。采用加速折旧法计提固定资产的折旧额，可使固定资产在使用的早期能多提折旧，后期少提折旧，其递减速度逐年加快。这样，可以在固定资产估计的耐用期限内加快速度得到补偿，从而尽可能减少由于技术进步引起无形损耗致使固定资产提前淘汰所造成的损失。不同折旧计算结果对比见［例 2-12］。

【例 2-12】 某项资产原值为 50 000 元，预计使用 5 年，预计净残值为 2000 元，分别用平均年限法、双倍余额递减法、年数总和法求其折旧额。

解 计算结果见表 2-4。

表 2-4　　　　　　　　　　不同折旧计算方法计算结果

年限	平均年限法		双倍余额递减法		年数总和法	
	年折旧率	年折旧额（元）	年折旧率	年折旧额（元）	年折旧率	年折旧额（元）
1	19.2%	9600	40%	20 000	5/15	16 000
2	19.2%	9600	40%	12 000	4/15	12 800
3	19.2%	9600	40%	7200	3/15	9600
4	19.2%	9600	40%	4400	2/15	6400
5	19.2%	9600	40%	4400	1/15	3200

由于折旧是所得税的一项重要扣除项目，加速折旧虽没有改变折旧期内应纳税所得额和应纳税额的总量，但改变了所得税计入现金流出的时间，根据资金时间价值原理（详细阐述见第三章），加速折旧使资金的回收速度阶段性地加快，使纳税人应纳税额在前期减少，在

后期增加，因而实际上推迟了缴纳税款的时间，等于向政府取得了一笔无须支付利息的贷款。因此，准予采用加速折旧法，实际上是国家给予企业的一种特殊的缓税或延期纳税的优惠。

一般来说，企业总是希望多提和快提折旧费和摊销费，以少交和缓交所得税。为保证国家正常的税收来源，国家对折旧方法、折旧年限的摊销费的计算均有明确的规定。

第三节 成本费用相关概念

成本费用是项目生产运营中所支出的各种费用的统称。按照《企业会计制度》对成本与费用的定义，费用是指企业为销售商品、提供劳务等日常活动所发生的经济利益的流出；成本是指企业为生产产品、提供劳务而发生的各种耗费。费用和成本是两个并行使用的概念，两者既有联系又有区别。成本是按一定对象所归集的费用，生产成本是相对于一定的产品而言所发生的费用；费用是资产的耗费，它与一定会计期间相联系，而与生产哪种产品无关，成本则与一定种类和数量的产品或商品相联系，而不论发生在哪个会计期间。

按照《企业会计制度》，要求计算的是生产成本（或称制造成本、运营成本），而把管理费用、财务费用和销售费用三项费用作为期间费用分别放在损益表中核算。在财务评价中，为了对生产运营期间的总费用一目了然，将这三项费用与生产成本合并为总成本费用。这是财务评价相对会计制度所做的不同处理，但并不因此影响利润的计算。

成本费用按其计算范围可分为单位产品成本和总成本费用；按成本与产量的关系分为固定成本和可变成本；按会计核算的要求有制造成本与生产成本；按财务评价的特定要求有经营成本。成本费用估算应注意成本费用与收入的计算口径对应一致，各项费用划分清楚，防止重复计算或低估漏算。

一、总成本费用

（一）总成本费用的估算

总成本费用是指在运营期内为生产产品或提供劳务所发生的全部费用，它不仅包括当期直接发生的成本费用，称为付现成本，如工资和原材料等；还包括以前发生的需要在多个会计期间分摊的费用，称为非付现成本，如折旧和摊销等。

根据《方法与参数》，在项目评价阶段，对总成本费用的估算可以参照以下两种方法进行。

1. 生产成本加期间费用估算法

生产成本加期间费用估算法根据会计核算的原则将全部费用划分为可以对象化的产品制造成本（生产成本）和在一个会计期间进行核算的期间费用两大类。

$$总成本费用 = 生产成本 + 期间费用 \tag{2-53}$$

其中：

$$生产成本 = 直接材料费 + 直接燃料和动力费 + 直接工资$$
$$+ 其他直接支出 + 制造费用 \tag{2-54}$$
$$期间费用 = 管理费用 + 营业费用 + 财务费用 \tag{2-55}$$

2. 生产要素估算法

生产要素估算法从估算各种生产要素的费用入手汇总得到项目总成本费用，而不管其具体应归集到哪个产品上。采用这种估算方法，不必计算项目内部各生产环节的成本结转，同时也较容易计算项目的可变成本和固定成本。计算公式为

$$总成本费用 =外购原材料、燃料和动力费＋工资及福利费＋折旧费＋摊销费$$
$$＋修理费＋财务费用(利息支出)＋其他费用 \qquad (2-56)$$

其中，其他费用是指从制造费用、管理费用和营业费用中扣除折旧费、摊销费、修理费、工资及福利费以后的其余部分。

在总成本费用估算时，应遵循有关税收制度中准予在所得税前列支项目的规定。另外，由于各行业成本费用的构成各不相同，《方法与参数》要求，制造业项目可直接采用式（2-53）或式（2-56）估算，其他行业的成本费用估算应根据行业规定或结合行业特点另行处理。

关于总成本费用中具体费用项目的估算方法，可以参考第六章。

（二）固定成本、可变成本和半可变成本

根据成本费用与产量的关系可以把总成本费用分解为固定成本、可变成本和半可变成本。

（1）固定成本是指不随产品产量变化的各项成本费用。一般包括折旧费、摊销费、修理费、工资及福利费（计件工资除外）、其他费用等。

（2）可变成本是指随产品产量增减而成正比例变化的各项费用。主要包括外购原材料、燃料及动力费和计件工资等。

（3）半可变成本。有些成本项目中既有可变因素，又有固定因素，例如不能熄灭的工业炉的燃料费用等，称为半可变（或半固定）成本。必要时将半可变（或半固定）成本进一步分解为可变成本和固定成本，使产品成本最终划分为可变成本和固定成本。

把总成本费用划分为可变成本和固定成本是盈亏平衡分析的前提。

二、工程经济分析中的其他成本概念

（一）经营成本

经营成本是指在一定时期内由于生产和销售产品或提供劳务而实际发生的现金流出，它不包括虽计入产品成本费用，但实际没有发生现金支出的费用项目。经营成本是项目经济评价中所使用的特定概念，设置经营成本这一概念的目的是便于进行项目现金流量分析。由于现金流量分析是按照收付实现制确定的，而总成本费用包括一部分非付现成本（折旧和摊销等），所以在工程经济分析中，为了便于考查项目经营期间构成实际现金流出的那一部分成本，引入了经营成本这一概念。

作为项目运营期的主要现金流出，其构成和估算可采用下式表达：

$$经营成本 =外购原材料、燃料和动力费＋工资及福利费$$
$$＋修理费＋其他费用 \qquad (2-57)$$

也可根据总成本费用，扣除折旧费、摊销费和利息后得到

$$经营成本 = 总成本费用－折旧费－摊销费－利息 \qquad (2-58)$$

如上所述，折旧费和摊销费并不构成实际的现金流出，而只是建设投资在经营期的分摊，因此折旧费和摊销费不属于经营成本的范畴。原因如下：

（1）现金流量表反映项目在计算期内逐年发生的现金流入和现金流出。与常规会计方法不同，现金收支何时发生就何时计算，不做分摊。由于投资以其发生的时间作为一次性支出

被计入现金流出，不能再以折旧费和摊销费的方式计为现金流出，否则会发生重复计算。因此，作为经常性支出的经营成本中不包括折旧费和摊销费。

（2）各项目的融资方案不同，利率也不同，因此，项目投资现金流量表不考虑投资资金的来源。利息支出也不作为现金流出，因为项目资本金现金流量表中已将利息支出单列，因此，经营成本中也不包括利息支出。

因此，在项目技术经济分析中，为了计算和分析方便，引入经营成本这一概念，并把它作为一个单独现金流出项目列出。

（二）机会成本

机会成本是指把一种具有多种用途的稀缺资源用于某一特定用途上时，所放弃的其他用途中的最佳用途的收益。人们在利用自己的经济资源时，往往选择实际收益大于机会成本的项目。例如，一笔资金可投资于 A、B、C、D 四个项目，它们的收益分别为 30 万元、60 万元、40 万元和 100 万元。通过比较，投资者将这笔资金投入收益最佳的 D 项目，从而放弃了 A、B、C 三个投资机会，其中，次佳的 B 项目的收益即为投资于 D 项目的机会成本。

机会成本是理论经济学中的一个概念，它不是实际发生的支出。在技术经济分析中，机会成本的概念十分重要。这是因为投资者能投入的资金或可利用的经济资源是有限的，具有稀缺性，当这种有限资源可同时用于两个或多个备选方案时，只有把机会成本同时考虑进去，使收益大于机会成本，才能保证选用最佳方案投资，从而实现资源的最佳配置和利用。

（三）沉没成本

沉没成本是过去的成本支出，是项目投资决策评价前已经花费的，在目前的决策中无法改变的成本。在项目评价或决策中，当前决策所考虑的是未来可能发生的费用及所能带来的收益，沉没成本与当前决策无关，因此，在下一次的决策中不予考虑。例如，李先生出资 15 万购进一辆二手车，使用一段时间后，传动系统需支付 0.8 万元维修。将车修好再出售可得 13 万元。不修理将原车出售可得 12 万元。对于该问题的决策分析见表 2 - 5。

表 2 - 5　　　　　　　　决 策 问 题 构 成　　　　　　　　单位：万元

项目	不考虑原始成本		考虑原始成本	
	原车出售	修好出售	原车出售	修好出售
售　价	12	13	12	13
维修费	0	−0.8	0	−0.8
原买价			−15	−15
利　润	12	12.2	−3	−2.8

从表 2 - 5 中可以看出，无论是否考虑原始成本，对评价结论没有影响，因为沉没成本对所有的方案都是相同的、无法改变的，因此在工程经济分析中应不予考虑。

（四）边际成本

边际成本是指增加一个单位产品产量时所增加的成本，也就是增加最后一个产品生产的成本。边际成本可用成本的增量与产量的增量之比来计算，公式为

$$边际成本 = 成本增量 / 产量增量 \tag{2-59}$$

边际成本的经济学意义在于，当边际收益即增加最后一个单位产品时所增加的收益大于

边际成本时，增加产量扩大生产规模的决策有助于投资者增加利润总额，因而，此投资方案是可取的；当边际收益小于边际成本时，增加产量扩大生产规模的决策会使投资者的利润减少，因而此投资方案是不可取的；当边际收益与边际成本相等时，当前的生产规模是投资者获利最大的生产规模，因而也是最佳的。

【例 2 - 13】 某项目投资于一种产品有两个可供选择的方案，甲方案产量为 8 万 t，生产总成本为 1800 万元；乙方案产量为 10 万 t，生产总成本为 1950 万元，那么，选择乙方案时将产量从 8 万 t 增加到 10 万 t 的边际成本为多少？

解 将产量从 8 万 t 增加到 10 万 t 的边际成本为

$$\frac{1950 - 1800}{10 - 8} = 75(元/t)$$

第四节　项目经营期间的收入、利润和税金

一、收入

一般而言，项目投资的目的是使投资增值，而使投资增值的手段就是通过项目经营期间的产品或劳务的出售取得收入，这一收入在补偿成本费用以后的多余数额就是企业的利润，也就是项目投资的增值，也是投资人的投资动力之所在。

企业的收入、利润和所得税的核算按权责发生制要求，对会计主体在一定期间内发生的各项业务收入，不论其款项是否收到，均应作为本期收入处理；凡符合费用确认标准的本期费用，不论其款项是否付出，均应作为本期费用处理；反之，凡不符合收入确认标准的款项，即使在本期收到，也不能作为本期收入处理；凡不符合费用确认标准的款项，即使在本期付出，也不能作为本期费用处理。显然，权责发生制所反映的经营成果与现金的收付是不一致的。

收付实现制是与权责发生制相对应的一种确认基础，它以收到或支付现金作为确认收入和费用的依据。在工程经济分析中，项目现金流量分析是按收付实现制原则确定的。

根据我国《企业会计准则》中的定义，收入是指企业在销售商品、提供劳务及他人使用本企业资产等日常活动中所形成的经济利益的总流入，具体包括商品销售收入、劳务收入、使用费收入、股利收入及利息收入等。收入是企业利润的主要来源。工程经济分析中的收入主要是指项目投入运营后，提供的销售收入或劳务收入。

在稳定的经营状态下，权责发生制和收付实现制两种核算方法确定的收入数值是一致的，因此销售收入（劳务收入）就可以作为项目的主要现金流入。

二、利润及利润分配

（一）利润的构成

利润是企业在一定时期内生产经营活动的最终财务成果，是用货币形式反映的企业生产经营活动的效率和效益的最终体现，是企业生产经营所创造的收入与所发生的成本对比的结果。企业最终的财务成果一般有两种可能：一种是取得正的财务成果，即利润；另一种是取得负的财务成果，即亏损。

企业的利润主要是指利润总额和净利润。根据《企业会计通则》，企业的利润总额包括营业利润、投资净收益、营业外收支净额及补贴收入等。

$$利润总额 = 营业利润 + 投资净收益 + 营业外收支净额 + 补贴收入 \qquad (2-60)$$

在工程经济分析中，因为是根据预测数据考查项目"未来"的经营状况，因此一般假设项目处于正常的、稳定的经营状态，不考虑项目将来可能面临的其他投资渠道或其他非经营项目所产生的收入。因此在工程经济分析中，项目的利润总额一般只考虑项目的主营业务利润，因此，对于一般工业项目，其利润总额即为销售收入减总成本费用减销售税金及附加后的余额。

$$利润总额 = 销售收入 - 总成本费用 - 销售税金及附加 \qquad (2-61)$$

净利润又称税后利润，是指企业缴纳所得税后形成的利润，是企业所有者权益的组成部分，也是企业进行利润分配的依据，对于有建设期借款的项目，净利润也是归还借款本金的主要资金来源。

（二）利润的分配

企业实现了利润总额，取得了生产经营成果后，首先应履行纳税人的义务，按照国家税收法律规定计算并缴纳所得税。从这个角度来看，利润分配应该是指税后净利润的分配，它主要包括法定分配和自主分配两部分。如何合理确定所有者的资产收益和未分配给所有者的企业留存收益涉及正确处理投资者与企业之间的经济利益关系，涉及正确处理投资者的近期利益与企业长远发展之间的关系。

企业利润分配程序如下：

（1）税前利润弥补年度亏损。《企业财务通则》规定，企业发生的年度亏损，可以用下一年度的税前利润弥补，下一年度利润不足弥补的，可以在 5 年内用税前利润延续弥补。

（2）税后利润弥补亏损。连续 5 年未弥补的亏损，用缴纳所得税后的净利润弥补。

（3）提取法定盈余公积金。按照税后净利润弥补 5 年前亏损后的 10% 提取法定盈余公积金，当法定盈余公积金累计已达到注册资本的 50% 时，可不提取。

（4）提取法定公益金。公益金主要用于企业职工的集体福利设施。

（5）按投资协议、合同或者法律法规规定向投资者分配利润。

（6）剩余部分为企业未分配利润，可以结转下一年度进行分配。

三、税金

在工程经济分析中涉及的税金包括三类：一类是计入总成本费用中的税金，包括印花税、房产使用税等；一类是从销售收入中扣除的税金，包括增值税、城市建设维护税和教育费附加；还有一类是从企业净所得中扣除的税金——所得税。本节主要介绍工程经济分析中常用税种的税额计算方式，关于工程经济分析对不同税种的处理，可参考第六章第二节的相关内容。

1. 增值税

增值税是以商品生产和流通各环节的新增价值或商品附加值为征税对象的一种流转税。

（1）相关规定。

在中华人民共和国境内发生增值税应税交易，以及进口货物，应当依法缴纳增值税。增值税应税交易，是指销售货物、服务、无形资产、不动产和金融商品。

增值税有一般计税和简易计税两种方法。

按照一般计税，销售货物，销售加工修理修配、有形动产租赁服务，进口货物，税率为

13%。销售交通运输、邮政、基础电信、建筑、不动产租赁服务，销售不动产，转让土地使用权，税率为 9%。销售服务、无形资产、金融商品，税率为 6%。

销售或者进口下列货物：①农产品、食用植物油、食用盐；②自来水、暖气、冷气、热水、煤气、石油液化气、天然气、二甲醚、沼气、居民用煤炭制品；③图书、报纸、杂志、音像制品、电子出版物；④饲料、化肥、农药、农机、农膜；税率为 9%。

按照简易计税，增值税的征收率为 3%。

（2）应纳税额。

1）一般计税方法的应纳税额计算。

$$应纳税额 = 当期销项税额 - 当期进项税额 \tag{2-62}$$

销项税额，是指纳税人发生应税交易，按照销售额乘相应税率计算的增值税额。销项税额计算公式为

$$销项税额 = 销售额 \times 税率 \tag{2-63}$$

销售额，是指纳税人发生应税交易取得的经济利益，不包括按照一般计税方法计算的销项税额。

进项税额，是指纳税人购进的与应税交易相关的货物、服务、无形资产、不动产和金融商品支付或者负担的增值税额。

当期进项税额大于当期销项税额的，差额部分可以结转至下期继续抵扣；或者予以退还。

2）简易计税方法的应纳税额计算。简易计税方法的应纳税额，是指按照当期销售额和征收率计算的增值税额，不得抵扣进项税额。

$$应纳税额 = 当期销售额 \times 征收率 \tag{2-64}$$

此外，进口货物的应纳税额 = （关税完税价格 + 关税 + 消费税）× 税率 $\tag{2-65}$

2. 消费税

某些商品除了征收增值税，还要征收消费税，它是对一些特定的消费品和消费行为征收的一种税。凡是在中国境内生产、委托加工和进口所规定的消费品的单位和个人都是纳税人。

（1）税率。消费税税率分为 11 类消费品设置：烟 30%～45%；酒及酒精 5%～25% 或 20～240 元/t；化妆品 30%；护肤护发品 17%；贵重首饰及珠宝玉石 10%；鞭炮焰火 15%；汽油 0.2 元/L；柴油 0.1 元/L；汽车轮胎 10%；摩托车 10%；小汽车 3%～8%。

（2）应纳税额。分为从价定率法和从量定额法两种。

1）从价定率法。从价定率法采用"价内税"方式，其计税的税基同增值税。

$$应纳税额 = 销售额 \times 税率 = （含消费税价格 \times 销售量）\times 税率 \tag{2-66}$$

2）从量定额法。计算公式为

$$应纳税额 = 销售量 \times 单位税额 \tag{2-67}$$

3. 城市维护建设税

在中华人民共和国境内缴纳增值税、消费税的单位和个人，为城市维护建设税的纳税人。城市维护建设税以纳税人依法实际缴纳的增值税、消费税税额为计税依据。

（1）税率。城市维护建设税的税率根据纳税人所在地分为三个档次：市区为 7%；县、镇为 5%；市区、县、镇以外为 1%。

（2）应纳税额。计算公式为

$$应纳税额 =（增值税 + 消费税）\times 税率 \tag{2-68}$$

4. 资源税

凡在中国境内开采矿产品或生产盐的单位和个人都是纳税人。

（1）税率。分为七类资源设置：原油 $8\sim 10$ 元/t；天然气 $2\sim 15$ 元/1000m³；煤炭 $0.3\sim 5$ 元/t；黑色金属矿原矿 $2\sim 30$ 元/t；有色金属矿原矿 $0.4\sim 30$ 元/t；其他非金属矿原矿 $0.5\sim 20$ 元/t（或元/m³）；固体盐 $10\sim 60$ 元/t，液体盐 $2\sim 10$ 元/t。

（2）应纳税额。计算公式为

$$应纳税额 = 课税数量 \times 单位税额 \tag{2-69}$$

式中，课税数量是指纳税人开采或生产应税产品用于销售或自用的数量。

5. 教育费附加

教育费附加是国家为扶持教育事业发展，计征用于教育的政府性基金。教育费附加、地方教育附加计征依据与城市维护建设税计税依据一致。

$$应纳税额 =（增值税 + 消费税）\times 税率 \tag{2-70}$$

第五节　现金流量及项目现金流量分析

一、现金流量和现金流量图

（一）现金流量的概念

在进行工程经济分析时，可把所考察的对象视为一个系统，这个系统可以是一个建设项目、一个企业，也可以是一个地区、一个国家。而投入的资金、花费的成本、获取的收益，均可看成是以资金形式发生的资金流入或资金流出，这种考察对象在整个期间各时点 t 上实际发生的资金流出或资金流入就是现金流量。

现金流量（cash flow），是拟建项目在整个项目计算期内各个时点上实际发生的现金流入、现金流出以及流入与流出的差额。其中流出系统的资金称为现金流出（cash outflow），用符号 $(CO)_t$ 表示；流入系统的资金称为现金流入（cash inflow），用符号 $(CI)_t$ 表示；现金流入与现金流出之差称为净现金流量，用符号 $(CI-CO)_t$ 表示。

现金流量一般以计息期（年、季、月等）为时间计量的单位。

（二）现金流量图

为了能清楚地描述一个项目或经济系统的现金流量情况，可以通过一个二维坐标矢量图来表示，这就是现金流量图。现金流量图是描述现金流量作为时间函数的图形，它能表示资金在不同时点上实际所发生的现金流入与流出的情况。

现金流量图由一个带有时间刻度的横轴和一系列垂直于横轴的长短不一的箭头组成，现金流量图能反映出现金流量的三大要素，即大小、流向、时间点。其中现金流量的数额大小通过箭头的长短表示；现金流量的方向通过箭头的方向表示，向上表示现金流入，向下表示现金流出；时间点是指现金流入或现金流出所发生的时刻。

（三）现金流量图的作图方法和规则

现金流量图的作图方法和规则如下：

（1）横轴表示时间标度，时间自左向右推移，每一格代表一个时间单位（年、月、周等）。标度上的数字表示该期的期末数。如 2 表示第 2 年年末。第 n 期的终点是第 $n+1$ 期的始点，如第 2 年年末与第 3 年年初恰好重合。

各个时间点称为节点，第一个计息期的起点为零点，表示投资起始点或评价时刻点。

（2）箭头表示现金流动的方向，向上的箭头表示现金流入，流入为正现金流量；向下的箭头表示现金流出，流出为负现金流量。箭线的长度与流入或流出的金额成正比，金额越大，其相应的箭线长度就越长。

（3）现金流量图与立脚点有关。

例如：借入一笔资金 1000 元，规定年利率为 6%，借期为 4 年，从借款人和贷款人的角度，其现金流量图是不同的，分别如图 2-2、图 2-3 所示。

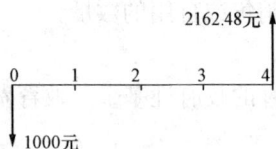

图 2-2　贷款人的现金流量图　　　　图 2-3　借款人的现金流量图

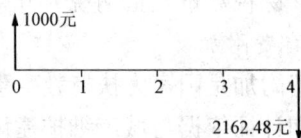

二、项目现金流量分析

（一）概述

项目的现金流量分析是指合理估计项目的现金流入和现金流出的过程。由于项目特点、评价角度、评价范围和经济分析方法的不同会导致现金流量构成要素的区别，因此，正确分析项目的现金流量应首先明确采用的经济评价方法和评价角度。本节主要站在财务评价的角度考察财务现金流量的构成要素。关于不同投资项目类型的财务现金流量的具体构成和表格格式详见第六章。

现金流量分析过程就是合理估算现金流量构成要素的过程，一般而言，对于一个建设项目，其现金流出主要包括建设投资、流动资金投资、成本费用开支和各种税金；现金流入主要包括销售收入或营业收入，以及项目寿命结束时回收的固定资产余值和回收的流动资金。

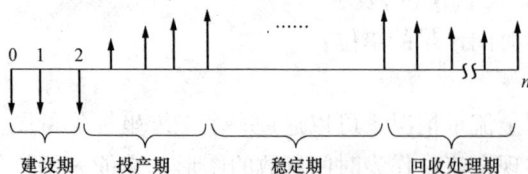

图 2-4　新建工业项目的现金流量

根据建设项目各阶段现金流动的特点，可把一个项目分为建设期、投产期、稳定期和回收处理期，如图 2-4 所示。建设期是指项目开始投资至项目开始投产获得收益之间的一段时间；投产期是指项目投产开始至项目达到预定的生产能力的时间；稳产期是指项目达到生产能力后持续发挥生产能力的阶段；回收处理期是指项目完成预计的寿命周期后停产并进行善后处理的时期。

（二）项目财务现金流量的评价角度

如前所述，在不同阶段，建设项目的现金流量有不同的特点：建设期主要是投资过程，因此现金流量图上反映出来只有现金流出居于主要地位；在投产期和稳定期，通过项目的经营生产产品或提供劳务，从而获得销售收入或营业收入，因此在这一阶段既存在现金流入，又存在形成产品或劳务成本费用的现金流出；在项目的回收处理期还要考虑固定资产净残值和流动资金的回收。

值得注意的是，在利润计算中，从销售收入中扣减的是项目的总成本费用。在现金流量分析中，作为现金流出的是项目的经营成本，而不是总成本费用，具体原因参考本章第三节的内容。

根据《方法与参数》，在财务分析中，财务现金流量又根据评价角度的不同分为项目投资现金流量、项目资本金现金流量和投资各方现金流量。

项目投资现金流量是以项目为一独立系统，从融资前的角度进行设置的。它将项目建设所需的总投资作为计算基础，反映项目在整个计算期内现金流入和流出情况。

项目资本金现金流量从项目法人（或投资者整体）角度出发，以项目资本金作为计算基础，把借款本金偿还和利息支付作为现金流出，考察投资者权益投资的获利能力。

投资各方现金流量分别从各个投资者的角度出发，以投资者的出资额作为计算基础，用以分析投资各方实际出资的获利能力。

（三）项目现金流量时间点的确定

由于在项目评价中，一般以一年为一个时间单位来考察项目的现金流量情况，而实际上项目的现金流量不会发生在一个时间点上，而可能会发生在投资期间的任何时点，例如一个项目建设投资 2000 万元，分两年投资，第一年投资 1300 万元，第二年投资 700 万元，第一年的 1300 万元和第二年的 700 万元都不会是在年初或年末的某一个时刻发生的，而是分散在全年的 365 天中。因此，在大多数情况下，为了方便地计算和汇集现金流量，按各年归集现金流量时，常假定现金流量发生在年初或年末。

经营成本和销售收入放在期末，同时按照配比的原则，一定期间的销售收入和这一期间的经营成本应该放在同一时间点上。

而对于投资是放在期初还是期末，为了防止把投产当年就产生收益的经营成本和销售收入混淆，人们一般建议把投资放在期初，当然对于这一点不同参考书的说法不完全一致，但是不论投资放在期初还是期末，对评价结论不会产生大的影响。

（四）正确估计项目现金流量的注意事项

（1）与投资方案相关的现金流量是增量现金流量，即接受或拒绝某个投资方案后总现金流量的增减变动。只有那些由于采纳该项目引起的现金支出的增加额，才是该项目的现金流出；只有那些由于采纳该项目引起的现金收入的增加额，才是该项目的现金流入。

（2）现金流量不是会计账面数字，而是当期实际发生的现金流。会计损益表上的税后利润是按照权责发生制原则确定的，而净现金流量是按照收付实现制原则确定的。

（3）排除沉没成本，计入机会成本。沉没成本是指那些在投资决策前已发生的支出，这部分支出不会影响投资方案的选择，现在的决策不为过去的决策承担责任，因此，分析时不应包括在现金流量中。机会成本是指选择了一个投资方案，将会失去投资于其他途径的机会，其他投资机会可能取得的最大收益是实行本方案的一种代价，应计入现金流量中。

（4）"有无对比"而不是"前后对比"。采用有无对比法，将有这个项目和没有这个项目时的现金流量情况进行对比，以便弄清两者之间的差别中有哪些效益和费用确属于这个项目。

三、累计现金流量及累计现金流量图

当分析某一具体工程项目的现金流量时，还要绘制该工程项目从开始建设到寿命终结时的累计现金流量图，它首先计算各时间点处的净现金流量的累计值，然后将其值在各点上表示出来，即要把项目研究周期将要发生的现金流量做出预计与预算（包括建设期各年发生的投资和投产以后历年的销售收入和费用支出，以及终了时的残值），然后把所有预算好的现金收支的结果绘制到"时间—现金"坐标图上，使分析计算者对项目在整个研究周期上的现金收支一目了然，便于校验。累计现金流量图如图2-5所示。

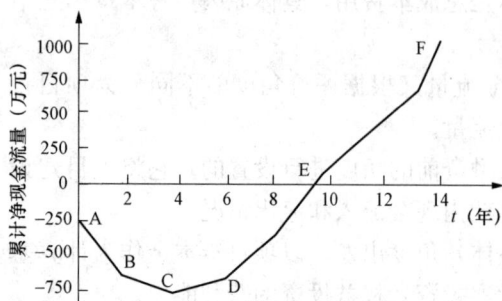

图2-5 累计现金流量图

图2-5表示某工程项目的累计净现金流量图，横轴代表时间（年），纵轴表示累计净现金流量（万元）。现金流出为负值，现金流入为正值。在项目建设期，主要是投入资金的过程，因此现金流量为负，随着投入资金的增加，累计现金流量逐渐由A点下降至B点，甚至C点，C点表示工程项目的最大累计支出。过了这个时期，由产品出售获得的收入超过了生产成本以及其他业务费用，所以曲线转而上升，当达到E点时，全部收入正好与以前花在这一项目上的支出相平衡。过E点以后，曲线继续上升，表明现金流为正，有净收入。最后到这一工程项目的有效寿命期末尾，现金流入可能下降，或由于一些原因：如生产成本增加，产品售价下降，或由于产品品种落后导致销售量减少等。如果有流动资金回笼或者资本还有残值，则在这个工程项目的寿命末期还有资金流入。工程项目的累计资金曲线图与图2-5是类似的，从整个工程项目来看，初期的现金流量常是负数，后期的现金流量常为正值。

本章总结

1. 项目投入的总资金包括建设投资和流动资金，根据设计深度的不同，建设投资的估算方法可以采用简单估算法和分类估算法；流动资金的估算可以采用扩大指标估算法或分项详细估算法。

2. 项目投资形成各类资产，各类资产通过参与项目运营，取得收入来实现投资的回收和增值。

3. 固定资产投资的回收方式是折旧，折旧的计算有直线折旧法（平均年限法和工作量法）和快速折旧法（双倍余额递减法和年数总和法）。

4. 成本费用是项目生产运营中所支出的各种费用的统称，根据成本与产量的关系可以分为固定成本和可变成本；经营成本是项目经济评价中所使用的特定概念，其实质是项目生产经营期构成实际现金流出的那部分成本。

5. 收入在补偿费用支出、缴纳各种税金后，就形成项目利润，从而实现项目投资增值的目的。

6. 现金流量考察对象在各时间点上的资金流入或流出，它可以通过现金流量图来形象表达；合理估计项目现金流量是工程经济分析的重要前提。

●——— 关键概念 ———●

项目总资金	建设投资	流动资金
折旧	总成本费用	固定成本和可变成本
经营成本	机会成本	收入
利润总额	净利润	销售税金及附加
所得税	现金流量	现金流量图
累计现金流量图		

●——— 思考题 ———●

1. 建设项目总资金在项目建成后可能会形成哪些资产？各类资产可能是由哪些费用项目构成的？

2. 各类资产如何参与项目的经营并通过何种方式予以回收？

3. 经营成本为何不包括折旧费、摊销费和利息？

4. 利润与净现金流量是否相同？其构成分别是什么？

5. 如何理解流动资金在项目经营中的作用？

●——— 计算题 ———●

1. 假定某地拟建一座 2000 套客房的豪华旅馆，另有一座豪华旅馆最近在该地竣工，且掌握了以下资料：它有 2500 套客房，总造价为 10 250 万元，估算新建项目的总投资。

2. 已知建设年产 30 万 t 乙烯装置的投资额为 60 000 万元，现有一年产 50 万 t 乙烯装置，工程条件与上述装置类似，试估算该装置的投资额（生产能力指数 $n=0.6$，$CF=1.2$）。

3. 某新建建设项目投资估算额为 18 000 万元（不包括建设期利息和价差预备费），其中建筑工程费、设备及工器具购置费和安装工程费三者之和为 16 000 万元，项目建设期为 3 年。

（1）根据项目实施规划，建筑工程费、设备及工器具购置费和安装工程费三项费用在两年中的投入分别为：第一年投入 5000 万元，第二年投入 8000 万元，第三年投入 3000 万元，预测在项目建设期内平均价格上涨指数为 5%，试估算建设期的价差预备费。

（2）假设项目资本金为 10 000 万元，全部由投资者自筹，项目所需资金的其余部分从商业银行贷款，其中第一年贷款 2000 万元，第二年贷款 5000 万元，第三年贷款为建设投资的剩余部分，贷款按年均衡发放，贷款利率为 8%，试估算建设期利息。

4. 某企业一项固定资产的原价为 50 000 元，预计使用年限为 5 年，预计净残值为 500 元，试按双倍余额递减法和年数总和法计算该项固定资产的各年折旧额。

5. 某电子产品加工企业的年销售收入为 226 万元（含税价格），适用税率为 13%，年总成本费用为 163 万元（含税），其中可抵扣税金的外购原材料和燃料动力等的费用总额为 113 万元，设适用的扣除率均为 13%，城市建设维护税和教育费附加的合并税率为 6%，试计算该企业应缴纳的税费总额。

6. 根据计算题 5 的资料，且又知企业当年经营成本为 100 万元，所得税税率为 25%，请计算该企业的利润总额、净利润和当年净现金流量。

7. 某建设项目建设期两年，第一年投资 1000 万元，第二年投资 800 万元；第三年投产，投产期一年，销售收入为 600 万元，总成本费用为 350 万元，其中经营成本为 200 万元；达产后，每年销售收入为 800 万元，总成本费用为 450 万元，其中经营成本为 300 万元，项目残值为 100 万元，寿命期为 10 年，试画出该项目的现金流量图。

第三章 资金时间价值计算

● 本章提要与学习目标 ●

资金在周转过程中，随着时间的变化会产生增值。凡存在商品生产和商品交换，资金的时间因素就客观存在。本章主要介绍了资金时间价值的含义，资金时间价值的计算公式，名义利率与实际利率等。

资金时间价值理论与计算方法是工程经济分析的理论基础和有效的工程经济分析工具。学习本章主要应了解利息与利率的关系，掌握资金等值的概念、特点、决定因素；学会各种条件下资金等值的计算，能够运用等值原理对工程进行经济分析。

第一节 资金时间价值的理解

一、资金时间价值的概念及其意义

（一）资金时间价值的概念

货币如果作为贮藏手段保存起来，不论经多长时间仍为同等数量的货币，而不会发生数值的变化。货币的作用体现在流通中，货币作为社会生产资金参与再生产的过程即会得到增值，带来利润。货币的这种现象，一般称为资金的时间价值。

资金的时间价值是指资金在生产经营及其循环、周转过程中，随着时间的推移，能产生新的价值，其表现就是资金的利息或纯收益。

对于资金的时间价值，可以从两个方面理解：

首先，资金随着时间的推移，其价值会增加，这种现象称为资金增值。增值的原因是资金的投资和再投资。1元钱今年到手和明年到手是不一样的，先到手的资金可以用来投资而产生新的价值，因此，今年的1元钱比明年的1元钱更值钱。从投资者的角度来看，资金的增值特性使资金具有时间价值。

其次，资金一旦用于投资，就不能用于现期消费。牺牲现期消费是为了能在将来得到更多的消费，个人储蓄的动机和国家积累的目的都是如此。从消费者的角度看，资金的时间价值体现为对放弃现期消费的损失所应做的必要补偿。

资金时间价值与利息概念不同。影响利息大小的主要因素有：

（1）投资收益率，即单位投资所能取得的收益。

（2）通货膨胀因素，即对因货币贬值造成的损失所应做的补偿。

（3）风险因素，即对因风险的存在可能带来的损失所应做的补偿。

资金具有时间价值并不意味着货币本身能够增值，而是因为资金代表一定量的物化产物，并在生产和流通过程中与劳动相结合，才会产生增值。

资金的时间价值与因通货膨胀而产生的货币贬值是性质不同的概念。通货膨胀是指由于货币发行量超过商品流通实际需要量而引起的货币贬值和物价上涨现象。资金时间价值是客观存在的，是商品生产条件下的普遍规律，只要商品生产存在，资金就具有时间价值。但在现实经济活动中，资金的时间价值与通货膨胀因素往往是同时存在的。因此，既要重视资金的时间价值，又要充分考虑通货膨胀和风险价值的影响，以利于正确的投资决策、合理有效的使用资金。

（二）研究资金时间价值的意义

在工程经济活动中，时间就是经济效益。因为经济效益是在一定的时间内创造的，不讲时间，也就谈不上效益。例如，一百万的利润，是一个月创造的，还是一年创造的，其效果是大不一样的。因此，重视时间因素的研究，对工程经济分析有着重要意义。

资金与时间有着密切的关系，它是客观存在的。如果资金放着不用，将造成资金积压。为了使社会有限的资金得到合理利用，提高整个社会的经济效益，必须研究"资金只有运动才能增值"的规律，促进经济和生产的发展。

资金的时间价值原理在生产实践过程中有广泛的作用。其最大的作用在于使资金的流向更加合理和易于控制，从而使有限的资金发挥更大的作用。在基本建设投资过程中，必须充分考虑资金的时间价值，尽可能缩短建设周期，加速资金周转，提高建设资金的使用效益。

二、衡量资金时间价值的尺度

资金时间价值是社会劳动创造能力的一种表现形式。资金时间价值的尺度有两种：其一为绝对尺度，即利息、盈利或收益；其二为相对尺度，即利率、盈利率或收益率。

（一）利息

利息是货币资金借贷关系中借方支付给贷方的报酬。

利息是劳动者为全社会创造的剩余价值（即社会纯收入）的再分配部分。借贷双方的关系是国家通过银行，在国家、企业、个人之间调节资金余缺的相互协作关系，所以贷款要计算利息，固定资金和流动资金的使用也采取有偿和付息的办法，都是为了鼓励企业改善经营管理，鼓励节约资金，提高投资的经济效果。

（二）利率

利率是指在一定时间所得利息额与投入资金的比例，也称为使用资金的报酬率，它反映了资金随时间变化的增值率，是衡量资金时间价值的相对尺度。

用于表示计算利息的时间单位，称为计息周期，有年、季、月或日等不同的计息长度。

因为计息周期不同，表示利率时应该注明时间单位，单说利息为多少是没有意义的。年息通常以"%"表示，月息以"‰"表示。

例如，现借一笔资金 10 000 元，一年以后利息为 800 元，则年利率为

$$800/10\ 000 = 8\%$$

利率的确定，在完全的市场经济条件下，由借贷双方竞争解决。即所谓的市场利率，在计划经济或有计划的商品经济条件下，则主要由国家根据经济发展的需要来制定。由国家制定的利率，遵循"平均利润和不为零"的原则。所谓"平均利润和不为零"，是指借方所获得的平均收益（－）与贷方所获得的平均利润（＋）的代数和不为零。即借方借用货币资金所获得的利润不可能将其全部以利息的形式交给贷款者，而贷方因为放弃了货币资本能够增值的使用价值（资金的时间价值），因而必须获得报酬，利息就不能够为零，更不能够为负数。一般来说，利息就是平均利润（社会纯收入）的一部分，因而利率的变化，要受平均利润的影响。当其他条件不变化时，平均利润率提高，利率也会相应提高，反之，则会相应下

降。此外，利率的高低，还受借贷资金的供求情况，贷款风险的大小、借贷时间的长短、商品价格水平、银行费用开支、社会习惯、国家利率水平、国家经济政策与货币政策等因素的影响。

技术经济分析中，利息与盈利、收益，利率与盈利率或收益率是不同的概念。在分析资金信贷时使用利息或利率的概念，在研究某项投资的经济效果时，则常使用收益（或盈利）或收益率（或盈利率）的概念。项目投资通常要求其收益大于应该支付的利息，即收益率大于利率。收益与收益率是研究项目经济性必需的指标。

（三）利息和利率在工程经济活动中的作用

1. 利息和利率是以信用方式动员和筹集资金的动力

以信用方式筹集资金的一个重要特点是自愿性，而自愿性的动力在于利息和利率，例如一个投资者，他首先要考虑的是投资某一项所得的利息（或利润）是否比把这笔资金投入其他项目所得的利息（或利润）多。如果多，他就可能给这个项目投资；反之，他就可能不投资这个项目。

2. 利息促进企业加强经济核算，节约使用资金

企业借款需付利息，增加支出负担，这就促使企业必须精打细算，把借入资金用到刀刃上，减少借入资金的占用以少付利息，同时可以使企业自觉压缩库存限额，减少多环节占压资金。

3. 利息和利率是国家管理经济的重要杠杆

国家在不同的时期制定不同的利率政策，对不同地区不同部门规定不同的利率标准，会对整个国民经济产生影响。如对于限制发展的部门和企业，利率规定得高一些；对于提倡发展的部门和企业，利率规定得低一些。从而引导部门和企业的生产经营服从国民经济发展的总方向。同样，资金占用时间短，收取低息；资金占用时间长，收取高息。对产品适销对路、质量好、信誉高的企业，在资金供应上给予低息支持；反之，收取较高利息。

4. 利息与利率是金融企业经营发展的重要条件

金融机构作为企业，必须获取利润。由于金融机构的存款利率不同，其差额成为金融机构业务收入。此差额扣除业务费后，就是金融机构的利润，金融机构获取利润，才能刺激金融企业的经营发展。

三、资金的等值原理

（一）资金等值的概念

"等值"是指在时间因素的作用下，在不同的时间点绝对值不等的资金而具有相同的价值。例如现在的 100 元与一年以后的 106 元，虽然绝对数量不等，但如果在年利率为 6% 的情况下，则这两个时间点上的两笔绝对值不等的资金是"等值"的。

在方案对比中，由于资金的时间价值作用，使得各方案在不同时间点上发生的现金流量无法直接比较，必须把在不同时间点上的现金按照某一利率折算至某一相同的时间点上，使之等值以后方可比较。这种计算过程称为资金的等值计算。

影响资金等值的因素有金额、金额发生的时间、利率三个。

（二）资金等值计算的有关概念

为了计算资金的时间价值，利用现金流量图对现金流量进行分析和计算，需掌握资金时间价值的相关概念。

1. 时值（time value）与时点

资金的数值由于计算利息和随着时间的延长而增值，在每个计息期期末的数值是不同的。在某个资金时间节点上的数值称为时值。现金流量图上，时间轴上的某一点称为时点。

2. 现值（present value，P）

现值又称期初值，是指发生在时间序列起点处的资金值。时间序列的起点通常是评价时刻的点，即现金流量图的零点处。

3. 折现

将时点处资金的时值折算为现值的过程称为折现。实际上，折现是求资金等值的一种方法。

4. 年金（annuity，A）

年金是指一定时期内每期有相等金额的收付款项，如折旧、租金、利息、保险金、养老金等通常都采取年金形式。年金有普通年金、预付年金和延期年金之分。

年金的收款、付款方式有多种：

（1）每期期末收款、付款的年金称为后付年金，即普通年金。

（2）每期期初收款、付款的年金称为预付年金，或先付年金。

（3）距今若干期以后发生的每期期末收款、付款的年金称为延期年金。

5. 终值（future value，F）

终值即资金发生在（或折算为）某一特定时间序列终点的价值。

第二节　资金的等值计算

一、计算利息的两种方法

利息和利率、净收益和收益率是衡量资金时间价值的尺度，因此计算资金的时间价值即是计算利息的方法。计算利息的方法有两种，即单利法和复利法。

（一）单利法

单利法是以本金为基数计算资金的时间价值（即利息），不将利息计入本金，利息不再生息，所获得利息与时间成正比。

单利计息的利息公式为

$$I = Pni \tag{3-1}$$

单利计息的本利和公式为

$$F = P(1+ni) \tag{3-2}$$

式中　i——利率；

　　　n——计息期数；

　　　P——本金；

　　　I——利息；

　　　F——本利和，即本金和利息之和。

注：后续章节中，I，n，P，i，F 符号的意义同此处。

【例 3-1】　有一笔 50 000 元的借款，借期 3 年，按每年 8% 的单利率计息，试求到期应归还的本利和。

解 用单利法计算，根据式（3-2）有

$$F = P(1+ni) = 50\,000 \times (1+3 \times 8\%) = 62\,000(元)$$

即到期应归还的本利和为 62 000 元。

单利法在一定程度上考虑了资金的时间价值，但不彻底，因为以前已经产生的利息，没有累计计息，所以单利法是个不够完善的方法。目前工程经济分析中一般不采用单利计息的计算方法。

（二）复利法

复利法是在单利法的基础上发展起来的，它克服了单利法存在的缺点，其基本思想是：将前一期的本金与利息之和（本利和）作为下一期的本金来计算下一期的利息，也就是利上加利的方法。其利息计算公式为

$$I_n = iF_{n-1} \tag{3-3}$$

式中 F_{n-1}——第 $n-1$ 期期末的本利和。

其本利和的计算公式为

$$F = P(1+i)^n \tag{3-4}$$

式（3-4）的推导过程见表 3-1。

表 3-1 采用复利法计算本利和的推导过程

计息期数	期初本金	期末利息	期末本利和
1	P	Pi	$F_1 = P + Pi = P(1+i)$
2	$P(1+i)$	$P(1+i)i$	$F_2 = P(1+i) + P(1+i)i = P(1+i)^2$
3	$P(1+i)^2$	$P(1+i)^2 i$	$F_3 = P(1+i)^2 + P(1+i)^2 i = P(1+i)^3$
...	...	...	...
$n-1$	$P(1+i)^{n-2}$	$P(1+i)^{n-2}i$	$F_{n-1} = P(1+i)^{n-2} + P(1+i)^{n-2}i = P(1+i)^{n-1}$
n	$P(1+i)^{n-1}$	$P(1+i)^{n-1}i$	$F_n = P(1+i)^{n-1} + P(1+i)^{n-1}i = P(1+i)^n$

【例 3-2】 在［例 3-1］中，若年利率仍为 8%，按复利计息，则到期应归还的本利和是多少？

解 用复利法计算，根据式（3-4）有

$$F = P(1+i)^n = 50\,000 \times (1+8\%)^3 = 62\,985.60(元)$$

与采用单利法计算的结果相比增加了 985.60 元，这个差额所反映的就是利息的资金时间价值。

复利法的思想符合社会再生产过程中资金运动的实际情况，完全体现了资金的时间价值，因此，在工程经济分析中，一般都采用复利法。

二、资金等值计算的基本公式

根据支付方式和等值换算点的不同，资金等值计算公式可分为一次支付类型、等额支付类型和变额支付类型。本节主要介绍一次支付类型和等额支付类型，变额支付类型主要介绍

均匀梯度类型。

（一）一次支付类型

1. 一次支付终值公式（已知 P，求 F）

假设在某一时间点上，有一笔资金 P，计息期利率为 i，复利计息，则到 n 期末的本利和为多少？其现金流量图如图 3-1 所示。

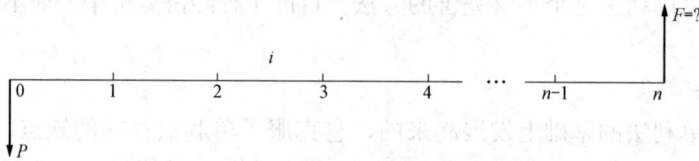

图 3-1　一次支付终值现金流量图

根据式（3-4），应为

$$F_n = P(1+i)^n$$

因此，该公式又称作一次支付终值公式，可以表示为 $F_n = P\ (F/P, i, n)$，其中，$(1+i)^n$ 或 $(F/P, i, n)$ 称作一次支付终值系数。

公式中的系数 $(F/P, i, n)$ 可以从复利系数表（见附录 A）中查出。

【例 3-3】　现在把 500 元存入银行，银行年利率为 4%，计算 3 年后该笔资金的实际价值。

解　已知 $P=500$，$i=4\%$，$n=3$，求 F。

由式（3-4）得

$$F = P(1+i)^n = 500 \times (1+4\%)^3 = 562.43(元)$$

即 500 元资金在年利率为 4% 时，经过 3 年以后变为 562.43 元，增值 62.43 元。

【例 3-4】　甲公司向乙公司借款 100 万元，借期 2 年，年利率为 20%，到期一次还清，计复利，问到期甲公司向乙公司偿还本利和多少？

解　已知 $P=100$，$i=20\%$，$n=2$，求 F。

由式（3-4）得

$$F = P(1+i)^n = 100 \times (1+20\%)^2 = 144(万元)$$

【例 3-5】　某建筑公司进行技术改造，1998 年初贷款 100 万元，1999 年初贷款 200 万元，年利率为 8%，2001 年末一次偿还，问共还款多少元？

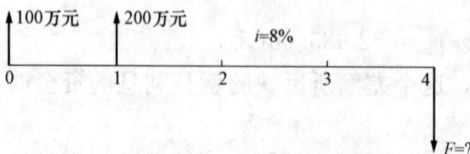

解　先画现金流量图，如图 3-2 所示。

则　$F = P(1+i)^n = P(F/P, i, n)$

$$= 100(F/P, 8\%, 4) + 200(F/P, 8\%, 3)$$

$$= 100 \times 1.360\ 5 + 200 \times 1.259\ 7$$

$$= 387.99(万元)$$

所以，4 年后应还款 387.99 万元。

图 3-2　[例 3-5] 现金流量图

2. 一次支付现值公式（已知 F，求 P）

如果计划 n 年后积累一笔资金 F，利率为 i，问现在一次投资 P 应为多少？这个问题相当于已知终值 F、利率 i 和计算期数 n，求现值 P。即将某一时点（非零点）的资金价值换算成资金的现值（零点处的值）。其现金流量图如图 3-3 所示。

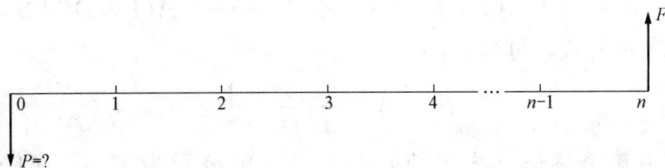

图 3-3　一次支付现值现金流量图

由式（3-4）可求出

$$P = F \frac{1}{(1+i)^n} \qquad\qquad (3-5)$$

式（3-5）可以表示为 $P = F(P/F, i, n)$，其中 $\frac{1}{(1+i)^n}$ 和 $(P/F, i, n)$ 称作一次支付现值系数。

式中的系数 $(P/F, i, n)$ 也可在复利系数表（见附录 A）中查出。

【例 3-6】　假使你希望第 4 年末得到 800 元的存款本息，银行每年按 5% 利率付息，现在你应当存入多少本金？

解　$P = F(1+i)^{-n} = 800 \times (1+5\%)^{-4} = 800 \times 0.8227 = 658.16(元)$

【例 3-7】　某青年 2 年后需要资金 5 万元（2 年后一次支付），银行的年利率为 10%，现应存入多少钱？

解　$P = F(1+i)^{-n} = 5 \times (1+10\%)^{-2} = 4.13(万元)$

【例 3-8】　某公司对收益率为 15% 的项目进行投资，希望 8 年后能得到 1000 万元，计算现在需要投资多少？

解　先画现金流量图，如图 3-4 所示。

$$P = F \frac{1}{(1+i)^n} = 1000 \times \frac{1}{(1+15\%)^8}$$
$$= 327(万元)$$

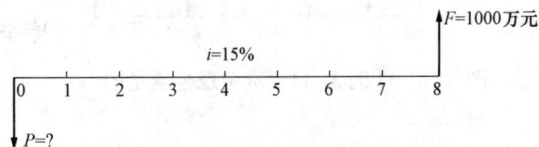

图 3-4　［例 3-8］现金流量图

（二）等额支付类型

等额支付是指所分析的系统中现金流入与现金流出可在多个时间点上发生，而不是集中在某一个时间点，即形成一个序列现金流量，并且这个序列现金流量数额的大小是相等的。它包括以下四个基本公式。

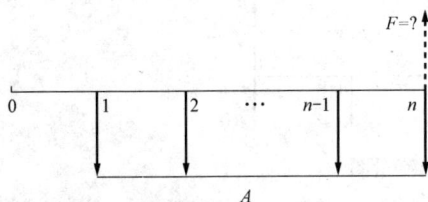

图 3-5　等额支付序列年金终值现金流量图

1. 等额支付序列年金终值公式（已知 A，求 F）

等额支付序列年金终值涉及的问题是：在一个时间序列中，在利率为 i 的情况下连续在每个计息期的期末支付一笔等额的资金 A，求 n 年后由各年的本利和累积而成的总值 F，即已知 A, i, n，求 F。类似于人们平常储蓄中的零存整取。

等额支付序列年金终值现金流量图如图 3-5 所示。

由图 3-5 根据一次支付终值公式可得

$$F = A + A(1+i) + A(1+i)^2 + \cdots + A(1+i)^{n-1}$$

根据等比数列求和公式，可得

$$F = A\frac{(1+i)^n - 1}{i} \qquad (3-6)$$

式（3-6）即为年金终值（未来值）公式，也可表示为 $F = A\ (F/A, i, n)$，其中 $\frac{(1+i)^n - 1}{i}$ 或 $(F/A, i, n)$ 称作年金终值系数。

【例 3-9】 某夫妇每月存入银行 20 元，月利率为 8‰，求一年期本利和为多少。

解 已知 $A = 20$ 元，$i = 8‰$，$n = 12$

$$F = A\left[\frac{(1+i)^n - 1}{i}\right] = 20 \times 12.542 = 251(元)$$

【例 3-10】 某人每月抽烟 30 包，以买低档烟计需 30 元/月，一年为 360 元，问 35 年后该烟民总计用于抽烟的钱是多少？（设 $i = 9\%$）

解 已知 $A = 360$ 元，$i = 9\%$，$n = 35$

$$F = A\left[\frac{(1+i)^n - 1}{i}\right] = A(F/A, 0.09, 35) = 360 \times 215.711 = 77\,655.96(元)$$

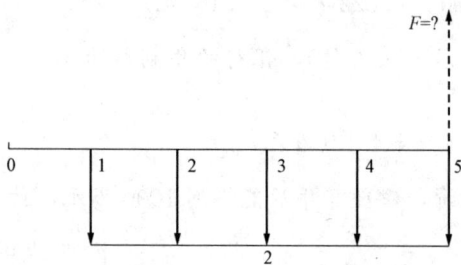

图 3-6　[例 3-11] 资金现金流量图

【例 3-11】 某公路工程总投资 10 亿元，5 年建成，每年末投资 2 亿元，年利率为 7%，求 5 年末的实际累计总投资额。

解 已知 $A = 2$，$i = 7\%$，$n = 5$，求 F。

此项目资金现金流量图如图 3-6 所示。第 5 年虚线表示需要收入多少才能与总投资相持平。

$$F = A(F/A, i, n) = 2 \times (F/A, 7\%, 5)$$
$$= 2 \times 5.750\,7 = 11.5(亿元)$$

此题表示若全部资金是贷款得来，需要支付 1.5 亿元的利息。

2. 偿债基金公式（已知 F，求 A）

其含义是为了筹集未来 n 年后所需要的一笔资金，在利率为 i 的情况下，求每个计息期末应等额存入的资金额，即已知 F，i，n，求 A，类似于人们日常商业活动中的分期付款业务，偿债基金公式现金流量图如图 3-7 所示。

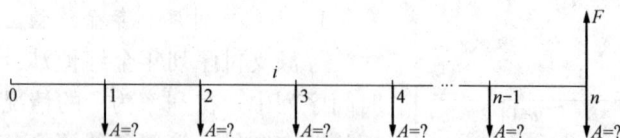

图 3-7　偿债基金公式现金流量图

由式（3-6）可得

$$A = F\frac{i}{(1+i)^n - 1} \qquad (3-7)$$

式（3-7）即为偿债基金公式，也可表示为 $A=F(A/F, i, n)$，公式中，系数 $\dfrac{i}{(1+i)^n-1}$ 或 $(A/F, i, n)$ 称为偿债基金系数，它与年金终值系数互为倒数。

【**例 3-12**】 若要在 8 年以后得到包括利息在内的 300 万元的资金，在利率为 8% 的情况下，每年应投入（或存储）的基金为多少？

解 已知 $F=300$，$i=8\%$，$n=8$，求 A。

则 $A=F\left[\dfrac{i}{(1+i)^n-1}\right]=300\times\{8\%/[(1+8\%)^8-1]\}=28.20(万元)$

【**例 3-13**】 某企业打算五年后兴建一幢 $5000 m^2$ 的住宅楼以改善职工居住条件，按测算每平方米造价为 800 元。若银行利率为 8%，问现在起每年末应存入多少金额才能满足需要？

解 已知 $F=5000\times800=400$（万元），$i=8\%$，$n=5$，求 A。

$A=F(A/F, i, n)=400\times(A/F, 8\%, 5)=400\times0.170\,46=68.184(万元)$

所以，该企业每年末应等额存入 68.184 万元。

3. 年金现值公式（已知 A，求 P）

其含义是在 n 年内每年等额收支一笔资金 A，在利率为 i 的情况下，求此等额年金收支的现值总额，即已知 A，i，n，求 P，类似于实际商务活动中的整存零取。年金现值公式现金流量图如图 3-8 所示。

类似于年金终值公式的计算推导，年金现值的计算可以利用数列求和得出，也可以利用年金终值公式与折现的概念，直接由年金终值公式推导得出。

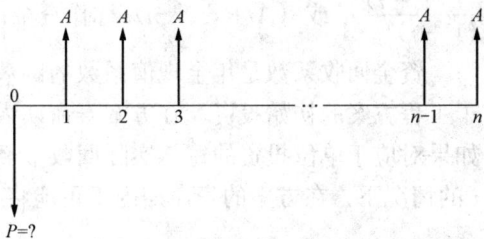

图 3-8 年金现值公式现金流量图

由式（3-5）及式（3-6）可得

$$P=A\frac{(1+i)^n-1}{i}\times\frac{1}{(1+i)^n}=A\frac{(1+i)^n-1}{i(1+i)^n} \qquad (3-8)$$

式（3-8）为年金现值公式，也可表示为 $P=A(P/A, i, n)$，其中，系数 $(P/A, i, n)$ 或 $\dfrac{(1+i)^n-1}{i(1+i)^n}$ 称作年金现值系数。

【**例 3-14**】 为在未来的 15 年中的每年末取回 8 万元，现需以 8% 的利率向银行存入现金多少呢？

解 已知 $A=8$ 万元，$i=8\%$，$n=15$，求 P。

则 $P=A\left[\dfrac{(1+i)^n-1}{i(1+i)^n}\right]=8\times\{[(1+8\%)^{15}-1]/[8\%\times(1+8\%)^{15}]\}=68.48(万元)$

【**例 3-15**】 某建筑公司打算贷款购买一部 10 万元的建筑机械，利率为 10%。据预测此机械使用年限为 10 年，每年平均可获净利润 2 万元。问所得净利润是否足以偿还银行贷款？

解 已知 $A=2$ 万元，$i=10\%$，$n=10$，求 P 是否大于或等于 10 万元？

$$P = A(P/A,i,n) = 2 \times (P/A,10\%,10)$$
$$= 2 \times 6.144\ 5$$
$$= 12.289(万元) > 10\ 万元$$

4. 资金回收公式（已知 P，求 A）

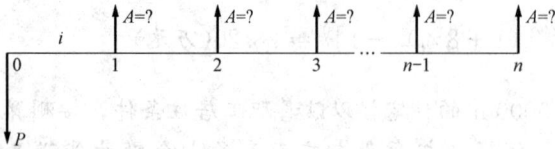

图 3-9　资金回收公式现金流量图

其含义是指在期初一次投入资金数额为 P，欲在 n 年内全部回收，则在年利率为 i 的情况下，求每年年末应该等额回收的资金，即已知 P，i，n，求 A。资金回收公式现金流量图如图 3-9 所示。

资金回收公式可由偿债基金公式与一次支付终值公式推导得出：

$$A = F \frac{i}{(1+i)^n - 1} = P(1+i)^n \times \frac{i}{(1+i)^n - 1} = P \frac{i(1+i)^n}{(1+i)^n - 1} \qquad (3-9)$$

式（3-9）称作资金回收公式，可表示为 $A = P\ (A/P，i，n)$，式中，系数 $\frac{i(1+i)^n}{(1+i)^n - 1}$ 或 $(A/P，i，n)$ 称作资金回收系数。

资金回收系数是年金现值系数的倒数。资金回收系数是一个重要的系数。其含义是对应于工程方案的初始投资，在方案寿命期内每年至少要回收的金额。在工程方案经济分析中，如果对应于单位投资的每年实际回收金额小于相应的预计资金回收金额，就表示在给定利率 i 的情况下，在方案的寿命期内不可能将全部投资回收。

【例 3-16】　某华侨为支持家乡办厂，一次投资 100 万美元，商定分 5 年等额回收，利率定为年利率 10%，求每年回收多少美元。

解　已知 $P=100$ 万美元，$i=10\%$，$n=5$，求 A。

$$A = P \left[\frac{i(1+i)^n}{(1+i)^n - 1} \right] = 100 \times 0.263\ 8 = 26.38(万美元)$$

【例 3-17】　某人要购买一处新居，一家银行提供 20 年期年利率为 6% 的贷款 30 万元，该人每年要支付多少？

解　已知 $P=30$ 万元，$i=6\%$，$n=20$，求 A。

$$A = P(A/P,i,n) = 30(A/P,6\%,20) = 30 \times 0.087\ 2 = 2.46(万元)$$

【例 3-18】　某建设项目的投资打算用国外贷款，贷款方式为商业信贷，年利率为 20%，据测算投资额为 1000 万元，项目服务年限为 20 年，期末无残值。问该项目年平均收益为多少时不至于亏本？

解　已知 $P=1000$ 万元，$i=20\%$，$n=20$，求 A。

$$A = P(A/P,i,n) = 1000 \times (A/P,20\%,20) = 1000 \times 0.205\ 4 = 205.4(万元)$$

所以，该项目年平均收益至少应为 205.4 万元。

（三）均匀梯度支付类型

1. 均匀梯度支付系列终值公式

均匀梯度支付系列的问题是属于这样一种情况，即每年以一固定的数值（等差）递增

（或递减）的现金支付情况。如机械设备由于老化而每年的维修费以固定的增量支付等。均匀梯度支付系列现金流量图如图 3 - 10 所示。

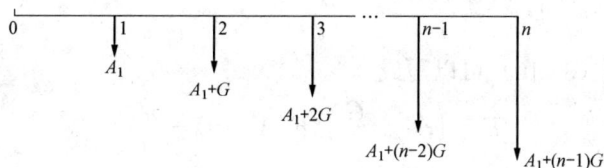

图 3 - 10　均匀梯度支付系列现金流量图

第一年末的支付是 A_1，第二年末的支付是 A_1+G，第三年末的支付是 A_1+2G，…，第 n 年末的支付是 $A_1+(n-1)G$。如果把图 3 - 10 的均匀梯度支付系列现金流量图分解成由两个系列组成的现金流量图，则一个是等额支付系列，年金为 A_1（见图 3 - 11），另一个是 0，G，$2G$，…，$(n-1)G$ 组成的梯度系列（见图 3 - 12）。

上述第一种情况是人们熟悉的，于是，剩下的就是寻求图 3 - 12 梯度系列的解决途径了。

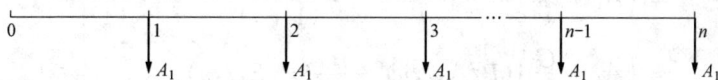

图 3 - 11　等额支付系列

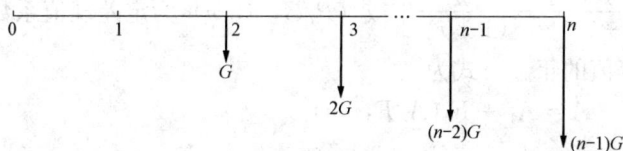

图 3 - 12　梯度系列

设等额支付系列的终值为 F_1，梯度系列的终值为 F_2，根据图 3 - 12，梯度系列的终值 F_2 为

$$F_2 = G(F/A,i,n-1)+G(F/A,i,n-2)+G(F/A,i,n-3)+\cdots+G(F/A,i,2)$$
$$+G(F/A,i,1)$$

$$= G\left[\frac{(1+i)^{n-1}-1}{i}\right]+G\left[\frac{(1+i)^{n-2}-1}{i}\right]+G\left[\frac{(1+i)^{n-3}-1}{i}\right]+\cdots$$
$$+G\left[\frac{(1+i)^2-1}{i}\right]+G\left[\frac{(1+i)-1}{i}\right]$$

$$= \frac{G}{i}\left[(1+i)^{n-1}+(1+i)^{n-2}+(1+i)^{n-3}+\cdots+(1+i)^2+(1+i)-(n-1)\times 1\right]$$

$$= \frac{G}{i}\left[(1+i)^{n-1}+(1+i)^{n-2}+(1+i)^{n-3}+\cdots+(1+i)^2+(1+i)+1\right]-\frac{nG}{i}$$

$$= \frac{G}{i}\left[\frac{(1+i)^n-1}{i}\right]-\frac{nG}{i}$$

从而，$F = F_1 + F_2$

$$= A_1\left[\frac{(1+i)^n-1}{i}\right]+\frac{G}{i}\left[\frac{(1+i)^n-1}{i}\right]-\frac{nG}{i}$$

$$= \left(A_1+\frac{G}{i}\right)\cdot\frac{(1+i)^n-1}{i}-\frac{nG}{i} \tag{3-10}$$

用符号表示，式（3-10）可以写成

$$F= \left(A_1+\frac{G}{i}\right)(F/A,i,n)-\frac{nG}{i}$$

$$= A_1(F/A,i,n)+G(F/G,i,n)$$

式中，$\frac{1}{i}\left[\frac{(1+i)^n-1}{i}-n\right]$ 或 $(F/G,\ i,\ n)$ 为定差终值系数。

2. 均匀梯度支付系列的现值和等值年金公式

均匀梯度支付系列的现值和等值年金的计算，可以在式（3-10）的基础上，再按一次支付和等额支付系列的公式进一步求解。

例如，均匀梯度支付现值的计算公式为

$$P= F(P/F,i,n)$$

$$= \left(A_1+\frac{G}{i}\right)\cdot\frac{(1+i)^n-1}{i}\cdot\frac{1}{(1+i)^n}-\frac{nG}{i}\cdot\frac{1}{(1+i)^n}$$

$$= \left(A_1+\frac{G}{i}\right)(P/A,i,n)-\frac{nG}{i}(P/F,i,n)$$

$$= A_1(P/A,i,n)+G(P/G,i,n) \tag{3-11}$$

式中，$\frac{1}{i}\left[\frac{(1+i)^n-1}{i(1+i)^n}-\frac{n}{(1+i)^n}\right]$ 或 $(P/G,\ i,\ n)$ 为定差现值系数。

均匀梯度支付等值的年金公式为

$$A= A_1+F_2(A/F,i,n)$$

$$= A_1+\left[\frac{G}{i}\cdot\frac{(1+i)^n-1}{i}-\frac{nG}{i}\right](A/F,i,n)$$

$$= A_1+\frac{G}{i}-\frac{nG}{i}(A/F,i,n)$$

$$= A_1+G(A/G,i,n) \tag{3-12}$$

式中，$\left[\frac{1}{i}-\frac{1}{(1+i)^n-1}\right]$ 或 $(A/G,\ i,\ n)$ 为定差年金系数。

对于递减支付系列（即第一年末支付为 A_1，第二年末支付为 A_1-G 等）的情况，只需改变相应项的计算符号，即将其每年增加一个负的数额，仍可应用式（3-10）～式（3-12）进行计算。

【例 3-19】 某类建筑机械的维修费用，第一年为 200 元，以后每年递增 50 元，服务年限为 10 年。问服务期内全部维修费用的现值是多少？（$i=10\%$）

解　已知 $A_1=200$ 元，$G=50$ 元，$i=10\%$，$n=10$ 年，求均匀梯度支付现值 P。

由式（3-11）可知

$$P= \left(A_1+\frac{G}{i}\right)(P/A,i,n)-\frac{nG}{i}(P/F,i,n)$$

$$= \left(200+\frac{50}{10\%}\right)(P/A,10\%,10)-\frac{10\times50}{10\%}(P/F,10\%,10)$$

$$= 700 \times 6.144\,5 - 5000 \times 0.385\,5$$
$$= 2373.65(元)$$

【例3-20】 设某技术方案服务年限为8年，第一年净利润为10万元，以后每年递减0.5万元。若年利率为10%，问相当于每年等额盈利多少元？

解 已知 $A_1 = 10$ 万元，递减梯度量0.5万元，$i = 10\%$，$n = 8$ 年，求均匀梯度支付（递减支付系列）的等值年金 A。

$$A = A_1 - \frac{G}{i} + \frac{nG}{i}(A/F, i, n)$$
$$= 10 - 5 + 40 \times 0.0874$$
$$= 8.5(万元)$$

三、资金等值计算小结及其在银行贷款还款计算中的应用

（一）资金等值计算小结

在工程经济分析中，等值是一个十分重要的概念，它为人们提供了一个计算某一经济活动有效性或者进行比较、优选的可能性。资金等值计算公式和复利计算公式的形式是相同的。等值基本公式相互关系示意图如图3-13所示。

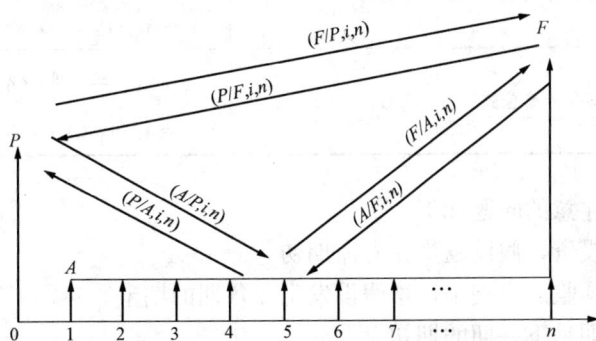

图3-13 等值基本公式相互关系示意图

上面介绍了复利计算的一次支付、等额支付和均匀梯度支付系列基本公式，现汇总见表3-2。

表3-2　　　　　　　　　普通复利公式汇总表

收付类别	公式名称	已知	求	普通复利公式
一次支付	终值公式	P	F	$F = P(1+i)^n$ $F = P(F/P, i, n)$
	现值公式	F	P	$P = F\dfrac{1}{(1+i)^n}$ $P = F(P/F, i, n)$

收付类别	公式名称	已知	求	普通复利公式
等额支付	年金终值公式	A	F	$F=A\dfrac{(1+i)^n-1}{i}$ $F=A\,(F/A,\,i,\,n)$
	偿债基金公式	F	A	$A=F\dfrac{i}{(1+i)^n-1}$ $A=F\,(A/F,\,i,\,n)$
	年金现值公式	A	P	$P=A\dfrac{(1+i)^n-1}{i\,(1+i)^n}$ $P=A\,(P/A,\,i,\,n)$
	资金回收公式	P	A	$A=P\dfrac{i\,(1+i)^n}{(1+i)^n-1}$ $A=P\,(A/P,\,i,\,n)$
均匀梯度支付	终值公式	G	F	$F=\left(A_1+\dfrac{G}{i}\right)\cdot\dfrac{(1+i)^n-1}{i}-\dfrac{nG}{i}$ $=A_1\,(F/A,\,i,\,n)+G\,(F/G,\,i,\,n)$
	现值公式	G	P	$P=\left(A_1+\dfrac{G}{i}\right)(P/A,\,i,\,n)-\dfrac{nG}{i}\,(P/F,\,i,\,n)$ $=A_1\,(P/A,\,i,\,n)+G\,(P/G,\,i,\,n)$
	等值年金公式	G	A	$A=A_1+\dfrac{G}{i}-\dfrac{nG}{i}\,(A/F,\,i,\,n)$ $=A_1+G\,(A/G,\,i,\,n)$

运用上述公式要注意的问题如下：

（1）方案的初始投资，假设发生在寿命期初。

（2）寿命期内各项收入或支出，均假设发生在各期的期末。

（3）本期的期末即是下一期的期初。

（4）P 是在计算期的期初发生。

（5）寿命期末发生的本利和 F，记在第 n 期的期末。

（6）等额支付系列 A，发生在每一期的期末。

（7）当问题包括 P，A 时，P 在第一期的期初，A 在第一期的期末。

（8）当问题包括 F，A 时，F 和 A 同时在最后一期的期末发生。

（9）均匀梯度系列中，第一个 G 发生在第二期期末。

（二）几种银行贷款还款方式的等值计算

目前常见的银行贷款还款方式主要有四种：

（1）一次性还本付息，中途不做任何还款。

（2）中途归还每期利息，到期时归还本金和最后一期的利息。

（3）等额本金法，即将所借本金分期均匀偿还，同时偿还每期利息。

（4）等额本息法，即将所欠本金和利息分摊到每年做等额偿还，每年偿还的本金加利息相等。

【例 3-21】　某人从银行贷款 10 000 元，在 5 年内以年利率 5% 还清全部本金和利息。分别用上述四种还款方式计算出每年还款明细。

解 上述四种还款方式的每年还款明细表见表3-3。

表 3-3 不同还款方式的每年还款明细 单位：元

还款方式		年序				
		1	2	3	4	5
一次性还本付息	年初欠款	10 000.00	10 500.00	11 025.00	11 576.25	12 155.06
	当年利息	500.00	525.00	551.25	578.81	607.71
	年末欠款	10 500.00	11 025.00	11 576.25	12 155.06	12 762.81
	当年还本	0.00	0.00	0.00	0.00	10 000.00
	当年付息	0.00	0.00	0.00	0.00	2762.82
	还本付息	0.00	0.00	0.00	0.00	12 762.82
中途仅归还每期利息，到期归还本金和最后一期的利息	年初欠款	10 000.00	10 000.00	10 000.00	10 000.00	10 000.00
	当年利息	500.00	500.00	500.00	500.00	500.00
	年末欠款	10 000.00	10 000.00	10 000.00	10 000.00	10 000.00
	当年还本	0.00	0.00	0.00	0.00	10 000.00
	当年付息	500.00	500.00	500.00	500.00	500.00
	还本付息	500.00	500.00	500.00	500.00	10 500.00
等额本金法	年初欠款	10 000.00	8000.00	6000.00	4000.00	2000.00
	当年利息	500.00	400.00	300.00	200.00	100.00
	年末欠款	8000.00	6000.00	4000.00	2000.00	0.00
	当年还本	2000.00	2000.00	2000.00	2000.00	2000.00
	当年付息	500.00	400.00	300.00	200.00	100.00
	还本付息	2500.00	2400.00	2300.00	2200.00	2100.00
等额本息法	年初欠款	10 000.00	8190.25	6290.01	4294.76	2199.75
	当年利息	500.00	409.51	314.50	214.74	110.00
	年末欠款	8190.25	6290.01	4294.76	2199.75	0.00
	当年还本	1809.75	1900.24	1995.25	2095.01	2199.75
	当年付息	500.00	409.51	314.50	214.74	110.00
	还本付息	2309.75	2309.75	2309.75	2309.75	2309.75

由表3-3可见，等额本金还款法前期还款总额大，还款压力大，随着时间的推移，每月还款额中的本金不变、利息逐月递减，利息总额相对于等额本息还款法少。

等额本息还款法每期还款金额固定，操作相对简单，总利息相对等额本金还款法多。每月还款额中的本金逐月递增、利息逐月递减。

虽然各种还款方式总还款金额大小不一，但根据资金等值计算原理，还款现金流量的现值必定和借款额相等。

常见的有关房贷还款方式选择的讨论中，对等额本息还款法存在一个误区，片面强调总体利息支出较多这一现象，实际上等额本息还款法占用银行贷款的数量更多、占用的时间更长，同时它还便于借款人合理安排每月的生活和进行理财，对于精通投资、擅长于"以钱生钱"的人来说，无疑是最好的选择。

第三节　名义利率与实际利率

在实际应用中，计息周期并不一定以一年为周期，可以按半年计息一次，每季度计息一次，每月计息一次，甚至可能每日计息一次。因此同样的年利率，由于计息期数的不同，本金所产生的利息也不同。因而有名义利率和实际利率之分。

一、名义利率

名义利率是指按年计息的利率，即计息周期为一年，等于每一计息期的利率与每年的计息期数的乘积。它是采用单利计算的方法，把各种不同计息期的利率换算为以年为计息期的利率。例如每月存款月利率为 3‰，则名义年利率为 3‰×12 个月＝3.6%。

二、实际利率

实际利率又称有效利率，是按实际计息期计息的利率，它可以是计息周期的利率，也可以不是计息周期利率。事实上，实际利率就是按复利计息的实际利息与本金的比值。例如每月存款月利率为 3‰，则实际月利率即为 3‰；如果按月计息，则根据复利计算的方法，实际年利率为 $(1+3‰)^{12}-1=3.66\%$。在资金的等值计算公式中所使用的利率都是指实际利率。当然如果计息期数为一年，则名义利率与实际年利率是相等的，因此可以说两者之间的差异主要取决于实际计息期与名义计息期的差异。

【例 3-22】　设本金 $P=100$ 元，年利率为 10%，半年计息一次，求年实际利率。

解　已知名义利率为 10%，计息期半年的利率为 $\frac{10\%}{2}=5\%$，于是年末本利和应为

$$F = P(1+i)^n = 100 \times (1+5\%)^2 = 110.25(元)$$

$$年利息差为 F-P = 110.25 - 100 = 10.25(元)$$

$$年实际利率 = \frac{年利息额}{本金} = \frac{10.25}{100} \times 100\% = 10.25\%$$

可见，年实际利率比名义利率大些。

三、名义利率与实际年利率的换算关系

设名义利率为 i_n，每年计息期数为 m，则每一个计息期的利率为 $\frac{i_n}{m}$，其一年后本利和的计算公式为

$$F = P\left(1+\frac{i_n}{m}\right)^m$$

其利息 I 为

$$I = F - P = P\left(1+\frac{i_n}{m}\right)^m - P$$

则根据国际借贷真实性法的规定：实际年利率是一年利息额与本金之比，因此实际年利率为

$$i_r = \frac{I}{P} = \left(1+\frac{i_n}{m}\right)^m - 1 \qquad (3-13)$$

式（3-13）为从名义利率求实际年利率的公式。此公式还可进一步推广为求任意计息周期的实际利率，只要知道计息周期内的计息次数即可。

从以上分析可以看出，名义利率与实际利率存在着下列关系：

（1）名义利率指年利率，而实际利率并不一定是年利率，在没有特别说明的情况下，年利率一般指名义利率。

（2）当 $m=1$（即一年计息一次）时，名义利率 i_n 等于实际年利率 i_r。实际计息周期短于一年时，实际年利率 i_r 要高于名义利率 i_n。

（3）名义利率不能完全反映资金的时间价值，实际利率才真实地反映了资金的时间价值。

（4）名义利率越大，实际计息周期越短，实际年利率与名义利率的差值就越大。

（5）名义利率与实际利率的关系式见式（3-13）。

【例 3-23】 如果年利率为 12%，则在按月计息的情况下，半年的实际利率为多少？实际年利率又是多少？

解 计息周期为一个月，则实际月利率为 12%/12＝1%。

半年的计息次数为 6 次，则半年的实际利率为

$$i_r = \left(1 + \frac{i_n}{m}\right)^m - 1 = (1 + 12\%/12)^6 - 1 = 0.0615 = 6.15\%$$

实际年利率为

$$i_r = \left(1 + \frac{i_n}{m}\right)^m - 1 = (1 + 12\%/12)^{12} - 1 = 12.683\%$$

【例 3-24】 某公司向国外银行贷款 200 万元，借款期五年，年利率为 15%，但每周复利计算一次。在进行资金运用效果评价时，该公司把年利率（名义利率）误认为实际利率。问该公司少算多少利息？

解 该公司原计算的本利和为

$$F' = P(1+i)^n = 200 \times (1+15\%)^5 = 402.27(万元)$$

而实际利率为

$$i_r = \left(1 + \frac{i_n}{m}\right)^m - 1 = \left(1 + \frac{15\%}{52}\right)^{52} - 1 = 16.16\%$$

这样，实际的本利和应为

$$F = P(1+i)^n = 200 \times (1+16.16\%)^5 = 422.97(万元)$$

少算的利息为

$$F - F' = 422.97 - 402.27 = 20.70(万元)$$

四、涉及名义利率和实际利率的等值计算

资金时间价值是工程经济分析的基本原理，资金的等值计算是这个原理的具体应用。进行资金等值计算需要用到前面介绍的基本计算公式，在应用公式时要注意"死套活用"。所谓"死套"是指严格按照公式中 F、P、A、i、n 含义，相互关系，基本公式应用的条件进行套用；所谓"活用"是指灵活应用公式，不能直接采用公式时，可以作适当变换，使其符合基本公式，在变换过程中，名义利率与实际利率的关系是常用到的方法。

（一）计息期与支付期一致的计算

【例 3-25】 年利率为 8%，每季度计息一次，每季度末借款 1400 元，连续借 16 年，求与其等值的第 16 年末的将来值为多少？

解　已知 $A=1400$ 元，$i=8\%/4=2\%$，$n=16\times4=64$

$$F=A(F/A,i,n)=1400\times(F/A,2\%,64)=178\,604.53(\text{元})$$

（二）计息期短于支付期的计算

【例 3-26】　年利率为 10%，每半年计息一次，从现在起连续 3 年每年末等额支付 500 元，求与其等值的第 3 年末的现值为多少？

解　**方法一：**先求支付期的实际利率，支付期为 1 年，则年实际利率为

$$i_r=\left(1+\frac{10\%}{2}\right)^2-1=10.25\%$$

$$P=A\frac{(1+i)^n-1}{i(1+i)^n}=500\times\frac{(1+10.25\%)^3-1}{10.25\%(1+10.25\%)^3}=1237.97(\text{元})$$

方法二：可把等额支付的每次支付看作一次支付，利用一次支付终值公式计算，如图 3-14 所示。

方法三：取一个循环周期，使这个周期的年末支付变成等值的计息期末的等额支付系列，从而使计息期和支付期完全相同，则可将实际利率直接代入公式计算，如图 3-15 所示。

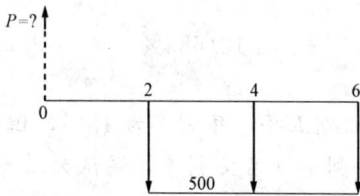

图 3-14　[例 3-26]现金流量图　　　　图 3-15　[例 3-26]等效现金流量图

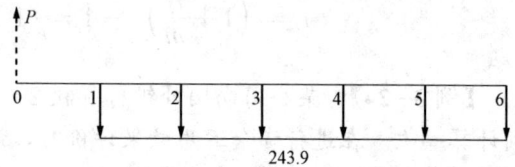

在年末存款 500 元的等效方式是在每半年末存入

$$A=500\times(A/F,i,n)$$
$$=500\times(A/F,10\%/2,2)$$
$$=500\times0.4878=243.9(\text{元})$$

则

$$P=A(P/A,i,n)$$
$$=243.9\times(P/A,5\%,6)$$
$$=243.9\times5.0757$$
$$=1237.97(\text{元})$$

（三）计息期长于支付期的计算

当计息期长于支付期时，由于计息期内有不同时刻的支付，通常规定存款必须存满一个计息期时才计利息，即在计息周期间存入的款项在该期不计算利息，要在下一期才计算利息。因此，原财务活动的现金流量图应按以下原则进行整理：相对于投资方来说，计息期的存款放在期末，计息期的提款放在期初，计息期分界点处的支付保持不变。

【例 3-27】　现金流量图如图 3-16 所示，年利率为 12%，每季度计息一次，求年末终值 F 为多少？

解 按上述原则进行整理，得到等值的现金流量图如图 3-17 所示。

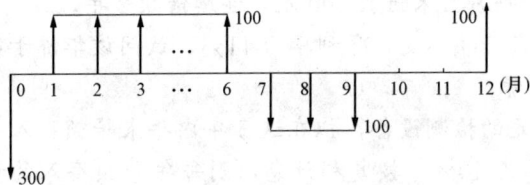

图 3-16 ［例 3-27］现金流量图 图 3-17 等值的现金流量图

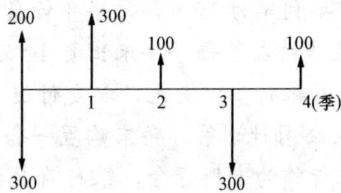

根据整理过的现金流量图求得终值

$$F = (-300 + 200) \times \left(1 + \frac{12\%}{3}\right)^4 + 300 \times \left(1 + \frac{12\%}{3}\right)^3 + 100 \times \left(1 + \frac{12\%}{3}\right)^2$$

$$- 300 \times \left(1 + \frac{12\%}{3}\right) + 100$$

$$= 116.63(元)$$

———— 本 章 总 结 ————

1. 估计现金流量是进行工程经济分析的第一步，必须注意估计的正确性。

2. 资金时间价值对于工程经济分析是至关重要的。遵循时间价值的原则，今年的 1 元钱比明年的 1 元钱更值钱，因此，发生在不同时间的现金流量不能直接相加减。

3. 利息计算有单利和复利两种方式，但资金时间价值必须采用复利方式。

4. 有效利率和名义利率是不同的，必须将名义利率转化为有效利率进行计算。

5. 资金等值计算是计算一系列现金流量的现值、将来值和年度等值，资金等值公式是各种计算的基础，必须熟练掌握。

———— 关 键 概 念 ————

资金的时间价值　　　　　利息　　　　　利率　　　　　　资金等值
折现　　　　　　　　　　名义利率　　　实际利率

———— 思 考 题 ————

1. 资金的时间价值和通货膨胀有何区别？

2. 为什么要研究资金的时间价值？

3. 单利与复利的区别是什么？试举例说明。

4. 影响资金等值的因素有哪些？

5. 名义利率与实际利率的关系是什么？

———— 计 算 题 ————

1. 下列等额支付的年金终值和年金现值各为多少？

(1) 年利率为 6%，每年年末借款 500 元，连续借款 12 年；

(2) 年利率为 9%，每年年初借款 4200 元，连续借款 43 年；

（3）年利率为 8%，每季度计息 1 次，每季度末借款 1400 元，连续借款 16 年；

（4）年利率为 10%，每半年计息 1 次，每月月末借款 500 元，连续借款 2 年。

2. 某华侨打算每年年末出资 10 万美元，三年不变，年利率为 11%，试问该华侨于第一年年初存入银行多少美元，以支付该项资助费？

3. 某公司计划第 5 年末购置一套 40 万元的检测设备，拟在这 5 年内年末等额存入一笔资金到银行作为专用资金，银行存款年利率为 10%，按复利计息，则每年等额存入的资金应不少于多少万元？

4. 某大学生准备 5 年后筹集 2 万美元，银行存入美元的年利率为 8%，求该大学生每年年末应存入多少美元（等额存储偿债基金）？

5. 某企业获得 8 万元贷款，偿还期 4 年，年利率为 10%，试就以下 4 种还款方式，分别计算还款额，4 年还款总额及还款额的现值。

（1）每年年末还 2 万元本金和所欠利息；

（2）每年年末只还所欠利息，本金在第 4 年一次还清；

（3）每年年末等额偿还本金和利息；

（4）第 4 年末一次还清本金和利息。

6. 一学生向银行贷款上学，年利率为 5%，上学期限为 4 年，并承诺毕业后 6 年内还清全部贷款，预计每年偿还能力为 5000 元，问该学生每年年初可从银行等额贷款多少？

7. 某建设单位向外商订购设备，有两银行可提供贷款，甲行年利率为 17%，计息期半年一次，乙银行年利率为 16.8%，计息期一个月一次，按复利计息，试问建设单位向哪家银行贷款合适？

8. 某家庭估计在今后 10 年内的月收入为 20 000 元，如果其中 30% 用来支付住房抵押贷款的月还款额，在贷款年利率为 12% 的情况下，该家庭有偿还能力的最大抵押贷款额是多少？

9. 某工程建设总投资为 2000 万元，计划三年建成，第一年投资 800 万元，第二年投资 700 万元，第三年投资 500 万元，年利率为 5%，求实际投资总额为多少？

10. 某工程计划投资总额不得超过 2000 万元，三年建成，按计划分配第一年投资 800 万元，第二年投资 700 万元，第三年投资 500 万元，投资为银行贷款，年利率为 5%，问每年实际用于建设工程的投资现值额及实际用于建设的投资总额的现值为多少？

11. 某汽车的维修费估算见表 3-4。某人购买了一辆新汽车，他希望在银行账户上存储足够的钱，以支付第一个五年期间的汽车维修费。假设维修费在每年年末支付，银行利息为 5%，他现在应该存储多少钱呢？

表 3-4　　　　　　　　　　　　　汽车维修费估算表

年序	1	2	3	4	5
维修费（元）	200	250	300	350	400

12. 某企业急需贷款 2 亿元，还款期限为 10 年，经市场了解，甲银行贷款利率为 13%，按年计息；乙银行贷款利率为 12%，按月计息，该企业向哪家银行贷款合适？在 10 年内利息差额多少？

第四章 工程经济评价的基本指标

·——— 本章提要与学习目标 ———·

评价指标是投资项目复杂经济效果的定量化表达。为了从不同角度和方面刻画和表征出项目复杂的经济效果，人们设计了多种评价指标。只有正确地理解和适当地应用各个评价指标的含义及其评价准则，才能对投资项目进行有效的经济分析，才能做出正确的投资决策。

本章在概括介绍评价指标的总体分类后，主要介绍了静态投资回收期、投资收益率两个静态指标，以及净现值、内部收益率和动态投资回收期三个主要的动态评价指标，对于其他评价指标请参考第六章。

通过本章的学习，要求了解经济评价指标体系和具体指标的计算，尤其要求掌握主要动态经济评价指标——NPV、IRR 和 P'_t 的计算、经济意义以及三者之间的关系。

第一节 建设项目经济评价指标体系

评价指标是投资项目经济效益或投资效果的定量化及其直观的表现形式，它通常是通过对投资项目所涉及的费用和效益的量化和比较来确定的。只有正确地理解和适当地应用各个评价指标的含义及其评价准则，才能对投资项目进行有效的经济分析，才能做出正确的投资决策。

在建设项目财务评价中，为了从不同角度和方面刻画和表征出项目复杂的经济效果，人们设计了多种评价指标。建设项目财务评价基本指标从不同的角度可以进行不同的分类，从是否考虑资金的时间价值分，可以分为静态评价指标和动态评价指标（见图4-1）；从评价的目的上来分，分为盈利能力指标、偿债能力指标、外汇平衡能力指标等（见图4-2）；从指标的性质来分，可以分为时间性指标、价值性指标和比率性指标等（见图4-3）。

图4-1～图4-3中所列指标均为传统的常用指标，是建设项目经济评价的基本指标，住房和城乡建设部标准定额研究所编写的《建设项目经济评价参数研究》（以下简称《参数研究》）中提出的14个重要指标中不仅包含了这些基本指标，同时强调了它们对政府、银行和投资者的重要性，因此本章仍然主要介绍这些传统指标，对于《参数研究》中推荐使用的其他评价指标参考本书第六章的相关内容。

同时要注意，这些指标均有自己的侧重点和适用范围，也有缺点和局限性，因此在经济评价中，仅仅使用一两个指标，是难以全面反映出项目经济效果的全貌的。因此，人们应当综合考查项目各经济评价指标，尽可能科学、全面地描绘项目的经济效果，以便于正确判断项目的可行性，并进行方案的优选。

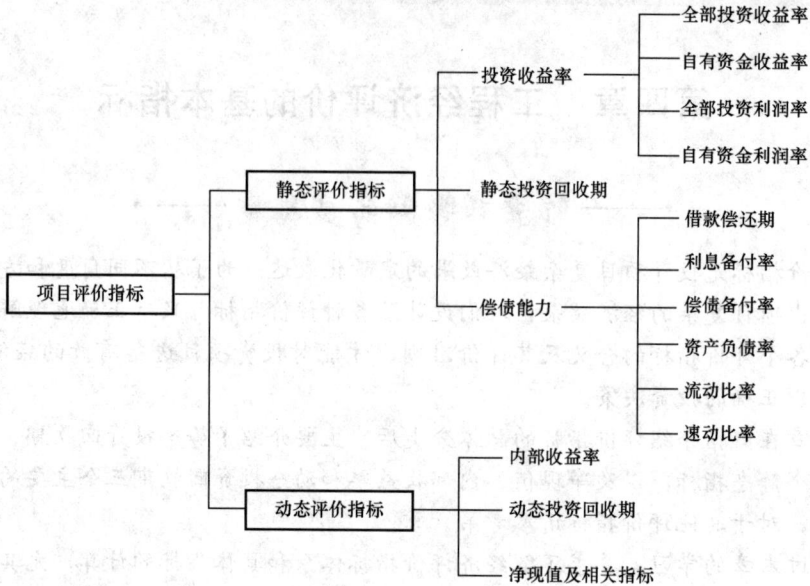

图 4-1　建设项目评价指标分类一

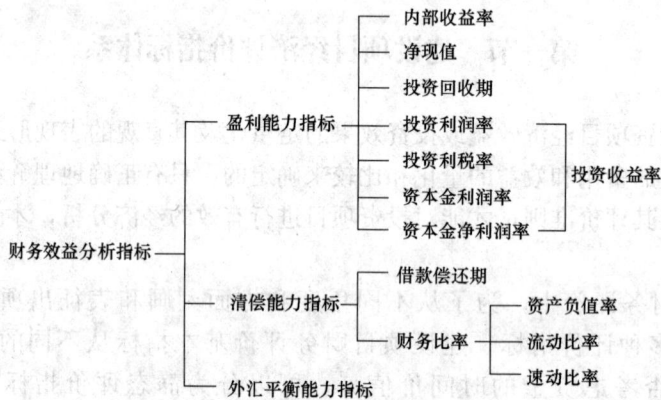

图 4-2　建设项目评价指标分类二

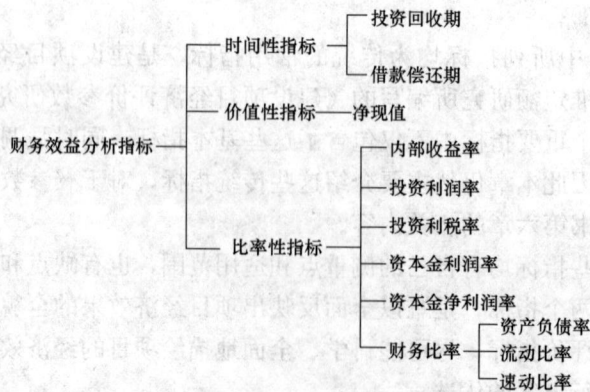

图 4-3　建设项目评价指标分类三

第二节　静态评价指标

在工程经济分析中，把不考虑资金时间价值的经济效益评价指标称为静态评价指标。此类指标的特点是简单、易算。主要包括静态投资回收期、投资收益率以及反映偿债能力的指标。本节主要介绍静态投资回收期和投资收益率两个主要指标，对于反映偿债能力的静态指标，由于计算过程中需要根据财务报表进行计算，因此本书将在第六章中详细介绍。

采用静态评价指标对投资方案进行评价时由于没有考虑资金的时间价值，因此它主要适用于对方案的粗略评价，如应用于投资方案的机会鉴别和初步可行性研究阶段，以及用于某些时间较短、投资规模与收益规模均比较小的投资项目的经济评价等。

一、静态投资回收期

（一）静态投资回收期的定义

项目的静态投资回收期是指以项目的净收益回收项目全部投资所需要的时间。这里所说明的全部投资既包括固定资产投资，又包括流动资金投资。

静态投资回收期是考察项目财务上投资回收能力的重要指标。其表达式为

$$\sum_{t=1}^{P_t}(CI-CO)_t=0 \qquad (4-1)$$

式中　　P_t——静态投资回收期；

　　　　CI——现金流入量；

　　　　CO——现金流出量；

$(CI-CO)_t$——第 t 年的净现金流量。

静态投资回收期一般以"年"为单位，自项目建设开始年算起。当然也可以计算项目建成投产年算起的静态投资回收期，但对于这种情况，需要加以说明，以防止两种情况的混淆。

（二）静态投资回收期的计算

式（4-1）是一个一般表达式，在具体计算静态投资回收期时又分以下两种情况。

1. 直接计算法

项目建成投产后各年的净收益（即现金流量）均相同，则静态投资回收期的计算公式为

$$P_t=\frac{K}{R} \qquad (4-2)$$

式中　K——全部投资；

　　　R——每年的净收益。

根据式（4-2）计算出的投资回收期是从投产年开始算起的，若要求从项目建设开始，回收期应再加上建设期。

【例 4-1】　某技术方案的净现金流量图如图 4-4 所示，求该方案的静态投资回收期。

解　根据图 4-4 可知该方案的年净收益是等额的，其全部投资为 $K=10+6=16$（万元），根据式（4-2）可得

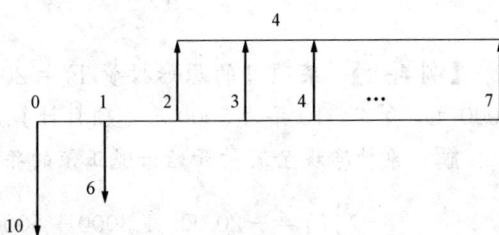

图 4-4　某技术方案的净现金流量图
（单位：万元）

$$P_t = \frac{K}{R} = 16/4 = 4(年)$$

自投产年算起项目的投资回收期 4 年,自项目建设开始的投资回收期为 4+1=5 (年)。

【例 4 - 2】 某投资方案一次性投资 500 万元,当年即可投产,且投产后其各年的平均净收益为 80 万元,求该方案的静态投资回收期。

解 根据式 (4 - 2) 可得

$$P_t = 500/80 = 6.25(年)$$

2. 累计法

项目建成投产后各年的净收益不同,则静态投资回收期可借助项目现金流量表计算,项目现金流量表中累计净现金流量由负值变为零时的时点,即为项目的投资回收期。其计算公式为

$$P_t = 累计净现金流量开始出现正值的年份数 - 1 + \frac{上年累计净现金流量的绝对值}{当年净现金流量}$$

$$(4 - 3)$$

【例 4 - 3】 某投资方案的净现金流量如图 4 - 5 所示,试计算其静态投资回收期。

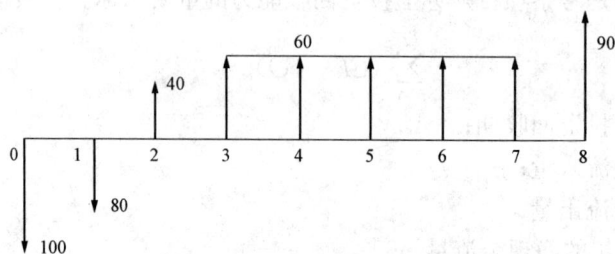

图 4 - 5　净现金流量图 (单位:万元)

解 列出该投资方案的累计现金流量情况表,见表 4 - 1。

表 4 - 1　　　　　**累计净现金流量表**　　　　　单位:万元

年序	0	1	2	3	4	5	6	7	8
净现金流量	−100	−80	40	60	60	60	60	60	90
累计现金流量	−100	−180	−140	−80	−20	40	100	160	250

根据式 (4 - 3) 可得

$$P_t = 5 - 1 + \frac{|-20|}{60} = 4.33(年)$$

【例 4 - 4】 某项目的原始投资 $F_0 = 20\,000$ 元,以后各年净现金流量如下:第 1 年为 3000 元,第 2~10 年为 5000 元。项目计算期为 10 年,求静态投资回收期。

解 累计净现金流量开始出现正值的年份是第 5 年,即

$$\sum_{t=0}^{5} F_t = -20\,000 + 3000 + 5000 + 5000 + 5000 + 5000 = 3000 > 0$$

则

静态投资回收期 $P_t = 5 - 1 + 2000/5000 = 4.4$ (年)

（三）静态投资回收期的判别

项目的投资回收期越短，表明项目的盈利能力和抗风险能力越好。静态投资回收期的判别基准是基准投资回收期 P_c，其取值可根据行业水平或投资者的要求确定。

行业基准投资回收期是国家根据国民经济各部门、各地区的具体经济条件，按照行业和部门的特点，结合财务会计上的有关制度及规定而颁布，同时进行不定期修订的建设项目经济评价参数，是对投资方案进行经济评价的重要标准。

若 $P_t \leqslant P_c$，则项目可以考虑接受；

若 $P_t > P_c$，则项目是不可行的。

（四）静态投资回收期（P_t）指标的优缺点

P_t 指标的优点：经济意义明确、直观，计算简便；在一定程度上反映了投资效果的优劣；可适用于各种投资规模。

P_t 指标的缺点：只考虑投资回收之前的效果，不能反映回收投资之后的情况，也就无法准确衡量项目投资收益的大小；没有考虑资金的时间价值，因此无法正确地辨识项目的优劣。

二、投资收益率

（一）定义

投资收益率是指在项目达到设计能力后的正常生产年份的年净收益与项目投资总额的比率，它表明投资项目正常生产年份中，单位投资每年所创造的年净收益；对生产期内各年的净收益额变化幅度较大的方案，可计算生产期年平均净收益额与投资总额的比率。

其表达式为

$$投资收益率 R = \frac{年净收益或年平均净收益}{项目全部投资} \times 100\% \qquad (4-4)$$

（二）评价准则

在采用投资收益率对项目进行经济评价时，其基本做法与采用静态投资回收期的做法相似，即主要是将计算出的项目的投资收益率与所确定的基准收益率 R_c 进行比较。

若 $R \geqslant R_c$，则方案可以考虑接受；

若 $R < R_c$，则方案不可行。

（三）投资收益率的应用指标

投资收益率是一个综合性指标，在进行项目经济评价时，根据分析目的的不同，投资收益率又具体分为全部投资收益率、全部投资利润率、资本金收益率、资本金利润率等。

1. 全部投资收益率

全部投资收益率是指正常生产年份的年净收益与贷款利息之和与项目总资金的比率。

$$全部投资收益率 = \frac{正常年份净利润 + 正常年份贷款利息 + 折旧}{项目总资金} \times 100\% \qquad (4-5)$$

2. 资本金收益率

资本金收益率是指正常生产年份的年净收益或年平均净收益与项目资本金的比率。

$$资本金收益率 = \frac{正常年份净利润 + 折旧}{项目资本金} \times 100\% \qquad (4-6)$$

3. 全部投资利润率

全部投资利润率是指项目达产后正常年份净利润或生产期内年平均净利润与贷款利息之

和与项目投入总资金的比率。

$$全部投资利润率 = \frac{年净利润或年平均净利润 + 贷款利息}{项目总资金} \times 100\% \qquad (4-7)$$

4. 资本金净利润率

资本金净利润率是指项目达产后正常年份净利润或生产期内年平均净利润与项目总资金的比率。

$$资本金净利润率 = \frac{年净利润或年平均净利润}{项目资本金} \times 100\% \qquad (4-8)$$

以上四个表达式中：

年净利润 = 年销售收入 - 销售税金及附加 - 年经营成本 - 折旧 - 利息 - 所得税

$$(4-9)$$

在以上四个表达式中，要明确年净利润与年收益的区别，同时要注意年净利润和年收益对全部投资和资本金的含义。

对资本金而言，年利润仅指每年实现的净利润；而年收益不仅包括年净利润，还包括补偿投资的折旧和摊销。

对全部投资而言，年净利润仅指投资者的净收入，贷款利息则应该作为借款人的利润收入来考虑，因此全部投资的年利润应该包括年净利润和贷款利息；而全部投资的年收益包括年利润和折旧、摊销。

【例 4-5】　某投资项目基本数据情况见表 4-2，不考虑所得税，试计算全部投资收益率、全部投资利润率、资本金收益率、资本金净利润率。

表 4-2　　　　　　　　　　某项目投资收益情况表　　　　　　　　　单位：万元

年　序	0	1	2	3	4	5	6	7	8
销售收入		400	700	700	700	700	700	700	700
投资	-800（其中贷款 300）								
经营成本		200	300	300	300	300	300	300	300
贷款利息		30	24	18	12	6			
折旧费		100	100	100	100	100	100	100	100
净利润		**70**	**276**	**282**	**288**	**294**	**300**	**300**	**300**

解　根据已知数据计算年净利润填入表中（黑体字为计算结果），得出：

年均净利润 = (70 + 276 + 282 + 288 + 294 + 300 × 3)/8 = 263.75(万元)

年均贷款利息 = (30 + 24 + 18 + 12 + 6)/8 = 11.25(万元)

年均折旧费 = 100(万元)

则　　　　$$全部投资收益率 = \frac{263.75 + 11.25 + 100}{800} \times 100\% = 46.88\%$$

$$全部投资利润率 = \frac{263.75 + 11.25}{800} \times 100\% = 34.38\%$$

$$资本金收益率 = \frac{263.75 + 100}{500} \times 100\% = 72.75\%$$

$$资本金利润率 = \frac{263.75}{500} \times 100\% = 52.75\%$$

第三节　动 态 评 价 指 标

一般将考虑了资金时间价值的经济效益评价指标称为动态评价指标。与静态评价指标相比，动态评价指标更加注重考察项目在其计算期内各年现金流量的具体情况。因而也就能够更加直观地反映项目的盈利能力，所以它的应用能力也就比静态评价指标更加广泛。在项目的可行性研究阶段，进行项目经济评价时一般以动态评价指标作为主要指标，以静态评价指标作为辅助指标。

动态评价指标常用的一般有净现值及其等价指标、内部收益率、动态投资回收期等。

一、净现值及其等价指标

（一）净现值（NPV）的含义及计算

净现值（net present value），是指把项目计算期内各年的净现金流量，按照一个给定的标准折现率（基准收益率）折算到建设期初（项目计算期第一年年初）的现值之和。

净现值是考察项目在其计算期内盈利能力的主要动态评价指标。其表达式为

$$NPV = \sum_{t=0}^{n} (CI - CO)_t (1+i_c)^{-t} \tag{4-10}$$

式中　　NPV——净现值；

　　$(CI-CO)_t$——第 t 年的净现金流量；

　　　　n——项目计算期；

　　　　i_c——基准收益率。

净现值的经济含义可以直观地解释如下：假设有一个小型投资项目，初始投资为 10 000 元，项目寿命期为一年，到期可获得净收益 12 000 元。如果设定基准收益率为 8%，根据净现值的计算公式，可以求出该项目的净现值为 1111 元（即 12 000×0.925 9－10 000），这就是说，只要投资者能在资本市场或从银行以 8% 的利率筹措到资金，那么该项投资即使再增加 1111 元的投资，在经济上还是可以做到不盈不亏；换一个角度讲，如果投资者能够以8% 的利率筹借到 10 000 元的资金，那么一年后，投资者将会获得 1200 元的利润 [12 000－10 000×（1+8%）]，这 1200 元的利润恰好是 1111 元（即 1200×0.952 9），即净现值刚好等于项目在寿命期内所获得的净收益的现值。

（二）净现值的判别准则

根据式（4-10）计算出 NPV 后，其结果有以下三种情况：即 $NPV>0$，$NPV=0$，或 $NPV<0$。在用于投资方案的经济评价时其判别准则如下：

若 $NPV>0$，说明方案可行。因为这种情况说明投资方案实施后的投资收益水平不仅能够达到标准折现率的水平，而且还会有盈余，即项目的盈利能力超过其投资收益期望水平。

若 $NPV=0$，说明方案可考虑接受。因为这种情况说明投资方案实施后的收益水平恰好等于标准折现率，即盈利能力能达到所期望的最低财务盈利水平。

若 $NPV<0$，说明方案不可行。因为这种情况说明投资方案实施后的投资收益水平达不到标准折现率，即其盈利能力水平比较低，甚至有可能出现亏损（并不一定亏损）。

【例 4-6】 某项目的各年现金流量见表 4-3，试用净现值指标判断项目的经济性（$i_c = 15\%$）。

表 4-3   某项目的现金流量表   单位：万元

年 序	0	1	2	3	4~19	20
投资支出	40	10				
经营成本			17	17	17	17
收入			25	25	30	50
净现金流量	−40	−10	8	8	13	33

解 利用式（4-10），将表 4-3 中各年净现金流量代入，得

$$NPV = -40 - 10 \times (P/F,15\%,1) + 8 \times (P/F,15\%,2) + 8 \times (P/F,15\%,3)$$
$$+ 13 \times (P/A,15\%,16)(P/F,15\%,3) + 33(P/F,15\%,20)$$
$$= -40 - 10 \times 0.8696 + 8 \times 0.7561 + 8 \times 0.6575 + 13 \times 5.954 \times 0.6575$$
$$+ 33 \times 0.0611 = 15.52(\text{万元}) > 0$$

由于 $NPV > 0$，故此项目在经济效果上是可以接受的。

【例 4-7】 某项工程总投资为 5000 万元，投产后每年生产还另支出 600 万元，每年的收益额为 1400 万元，产品经济寿命期为 10 年，在 10 年末还能回收资金 200 万元，基准收益率为 12%，用净现值法计算投资方案是否可取。

解 其现金流量图如图 4-6 所示。

$$NPV = -P_j + A(P/A,i,n) + F(P/F,i,n)$$
$$= -5000 + (1400 - 600)(P/A,12\%,10) + 200(P/F,12\%,10)$$
$$= -5000 + 800 \times 5.650 + 200 \times 0.3220$$
$$= -415.6(\text{万元})$$

$NPV < 0$，故不可行。

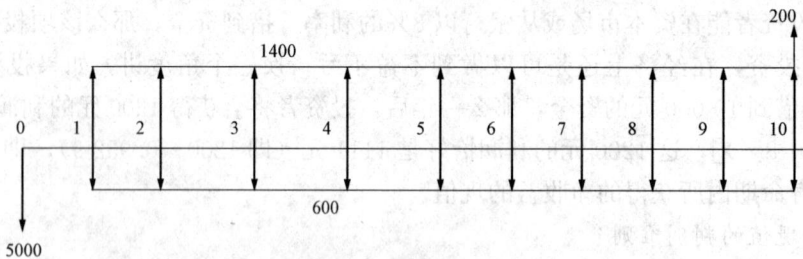

图 4-6 投资方案的现金流量图（单位：万元）

（三）净现值函数

在式（4-10）中，NPV 是根据基准收益率计算的，如果把收益率看作未知数，且设为 i，则 NPV 即为折线率 i 的函数，其表达式为

$$NPV = \sum_{t=0}^{n} (CI - CO)_t (1+i)^{-t} \tag{4-11}$$

如果以 NPV 为纵坐标，以 i 为横坐标，可以将两者关系描绘于图中，得到净现值与折

线率的关系曲线，如图 4-7 所示。

从图 4-7 中可以发现，对于具有常规现金流量（即在计算期内，方案的净现金流量序列的符号只改变一次的现金流量）的投资方案，其净现值的大小与折现率的高低有直接关系。NPV 随 i 的增大而减小，在 i^* 处，曲线与横轴相交，说明如果选定 i^* 为折现率，则 NPV 恰好等于零。在 i^* 的左边，即 $i < i^*$ 时，$NPV > 0$；在 i^* 的右边，即 $i > i^*$ 时，$NPV < 0$。由于 $NPV = 0$ 是净现值判别准则的一个分水岭，因此可以说 i^* 是折现率的一个临

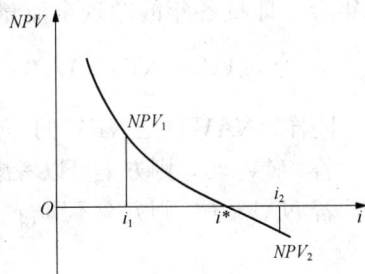

图 4-7　净现值函数曲线

界值。人们将其称作内部收益率，关于内部收益率将在稍后部分介绍。

由以上分析可知，如果已知某投资方案各年的净现金流量，该方案的净现值就完全取决于所选用的折现率，折现率越大，净现值就越小，折现率越小，净现值就越大。

因此，利用 NPV 指标判断项目的可行性时，基准收益率 i_c 数值确定得合理与否，对投资方案的评价结果有直接的影响，算得过高或过低都会导致投资决策的失误。关于基准收益率的含义及确定原则详见本章第五节。

（四）净现值（NPV）指标的优缺点

NPV 指标的优点：

（1）考虑了资金的时间价值并全面考虑了项目在整个寿命期内的经济情况；

（2）经济意义明确直观，能够直接以货币额表示项目的净收益；

（3）能直接说明项目投资额与资金成本之间的关系。

NPV 指标的缺点：

（1）必须首先确定一个符合经济现实的基准收益率，而基准收益率的确定往往是比较困难的；

（2）不能直接说明项目运营期间各年的经营成果；

（3）不能真正反映项目投资中单位投资的使用效率。

（五）与净现值等价的其他指标

1. 净将来值（NFV）

净现值是将所有的净现金流量折算到计算期的第一年年初的值，实际上，在工程经济分析中，可以根据需要将净现金流量折算到任一时点。净将来值（NFV）就是把净现金流量折算到方案计算期末的代数和。其表达式为

$$NFV = \sum_{t=0}^{n} (CI - CO)_t (1 + i_c)^{n-t} \tag{4-12}$$

或者根据现值与终值的关系计算，得

$$NFV = NPV(F/P, i_c, n) \tag{4-13}$$

NFV 是 NPV 的等价指标，即对于单个投资方案来讲，其评价准则是：

若 $NFV \geqslant 0$，则方案可以考虑接受；

若 $NFV < 0$，则方案不可行。

2. 净年值（NAV）

净年值是指通过资金时间价值的计算将项目的净现值换算为项目计算期内各年的等

额年金，即将各年的净现金流量按照基准收益率平均分摊到每年年末。其表达式为

$$NAV = NPV(A/P, i_c, n) = \sum_{t=0}^{n} (CI - CO)_t (1+i_c)^{-t} \cdot \frac{i_c(1+i_c)^n}{(1+i_c)^n - 1} \quad (4-14)$$

同样，NAV 也是 NPV 的等价指标，即对于单个投资方案来讲，其评价准则是：

若 $NAV \geqslant 0$，则方案可以考虑接受；

若 $NAV < 0$，则方案不可行。

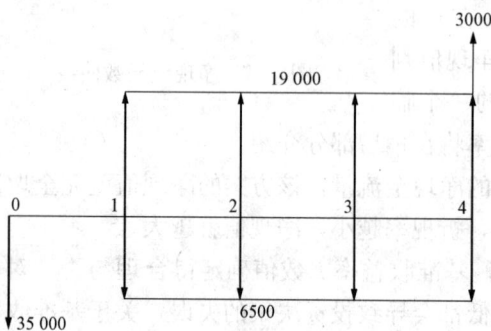

图 4-8　设备购置方案的现金流量图（单位：元）

【例 4-8】　某企业拟购买一台设备，其购置费用为 35 000 元，使用寿命为 4 年，第 4 年末的残值为 3000 元，在使用期内，每年的收入为 19 000 元，经营成本为 6500 元，若给出标准折现率为 10%，请用净年值指标和净将来值指标分析该设备购置方案的可行性。

解　购买设备这项投资的现金流量情况如图 4-8 所示。

根据式（4-14）可求得

$$NAV = -35\,000 \times (A/P, 10\%, 4) + (19\,000 - 6500) + 3000 \times (A/F, 10\%, 4)$$
$$= -35\,000 \times 0.315\,5 + 125\,00 + 3000 \times 0.215\,5$$
$$= -11\,042.5 + 12\,500 + 646.5$$
$$= 2104(元)$$

由于 $NAV = 2104$ 元 > 0，所以该项投资是可行的。

根据式（4-2）可求得

$$NFV = -35\,000 \times (F/P, 10\%, 4) + (19\,000 - 6500) \times (F/A, 10\%, 4) + 3000$$
$$= -51\,243.5 + 58\,012.5 + 3000$$
$$= 9769(万元)$$

由于 $NFV = 9769$ 元 > 0，所以该项投资是可行的。

净年值指标主要用于寿命期不同的方案评价与比较，这一点在第五章中有详细的介绍。

3. 净现值率（$NPVR$）

净现值率（$NPVR$）是指项目的净现值与投资总额现值的比值，其经济含义是单位投资现值所能带来的净现值，是一个考察项目单位投资的盈利能力的指标。其表达式为

$$NPVR = \frac{NPV}{K_P} \quad (4-15)$$

式中　K_P——全部投资的现值之和。

【例 4-9】　根据［例 4-8］中的数据，试计算该设备购置方案的净现值率。

解　根据式（4-10）可计算出其净现值为

$$NPV = -35\,000 + (19\,000 - 6500) \times (P/A, 10\%, 4) + 3000 \times (P/F, 10\%, 4)$$
$$= -35\,000 + 39\,623.75 + 2049$$
$$= 6672.75(元)$$

根据式（4-15）可求出其净现值率为

$$NPVR = \frac{NPV}{K_P} = 6672.75/35\,000 = 0.190\,7$$

净现值指标用于多个方案的比选时，没有考虑各方案投资额的大小，因而不能直接反映资金的利用效率。为了考察资金的利用效率，通常采用净现值率作为净现值的辅助指标。

二、内部收益率（IRR）

将净现值等于零的折现率称为内部收益率，这是一个重要的经济评价指标，下面予以详细介绍。

（一）内部收益率的概念及判别准则

内部收益率（internal rate of return），又称内部报酬率，是指项目在整个计算期内各年净现金流量的现值之和等于零时的折现率，也就是项目的净现值等于零时的折现率，其表达式为

$$\sum_{t=0}^{n} (CI - CO)_t (1 + IRR)^{-t} = 0 \tag{4-16}$$

式中 IRR——内部收益率。

根据净现值与折现率关系，以及净现值指标在方案评价时的判别准则，可以很容易地导出用内部收益率指标评价投资方案是否可行的判别准则，即：

若 $IRR > i_c$，则 $NPV > 0$，方案可以考虑接受；

$IRR = i_c$，则 $NPV = 0$，方案可以考虑接受；

$IRR < i_c$，则 $NPV < 0$，方案不可行。

（二）内部收益率的计算

1. 一般计算方法

由式（4-16）可以看出，内部收益率的计算是求解一个一元多次方程的过程，要想精确地求出方程的解，即内部收益率，是一件非常困难的事情，因此在实际应用中，一般采用线性插值近似计算法来求内部收益率的近似解。它的基本步骤如下：

（1）首先根据经验，选定一个适当的折现率 i_0。

（2）根据投资方案的现金流量情况，利用选定的折现率 i_0，求出方案的净现值 NPV。

（3）若 $NPV > 0$，则适当使 i_0 继续增大；若 $NPV < 0$，则适当使 i_0 继续减小。

（4）重复步骤（3），直到找到这样的两个折现率 i_1 和 i_2，其所对应求出的净现值 $NPV_1 > 0$，$NPV_2 < 0$，其中 $i_2 - i_1$ 一般不超过 2%~5%。

（5）采用线性插值公式求出内部收益率的近似解（见图4-9），其公式为

$$IRR = i_1 + \frac{NPV_1}{NPV_1 + |NPV_2|}(i_2 - i_1) \tag{4-17}$$

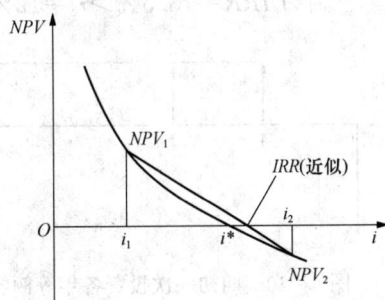

图 4-9　内部收益率线性插值法示意图

【例 4 - 10】 某项目净现金流量见表 4 - 4。当基准收益率 $i_c = 12\%$ 时，试用内部收益率指标判断该项目的经济性。

表 4 - 4　　　　　　　　　　　　**某项目现金流量表**　　　　　　　　　　　　单位：万元

年　序	0	1	2	3	4	5
净现金流量	-100	20	30	20	40	40

解　此项目净现值的计算公式为

$$NPV = -100 + 20(P/F,i,1) + 30(P/F,i,2) + 20(P/F,i,3) \\ + 40(P/F,i,4) + 40(P/F,i,5)$$

现分别设 $i_1 = 12\%$，$i_2 = 15\%$，计算相应的 NPV_1 和 NPV_2。

$$NPV_1(i_1) = -100 + 20(P/F,12\%,1) + 30(P/F,12\%,2) + 20(P/F,12\%,3) \\ + 40(P/F,12\%,4) + 40(P/F,12\%,5)$$

$$= -100 + 20 \times 0.892\,9 + 30 \times 0.797\,2 + 20 \times 0.711\,8 + 40 \times 0.635\,5 \\ + 40 \times 0.567\,4$$

$$= 4.126(万元)$$

$$NPV_2(i_2) = -100 + 20(P/F,15\%,1) + 30(P/F,15\%,2) + 20(P/F,15\%,3) \\ + 40(P/F,15\%,4) + 40(P/F,15\%,5)$$

$$= -100 + 20 \times 0.869\,6 + 30 \times 0.756\,1 + 20 \times 0.657\,5 + 40 \times 0.571\,8 \\ + 40 \times 0.497\,2$$

$$= -4.015(万元)$$

用式（4 - 17）可计算出 IRR 的近似解为

$$IRR = i_1 + \frac{NPV_1}{NPV_1 + |NPV_2|}(i_2 - i_1)$$

$$= 12\% + \frac{4.126}{4.126 + |-4.015|} \times (15\% - 12\%)$$

$$= 13.5\%$$

因为 $IRR = 13.5\% > i_c = 12\%$，故该项目在经济效果上是可以接受的。

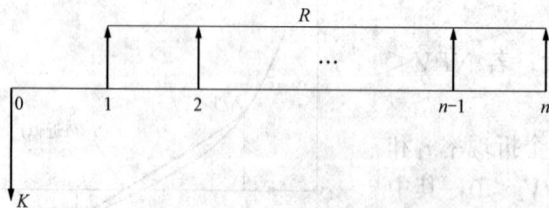

图 4 - 10　期初一次投资各年等额收益的现金流量图

2. 特殊现金流量情况下 IRR 的计算

若方案的现金流量比较简单，投资 K 在建设期初一次性投入，在计算期内各年有等额的净收益 R，现金流量图如图 4 - 10 所示。

则 IRR 的计算比较简单，可按下述步骤进行：

第一步，计算年金现值系数，即

$$(P/A, IRR, n) = 初始投资 K / 年金 R$$

第二步，查年金现值系数表，找到与上述年金现值系数相邻的两个系数 $(P/A, i_1, n)$ 和 $(P/A, i_2, n)$ 以及对应的 i_1 和 i_2。

第三步，用插值法计算 IRR。

$$\frac{IRR - i_1}{i_2 - i_1} = \frac{\frac{K}{R} - (P/A, i_1, n)}{(P/A, i_2, n) - (P/A, i_1, n)} \tag{4-18}$$

（三）内部收益率的经济含义

假设某项目投资 1000 万元，寿命为 4 年，各年净现金流量如图 4-11 所示，可以计算出该项目的 $IRR = 10\%$。根据内部收益率的定义可以知道，这 10% 的含义就是项目在寿命期末按照 10% 的收益率正好将全部资金收回，具体收回过程如图 4-12 所示。如果项目的现金流量发生变化，假设第 4 年的现金流量不是 220 万元，而是 250 万元，那么按照 10% 的收益率不仅可以将全部资金收回，还会有 30 万元的富裕，所以其内部收益率就不再是 10%，而应该高于 10%。

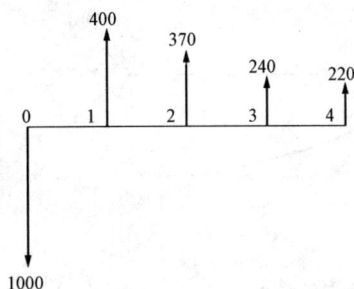

图 4-11　现金流量图（单位：万元）　　　图 4-12　资金恢复图（单位：万元）

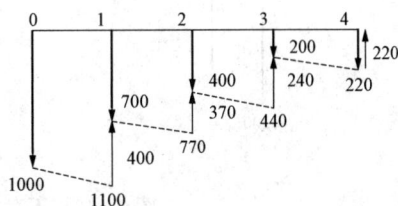

所以，内部收益率实际上是投资方案占用的尚未收回的资金的获利能力，是项目到计算期末正好将未收回的资金全部收回来的折现率，它只与项目本身的现金流量有关，即它取决于项目内部。可以理解为方案占用资金的恢复能力，反映了项目对贷款利率的最大承担能力，是项目借入资金利率的临界值。假设一个项目的全部投资均来自借入资金。从理论上讲，若借入资金的利率 i 小于项目的内部收益率 IRR，则项目会有盈利；若 $i > IRR$，则项目就会亏损；若 $i = IRR$，则由项目全部投资所获得的净收益刚好用于偿还借入资金的本金和利息。

（四）内部收益率的几种特殊情况

以上所讨论的内部收益率的计算及经济意义都是针对常规现金流量情况而言的，这类现金流量的特点是期初一年或几年投资，现金流量为负值，然后有收益，直到寿命期末现金流量始终为正值，而且所有现金流量的代数和是正的。这类现金流量的净现值函数有如图 4-7 所示的特点——NPV 随着 i 的增大而减小，且与横轴在（0，$+\infty$）有且只有一个交点，这种情况下，内部收益率才有解，且有唯一的解，其经济意义也才如前所述。但是并非所有的现金流量都是常规现金流量，以下介绍几种特殊情况。

1. 内部收益率不存在的情况

图 4-13 所示的情况都不存在有明确经济含义的内部收益率，图 4-13（a）的现金流量都是正的，当 $i \to \infty$ 时，$NPV \to 800$；图 4-13（b）的现金流量都是负的，当 $i \to \infty$ 时，$NPV \to -1000$；两现金流量的净现值曲线与横轴没交点，所以不存在内部收益率；图 4-13（c）的现金流量的代数和小于零，当 $i = 0$ 时，$NPV = -400$，当 $i \to \infty$ 时，$NPV \to -1200$，所以与横轴也没有交点，因此也不存在内部收益率。

2. 非投资的情况

这是一种比较特殊的情况，即先从项目取得资金，然后偿付项目的有关费用，例如融资

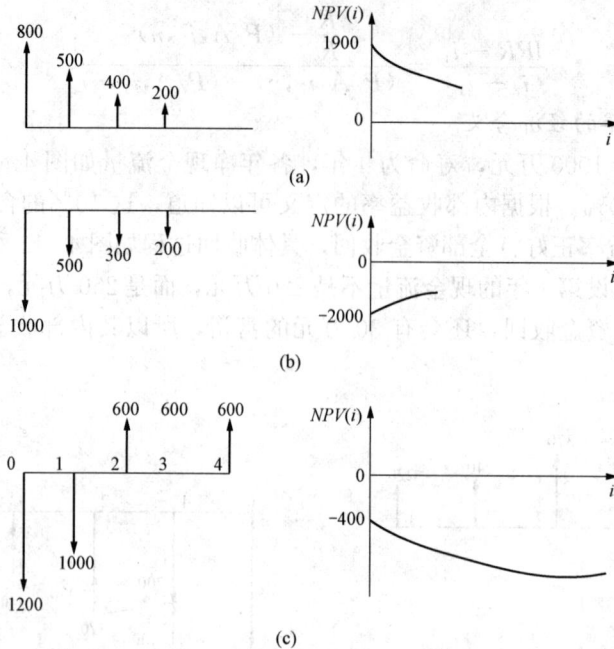

图 4-13 不存在内部收益率的情况

(a) 全正现金流量及 NPV 图；(b) 全负现金流量及 NPV 图；(c) 代数和为负值的现金流量及 NPV 图

租入设备、现有项目的转让等。

如图 4-14 所示，投资者先从项目取得资金，然后再向方案投资，这种情况可以求得 IRR，但其净现值函数与常规现金流量（见图 4-7）情况正好相反，其内部收益率的经济含义也与常规现金流量不同，当 $IRR<i_c$ 时，$NPV>0$，方案才可取。

3. 有多个内部收益率的情况

当投资项目的净现金流量趋势出现一次以上反号时，则可能有多个 IRR。

如图 4-15 所示项目的现金流量，其内部收益率可以求得 10％和 20％两个值，只有在 10％$<IRR<$20％的范围内时，其净现值才是大于零的，项目才是可取的。

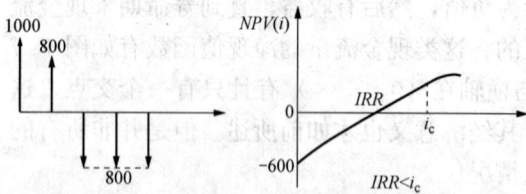

图 4-14 非投资的情况

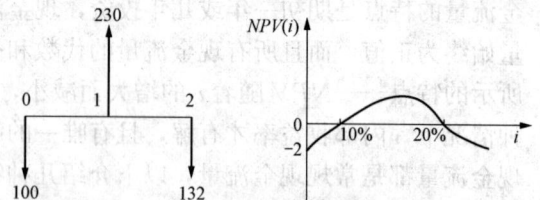

图 4-15 多个内部收益率的情况

当现金流量的正负号变化两次时，内部收益率有两个解，当现金流量的正负号变化次数多于两次时，可能存在更多个内部收益率，这就给项目评价带来很大的不便。

（五）内部收益率（IRR）指标的优缺点

IRR 指标的优点：

（1）考虑了资金的时间价值以及项目在整个寿命期内的经济状况；

（2）能够直观地反映项目的最大可能盈利能力；

（3）不需要事先确定一个基准收益率，而只需要知道基准收益率的大致范围即可。

IRR 指标的不足：

（1）需要大量的与投资项目有关的数据，计算比较麻烦；

（2）对具有非常规现金流量的项目来讲，其内部收益率往往不是唯一的，在某些情况下甚至不存在。

三、动态投资回收期

动态投资回收期，是指在考虑了资金时间价值的情况下，以项目每年的净收益的现值来回收项目全部投资的现值所需要的时间。这个指标的提出主要是为了克服静态投资回收期指标没有考虑资金的时间价值，因而不适合用于计算期较长的项目经济评价。

动态投资回收期的表达式为

$$\sum_{t=0}^{P_t'} (CI - CO)_t (1 + i_c)^{-t} = 0 \tag{4-19}$$

式中 P_t' ——动态投资回收期。

采用式（4-19）计算 P_t' 一般比较烦琐，因此在实际应用中往往根据项目的现金流量表，用下列近似公式计算：

$$P_t' = 累计净现金流量现值开始出现正值的年份数 - 1$$
$$+ \frac{上一年累计净现金流量现值的绝对值}{当年净现金流量现值} \tag{4-20}$$

【例4-11】 某项目有关数据见表4-5，计算该项目的动态投资回收期。（设 $i_c = 10\%$）

表4-5　　　　　　　　　　　某项目有关数据表　　　　　　　　　　单位：万元

年　序	0	1	2	3	4	5	6	7
投　资	20	500	100					
经营成本				300	450	450	450	450
销售收入				450	700	700	700	700
净现金流量	−20	−500	−100	150	250	250	250	250
净现金流量现值	−20	−454.6	−82.6	112.7	170.8	155.2	141.1	128.3
累计净现金流量现值	−20	−474.6	−557.2	−444.5	−273.7	−118.5	22.6	150.9

解　根据式（4-20），有

$$P_t' = 6 - 1 + \frac{|-118.5|}{141.1} = 5.84（年）$$

该项目的动态投资回收期为5.84年。

动态投资回收期用于投资方案，其评价准则可根据净现值的判别准则推出，根据净现值的计算公式（4-10）和动态投资回收期的定义公式（4-19），可以得到：

当 $NPV = 0$ 时，有 $P_t' = n$，因此 P_t' 的判别准则是：

若 $P_t' \leqslant n$，则 $NPV \geqslant 0$，方案可以考虑接受；

若 $P_t' > n$，则 $NPV < 0$，方案不可行。

动态投资回收期是考察项目财务上投资实际回收能力的动态指标。它反映了等值回收，而不是等额回收项目全部投资所需要的时间，因而更具有实际意义。

四、NPV、IRR 和 P_t' 的关系

（一）净现值与内部收益率的关系

仔细观察式（4-10）和式（4-16）两个公式，可以看出：当 $i_c = IRR$ 时，$NPV = 0$。

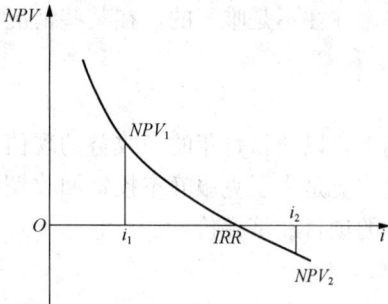

所以在 NPV 曲线图上，曲线与横轴的交点即为 IRR，所以 NPV 与 IRR 的关系可以从 NPV 曲线图中很容易地得出，如图 4-16 所示。

当 $i_c = IRR$ 时，$NPV = 0$。

当 $i_c = i_1 < IRR$ 时，$NPV > 0$；

当 $i_c = i_2 > IRR$ 时，$NPV < 0$。

所以，对同一方案进行评价时，用 NPV 和 IRR 两个指标进行评价，会得出完全相同的结论，或者说两者的评价结论是一致的。

图 4-16 NPV 与 IRR 的关系

（二）NPV 与动态投资回收期的关系

同样仔细观察式（4-10）和式（4-19）两个公式，可以看出，当 $P_t' = n$ 时，$NPV = 0$，其经济含义是，当动态投资回收期正好等于寿命期时，项目动态回收全部投资的时间就是整个寿命期；那么，可以推知：当 $P_t' < n$ 时，项目在短于寿命期的时间内就动态回收了全部投资，那么在回收投资以后的所得即为项目的净节余，即 $NPV > 0$；反之，当 $P_t' > n$ 时，项目回收投资的时间长于寿命期，所以在其寿命期内不能将全部投资动态回收，因此，$NPV < 0$。综上所述，两者之间的关系可归纳如下：

当 $P_t' = n$ 时，$NPV = 0$；

当 $P_t' < n$ 时，$NPV > 0$；

当 $P_t' > n$ 时，$NPV < 0$。

同样，对于同一方案，P_t' 和 NPV 两个指标的评价结论也是一致的。NPV 和动态投资回收期之间的关系也可通过曲线来描述，请参考其他书籍。

（三）NPV、IRR 和 P_t' 的关系

综上所述，以 NPV 为纽带，可以将 NPV、IRR 和 P_t' 三者之间的关系归纳如下：

$i_c = IRR \Leftrightarrow NPV = 0 \Leftrightarrow P_t' = n$；

$i_c < IRR \Leftrightarrow NPV > 0 \Leftrightarrow P_t' < n$；

$i_c > IRR \Leftrightarrow NPV < 0 \Leftrightarrow P_t' > n$。

所以，三者之间的评价结论是一致的、等价的，但并不意味着这三个指标可以互相替代，它们有各自的特点，并从不同角度对项目的盈利能力进行描述，为投资者提供决策依据。

内部收益率指标是一个相对效果指标，它反映了项目未收回投资的获利能力，易于理解和接受，不需要实现准确确定基准投资收益率；同时它在某种程度上体现了项目所能够承受的最大资金成本。当然该指标只能用于判断方案的可行性，不能用于多方案的比选，这一点将在第五章详述。

净现值是一个绝对效果指标，它体现了方案所能取得的超过基准收益率部分的超额收益的现值，反映了方案超过投资者最低期望盈利水平的超额绝对数额，这是一个应用极为方便而且广泛的指标，它不仅可以判断方案的可行性，而且可以用于多方案的比选。但是应用该指标需要事先确定基准收益率。

动态投资回收期是一个时间性指标，反映了投资回收速度的快慢，它与 NPV 有着相近的经济含义，一般很少用它来做方案的优劣比选，但在对项目后期现金流量的准确性把握不大的情况下，用该指标来筛选项目还是比较有参考价值的。

第四节　运用 Excel 计算评价指标

通过前面介绍可以看出，建设项目评价指标的计算涉及的数据较多，比较繁琐，因此，实际工作中可以利用 Microsoft Excel 中内置的函数来进行求解，既快捷又准确。

一、净现值的计算

Excel 中有内置函数 NPV（　），但该函数对输入的一系列数据，默认从第一年年末起计算，所以如果数据是从第一年年初开始，则应将该数据单独拿出参与运算。

【例 4 - 12】 利用［例 4 - 7］的资料用 Excel 计算项目的净现值。

解　用 Excel 计算 NPV 示例如图 4 - 17 所示。

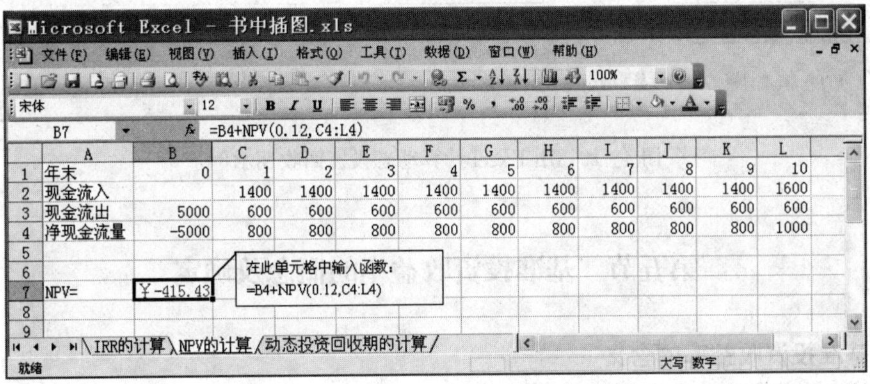

图 4 - 17　用 Excel 计算 NPV 示例

二、内部收益率的计算

【例 4 - 13】 利用［例 4 - 10］的资料用 Excel 计算内部收益率。

解　用 Excel 计算 IRR 示例如图 4 - 18 所示。

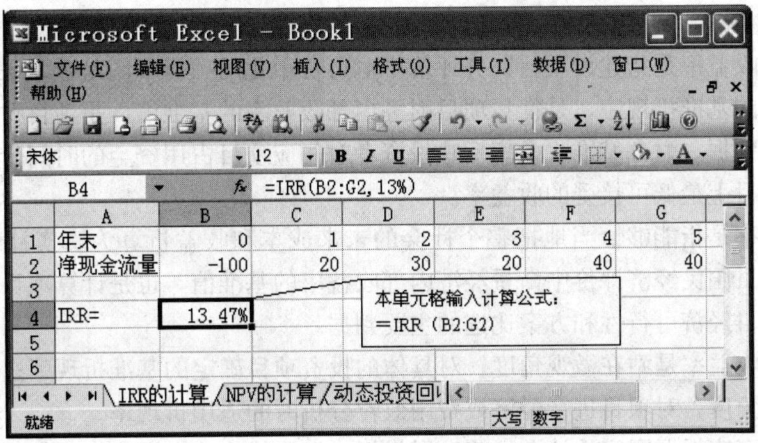

图 4 - 18　用 Excel 计算 IRR 示例

三、动态投资回收期的计算

动态投资回收期的计算没有可以直接应用的函数，但是利用 Excel 列表计算净现金流量现值及累计净现金流量也是比较方便且准确的。

【例 4-14】 利用［例 4-3］的资料，用 Excel 计算项目的动态投资回收期。

解　用 Excel 计算动态投资回收期示例如图 4-19 所示。

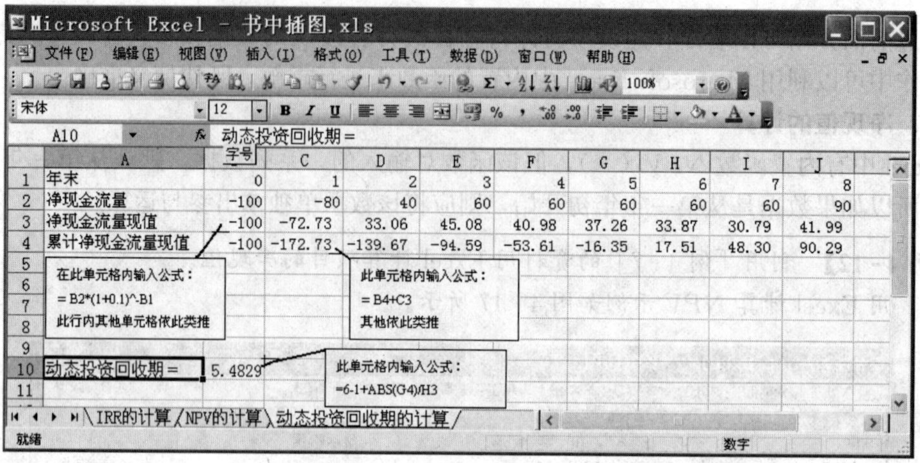

	A	B	C	D	E	F	G	H	I	J
1	年末	0	1	2	3	4	5	6	7	8
2	净现金流量	-100	-80	40	60	60	60	60	60	90
3	净现金流量现值	-100	-72.73	33.06	45.08	40.98	37.26	33.87	30.79	41.99
4	累计净现金流量现值	-100	-172.73	-139.67	-94.59	-53.61	-16.35	17.51	48.30	90.29
10	动态投资回收期=	5.4829								

图 4-19　用 Excel 计算动态投资回收期示例

第五节　基准投资收益率的概念及确定

一、基准投资收益率的含义

在计算 *NPV*、动态投资回收期时都要事先确定一个基准投资收益率（i_c），在利用 *IRR* 来判断项目可行性时，也需要一个基准投资收益率（i_c）的大致范围来做比较，那么这个计算基准和比较基准多大才算是合适的？这个问题是项目评价实际工作中最重要也是最难解决的问题。

基准投资收益率又称基准收益率、标准折现率，国外一些文献又把它称为具最低吸引力的收益率（*MARR*）。它包括两层含义，即财务基准收益率和社会折现率。

财务基准收益率是指建设项目财务评价中对可货币化的项目费用与效益采用折现方法计算财务净现值的基准折现率，是衡量项目财务内部收益率的基准值，是项目财务可行性和方案比选的主要判据。财务基准收益率反映投资者对相应项目占用资金的时间价值的判断，应是投资者在项目上最低可接受的收益率。

社会折现率是指能够恰当地把整个社会的未来成本和收益折算为真实社会现值的折现率，是建设项目国民经济评价中衡量经济内部收益率的基准值，也是计算项目经济净现值的折现率，是项目经济可行性和方案比选的主要判据。

财务基准收益率是站在微观角度，对具体的投资项目确定的基准折现率；而社会折现率是站在全社会角度，对项目进行经济或费用效益分析时的适用折现率。

社会折现率应根据国家的社会经济发展目标、发展战略、发展优先顺序、发展水平、宏观调控意图、社会成员的费用效益时间偏好、社会投资收益水平、资金供给情况、资金机会成本等因素综合测定。根据以上因素，结合当前实际情况，测定我国的社会折现率为8%；对于受益期长的建设项目，如果远期效益较大，效益实现的风险较小，社会折现率可适当降低，但不应低于6%。

本节主要介绍财务基准收益率的确定方法和影响因素。

二、财务基准收益率的确定方法

财务基准收益率的确定可以采用资本资产定价模型法（CAPM）、加权平均资金成本法（WACC）、典型项目模拟法、德尔菲（Delphi）专家调查法等方法确定。

（一）资本资产定价模型法（CAPM）

采用资本资产定价模型法测算行业财务基准收益率，应在行业内抽取有代表性的企业样本，以若干年企业财务报表数据为基础数据，进行行业风险系数、权益资金成本的测算，得出用资本资产定价模型法测算的行业最低可用折现率，作为确定权益资金行业基准收益率的下限，再综合考虑采用其他方法测算得出的行业财务基准收益率并进行协调后，确定权益资金行业财务基准收益率。其中权益资金成本的计算公式为

$$k = K_f + \beta \times (K_m - K_f) \tag{4-21}$$

式中　k——权益资金成本；

K_f——市场无风险收益率（可以采用政府发行的相应期限的国债利率）；

β——风险系数；

K_m——市场平均风险投资收益率。

【例4-15】　经测算，某期间政府发行的国债利率为5%，某行业的平均风险投资收益率为10%，该行业的风险系数为1.3，请问该行业的权益资金财务基准收益率的下限是多少？

解　利用式（4-21）可得

$$k = K_f + \beta \times (K_m - K_f)$$
$$= 5\% + 1.3 \times (10\% - 5\%)$$
$$= 11.5\%$$

故如果对该行业投资，其权益资金财务基准收益率不应低于11.5%。

（二）加权平均资金成本法（WACC）

采用加权平均资金成本法测算行业财务基准收益率（全部资金），应通过测定行业加权平均资金成本，得出全部投资的行业最低可接受财务折现率，作为全部投资行业财务基准收益率的下限。再综合考虑采用其他方法测算得出的行业财务基准收益率并进行协调后，确定全部投资行业财务基准收益率。其中加权平均资金成本的计算公式为

$$K = K_e \frac{E}{E+D} + K_d \frac{D}{E+D} \tag{4-22}$$

式中　K——加权平均资金成本；

K_e——权益资金成本；

K_d——债务资金成本；

E——股东权益；

D——企业负债。

权益资金与负债的比例可采用行业统计平均值，或者由投资者进行合理设定；债务资金

成本为公司所得税后债务资金成本；权益资金成本可以采用式（4-21）确定。

【例4-16】 利用［例4-15］资料，且知该行业的平均资产负债率为0.6，负债资金的主要来源是银行借款，且平均借款利率为8%，请问该行业的全部投资财务基准收益率的下限是多少？

解 利用式（4-22）得

$$K = K_e \frac{E}{E+D} + K_d \frac{D}{E+D}$$
$$= 11.5\% \times (1 - 0.6) + 8\% \times 0.6$$
$$= 9.4\%$$

故如果对该行业投资，其全部投资财务基准收益率不应低于9.4%。

（三）典型项目模拟法

采用典型项目模拟法测算财务基准收益率，应在合理的时间区段内，选取一定数量的具有行业代表性的已进入正常生产运营状态的典型项目，按照项目实施情况采集实际数据，统一评估的时间区段，调整价格水平和有关参数，计算项目的财务内部收益率，并对结果进行必要的分析，综合考虑各种因素后确定其取值。

（四）德尔菲（Delphi）专家调查法

采用统一的问卷调查，以匿名的方式，通过多轮次调查专家对本行业建设项目财务基准收益率取值的意见，逐步形成专家的集中意见，并对调查结果进行必要的分析，综合考虑各种因素后确定其取值。

三、财务基准收益率的影响因素

事实上，影响财务基准收益率的因素有很多，其中资金成本是最基本的影响因素，此外还包括项目所面临的风险因素、通货膨胀、资源供给、市场需求、项目目标、资金时间价值等方面。总体看来，以上诸多因素对财务基准收益率的影响主要体现在资金成本、机会成本、风险因素和通货膨胀四个方面。

（一）资金成本

资金成本是为取得和使用资金所必须支付的费用，债务资金的成本主要包括支付给债权人的利息和金融机构的手续费；权益资金的资金成本主要包括发放给股东的股息和金融机构的手续费。显然项目投资所能获得的利润首先要补偿资金成本，然后才是项目的净所得，因此，项目的基准收益率必须大于资金成本，也就是说资金成本是项目基准收益率确定的下限，这一点从以上前两种确定方法中可以看出。

（二）机会成本

机会成本是指投资者将有限的资金用于除拟建项目以外的其他投资机会所能获得的最好收益。换言之，由于资金有限，当把资金投入拟建项目时，将失去从其他最好的投资机会中获得收益的机会。机会成本在一定程度上受到投资者主观因素的影响，或者可以理解为权益资金的资金成本，这样就可以根据资本资产定价模型法（CAPM）确定其取值。

（三）风险因素

投资风险是实际收益对投资者预期收益的背离，风险可能给投资者带来超出预期的收益，也可能给投资者带来超出预期的损失。在一个完备的市场中，收益与风险成正相关，要获得高的投资收益就要承担大的风险。也正是由于风险的存在，才使得投资者期望获得较高的收益来弥补可能发生的风险损失，因此，在项目经济评价中，通过确定一个更高的收益率来反映投资者的这一需要。

（四）通货膨胀

由于通货膨胀影响，会使得项目的各种费用支出上升，从而使投资者的实际收益下降。如果在项目经济评价的基础数据中是按照基准年的不变价格进行预测的，没有考虑通货膨胀导致的价格上涨因素，在确定基准收益率时，就应该考虑通货膨胀的影响。

综上所述，基准收益率是项目经济评价和比较的前提条件，是计算经济评价指标的基础，是投资者选择项目的依据。因此基准投资收益率决定了项目的取舍，但其确定却受诸多因素的影响，其测算所需的基础数据复杂且较难搜集。为此，《方法与参数》规定了财务基准收益率的选用依据：对于政府投资项目以及按政府要求进行经济评价的建设项目，采用行业基准收益率；企业投资的各类建设项目参考选用行业基准收益率；在中国境外投资的建设项目要首先考虑国家风险因素。

──── 本章总结 ────

1. 项目经济评价指标体系可以从不同角度进行分类，不同的经济评价指标从不同角度反映项目的经济效果——盈利能力、偿债能力、运营能力等。

2. 按是否考虑时间价值，经济评价指标可以分为静态评价指标和动态评价指标。

3. 静态评价指标主要介绍了静态投资回收期和投资收益率两个主要指标，其中投资收益率又可以具体分为全部投资收益率、全部投资利润率、资本金收益率、资本金利润率等。

4. 动态指标主要介绍了 NPV、NFV、NAV、NPVR、IRR 和 P_t'。

5. NPV、IRR 和 P_t' 之间的关系为 $i_c = IRR \Leftrightarrow NPV = 0 \Leftrightarrow P_t' = n$；$i_c < IRR \Leftrightarrow NPV > 0 \Leftrightarrow P_t' < n$；$i_c > IRR \Leftrightarrow NPV < 0 \Leftrightarrow P_t' > n$。

6. 在计算动态评价指标时，基准收益率的确定是关键，它的影响因素主要包括资金成本、风险因素、机会成本和通货膨胀等。

──── 关键概念 ────

建设项目经济评价指标　　　静态评价指标　　　静态投资回收期
投资收益率　　　　　　　　动态评价指标　　　净现值
内部收益率　　　　　　　　动态投资回收期　　基准收益率

──── 思考题 ────

1. 建设项目经济评价指标的划分角度有哪几种？

2. 站在全部投资角度，年净利润与年净收益有何区别？

3. 站在资本金角度，年净利润与年净收益有何区别？

4. 站在全部投资角度和资本金角度，年净利润和年净收益分别有何区别？

5. NPV 的经济含义是什么？

6. 内部收益率的经济含义是什么？

7. NPV、IRR 和 P_t' 之间的关系是怎样的？

8. 基准收益率的确定方法和影响因素有哪些？

● —— 计 算 题 —— ●

1. 某建设项目建设期两年，第一年投资 1000 万元，第二年投资 800 万元；第三年投产，投产期一年，销售收入为 700 万元，总成本费用为 400 万元，其中经营成本为 200 万元；达产后，每年销售收入为 1000 万元，总成本费用为 500 万元，其中经营成本为 300 万元，项目残值为 100 万元，寿命期为 10 年，试计算该项目的静态投资回收期。

2. 题目条件同计算题 1，假设该项目全部投资中，项目资本金有 800 万元，1000 万元为银行贷款（包含建设期利息），且知该项目每年折旧费和摊销费为 170 万元，假设投产后平均每年归还银行利息 30 万元（包含在总成本费用中），已知销售税金及附加的合并税率为 10%，所得税税率为 25%，试根据正常生产经营期的数据计算全部投资利润率、全部投资收益率、资本金利润率、资本金收益率。

3. 利用计算题 1 的资料，计算该项目的净现值，并判断其经济合理性，已知 $i_c = 15\%$。

4. 某建筑公司新建一预制构件厂，需固定资产投资 500 万元，流动资金 50 万元，建设期 1 年，当年即可投产，投产后每年销售总收入 400 万元，年经营成本 200 万元，预计经济寿命 20 年，残值 150 万元，基准收益率 20%，试绘出现金流量图，并用净现值法论证其是否合理。

5. 某项目采用折现率为 17% 时所得财务净现值为 18.7 万元，而当采用折现率为 18% 时，财务净现值就下降为 −74 万元（负值），求其财务内部收益率（IRR）。

6. 某企业新建需固定资产投资 400 万元，流动资金 50 万元，若每年销售总收入 300 万元，年经营成本 170 万元（其中原料、燃料、工资、管理费支出 150 万元，机器设备更新 20 万元），预计经济寿命 20 年，残值 150 万元，基准收益率 20%，试用净现值法论证其是否合理。

7. 利用计算题 1 的资料，计算该项目的内部收益率，并判断其经济合理性（$i_c = 15\%$）。

8. 利用计算题 1 的资料，计算该项目的动态投资回收期，已知 $i_c = 15\%$，判断其经济合理性。

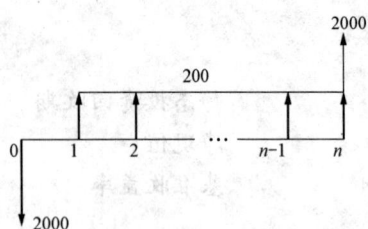

图 4-20　某项目现金流量图

9. 某建设债券，每年可按债券面值提取 4% 的利息，5 年后归还债券的面值，这种债券投资的内部收益率为多少？

10. 某项目现金流量如图 4-20 所示。

(1) 计算内部收益率。

(2) 如果基准收益率 $i_c = 10\%$，其净现值为多少？动态投资回收期是几年？

中篇　工程经济学方法

第五章　工程项目多方案的经济比较与选择

━━━━●━本章提要与学习目标━●━━━━

　　多方案比选是工程项目经济分析的重要内容，多方案之间的比选方法与多方案之间的经济类型有关。常见的经济关系类型有互斥关系、独立关系、混合关系、互补关系、条件关系和现金流量相关型关系。多方案进行比选的前提是方案之间具有可比性。

　　通过本章的学习，要求掌握多方案之间的经济关系类型及其特点，掌握寿命相同互斥方案的比选方法——净现值法、净现值率法、内部收益率法、最小费用法等，掌握独立方案的比选原则和比选方法，熟悉其他方案比选的基本原则和方法。

第一节　多方案之间的关系类型及其可比性

一、建设项目经济分析的基本内容

建设项目的经济分析不仅涉及项目的经济可行性分析，而且涉及一系列可行方案的优选问题。由于技术进步，为实现某种目标会形成众多的工程技术方案，这些方案或是采用不同的技术工艺和设备，或是有不同的规模和坐落位置，或是利用不同的原料和半成品等，当这些方案在技术上都是可行的，在经济上也合理时，经济分析的任务就是从中选择最好的方案。同时，在投资机会研究阶段还可能存在许多投资机会的选择问题。事实上，正是由于不同投资机会以及项目的不同方案之间的经济差异，才使得投资者不断地寻求投资机会，并创造更多方案以供其比较选择。

建设项目经济分析的基本内容包括单方案检验、多方案比选和不确定性分析。

（一）单方案检验

单方案检验是指对某个初步选定的投资方案，根据项目收益与费用的情况，通过计算其经济评价指标，确定项目的可行性。

单方案检验的方法比较简单，其主要步骤如下：

（1）确定项目的现金流量情况，编制项目现金流量表或者绘制现金流量图；

（2）根据公式计算项目的经济评价指标；

（3）根据计算出的指标值以及相对应的判别准则来确定项目的可行性。

单方案检验的主要内容就是根据项目的具体情况，计算项目的经济评价指标，然后根据各指标的判别准则来判断项目是否可行。因此单方案检验的关键就是经济评价指标的计算。

（二）多方案比选

在实践中，往往面临许多项目的选择，每个项目又会有很多方案，这些方案或是采用不同的技术工艺和设备，或是有不同的规模和坐落位置，或是利用不同的原料和半成品等。当这些方案在技术上都可行，在经济上也都合理时，经济分析的任务就是从中选择最好的方案。因此，多方案比选就是指对根据实际情况所提出的多个备选方案，通过选择适当的经济评价方法与指标，来对各个方案的经济效益进行比较，最终选择出具有最佳投资效果的方案。

多方案比选要考虑的内容包括：

（1）备选方案的筛选。剔除不可行的方案，因为不可行的方案是没有资格参加方案比选的。备选方案的筛选实际上就是单方案检验，利用经济评价指标的判别准则来剔除不可行的方案。

（2）进行方案比选时所考虑的因素。多方案比选可按方案的全部因素计算多个方案的全部经济效益与费用，进行全面的分析对比，也可仅就各个方案的不同因素计算其相对经济效益和费用，进行局部的分析对比。另外还要注意各个方案间的可比性，要遵循效益与费用计算口径相一致的原则。

（3）各个方案的结构类型。对于不同结构类型的方案，要选用不同的比较方法和评价指标，考察的结构类型所涉及的因素有：方案的计算期是否相同，方案所需的资金来源有无限制，方案的投资额是否相差过大等。

多方案比选是一个复杂的系统工程，涉及许多的因素，这些因素不仅包括经济因素，还包括项目本身以及项目内外部的其他相关因素，如产品市场、市场营销、企业形象、环境保护、外部竞争、市场风险等，只有对这些因素进行全面的调查研究与深入分析，再结合项目经济效益分析的情况，才能比选出最佳方案，才能做出科学的投资决策。本章只是介绍从项目经济效益的角度来比较和选择投资方案。

二、多方案之间的关系类型

一般来讲，根据多方案之间的经济关系类型，一组备选方案之间存在着各种关系类型，包括互斥型关系、独立型关系、混合型关系、互补型关系、现金流量相关型关系、条件（从属）关系等，如图 5-1 所示。

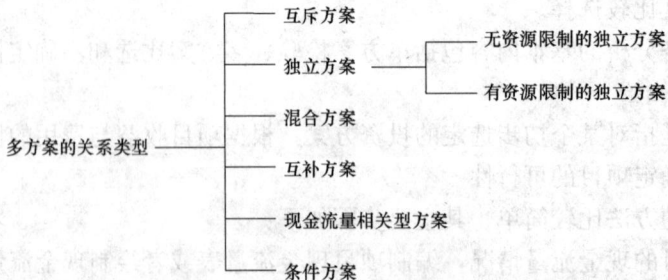

图 5-1　方案关系类型

（一）互斥型关系

互斥型关系是指各个方案之间存在着互不相容、互相排斥的关系，各个方案可以互相代替，方案具有排他性。进行方案比选时，在多个备选方案中只能选择一个，其余的均必须放弃，不能同时存在。这类多方案在实际工作中最常见到。互斥方案可以指同一项目的不同备选方案，如一个建设项目的工厂规模、生产工艺流程、主要设备、厂址选择等；也可以指不同的投资项目，如进行基础设施的投资，还是工业项目的投资，工业项目投资是投资钢铁生产项目，还是石油开采项目等。

互斥项目可以按以下因素进行分类：

1. 按寿命期长短的不同进行分类

（1）寿命期相同的互斥方案。即参与比选的所有方案的寿命期均相同。

（2）寿命期不同的互斥方案。即参与比选的所有方案的寿命期不全相同。

（3）寿命无限的互斥方案。即参与比选的方案中有永久性工程或寿命期很长可以看作寿命无限的工程，如大型水坝、运河等。

2. 按规模不同进行分类

（1）相同规模的方案。即参与比选的方案具有相同的产出量或容量，在满足相同功能方面和数量要求方面具有一致性和可比性。

（2）不同规模的方案。即参与比选的方案具有不同的产出量或容量，在满足相同功能方面和数量要求方面不具有一致性和可比性。对于具有此类关系类型的互斥方案，通过评价指标的适当变换使其在满足功能和数量要求方面具有可比性。

总之，互斥方案的比选是项目经济评价的重要内容，也是其他关系类型方案比选的基础。

（二）独立型关系

独立型关系是指各个投资方案的现金流量是独立的，不具有相关性，选择其中的一个方案并不排斥接受其他方案，即一个方案的采用与否与其自身的可行性有关，而与其他方案是否采用没有关系。例如某企业面临三个投资机会：一个是住宅开发，一个是生物制药项目，还有一个是某高速公路的投资建设，在没有资金约束的条件下，这三个方案之间不存在任何的制约和排斥关系，它们就是一组独立方案。或者某施工企业面临三个工程的招标，在企业资金、人员和机械足够的情况下，同时进行三个工程的施工也是施工企业所期望的结果。

以上所述都是指在无资源约束情况下的独立方案，称为无资源限制的独立方案，在很多情况下，方案的选择大都可能遇到资源（资金、人力、原材料等）的限制，这时方案之间的关系就不是纯粹的独立关系，而是有资源限制的独立方案，有的称为组合—互斥方案，主要是因为它们的组合方案具有互斥性。关于其比选方法详见本章第二节。

（三）混合型关系

在一组方案中，方案之间有些具有互斥关系，有些具有独立关系，则称这一组方案为混合方案。混合方案在结构上又可组成两种形式。

（1）在一组独立多方案中，每个独立方案下又有若干个互斥方案的形式。例如，某大型零售业公司现欲在两个相距较远的 A 城和 B 城各投资建设一座大型仓储式超市，显然 A、B 是独立的。在 A 城有 3 个可行地点 A1、A2、A3 供选择；在 B 城有 2 个可行地点 B1、B2 供选择，则 A1、A2、A3 是互斥关系，B1、B2 也是互斥关系。先独立后互斥关系图如图 5-2 所示。

（2）在一组互斥多方案中，每个互斥方案下又有若干个独立方案的形式。例如，某大型

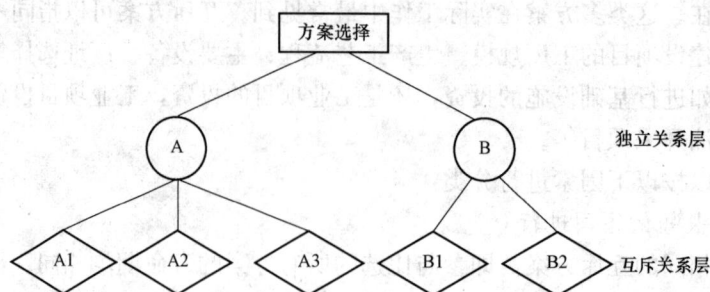

图5-2　先独立后互斥关系图

企业集团面临两个投资机会，一个是投资房地产开发项目C，另一个是投资生物制药项目D，由于资金有限，只能在这两个项目中选择其一。房地产开发项目是某市一个大型的城市改造项目，其中有居住物业C1、商业物业C2，还有一处大型的体育设施项目（包括游泳馆、体育馆和室外健身场地等）C3，该企业可以选择全部进行投资，也可选择其中的一个或两个项目进行投资；生物制药项目有D1和D2两个相距遥远的地区都急需投资以充分利用当地资源，该企业的资金也可以同时支持D1和D2两个项目的选择。先互斥后独立关系图如图5-3所示。

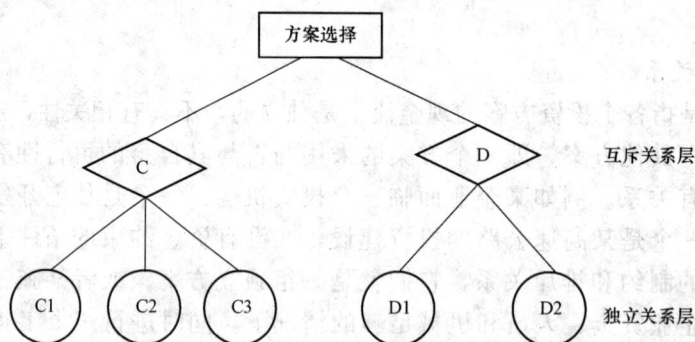

图5-3　先互斥后独立关系图

（四）互补关系

互补关系方案是执行一个方案会增加另一个方案的效益，方案之间存在互为利用、互为补充的关系。在大型商场设置餐饮和儿童娱乐设施会增加商场的收益，但餐饮和儿童娱乐设施并非商场项目的必备条件。

（五）条件关系

条件关系又称从属关系，是指某一方案的接受是以另一方案的接受为前提的。例如要建设煤矿，则必须同时建设铁路来完成煤炭的外运，那么铁路和煤矿项目无论在建设时间和建设规模上都应该彼此适应，相辅相成，缺少其中一个，另一个就无法运行，这两者之间就是条件关系。

互补关系和条件关系的多方案可以合并为一个方案进行经济分析。

（六）现金流量相关型

现金流量相关型关系是指在一组方案中，方案之间不完全是排斥关系，也不完全是独立关系，但其中某一方案的采用与否会给其他方案的现金流量带来一定的影响，进而影响其他方案的采用或拒绝。例如在两地之间修建铁路和（或）公路，其中铁路项目和公路项目的关系就是典型的现金流量相关型关系，铁路和公路可以单独修建，也可以同时修建，但与独立方案不同，如果两个项目同时选择，那么由于交通分流的影响，每个项目的现金流量与单独选择该项目时的现金流量是不同的，要充分考虑两个项目的相互影响，合理估计影响后的现金流量。

总之，无论实际工作中的关系类型多么复杂，在经济分析时关键是深入分析其内部条件和外部条件，进一步选择合适的分析方法。

三、多方案之间的可比性

并非所有的方案都是绝对可以比较的，不同方案的规模、产出的质量和数量、产出的时间、费用的大小及发生时间，以及方案的寿命期限都不尽相同。对这些因素进行综合经济比较就需要一定的前提条件，简言之，就是参与比选的各方案在经济上要具有可比性。

（一）功能的可比性

在投资机会研究阶段，功能可比性的含义主要集中在预期目标的一致性上，对于经营性项目，主要预期目标就是其经济效益；对于非经营性的公共项目，其预期目标主要是指其社会效益。两者之间不具有可比性，本章不讨论此类问题。但对于不同类型的经营性项目，可以通过经济效果指标进行经济比较。

对于相同类型的经营性项目的不同技术方案，功能可比性主要是指产出的规模、质量、数量的一致性，只有当参与比选的不同方案的产出在规模、质量、数量上基本一致时，才能直接进行比选。

（二）基础数据资料的可比性

1. 基础数据搜集整理的方法一致

在基础数据资料的整理过程中，应注意方法要一致，例如投资估算可以采用概算法和形成资产法，总成本费用的估算可以采用生产要素法和生产成本加期间费用法，在资料搜集过程中要注意不同方案应采用相同的方法。

2. 费用效益的口径一致

费用效益口径一致包含两层含义：一是不同方案的效益和费用的计算范围一致，例如商业物业投资项目中，是否包含地下停车场的收益？大型住宅小区的收益中是否包含公共用房的可能出租收益？二是对于同一方案，要注意费用和效益的相互配比性，即要考虑费用所带来的效益和效益所对应的费用。

3. 价格基准的一致性

经济评价中涉及各种要素的价格，包括设备、材料、工资单价等，在确定这些价格时，要按照相同的原则确定，或者采用基准价格，以基准年的价格确定各要素的价格，或者采用变动价格，要注意按照相同的价格变化率来预测各要素在各年的价格。

（三）寿命期的可比性

寿命期相同即要求参与比选的备选方案具有相同的计算期，只有这样才具有可比性，但实际情况中常有寿命期不同或寿命期可视为无限的情况，对此，理论上认为是不可比的，但面临必须作出选择时，可以通过一些转化使其具有可比性（见本章第二节）。

第二节　互斥方案的比较选择

一、寿命期相同的互斥方案的比选

对于寿命期相同的互斥方案，计算期通常设定为其寿命周期，这样能满足在时间上可比的要求。对此又有以下两种情况：

（1）产出不同的互斥方案；

（2）产出相同的互斥方案。

（一）寿命期相同产出不同的互斥方案的比选

对于规模相近、产出不同的互斥方案的比选，常用的方法有净现值法、净现值率法、差额内部收益率法、差额净现值法、差额投资收益率法等，本书主要介绍前三种方法。

1. 净现值法

净现值法就是通过计算各个备选方案的净现值并比较其大小而判断方案优劣的方法，是多方案比选中最常用的一种方法。

净现值的基本步骤如下：

（1）分别计算各个方案的净现值，并用判别准则加以检验，剔除 $NPV<0$ 的方案。

（2）对所有 $NPV \geqslant 0$ 的方案比较其净现值。

（3）根据净现值最大准则，选择净现值最大的方案为最佳方案。

【例 5-1】　现有 A、B、C 三个互斥方案，其寿命期均为 16 年，规模大体接近，各方案的净现金流量见表 5-1，试用净现值法选择出最佳方案，已知 $i_c=10\%$。

表 5-1　　　　　　　　　　各方案现金流量表　　　　　　　　　　单位：万元

年　序	建　设　期		生　产　期		
	1	2	3	4～15	16
方案 A	−2024	−2800	500	1100	2100
方案 B	−2800	−3000	570	1310	2300
方案 C	−2500	−2000	400	950	2000

解　各方案的净现值计算结果如下：

$$NPV_A = -2024 \times (P/F,10\%,1) - 2800 \times (P/F,10\%,2) + 500 \times (P/F,10\%,3)$$
$$+ 1100 \times (P/A,10\%,12) \times (P/F,10\%,3) + 2100 \times (P/F,10\%,16)$$
$$= 2309.78（万元）$$

$$NPV_B = 2610.19（万元）$$

$$NPV_C = 1673.43（万元）$$

计算结果表明方案 B 的净现值最大，方案 B 是最佳方案。

2. 净现值率法

净现值率法是在净现值法的基础上发展起来的，可以作为净现值的补充指标，在净现值相同或相近时，净现值率指标可以反映单位投资的净贡献，在多方案选择中有重要作用。

【例5-2】 某项目有四个方案，甲方案财务净现值 $NPV=200$ 万元，投资现值 $I_p=3000$ 万元，乙方案 $NPV=180$ 万元，$I_p=2000$ 万元，丙方案 $NPV=150$ 万元，$I_p=3000$ 万元，丁方案 $NPV=200$ 万元，$I_p=2000$ 万元，据此条件，判断项目的最好方案是哪一个。

解　由于甲方案和丁方案的净现值相同，无法用净现值法比较其优劣，因此采用净现值率法，根据净现值率的定义式 $NPVR=NPV/I_p$ 得：

甲方案：$NPVR=200\div3000=0.0666$；乙方案：$NPVR=180\div2000=0.09$；

丙方案：$NPVR=150\div3000=0.05$；丁方案：$NPVR=200\div2000=0.10$。

项目的最好方案是丁方案。

净现值法和净现值率法是对寿命期相同的互斥方案进行比选时最常用的方法。有时采用不同的评价指标对方案进行比选时，会得出不同的结论，这时往往以净现值指标为最后衡量的标准。

3. 差额内部收益率法

内部收益率是衡量项目综合能力的重要指标，也是在项目经济评价中经常用到的指标之一，但是在进行互斥方案的比选时，如果直接用各个方案内部收益率的高低来作为衡量方案优劣的标准，往往会导致错误的结论。

【例5-3】 某建设项目有三个设计方案，其寿命期均为10年，各方案的初始投资和年净收益见表5-2，试选择最佳方案（已知 $i_c=10\%$）。

表5-2　　　　　　　　　　　**各个方案的净现金流量表**　　　　　　　　单位：万元

年序	0	1~10（年）
方案 A	170	44
方案 B	260	59
方案 C	300	68

解　先用净现值法对方案进行比选。

根据各个方案的现金流量情况，可计算出其 NPV 分别为

$$NPV_A=-170+44\times(P/A,10\%,10)=100.34（万元）$$
$$NPV_B=-260+59\times(P/A,10\%,10)=102.53（万元）$$
$$NPV_C=-300+68\times(P/A,10\%,10)=117.83（万元）$$

由于 NPV_C 最大，因此根据净现值法的结论，以方案C为最佳方案。

对于上面这个题目，如果采用内部收益率指标来进行比选又会如何呢？下面来计算一下。根据 IRR 的定义及各个方案的现金流量情况，有

$$-170+44\times(P/A,IRR_A,10)=0\rightarrow IRR_A=22.47\%$$
$$-260+59\times(P/A,IRR_B,10)=0\rightarrow IRR_B=18.94\%$$
$$-300+68\times(P/A,IRR_C,10)=0\rightarrow IRR_C=18.52\%$$

结果：$IRR_A>IRR_B>IRR_C$。

那么是否可以得出结论：A为最优方案呢？如果得出这样的结论，就与 NPV 指标得出的结论不同，那么哪个指标得出的结论是正确的呢？

下面通过一种极端情况说明 IRR 指标用来进行多方案比选的不可靠性。

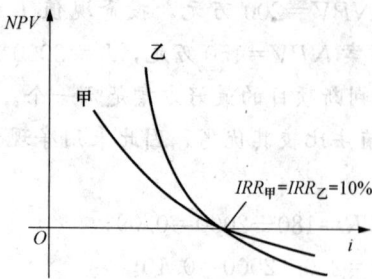

图 5-4　内部收益率相同的
两方案的净现值曲线

假设甲、乙两个方案的内部收益率都相同：$IRR_{甲}$ $=IRR_{乙}=10\%$（如图 5-4 所示）。那么是否意味着甲、乙两个方案的经济效果是相同的呢？已知内部收益率仅根据项目本身的现金流量确定，没有考虑项目所处的外部环境，因此需要考察两个方案所处的外部条件。甲方案的借款利率为 15%，而乙方案的借款利率为 6%，从这个角度上看，甲方案是不可行的，因此就谈不上"优选"了。因此可以至少得出这样的结论：IRR 指标直接用来进行多方案比选时，比选结论是不可靠的，原因是它没有考虑项目所处的外部条件。而计算 NPV 指标的基准收益率综合考虑了项目所处的外部环境，因此其结论是可靠的（当然前提条件是基准收益率的确定是合理的）。

所以，IRR 指标不能直接用来进行方案比选。

由于互斥方案的比选，实质上是分析投资大的方案所增加的投资能否用其增量收益来补偿，即对增量的现金流量的经济合理性作出判断，因此可以通过计算增量净现金流量的内部收益率即差额内部收益率——ΔIRR 来比选方案，这样就能够保证方案比选结论的正确性。

差额内部收益率的表达式为

$$\sum_{t=0}^{n} \left[(CI-CO)_2 - (CI-CO)_1 \right]_t (1+\Delta IRR)^{-t} = 0 \qquad (5-1)$$

其计算与内部收益率的计算相同，也采用线性插值法求得。

采用差额内部收益率指标对互斥方案进行比选的基本步骤如下：

（1）计算各备选方案的 IRR。

（2）将 $IRR \geqslant i_c$ 的方案按投资额由小到大依次排列。

（3）计算排在最前面的两个方案的差额内部收益率 ΔIRR，若 $\Delta IRR \geqslant i_c$，则说明投资大的方案优于投资小的方案，保留投资大的方案；若 $\Delta IRR < i_c$，则保留投资小的方案。

（4）将保留的较优方案依次与相邻方案两两逐对比较，直至全部方案比较完毕，则最后保留的方案就是最优方案。

差额内部收益率的比选步骤如图 5-5 所示。

【例 5-4】 根据［例 5-3］的资料，试用差额内部收益率法进行方案比选。

解 由于三个方案的 IRR 均大于 i_c，将它们按投资额大小排列为：A→B→C。先对方案 A 和方案 B 进行比较。

根据差额内部收益率的计算公式有

$-(260-170) + (59-44)(P/A, \Delta IRR_{B-A}, 10) = 0$，可求出 $\Delta IRR_{B-A} = 10.43\% > i_c = 10\%$

故方案 B 优于方案 A，保留方案 B，继续进行比较。

将方案 B 和方案 C 进行比较，得

$-(300-260) + (68-59)(P/A, \Delta IRR_{C-B}, 10) = 0$，可以求出 $\Delta IRR_{C-B} = 18.68\% > i_c = 10\%$

故方案 C 优于方案 B。

最后可得出结论：方案 C 为最佳方案。

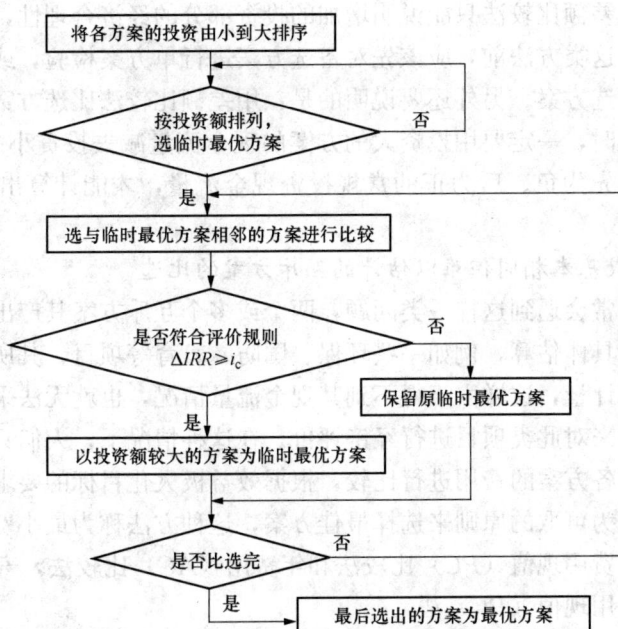

```
┌─────────────────────────┐
│ 将各方案的投资由小到大排序 │
└─────────────────────────┘
             ↓
       ◇─────────◇        否
      ◇  按投资额排列， ◇──────┐
      ◇ 选临时最优方案  ◇      │
       ◇─────────◇         │
             │是             │
┌─────────────────────────┐  │
│ 选与临时最优方案相邻的方案进行比较 │  │
└─────────────────────────┘  │
             ↓                │
       ◇─────────◇            │
      ◇ 是否符合评价规则 ◇  否    │
      ◇   ΔIRR≥i_c   ◇───────┐ │
       ◇─────────◇          │ │
             │是      ┌──────────────┐ │
┌─────────────────────┐│ 保留原临时最优方案 │ │
│ 以投资额较大的方案为临时最优方案 │└──────────────┘ │
└─────────────────────┘        │         │
             ↓                  │         │
       ◇─────────◇   否          │         │
      ◇  是否比选完  ◇───────────────────────┘
       ◇─────────◇
             │是
      ┌────────────────────┐
      │ 最后选出的方案为最优方案 │
      └────────────────────┘
```

图 5 - 5　差额内部收益率的比选步骤

对于方案 A 和方案 C 的关系可以通过图 5-6 加以说明。

两个方案的净现值曲线相交于 $i=13.11\%$ 处，而 13.11% 实际上就是两方案的差额内部收益率 ΔIRR_{C-A}，可以通过下式计算：

$$-(300-170)+(68-44)(P/A, \Delta IRR_{C-A}, 10)=0$$

求得 $\Delta IRR_{C-A}=13.11\%$

根据差额内部收益率的比选原则 $\Delta IRR_{C-A}=13.11\% > i_c=10\%$，可以得出方案 C 优于方案 A。这与 NPV 指标得出的结论是一致的。

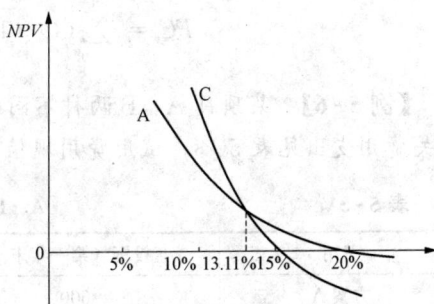

图 5 - 6　方案 A、方案 C 的净现值与折现率的关系

差额内部收益率法是一种差额比较法，相似的方法还有差额净现值法——ΔNPV、差额投资收益率法等，本书不再赘述。这类方法实际上是判断增量投资所产生的增量收益的经济合理性，从而判断两方案的优劣。

【例 5 - 5】　现有 A、B、C 三个互斥方案，寿命期皆为 10 年。已知：三方案均可行，且方案 C 比方案 B 多投资 5 万元，方案 A 又比方案 C 多投资 5 万元，而方案 A 比方案 B 每年多收益 2.5 万元，方案 C 比方案 B 每年多收益 1 万元。$i_c=10\%$。试判断哪个方案最优？

解　按照投资额从小到大的顺序排列为 B→C→A。

$\Delta NPV_{C-B}=-5+1\times(P/A, 10\%, 10)=1.145$ 万元 >0，故方案 C 优于方案 B。

$\Delta NPV_{A-C} = -5 + 1.5 \times (P/A, 10\%, 10) = 4.22$ 万元 > 0，故方案 A 优于方案 C。故方案 A 为最优方案。

值得注意的是：差额比较法只能说明增加的投资部分的经济合理性，并不能说明全部投资的效果，因此采用这类方法前，应该先对备选方案进行单方案检验，或者增设零方案（即不投资方案）作为备选方案。另外还要说明的是：用差额比较法比选方案，尤其是用差额内部收益率法比选方案时，一定要用投资大的方案的现金流量减去投资小的方案的现金流量，只有这样，才能得到先为负、后为正的常规投资现金流量，才能计算出具有正常经济意义的 ΔIRR。

（二）收益相同或基本相同但难以估计的互斥方案的比选

在工程经济中经常会遇到这样一类问题，两个或多个互斥方案其产出的效果相同，或基本相同但却难以进行具体估算，例如一些环保、国防、教育等项目，其所产生的效益无法或者说很难用货币直接计量，这样由于得不到其现金流量情况，也就无法采用净现值法、差额内部收益率法等方法来对此类项目进行经济评价。在这种情况下，人们只能通过假定各方案的收益是相等的，对各方案的费用进行比较，根据效益极大化目标的要求及费用较小的项目比费用较大的项目更为可取的原则来选择最佳方案，这种方法称为最小费用法。

最小费用法包括费用现值（PC）比较法和年费用（AC）比较法，寿命期相同的互斥方案的比选中，常用费用现值（PC）法。

费用现值比较法实际上是净现值法的一个特例，费用现值的含义是指利用费用现值比较法所计算出的净现值只包括费用部分。由于无法估算各个方案的收益情况，因此只计算各备选方案的费用现值（PC）进行对比，以费用现值较低的方案为最佳。其表达式为

$$PC = \sum_{t=0}^{n} CO_t (1+i_c)^{-t} = \sum_{t=0}^{n} CO_t (P/F, i_c, t) \tag{5-2}$$

【例 5-6】　某项目 A、B 两种不同的工艺设计方案，均能满足同样的生产技术需要，其有关费用支出见表 5-3，试用费用现值比较法选择最佳方案，已知 $i_c = 10\%$。

表 5-3　　　　　　　　　　　A、B 两方案费用支出表　　　　　　　　　　　单位：万元

费用	投资（第一年末）	年经营成本（2~10 年末）	寿命期
方案 A	600	280	10
方案 B	785	245	10

解　根据费用现值的计算公式可分别计算出 A、B 两方案的费用现值为

$PC_A = 600(P/A, 10\%, 1) + 280(P/A, 10\%, 9)(P/F, 10\%, 1) = 2011.40$（万元）

$PC_B = 785(P/F, 10\%, 1) + 245(P/A, 10\%, 9)(P/F, 10\%, 1) = 1996.34$（万元）

由于 $PC_A > PC_B$，所以方案 B 为最佳方案。

二、寿命期不同的互斥方案的比较与选择

对于互斥方案，如果其寿命期不同，就不能直接采用净现值法等评价方法来对方案进行比选，因为此时寿命期长的方案的净现值与寿命期短的方案的净现值不具有可比性。因此为了满足时间可比的要求就需要对各备选方案的计算期和计算公式进行适当的处理，使各个方案在相同的条件下进行比较，才能得出合理的结论。

为满足时间可比条件而进行处理的方法很多，常用的有净年值（NAV）法、年费用（AC）法、最小公倍数法和研究期法等。

（一）净年值（NAV）法

净年值（NAV）法是对寿命期不相等的互斥方案进行比选时用到的一种最简明的方法。它通过分别计算各备选方案净现金流量的等额净年值（NAV）进行比较，以 $NAV \geqslant 0$，且 NAV 最大者为最优方案。其中净年值（NAV）的表达式为

$$NAV = \left[\sum_{t=0}^{n} (CI - CO)_t (1+i_c)^{-t}\right](A/P, i_c, n) = NPV(A/P, i_c, n) \qquad (5-3)$$

【例 5 - 7】 某建设项目有 A、B 两个方案，其净现金流量情况见表 5 - 4，若 $i_c = 10\%$，试用净年值法对方案进行比选。

表 5 - 4　　　　　　　　　　　　　A、B 两方案的净现金流量　　　　　　　　　　　单位：万元

年　序	1（年）	2～5（年）	6～9（年）	10（年）
方案 A	−300	80	80	100
方案 B	−100	70	—	—

解　先求出 A、B 两个方案的净现值：

$NPV_A = -300(P/F, 10\%, 1) + 80(P/A, 10\%, 8)(P/F, 10\%, 1)$
$\qquad + 100(P/F, 10\%, 10) = 153.83(万元)$

$NPV_B = -100(P/F, 10\%, 1) + 50(P/A, 10\%, 4)(P/F, 10\%, 1) = 110.81(万元)$

然后根据式（5 - 3），求出 A、B 两方案的等额净年值 NAV。

$NAV_A = NPV_A(A/P, i_c, n_A) = 153.83 \times (A/P, 10\%, 10) = 25.04(万元)$

$NAV_B = NPV_B(A/P, i_c, n_B) = 110.81 \times (A/P, 10\%, 5) = 29.23(万元)$

由于 $NAV_A < NAV_B$，且 NAV_A、NAV_B 均大于零，故方案 B 为最佳方案。

可以看出，虽然 $NPV_A > NPV_B$，但 $NAV_A < NAV_B$。所以方案 A 净现值大的原因是它在方案 B 寿命结束后还存在收益，而方案 B 寿命结束后可能会面临其他投资机会，因此按照净现值来比选，对方案 B 是不公平的，当折算为净年值时，可以看出，方案 B 优于方案 A。

（二）年费用（AC）比较法

年费用（AC）比较法是通过计算各备选方案的等额年费用（AC）并进行比较，以年费用较低的方案为最佳方案的一种方法，年费用（AC）是净年值的特例，在收益相同或基本相同但难以估计，且各方案的寿命期不相同时，采用这种方法。其表达式为

$$AC = \sum_{t=0}^{n} CO_t(P/F, i_c, t)(A/P, i_c, n) \qquad (5-4)$$

【例 5 - 8】 根据 ［例 5 - 6］ 的资料，试用年费用比较法选择最佳方案。

解　根据式（5 - 4）可计算出 A、B 两方案的等额年费用如下：

$AC_A = 2011.40 \times (P/A, 10\%, 10) = 327.46(万元)$

$AC_B = 1996.34 \times (P/A, 10\%, 10) = 325.00(万元)$

由于 $AC_A > AC_B$，故方案 B 为最佳方案。

采用年费用比较法与费用现值比较法对方案进行比选的结论是完全一致的。因为实际上

正如净现值（NPV）和净年值（NAV）之间的关系一样，费用现值（PC）和等额年费用（AC）之间也可以很容易进行转换。即

$$PC = AC(P/A, i, n)$$

或　　　　　　　　　　　　$$PA = PC(P/A, i, n)$$

所以根据费用最小的原则，两种方法的计算结果是一致的，因此在实际应用中对效益相同或基本相同但又难以具体估算的互斥方案进行比选时，若方案的寿命期相同，则任意选择其中的一种方法即可，若方案的寿命期不同，则一般使用年费用比较法。

（三）最小公倍数法

最小公倍数法又称方案重复法，以各备选方案寿命期的最小公倍数作为方案比选的共同的计算期，并假设各个方案均在这样一个共同的计算期内重复进行，对各个方案计算期各年的净现金流量进行重复计算，直至与共同的计算期相等。例如有 A、B 两个互斥方案，方案 A 计算期为 6 年，方案 B 计算期为 8 年，则其共同的计算期即为 24 年（6 和 8 的最小公倍数），然后假设方案 A 将重复实施 4 次，方案 B 将重复实施 3 次，分别对其净现金流量进行重复计算，在此共同的计算期内对方案进行比选。

最小公倍数法是基于重复型更新假设理论之上的。重复型更新假设理论包括以下两个方面：

（1）在较长时间内，方案可以连续地以同种方案进行重复更新，直到多方案的最小公倍数寿命期或无限寿命期；

（2）替代更新方案与原方案现金流量完全相同，延长寿命后的方案现金流量以原方案寿命为周期重复变化。

【例 5-9】　根据［例 5-7］的资料，试用最小公倍数法对方案进行比选。

解　方案 A 计算期为 10 年，方案 B 计算期为 5 年，则其共同的计算期为 10 年，即方案 B 需重复实施两次。

计算在计算期为 10 年的情况下，A、B 两个方案的净现值。

其中 NPV_B 的计算可参考图 5-7。

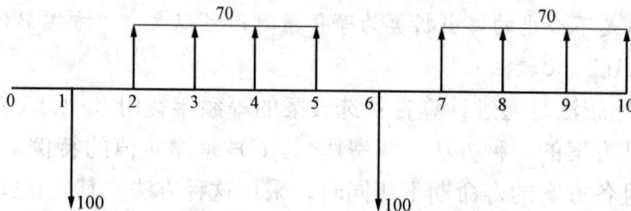

图 5-7　方案 B 重复执行两次的现金流量表（单位：万元）

$$NPV_A = 153.83(万元)$$
$$NPV_B = -100 \times (P/F, 10\%, 1) + 70 \times (P/A, 10\%, 4) \times (P/F, 10\%, 1)$$
$$-100 \times (P/F, 10\%, 6) + 70 \times (P/A, 10\%, 4) \times (P/F, 10\%, 6)$$
$$= 179.61(万元)$$

由于 $NPV_A < NPV_B$，且 NPV_A、NPV_B 均大于零，故方案 B 为最佳方案。

【例5-10】 某公司选择施工机械，有两种方案可供选择，基准收益率为10%，设备方案的数据见表5-5，试进行方案比较。

表5-5　　　　　　　　　　　　　　　[例5-10]的现金流量

项　目	单　位	方案A	方案B
投　资	元	1000	15 000
年收入	元	6000	6000
年度经营费	元	3000	2500
残　值	元	1000	1500
服务寿命期	年	6	9

解　由于两个方案服务寿命不等，计算期应取各方案服务寿命的最小公倍数，以便在相同年限内进行比较。本题的最小公倍数为18年，故

$$NPV(A) = -10\,000 - (10\,000 - 1000)(P/F,10\%,6) - (10\,000 - 1000)(P/F,10\%,12)$$
$$+ 1000(P/F,10\%,18) + (6000 - 3000)(P/A,10\%,18) = 10\,448.9(元)$$
$$NPV(B) = -15\,000 - (15\,000 - 1500)(P/F,10\%,9) + 1500(P/F,10\%,18)$$
$$+ (6000 - 2500)(P/A,10\%,18) = 6997.7(元)$$
$$NPV(A) > NPV(B)$$

计算结果表明，方案A优于方案B。同时应当指出，由于此法延长时间，实际上夸大了两方案的差别。

重复型更新假设理论一般隐含于问题之中，无须特别说明。另外，需要特别指出的是，年值法也隐含了重复型更新假设理论，因为在重复型更新假设理论条件下，现金流量是周期性变化的，则延长若干期后的方案年值与一个周期的年值应是相等的。这可以通过[例5-7]和[例5-9]中方案B得到验证。

$$NAV_B^{(10)} = NPV_B^{(10)}(A/P,10\%,10) = NAV_B^{(5)} = 29.23(万元)$$

对于一般情况也是如此。设n为方案的寿命年限，m为周期数，则在重复型更新假设条件下，有

$$NAV^{(n\times1)} = NAV^{(n\times m)}$$

现证明如下：

设方案在第k个周期各年现金流量的净现值为$NPV(k)$，$k=1,2,3\cdots m$，则

$$NPV(1) = \sum_{t=1}^{n}(CI - CO)_t(1+i_c)^{-t}$$
$$NPV(2) = NPV(1) \cdot (1+i_c)^{-n}$$
$$NPV(3) = NPV(1) \cdot (1+i_c)^{-n\times2}$$
$$\vdots$$
$$NPV(m) = NPV(1) \cdot (1+i_c)^{-n\times(m-1)}$$

那么，m个周期的总净现值为

$$NPV^{(n\times m)} = \sum_{k=1}^{m}NPV(k)$$

$$= NPV(1) + NPV(1) \cdot (1+i_c)^{-n} + NPV(1) \cdot (1+i_c)^{-n \times 2} + \cdots$$
$$+ NPV(1) \cdot (1+i_c)^{-n \times (k-1)} + \cdots + NPV(1) \cdot (1+i_c)^{-n \times (m-1)}$$
$$= NPV(1) \frac{1-(1+i_c)^{-n \times m}}{1-(1+i_c)^{-n}}$$

则延长 m 个周期的年值为

$$NAV^{\langle n \times m \rangle} = NPV^{\langle n \times m \rangle} \cdot (A/P, i_c, n \times m)$$
$$= NPV(1) \frac{1-(1+i_c)^{-n \times m}}{1-(1+i_c)^{-n}} \frac{i_c (1+i_c)^{n \times m}}{(1+i_c)^{n \times m}-1}$$
$$= NPV(1) \frac{1-(1+i_c)^{-n \times m}}{1-(1+i_c)^{-n}} \frac{i_c}{1-(1+i_c)^{-n \times m}}$$
$$= NPV(1) \frac{i_c}{1-(1+i_c)^{-n}}$$
$$= NPV(1) \cdot (A/P, i_c, n)$$
$$= NAV^{\langle n \times 1 \rangle}$$

证毕。

因此可以说，年值法是最小公倍数法的一个特例，在此之所以把年值法单独作为一种方法列出来，主要是因为年值法是寿命期不等的互斥方案选择中最常用的方法，对于寿命期不等的互斥方案，可以直接计算方案的年值来比较方案的优劣。

（四）研究期法

在用最小公倍数法对互斥方案进行比选时，如果方案的最小公倍数比较大，就需对计算期较短的方案进行多次的重复计算，而这与实际显然不相符合，因为技术在不断地进步，一个完全相同的方案在一个较长的时期内反复实施的可能性不大，因此用最小公倍数法得出的方案评价结论就不太令人信服。这时可以采用一种称为研究期法的评价方法。

所谓研究期法，就是针对寿命期不相等的互斥方案，直接选取一个适当的分析期作为各个方案共同的计算期，在此共同的计算期内对方案进行比选。

为了得到正确合理的评价结论，应用研究期法需要三个前提：一是研究期的确定合理；二是对于在研究期内提前达到寿命期的方案，合理确定其更替方案及现金流量；三是对于在研究期末尚未达到寿命期的方案或更替方案，合理确定其未使用价值（残值）。

1. 研究期的确定

一般有三类情况：

（1）以寿命最短方案的寿命为各方案共同的服务年限——研究期，令寿命长的方案在研究期末保留一定的残值；

（2）以寿命最长方案的寿命为共同的研究期，令寿命短的方案在寿命终止时，以更替方案更替，在研究期末令更替方案保留一定的残值；

（3）统一规定方案的计划服务年限，在此期限内有的方案可能需要更替，服务期满后，有的方案可能存在残值。

2. 更替方案及其现金流量的确定

对于在达到共同服务年限之前先达到其寿命期的方案，可以根据技术进步的快慢合理预测未来更替方案及其现金流量。一般有两种处理情况：一是采用同种固定资产进行更替——原型更新；二是采用可以预测到的其他新型固定资产进行更替——新型更新。

3. 方案未使用价值（残值）的处理

一般有三种处理方式：

(1) 完全承认未使用价值，即将方案的未使用价值全部折算到研究期末；

(2) 完全不承认未使用价值，即研究期后的方案未使用价值均忽略不计；

(3) 对研究期末的方案未使用价值进行客观地估计，以估计值计在研究期末（如例 [5-10] 中的 1000 和 1500 就是估计的残值）。

【例 5-11】 有 A、B 两个方案，方案 A 的寿命为 4 年，方案 B 的寿命为 6 年，其现金流量见表 5-6。（$i_c = 10\%$）

(1) 试确定两方案在不同研究期下的现金流量；

(2) 根据残值的不同处理方式对两方案进行比较选择。

表 5-6　　　　　　　　　A、B 两方案的现金流量　　　　　　　　　单位：元

年 末	0	1	2	3	4	5	6
方案 A	−5000	3000	3000	3000	3000	—	—
方案 B	−4000	2000	2000	2000	2000	2000	2000

解 (1) A、B 两方案在不同研究期下的现金流量。

1) 以方案 A 的寿命期（4 年）为研究期，方案 B 在 4 年末考虑残值为 1500 元，现金流量见表 5-7。

表 5-7　　　　　　　A、B 两方案在方案 A 的研究期下的现金流量　　　　　　单位：元

年 末	0	1	2	3	4
方案 A	−5000	3000	3000	3000	3000
方案 B	−4000	2000	2000	2000	2000+1500（残值）

2) 以方案 B 的寿命期（6 年）为研究期，方案 A 考虑原型更新，在重复执行到 6 年末时考虑残值为 3500 元，现金流量见表 5-8。

表 5-8　　　　　　　A、B 两方案在方案 B 的研究期下的现金流量　　　　　　单位：元

年 末	0	1	2	3	4	5	6
方案 A	−5000	3000	3000	3000	3000−5000	3000	3000+3500（残值）
方案 B	−4000	2000	2000	2000	2000	2000	2000

3) 以计划服务年限（10 年）为研究期，A、B 都重复执行，并在 10 年末考虑残值，现金流量见表 5-9。

表 5 - 9　　　　　A、B 两方案在计划服务年限的研究期下的现金流量　　　　单位：元

年　末	0	1	2	3	4	5	6	7	8	9	10
方案 A	−5000	3000	3000	3000	3000−5000	3000	3000	3000	3000−5000	3000	3000＋3500（残值）
方案 B	−4000	2000	2000	2000	2000	2000	2000−4000	2000	2000	2000	2000＋1500（残值）

（2）根据残值的不同处理方式对两方案进行比较选择。选定研究期为 4 年。

1）完全承认研究期末方案未使用价值。

$$NPV_A^{(4)} = -5000 + 3000(P/A, 10\%, 4) = 4506.7（元）$$
$$NPV_B^{(4)} = -4000(A/P, 10\%, 6)(P/A, 10\%, 4) + 2000(P/A, 10\%, 4)$$
$$= 3428（元）$$

2）完全不承认研究期末方案未使用价值。

$$NPV_A^{(4)} = -5000 + 3000(P/A, 10\%, 4) = 4506.7（元）$$
$$NPV_B^{(4)} = -4000 + 2000(P/A, 10\%, 4) = 2339.6（元）$$

选择 A 设备。

3）估计研究期末设备的残值为 1500 元。

$$NPV_A^{(4)} = -5000 + 3000(P/A, 10\%, 4) = 4506.7（元）$$
$$NPV_B^{(4)} = -4000 + 2000(P/A, 10\%, 4) + 1500(P/F, 10\%, 4) = 3364.1（元）$$

A 设备较优。

【例 5 - 12】　有 A、B 两个项目的现金流量见表 5 - 10，若已知 i_c＝10%，试用研究期法对方案进行比选。

表 5 - 10　　　　　　　A、B 两个项目的净现金流量　　　　　单位：万元

年　序	1	2	3～7	8	9	10
方案 A	−550	−350	380	430		
方案 B	−1200	−850	750	750	750	900

解　取 A、B 两方案中较短的计算期为共同的计算期，即 n＝8（年），分别计算当计算期为 8 年时 A、B 两方案的净现值：

$$NPV_A = -550 \times (P/F, 10\%, 1) - 350 \times (P/F, 10\%, 2) + 380 \times (P/A, 10\%, 5)$$
$$\times (P/F, 10\%, 2) + 430 \times (P/F, 10\%, 8) = 601.89（万元）$$
$$NPV_B = [-1200(P/F, 10\%, 1) - 850(P/F, 10\%, 2) + 750(P/A, 10\%, 7)$$
$$(P/F, 10\%, 2) + 900 \times (P/F, 10\%, 10)](A/P, 10\%, 10)(P/A, 10\%, 8)$$
$$= 1364.79（万元）$$

注：方案 B 是按完全考虑残值计算的。

由于 $NPV_B > NPV_A > 0$，所以方案 B 为最佳方案。

三、寿命无限的互斥方案的比选

对于一些大型的公共项目，如运河、大坝等项目，服务年限相当长，可以看作寿命无限

的项目。对于这类项目的经济评价，涉及期初投资与无限寿命上的年金的相互转化计算——永续年金的求解问题。

根据年金与现值的关系

$$A = P \frac{i(1+i)^n}{(1+i)^n - 1}$$

当寿命期 $n \to \infty$ 时，$\lim\limits_{n\to\infty} \dfrac{i(1+i)^n}{(1+i)^n-1} = i$，即

$$A = Pi \tag{5-5}$$

反之

$$P = \frac{A}{i} \tag{5-6}$$

当寿命无限时，年金与现值之间的关系可以很容易地进行寿命无限方案的评价和比选。

【例 5-13】 某河道治理项目可以采取 A、B 两种方案，其详细数据见表 5-11。假设 $i_c = 5\%$，试比较两方案。

表 5-11 [例 5-13] 数据表

方案	投资	n	年费用	其他
A	650 000 元，用于挖河道，铺水泥面	可永久使用	1000 元	10 000 元/5 年修补一次水泥面
B	65 000 元，用于购置挖掘设备	10 年	每年挖掘一次，费用 34 000 元	残值 7000 元

解 $AC_A = 650\,000 \times 0.05 + 1000 + 10\,000\,(A/F, 5\%, 5) = 35\,310$（元）

$AC_B = 65\,000\,(A/P, 5\%, 10) + 34\,000 - 7000\,(A/F, 5\%, 10) = 41\,861$（元）

$AC_A < AC_B$，所以方案 A 较优。

第三节 独立方案和混合方案的比较选择

一、独立方案的比选

独立方案一般有两种情况，即无资源限制和有资源限制。

（一）无资源限制的情况

如果独立方案之间共享的资源足够多（没有限制），则任何一个方案的选择只与其自身的可行性有关，因此只要该方案在经济上是可行的，就可以采纳。这种情况实际上就是单方案检验。当然需要指出的是，无资源限制并不是指有无限多的资源，而是资源足够多以满足所有方案的需要。

（二）有资源限制的情况

如果独立方案之间共享的资源是有限的，不能满足所有方案的需要，则在这种不超出资源限制的条件下，独立方案的选择有两种方法：一是方案组合法；二是净现值率排序法。

1. 方案组合法

方案组合法的基本原理就是：在资源限制的条件下，列出独立方案所有可能的组合，每

种组合形成一个组合方案，所有可能的组合方案是互斥的，然后根据互斥方案的比选方法选择最优的组合方案，即是独立方案的选择。

【例 5-14】 有三个独立方案 A、B 和 C，寿命期均为 10 年，现金流量见表 5-12。基准收益率为 8%，投资资金限额为 12 000 万元。试做出最佳投资决策。

表 5-12　　　　　　　　　　　　　　方案 A、B、C 的现金流量表

方　案	初始投资（万元）	年净收益（万元）	寿命（年）
A	3000	600	10
B	5000	850	10
C	7000	1200	10

解　三个方案的净现值都大于零，从单方案检验的角度看都是可行的，但是由于投资总额有限制，因此三个方案不能同时实施，只能选择其中的一个或两个方案。

（1）列出不超过投资限额的所有组合方案；

（2）对每个组合方案内的各独立方案的现金流量进行叠加，作为组合方案的现金流量，并按投资额从小到大排列；

（3）按组合方案的现金流量计算各组合方案的净现值；

（4）净现值最大者即为最优组合方案。

计算过程见表 5-13，A+C 为最佳组合方案，故最佳投资决策是选择方案 A、C。

表 5-13　　　　　　　　　　　　　　组合方案的现金流量及净现值表

序　号	组合方案	初始投资（万元）	年净收益（万元）	寿命（年）	净现值（万元）	结　论
1	A	3000	600	10	1026	
2	B	5000	850	10	704	
3	C	7000	1200	10	1052	
4	A+B	8000	1450	10	1730	
5	A+C	10 000	1800	10	2078	最佳
6	B+C	12 000	2050	10	1756	

2. 净现值率排序法

净现值率排序法是指净现值率大于或等于零的各个方案按净现值率的大小依次排序，并依此次序选取方案，直至所选取的方案组合的投资总额最大限度地接近或等于投资限额为止。

【例 5-15】 根据［例 5-14］的资料，试利用净现值率排序法做出最佳投资决策。

解　首先计算 A、B、C 三个投资方案的净现值率，分别为

$$NPVR_A = 34.2\%$$

$$NPVR_B = 14.08\%$$

$$NPVR_C = 15.03\%$$

然后将各方案按净现值率从大到小依次排序，结果见表 5-14。

表 5 - 14　　　　　　　　　　**方案 A、B、C 的净现值率排序表**

方　案	净现值率	投资额（万元）	累计投资额（万元）
A	34.2%	3000	3000
C	15.03%	7000	10 000
B	14.08%	5000	15 000

根据表 5 - 14 可知，方案的选择顺序是 A→C→B。由于资金限额为 12 000 万元，所以投资决策为方案 A+C 的组合。

对于有资源限制的独立方案的比选，方案组合法和净现值率排序法各有其优劣。净现值率排序法的优点是计算简便、选择方法简明扼要，缺点是经常会出现资金没有被充分利用的情况，因而不一定能保证获得最佳组合方案；而方案组合法的优点是在各种情况下均能获得最佳组合方案，但缺点是计算比较烦琐。因此在实际运用中，应该综合考虑各种因素，选用适当的方法进行方案的比选。

二、混合方案的比选

如前所述，混合方案可以划分为先独立后互斥和先互斥后独立两种类型，由于这两种类型在同一层为单一的经济关系类型，两层之间为不同的经济关系类型，因此混合方案又称为层混方案。正是由于层混方案的这一特点，所以层混方案的比选一般按层次进行最下层的比选，然后进行上一层的比选。

（一）先独立后互斥混合方案的比选

【例 5 - 16】某大型零售业公司有足够资金在 A 城和 B 城各建一座大型仓储式超市，在 A 城有 3 个可行地点 A1、A2、A3 供选择；在 B 城有 2 个可行地点 B1、B2 供选择，根据各地人流量、购买力、工资水平、相关税费等资料，搜集整理相关数据，见表 5 - 15。假设基准收益率为 10%，试进行比选。

表 5 - 15　　　　　　　　**[例 5 - 16] 基础数据表**　　　　　　　单位：万元

方案	A1	A2	A3	B1	B2
投资	1000	1100	980	1800	2300
年收入	900	1200	850	1500	1800
年经营费用	450	650	380	990	1150
寿命期	10	8	9	12	10

解　根据题意可知：A1、A2、A3 是互斥关系，B1、B2 也是互斥关系。A、B 是独立关系。因此可以先根据互斥方案的比选方法分别在 A1、A2、A3 中选出最优方案，在 B1、B2 中选出最优方案。然后对选出的最优方案再根据独立方案的比选原则进行比选。

由于各方案的寿命期不同，故根据互斥方案的比选方法净年值法分别计算各方案的净年值。

$$NAV_{A1} = -1000(A/P, 10\%, 10) + (900 - 450)$$
$$= -1000 \times 0.1627 + (900 - 450)$$
$$= 287.3（万元）$$
$$NAV_{A2} = -1100(A/P, 10\%, 8) + (1200 - 650)$$

$$= -1100 \times 0.1874 + (1200 - 650)$$
$$= 343.86(万元)$$
$$NAV_{A3} = -980(A/P, 10\%, 9) + (850 - 380)$$
$$= -980 \times 0.1736 + (850 - 380)$$
$$= 299.87(万元)$$
$$NAV_{B1} = -1800(A/P, 10\%, 12) + (1500 - 890)$$
$$= -1800 \times 0.1468 + (1500 - 890)$$
$$= 345.76(万元)$$
$$NAV_{B2} = -2300(A/P, 10\%, 10) + (1800 - 1250)$$
$$= -2300 \times 0.1627 + (1800 - 1150)$$
$$= 275.79(万元)$$

因为 $NAV_{A2} > NAV_{A3} > NAV_{A1} > 0$，所以选择方案 A2。

因为 $NAV_{B1} > NAV_{B2} > 0$，所以选择方案 B1。

又因为该公司有足够多的资金可以在两地同时建，因此最后选择方案 A2 和方案 B1。

因此可以看出，先独立后互斥层混方案的比选先在互斥层根据互斥方案的比选方法进行比选，然后对选出来的最优方案在独立层中按照独立方案的比选原则进行比选。

（二）先互斥后独立混合方案的比选

【例 5 - 17】　某大型企业集团面临两个投资机会，一个是房地产开发项目，一个是生物制药项目。由于资金限制，同时为防止专业过于分散，该集团仅打算选择其中之一。房地产开发项目是某市一个大型的城市改造项目，其中有居住物业 C1、商业物业 C2，还有一处大型的体育设施项目（包括游泳馆、体育馆和室外健身场地等）C3，该企业可以选择全部进行投资，也可选择其中的一个或两个项目进行投资；生物制药项目有 D1 和 D2 两个相距遥远的地区都急需投资以充分利用当地资源，该企业的资金也可以同时支持 D1 和 D2 两个项目的选择。

假设企业集团能够筹集到的资金为 10 000 万元，各方案所需投资额和 NPV 见表 5 - 16。

表 5 - 16　　　　　　　　　　　　　[例 5 - 17] 基础数据表　　　　　　　　　　　单位：万元

方　案	C1	C2	C3	D1	D2
所需投资	4300	5500	4800	3800	4900
NPV	1100	1650	900	950	1250
$NPVR$	25.58%	30%	18.75%	25%	25.51%

解　所有方案的净现值都大于零，因此都是可行的。在第一组方案 C 中，由于所需总投资 $4300 + 5500 + 4800 = 14\ 600$（万元）$> 10\ 000$ 万元。根据净现值率排序法，选择 C1 和 C2 方案——C1＋C2。

在第二组方案 D 中，所需总投资 $3800 + 4900 = 8700$（万元）$< 10\ 000$ 万元，因此两个方案都可选择——D1＋D2。

两个组合方案为互斥的，根据净现值法进行比选：

组合方案 C1＋C2 的 NPV 为 $1100 + 1650 = 2750$（万元）；

组合方案 D1+D2 的 NPV 为 950+1250＝2200（万元）。

根据净现值最大的原则，选择方案 C1+C2。

先互斥后独立混合方案的比选是先在独立层根据独立方案的比选原则选择组合方案，然后根据互斥方案的比选原则对组合方案进行比选。

第四节　方案比选的其他方法

一、其他关系类型方案的比选

对于现金流量相关型方案的比选常用的方法是通过方案组合的方法使各组合方案互斥化，与有资源限制的独立方案的比选不同的是：独立方案中组合方案的现金流量是各独立方案现金流量的叠加，而现金流量相关型方案的组合方案的现金流量不是独立方案现金流量的叠加，而是考虑组合方案中各独立方案的相互影响，并对相互影响之后的现金流量进行准确估计。

【例 5-18】　为了满足运输要求，有关部门分别提出要在某两地之间修建一条铁路和（或）一条公路。只上一个项目时的净现金流量见表 5-17。若两个项目都上，由于货运分流的影响，两项目都将减少净收益，其净现金流量见表 5-18。当 i_c＝10％时，应如何选择？

表 5-17　　　　　　　　　只上一个项目时的净现金流量表　　　　　　　单位：百万元

年　序	0	1	2	3~32
铁路（A）	−200	−200	−200	100
公路（B）	−100	−100	−100	60

表 5-18　　　　　　　　　两个项目都上的净现金流量表　　　　　　　单位：百万元

年　序	0	1	2	3~32
铁路（A）	−200	−200	−200	80
公路（B）	−100	−100	−100	35
铁路+公路（A+B）	−300	−300	−300	115

解　先将两个相关方案组合成三个互斥方案，再分别计算其净现值，结果见表 5-19。

表 5-19　　　　　　　　　组合互斥方案及其净现值表　　　　　　　单位：百万元

年　序	0	1	2	3~32	NPV
铁路（A）	−200	−200	−200	100	281.65
公路（B）	−100	−100	−100	60	218.73
铁路+公路（A+B）	−300	−300	−300	115	149.80

根据净现值最大的评价标准，方案 A 为最优方案。

与现金流量相关型方案相同，互补关系和条件关系方案的比选原则也是组合互斥化，把互为补充或互为条件的两个方案进行组合，使组合后的方案具有互斥关系特征，然后根据互斥方案的比选原则和方法进行比选。

二、其他静态比选方法

以上所介绍的各种方法都是动态比选方法，在初步选择方案时，或对于短期多方案的比选，可以采用静态比选方法，互斥方案常用的静态分析方法主要有增量投资收益率法、增量投资回收期法、年折算费用法、综合总费用法等。

（一）增量投资收益率法

现有甲、乙两个互斥方案，其规模相同或基本相同时，如果其中一个方案的投资额和经营成本都为最小时，该方案就是最理想的方案。但是实践中往往达不到这样的要求。经常出现的情况是某一个方案的投资额小，但经营成本却较高，或净收益少；而另一方案正相反，其投资额较大，但经营成本却较省，或净收益较大。这样投资大的方案与投资小的方案就形成了增量的投资，增量投资带来增量收益，或使得经营成本降低。

增量投资所带来的增量收益或经营成本上的节约与增量投资之比就称为增量投资收益率。

现设 I_1、I_2 分别为甲、乙方案的投资额，C_1、C_2 为甲、乙方案的经营成本，A_1、A_2 表示1、2方案的年净收益额。

若 $I_2>I_1$，$C_2<C_1$，$A_2>A_1$，则增量投资收益率 R（2−1）为

$$R(2-1) = \frac{C_1 - C_2}{I_2 - I_1} = \frac{A_2 - A_1}{I_2 - I_1} \tag{5-7}$$

如果计算出来的增量投资收益率大于基准投资收益率，此时，投资大的方案就是可行的，它表明投资的增量（I_2-I_1）完全可以由经营费的节约（C_1-C_2）或增量净收益（A_2-A_1）来得到补偿。反之，投资小的方案为优选方案。

【例5-19】 已知某企业拟购买一台设备，现有两种规格供选择，设备A的购置费为50万元，年经营成本为15万元，设备B的购置费为70万元，年经营成本为10万元，两种设备所生产的产品完全相同，使用寿命相同，且期末均无残值，试用增量投资收益率法选择较优方案（基准投资收益率为15%）。

解　根据式（5-7）得

$$R(B-A) = \frac{C_1 - C_2}{I_2 - I_1} = \frac{15 - 10}{70 - 50} = 25\% > 15\%$$

故设备B较优。

（二）增量投资回收期法

增量投资回收期，就是用经营成本的节约或增量净收益来补偿增量投资所需要的年限。

当各年经营成本的节约（C_1-C_2）或增量净收益（A_2-A_1）基本相同时，其计算公式为

$$P_t(2-1) = \frac{I_2 - I_1}{C_1 - C_2} = \frac{I_2 - I_1}{A_2 - A_1} \tag{5-8}$$

当各年经营成本的节约（C_1-C_2）或增量净收益（A_2-A_1）差异较大时，其计算公式为

$$(I_2 - I_1) = \sum_{t=1}^{P_t(2-1)} (C_1 - C_2)$$

或

$$(I_2 - I_1) = \sum_{t=1}^{P_t(2-1)} (A_2 - A_1) \qquad (5-9)$$

计算出来的增量投资回收期，也应小于基准投资回收期，此时，投资大的方案就是可行的。

对互斥方案采用增量投资回收期进行比较。增量投资回收期小于基准投资回收期时，投资大的方案为优选方案；反之，投资小的方案为优选方案。

【例 5-20】 根据［例 5-19］资料，采用增量投资收益率法比选方案，基准投资回收期为 5 年。

解 根据式（5-8）得

$$P_t(B-A) = \frac{I_2 - I_1}{C_1 - C_2} = \frac{70 - 50}{15 - 10} = 4(年) < 5 年$$

故设备 B 较优。

（三）年折算费用法

当互斥方案个数较多时，用增量投资收益率、增量投资回收期进行方案经济比较，要进行两两比较逐个淘汰。而运用年折算费用法，只需计算各方案的年折算费用，即将投资额用基准投资回收期分摊到各年，再与各年的年经营成本相加。

在多方案比较时，可以方案的年折算费用大小作为评价准则，选择年折算费用最小的方案为最优方案。年折算费用计算公式如下：

$$Z_j = \frac{I_j}{P_c} + C_j \qquad (5-10)$$

或

$$Z_j = I_j \times i_c + C_j \qquad (5-11)$$

式中　Z_j——第 j 方案的年折算费用；

I_j——第 j 方案的总投资；

P_c——基准投资回收期；

i_c——基准投资收益率；

C_j——第 j 方案的年经营成本。

根据年折算费用，即可选出最小者为最优方案。这与增量投资收益率法的结论是一致的。

年折算费用法计算简便，评价准则直观、明确，故适用于多方案的评价。

【例 5-21】 根据［例 5-19］资料，采用年折算费用法比选方案。

解 根据式（5-11）计算得

设备 A：$Z_A = I_A \times i_c + C_A = 50 \times 15\% + 15 = 22.5$（万元）

设备 B：$Z_B = I_B \times i_c + C_B = 70 \times 15\% + 10 = 20.5$（万元）

设备 B 较优。

根据式（5-10）计算得

设备 A：$Z_A = \frac{I_A}{P_c} + C_A = \frac{50}{5} + 15 = 25$（万元）

设备 B：$Z_B = \frac{I_B}{P_c} + C_B = \frac{70}{5} + 10 = 24$（万元）

设备 B 较优。

（四）综合总费用法

方案的综合总费用即为方案的投资与基准投资回收期内年经营成本的总和。计算公式为

$$S_j = I_j + P_c \times C_j \qquad (5-12)$$

式中　S_j——第 j 方案的综合总费用。

显然，$S_j = P_c \times Z_j$。故方案的综合总费用即为投资回收期内年折算费用的总和。

综合总费用法是一种既考虑了劳动占用，又考虑了劳动消耗的评价方法。在方案评选时，综合费用最小的方案即为最优方案。

前面介绍的几种互斥方案静态评价方法，虽然概念清晰、计算简便，但是主要缺点是没有考虑资金的时间价值，对方案未来时期的发展变化情况，例如投资方案的使用年限、投资回收以后方案的收益、方案使用年限终了时的残值、方案在使用过程中更新和追加的投资及其效果等未能充分反映。所以静态评价方法仅使用于方案初评或作为短期多方案比选时采用。

—— 本章总结 ——

1. 多方案比选是项目经济评价的重要内容。

2. 多方案可以比选的前提条件是方案之间具有可比性。

3. 多方案的比选方法与其经济关系类型有关，常见的经济关系类型有互斥关系、独立关系、混合关系、互补关系、条件关系、现金流量相关型关系。

4. 互斥关系是最常见的关系类型，寿命期相同的互斥方案的比选方法有净现值法、净现值率法、差额内部收益率法和最小费用法，其中最小费用法可以用来比较收益相同的互斥方案。

5. 寿命不同的互斥方案可以用净年值法、年费用法、最小公倍数法和研究期法进行比选。

6. 寿命无限方案的评价和比选可以利用永续年金与现值之间的关系来解决。

7. 独立方案分为纯独立方案和有资源限制的独立方案，纯独立方案的比选实际就是单方案的可行性判断，而有资源限制的独立方案的比选可以采用净现值率排序法或方案组合法进行比选。

8. 对于其他关系类型的方案比选，其基本原则就是通过方案组合使其互斥化，转变为互斥方案后再进行比选。

9. 方案初评或短期多方案比选可以采用静态分析方法。

—— 思考题 ——

1. 多方案之间的经济关系类型有哪几种？

2. 多方案之间的可比性包括哪些方面？

3. 净现值法的比选原则是什么？

4. 如果 $IRR_A > IRR_B$，能否说方案 A 优于方案 B？为什么？

5. 差额内部收益率的比选步骤是什么？

6. 用差额比选方法进行方案比选时要注意什么？

7. 寿命期不同的互斥方案的比选方法有哪些?

8. 独立方案和现金流量相关型方案的区别是什么?

—————— 计算题 ——————

1. 某投资者拟投资于房产,现有三处房产供选择。该投资者拟购置房产后,出租经营,10年后再转手出让,各处房产的购置价、年净租金和净转让价见表5-20。其基准收益率为15%。分别用净现值法、差额内部收益率法选择最佳方案。

表5-20　　　　　各处房产的购置价、年净租金和净转让价　　　　　单位:万元

项 目	A房产	B房产	C房产
购置价	140	190	220
净转让价(扣除相关费用)	125	155	175
年净租金收入	24	31	41

2. 为完成某一项任务提出五种方案。寿命期均为5年,最低期望收益率为15%。每个方案所需总的投资、年净收益及期末残值见表5-21。表5-21每个方案所需总的投资、年净收益及期末残值。

表5-21　　　　每个方案所需总的投资、年净收益及期末残值　　　　单位:万元

项 目	方案1	方案2	方案3	方案4	方案5
投 资	50	60	70	80	100
年净收益	15	18	20	25	28
残 值	10	12	15	18	20

试用净现值法、差额内部收益率法选择方案。

3. 某项目有五个方案备选,相关资料见表5-22。各方案的服务期均为10年。

(1) 若基准收益率为10%,应选择哪个方案?

(2) 折现率为多少时,方案C在经济上最优?

表5-22　　　　　　　五个方案相关资料　　　　　　　单位:万元

方 案	A	B	C	D	E
初始投资	1000	2000	3000	4000	5000
年净收益	350	500	950	1200	1520

4. 一施工企业正在某工地施工。根据有关部门提供的资料,工程施工期限为3年,若不预设排水系统,估计三年施工期内每季度将损失1000元。若预设排水系统,需原始投资9500元,施工期末可回收排水系统残值3000元,假如利息按年利率10%计,每季度计息一次,试确定该施工企业应选择哪个方案。

5. 两个寿命不等的互斥方案,其现金流量见表5-23,设$i_c=10\%$,试利用年值法和最小公倍数法选择最优方案。

表 5 - 23			现金流量表			单位：万元	
年 序	0	1	2	3	4	5	6
方案 1	−250	80	80	80	80		
方案 2	−200	60	60	60	60	60	60

6. 利用计算题 5 的资料，采用研究期法进行方案比选，要求完全承认方案未使用价值。设 $i_c = 10\%$。

7. 有三个独立方案 A、B、C，各方案寿命期均为 5 年。方案 A 投资 100 万元，年净收益 60 万元；方案 B 投资 220 万元，年净收益 100 万元；方案 C 投资 450 万元，年净收益 230 万元，基准收益率为 10%，若资金限额为 500 万元，试用互斥组合法求最优方案组合。

8. 若计算题 3 中的五个方案是独立的，试在以下两种情况下进行投资决策。假设 $i_c = 10\%$。

(1) 资金足够多。

(2) 资金限量为 6000 万元，此时如何选择？

9. 某桥梁工程，初步拟定两个结构方案供备选，方案 A 为钢筋混凝土结构，初始投资为 1500 万元，年维护费 10 万元，每 5 年大修 1 次，费用为 100 万元；方案 B 为钢结构，初始投资为 2000 万元，年维护费 5 万元，每 10 年大修 1 次，费用为 100 万元，基准收益率为 5%，哪一个方案更经济？

10. 某建设工程有两个可行方案，每个方案均按两期进行建设。

第Ⅰ个方案：第一期工程初始投资 100 万元，年经营费用 5 万元，服务期 10 年，期末残值 5 万元；第二期工程自第 6 年开始生产，第 6 年初二期工程投资 30 万元，年经营费用 2 万元，服务期 5 年，期末残值为 0。

第Ⅱ个方案：第一期工程初始投资 80 万元，年经营费用 6 万元，服务期 10 年，期末残值 3 万元；第二期工程自第 5 年开始生产，第 5 年初二期工程投资 40 万元，年经营费用 3 万元，服务期 6 年，期末残值为 0。

设两个方案完成的功能是相同的（收益相同），基准收益率为 10%，请选择较优方案。

11. 为了满足两地交通运输增长的需求，拟在两地之间建一条铁路或新开一条高速公路，也可以考虑两个项目同时上。如果两个项目同时上，由于分流的影响，两个项目的现金流量将会受到影响。基准收益率为 10%，有关数据见表 5 - 24，请根据题意进行方案比选。注：括号内的数据为两个项目同时上的现金流量。

表 5 - 24	两个项目的现金流量表			单位：万元
方 案	年 末			
	0	1	2	3～32
铁路	−20 000	−20 000	−20 000	−13 000 (10 000)
公路	−12 000	−12 000	−12 000	9000 (5000)

12. 某处于投机机会研究阶段的建设项目，初步估计有三个供选择的机会，其总投资及年净收益见表 5 - 25，各方案寿命期均为 10 年，试根据增量投资收益率法、增量投资回收期法、年折算费用法和综合总费用法进行初步的方案比选。（基准投资收益率为 15%，基准投资回收期为 6 年）

表 5-25		各方案总投资及年净收益	单位：万元
项 目	投 资	年收入	年经营成本
方案 A	−800	300	150
方案 B	−1000	380	210
方案 C	−1300	450	200

第六章　工程项目财务评价

—— 本章提要与学习目标 ——

　　财务评价属于经济评价的范畴，是可行性研究的核心内容。它是在合理预测估计项目的财务效益与费用的基础上，通过评价指标的计算，考察拟建项目的获利能力和偿债能力等财务状况，据以判别项目的财务可行性。

　　通过本章的学习，要求能够熟悉财务评价的内容和步骤，财务评价基础数据的确定方法及其相关表格；掌握财务盈利能力分析常用指标的计算，偿债能力指标的计算；掌握三个层次现金流量表的构成和区别；了解新设项目法人项目和既有项目法人项目财务评价的区别。

第一节　财务评价概述

一、项目财务评价的概念、内容和步骤

（一）财务评价的概念

　　财务评价又称财务分析，是在国家现行会计制度、税收法规和市场价格体系下，预测估计项目的财务效益与费用，编制财务报表，计算评价指标，进行财务盈利能力分析和偿债能力分析，考察拟建项目的获利能力和偿债能力等财务状况，据以判别项目的财务可行性，为投资决策提供科学的依据。

　　财务分析可分为融资前分析和融资后分析，一般宜先进行融资前分析，在融资前分析结论满足要求的情况下，初步设定融资方案，再进行融资后分析。

（二）财务评价的内容和步骤

　　进行财务评价，首先要在明确项目评价范围的基础上，根据项目性质和融资方式选取适宜的方法，然后通过研究和预测选取必要的基础数据进行成本费用估算、销售（营业）收入和相关税费估算，同时编制相关辅助性报表。以上内容只是在为财务分析进行准备，也称财务评价基础数据与参数的确定、估算与分析，或称财务现金流量预测。在此基础上才能进入财务评价的实质性工作阶段，即通过编制主要财务报表和计算财务评价指标进行财务分析。财务分析主要包括盈利能力分析和偿债能力分析。必要时，对既有项目法人项目还需要对其主体企业的盈利能力和财务状况进行分析。在对初步确定的建设方案（称为基本方案）进行财务分析后，还应进行不确定性分析，包括盈亏平衡分析和敏感性分析。常常需要将财务评价的结果进行反馈，完善原初步确定的建设方案，有时甚至会对原初步确定的建设方案进行较大的调整。

　　项目决策分析与评价强调在全过程中进行方案比选。多方案比选也是财务评价的内容之一。

　　投资估算和融资方案是财务评价的基础。但在实际操作过程中，三者互有交叉。投资决策和融资决策的先后顺序与相辅相成的关系也促成了这种交叉。在财务评价的分析方法和指

标体系设置上体现了这种交叉。首先要做的是项目财务盈利能力分析，它不考虑融资问题，是融资前分析，其结果体现项目方案本身设计的合理性，用于初步投资决策以及方案或项目的比选。也就是说用于考察项目本身是否可行，并值得去为之融资。这对项目发起人、投资者、债权人和政府管理部门都是有用的。如果第一步分析的结论是"可"，那么进一步去寻求适宜的资金来源和融资方案，就需要借助带项目的融资后评价，即资本金盈利能力分析和偿债能力分析，投资者和债权人可据此作出最终的投融资决策。

可将财务评价的内容归纳为财务评价的准备工作和财务分析与评价两部分。财务评价的准备工作包括财务评价基础数据与参数的确定、估算与分析；财务分析与评价工作包括盈利能力分析、偿债能力分析和不确定性分析。实践中这两部分工作互有交叉。财务评价的具体内容以及各部分的关系，包括财务评价与投资估算和融资方案的关系，参见财务评价程序（见图 6-1）。

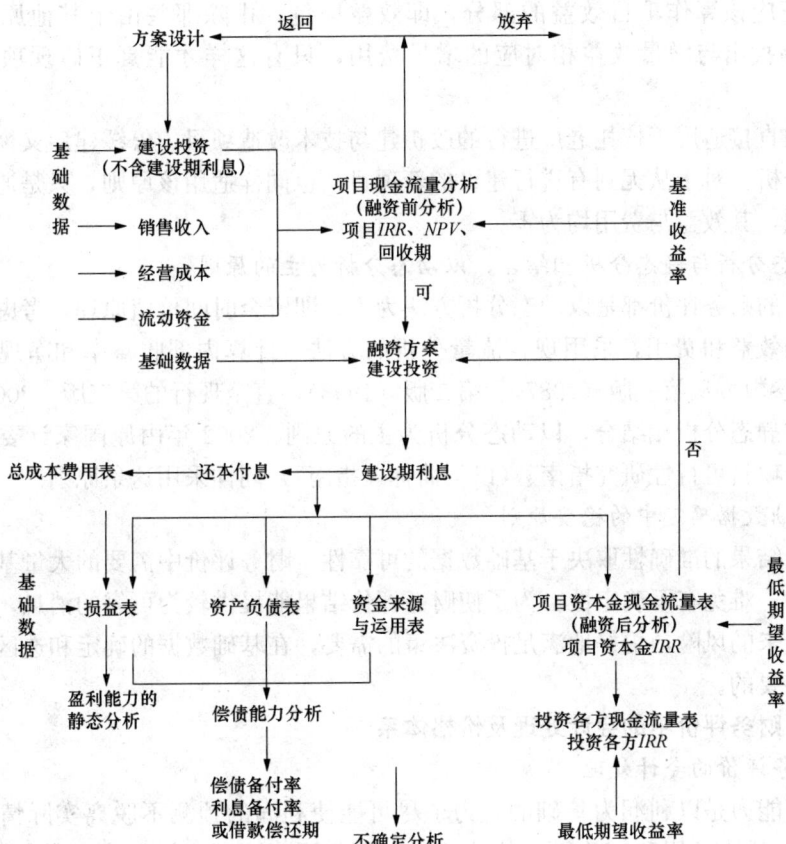

图 6-1　财务评价程序

二、项目财务评价的基本原则

财务评价应遵循以下原则：

（一）费用与效益计算范围的一致性原则

为了正确评价项目的获利能力，必须遵循费用与效益计算范围的一致性原则。如果在投资估算中包括了某项工程，那么因建设了该工程而增加的效益就应该考虑，否则就会低估了项目的效益；反之，如果考虑了该工程对项目效益的贡献但投资却未计算进去，那么项目的效益就会被高估。只有将投入和产出的估算限定在同一范围内，计算的净效益才是投入的真实回报。

（二）费用与效益识别的有无对比原则

有无对比是国际上项目评价中通用的费用与效益识别的基本原则，项目评价的许多方面都需要遵循这条原则，财务评价也不例外。所谓"有"是指实施项目后的将来状况，"无"是指不实施项目时的将来状况。在识别项目的效益和费用时，须注意只有"有无对比"的差额部分才是由于项目的建设增加的效益和费用，即增量效益和费用。有些项目即使不实施，现状效益也会由于各种原因发生变化。例如农业灌溉项目，若没有该项目，将来的农产品产量也会由于气候、施肥、种子、耕作技术的变化而变化；再如计算交通运输项目效益的基础——车流量，在无该项目时也会由于地域经济的变化而变化，这就是为了识别真正应该算作项目效益的部分，即效益增量，排除那些由于其他原因产生的效益；同时也要找出与增量效益相对应的增量费用，只有这样才能真正体现项目投资的净效益。

有无对比直接适用于依托老厂进行的改扩建与技术改造项目、停缓建后又恢复建设项目的增量效益分析。对于从无到有进行建设的新项目，也同样适用该原则，只是通常认为无项目与现状相同，其效益与费用均为零。

（三）动态分析与静态分析相结合，以动态分析为主的原则

国际通行的财务评价都是以动态分析方法为主，即资金时间价值原理，考虑项目整个计算期内各年的效益和费用，采用现金流量分析的方法，计算内部收益率和净现值等评价指标。《方法与参数》从第一版（1987）、第二版（1993），直至现行的第三版（2006），都采用了动态分析与静态分析相结合，以动态分析为主的原则。2002年由原国家计委办公厅发文试行的《投资项目可行性研究指南》（以下简称《指南》）同样采用这条原则。

（四）基础数据确定中的稳妥原则

财务评价结果的准确性取决于基础数据的可靠性。财务评价中需要的大量基础数据都来自预测和估计，难免有不确定性。为了使财务评价结果能提供较为可靠的消息，避免人为的乐观估计所带来的风险，更好地满足投资决策的需要，在基础数据的确定和选区中遵循稳妥原则是十分必要的。

三、项目财务评价中的会计处理及价格体系

（一）财务评价的会计处理

考察获利能力是以利润为基础的。为了尽可能使利润的预测不脱离实际情况，在销售（营业）收入、成本费用和相关税费的估算时必须与国家现行会计制度、税收法规相适应，只有这样，财务评价的结论才有可信度，据此作出的决策才有合理性。

但它又和实际的会计行为及纳税行为有很大的不同。会计行为及纳税行为是对已经发生的销售（营业）收入、成本费用和税金等如实记账或上缴，而财务评价是对今后几年、十几年乃至更长期限的销售（营业）收入、成本费用和相关税费等财务数据进行分析预测。因此要求财务评价如同会计行为及纳税行为那样细致和详尽是既不现实又无必要的，应该允许财务评价中对财务报表科目进行适当归并和简化，但是一切的归并和简化都有一个前提条件，即不影响利润的计算。

对于会计制度与税收法规相矛盾的地方，例如按照会计制度应该计入成本费用的某些支出，按税法规定却不能在所得税前扣除。在实际的财务行为中应先按会计制度的规定记账，然后再做纳税调整。在财务评价中不可能，也无必要执行这样的程序，而是可以按照从税的原则进行处理，即直接按税收法规的规定编制报表和进行计算。

（二）财务评价的价格体系

1. 财务评价涉及的价格体系

财务评价涉及的价格体系有三种，即固定价格体系、实价体系和时价体系。同时涉及三种价格，即基价、实价和时价。

基价，是指以基年价格水平表示的，不考虑其后价格变动的价格，也称固定价格。如果采用基价，项目计算期内各年价格都是相同的，就形成了财务评价的固定价格体系。一般选择评价工作进行的年份为基年，也有选择预计的开始建设年份的。例如选择评价工作进行的年份为基年，假定某货物 A 在 2002 年的价格为 100 元，即其基价为 100 元，是以 2002 年价格水平表示的。基价是确定项目涉及的各种货物预测价格的基础，也是估算建设投资的基础。

时价，顾名思义是指任何时候的当时价格。它包含了相对价格变动和绝对价格变动的影响，以当时的价格水平表示。以基价为基础，按照预计的各种货物的不同价格上涨率（可称为基价上涨率）分别求出它们在计算期内任何一年的时价。假定货物 A 的时价上涨率为 4%，在 2006 年基价 100 元的基础上，2007 年的时价应为 $[100 \times (1+4\%)]$，即 104 元。若 2008 年货物 A 的时价上涨率为 3%，则 2008 年货物 A 的时价为 $100 \times (1+4\%) \times (1+3\%)$，即 107.12 元。

实价，是以基年价格水平表示的，只反映相对价格变动因素影响的价格，可以由时价中扣除通货膨胀因素影响来求得实价。若通货膨胀（严格说，只有当物价总水平超过某个幅度时，才称为通货膨胀，所以称物价总水平上涨率更合适些）为 5.2%。2007 年货物 A 的实价为 $104 \times (1-5.2\%)$，即 98.6 元。这可以说明，虽然看起来 2007 年的 A 的价格比 2006 年上涨了 4%，但扣除通货膨胀影响后，货物 A 的实际价格反而比 2006 年降低了，这有可能是由于某种原因使得其相对价格发生了变动。

如果货物间的相对价格保持不变，即实价上涨率为零，那么实价值就等于基价值，同时意味着各种货物的时价上涨率相同，也即各种货物的时价上涨率等于通货膨胀率。

2. 财务分析采用价格体系的简化

在实践中，并不要求对所有项目，或在所有情况下，都必须全部采用上述价格体系进行财务评价，多数情况下都允许根据具体情况适当简化。

《方法与参数》和《指南》都各自提出了简化处理的办法，虽然表达不尽相同，但实际上两者在财务分析采用价格体系的简化处理上基本是一致的，可以归纳为以下几点：

（1）一般在建设期间既要考虑通货膨胀因素，又要考虑相对价格变化，包括对投资费用的估算和对经营期投入产出价格的预测。

（2）项目经营期内，一般情况下盈利能力分析和偿债能力分析可以采用同一套价格，即预测到经营期的价格。

（3）项目经营期内，可根据项目和产出的具体情况，选用固定价格（项目经营期内各年价格不变）或考虑相对价格变化的变动价格（项目经营期内各年价格不同，或某些年份价格不同）。

（4）当有要求，或通货膨胀严重时，项目偿债能力分析要采用时价价格体系。

第二节　财务评价基础数据的确定、估算与分析

一、基础数据的范围和作用

财务评价涉及的基础数据很多，按其作用可以分为两类：一类是计算用数据和参数；另一类是判别用参数，或称基准参数。

（1）计算用数据和参数可分为初级数据和派生数据两类。初级数据大多是通过调查研究、分析、预测确定或相关专业人员提供的，例如产出物数量、销售价格、原材料及燃料动力消耗量及其价格、人员数量和工资、折旧和摊销年限、成本计算中的各种费率、税率、汇率、利率、计算期和运营负荷；派生数据例如成本费用/销售（营业）收入、销售税金与附加、增值税等，是通过初级数据计算、派生出来的，可供财务分析之用。

计算用数据和参数可用于编制财务评价的辅助报表和基本报表，继而进行财务分析，判别项目的财务可行性。

（2）判别用参数是指用于判别项目效益是否满足要求的基准参数，例如基准收益或最低可接受收益率、基准投资回收期、基准投资利润率等，这些基准参数往往需要通过专门分析和测算得到，或者直接采用有关部门或行业的发布值，或者由投资者自行决定。

二、基准参数的选取

财务评价中最重要的基准参数是判别内部收益率是否满足要求的基准参数，即基准收益率或最低可接受率以及判别项目投资回收能力的基准投资回收期。

（一）内部收益率的判别基准

《指南》规定了三个层次的内部收益率指标，即项目财务内部收益率、项目资金内部收益率以及投资各方内部收益率。这些指标从不同角度考察项目的盈利能力，其相应的判别基准参数即基准收益率或最低可接受收益率也可能有所不同。

1. 项目财务内部收益率的判别基准

项目财务内部收益率的判别基准是财务基准收益率，可采用行业或专业公司统一发行执行的基准数据，也可以由评价者自行设定。设定时常考虑以下因素，即行业边际收益率、银行贷款利率、资本金的资金成本等因素。近年来，采用项目加权平均资金成本为基础来确定财务基准收益率的做法已成趋势。

2. 项目资本金内部收益率的判别基准

项目资本金内部收益率的判别基准是最低可接受收益率。它的确定主要取决于当时的资本收益水平以及项目所有资本金投资者对权益资金收益的综合要求，涉及资金机会成本的概念以及投资者对风险的态度。当资本金投资者没有明确要求时，可采用社会平均或行业平均的权益资金收益水平。

3. 投资各方内部收益率的判别基准

投资各方内部收益率的判别基准是投资各方对投资收益水平最低期望值，也可以称为最低可接受收益率。它取决于投资者的决策理念、资本实力和对风险的承受能力。

（二）项目投资回收期的判别基准

项目投资回收期的判别基准是基准投资回收期，其取值可以根据行业水平或投资者的具体要求而定。

三、计算用数据和参数

在计算用的数据和参数中，主要有两大类，一类是与建设投资和项目融资有关的数据，另一类是与收入和成本费用有关的数据。另外，项目计算期和运营负荷的预测和估计也是项目财务评价必不可少的基础数据。关于建设投资和项目融资方面的内容参考第二章。

（一）项目计算期的分析确定

项目计算期是财务评价的重要参数，是指对项目进行经济评价应延续的年限，包括建设期和生产期。评价用的建设期是指项目资金正式投入开始到项目建成投产为止所需要的时间。建设期的确定应综合考虑项目的建设规模、建设性质（新建、扩建和技术改造）、项目复杂程度、当地建设条件、管理水平与人员素质等因素，并与项目进度计划中的建设工期相协调。项目进度计划中的建设工期是指项目从现场破土动工起到项目建成投产止所需要的时间，两者的终点相同，但起点可能有差异。对于既有项目法人融资的项目，评价用建设期与建设工期一般无甚差异。但新设项目法人项目需先注册企业，届时就需要投资者投入资金，其后项目再开工建设，因而两者的起点会有差异。因此根据项目的实际情况，评价用建设期可能大于项目实施进度中的建设工期。当行业有规定时，从其规定。

对于一期、二期连续建设的项目、滚动发展的总体项目等应结合项目的具体情况确定评价用建设期。

评价用生产期的确定应根据多种因素综合确定，包括行业特点、主要装置（或设备）的经济寿命期（含主要产出物的生命周期、主要装置综合折旧年限）等。当行业有规定时，从其规定。

对于中外合资项目还要考虑合资双方商定的合资年限，当按上述原则估定评价用生产期后，还要与该合资生产年限相比较，再按两者孰短的原则确定。

（二）营销计划与运营负荷的研究确定

运营负荷是指项目运营过程中负荷达到设计能力的百分数，它的高低与项目复杂程度、技术成熟程度、市场开发程度、原材料供应、配套条件、管理因素等都有关系。在市场经济条件下，如果其他方面没有大的问题，运营负荷的高低应主要取决于市场。在项目决策分析与评价对市场和营销策略所做研究的基础上，结合其他因素研究确定分年运营负荷，作为计算各年成本费用和销售（营业）收入的基础。

运营负荷的确定一般有两种方式：一是经验设定法，即根据以往项目的经验，结合该项目的实际情况，粗估各年的运营负荷，以设计能力的百分数表示，据此估算分年成本费用和销售（营业）收入；二是营销计划法，通过制订详细的分年营销计划，制定各种产出物各年的生产量和商品量，再据此估算分年成本费用和销售（营业）收入。国内项目评价中大都采用第一种方式。但有些项目产出市场尚待开发，需逐步推广应用；或者某种产品只生产一段时间就改换更新产品，此时最好按实际的分年营销计划，确定各种产出物各年的生产量和商品量。多数外国公司对第二种方式比较重视。

（三）销售（营业）收入的估算

销售收入是指销售产品取得的收入，营业收入是指提供劳务或服务所取得的收入，《指南》将两者合称为销售（营业）收入，相当于现行《企业会计制度》所称的"主营业收入"。计算销售（营业）收入首先要在正确估计各年的生产能力利用率或称运营负荷或开工率的基础之上，还需要合理确定产品或服务的价格，并明确产品或服务使用的流转税率。对于生产多种产品和提供多项服务的项目，应分别估算各种产品及劳务的销售收入。对那些不便于按详细的品种分类计算销售的项目，也可采取折算为标准产品的方法计算销售（营业）收入。最后编制销售（营业）收入估算表，并包括销售税金与附加及增值税的计算。销售收入、销售税金与附加和增值税估算表见表 6-1。

表 6-1　　　　　　　　　　销售收入、销售税金与附加和增值税估算表

序　号	项　　　目	合　　计	计　算　期					
			1	2	3	4	…	n
1	销售（营业）收入							
1.1	产品 A 销售收入							
	单价（含税）							
	数量							
	销项税额							
1.2	产品 B 销售收入							
	单价（含税）							
	数量							
	销项税额							
2	销售（营业）税金及附加							
2.1	营业税							
2.2	消费税							
2.3	城市维护建设税							
2.4	教育费附加							
3	增值税							
	销项税额							
	进项税额							

注　本表适用于新设项目法人项目的销售收入、销售税金及附加和增值税的估算，以及既有项目法人项目的"有项目""无项目"和增量销售收入、销售税金及附加和增值税的估算。

（四）总成本费用各分项的估算要点

根据生产要素估算中总成本费用构成（详见第二章），分别说明总成本费用各分项的估算要点。总成本费用估算表见表 6-2。

总成本费用＝外购原材料、燃料和动力费＋工资及福利费＋折旧费＋摊销费
＋修理费＋财务费用（利息支出）＋其他费用

| 表 6-2 | 总 成 本 费 用 估 算 表 | | | | | 单位：万元 | | |

序 号	项 目	合 计	计 算 期					
			1	2	3	4	...	n
1	外购原材料费							
2	外购燃料及动力费							
3	工资及福利费							
4	修理费							
5	折旧费							
6	摊销费							
7	利息支出							
8	其他费用							
9	总成本费用合计（1+2+3+…+8）							
	其中：可变成本							
	固定成本							
10	经营成本（1+2+3+4+8）							

1. 外购原材料和燃料动力费估算

外购原材料和燃料动力费的估算需要以下基础数据：

（1）相关专业所提出的外购原材料和燃料动力年耗用量。

（2）选定价格体系下的预测价格，应选入库价格计算，即到厂价格并考虑途库耗。

（3）选定的增值税率，以便估算进项税额。

2. 人工工资及福利费估算

按照生产要素估算法估算总成本费用时，人工及福利费的估算根据单位人工工资及福利费和项目全部定员人数来估计。单位人工工资及福利费的估算要根据项目性质、项目地点、行业特点，以及原企业工资水平确定全部人员平均工资或分档工资。如采用分档工资，最好编制工资及福利费用估算表（见表 6-3）。

| 表 6-3 | 工资及福利费用估算表 | | | | |

序 号	项 目	计 算 期			
		1	2	3	...	n
1	工人				
	人数				
	平均年工资				
	工资额				
2	技术人员				
	人数				
	平均年工资				
	工资额				
3	管理人员				

续表

序　号	项　目	计　算　期				
		1	2	3	...	n
	人数					
	平均年工资					
	工资额					
4	工资总额					
5	福利费					
	合计					

3. 固定资产原值和折旧费估算

按照生产要素估算法估算总成本费用时，在折旧计算中需要的是项目全部固定资产原值。关于固定资产折旧的计算详见第二章。

4. 固定资产修理费估算

修理费是指为保持固定资产的正常运转和使用，充分发挥其使用效能，对其进行必要修理所发生费用，按其修理范围的大小和修理时间间隔的长短可以分为大修理和中小修理。

项目评价中修理费可直接按固定资产原值的一定百分数估算，百分数的选取应考虑行业和项目特点。

按照生产要素估算法估算总成本费用时，计算修理费的基数应为项目全部固定资产原值。

5. 摊销费的估算

摊销费是指无形资产和长期待摊费用等一次性投入费用的分摊。它们的性质和固定资产折旧费相同。

无形资产是指企业为生产商品或者提供劳务，或为管理目的而持有的，没有实物形态的非货币性长期资产。无形资产分为可辨认无形资产和不可辨认无形资产。可辨认无形资产包括专利权、非专利技术、商标权、著作权、土地使用权等；不可辨认无形资产是指商誉。企业自创的商誉及未满足无形资产确认条件的其他项目不能作为无形资产。

递延资产是指应当在生产经营期内的前几年逐年摊销的各项费用，包括开办费和以经营租赁方式租入的固定资产支出等。在建设项目经济分析中，通常将工程建设其他费用中的生产职工培训费、样品样机购置费等计入递延资产。

按照有关规定，无形资产和递延资产从开始使用之日起，在有效使用期限内平均摊入成本。法律和合同规定了法定有效期限或者受益年限的，摊销年限从其规定；否则摊销年限应注意符合税法的要求。无形资产和递延资产的摊销一般采用年限平均法估算，不计残值。

无形资产应当自取得当月起在预计使用年限内分期平均摊销，计入损益。若预计使用年限超过了相关合同规定的受益年限或法律规定的有效年限，则该无形资产的摊销年限按如下原则确定：

（1）合同规定了受益年限但法律没有规定有效年限的，摊销年限不应超过合同规定的受益年限。

（2）合同没有规定受益年限但法律规定了有效年限的，摊销年限不应超过法律规定的有效年限。

（3）合同规定了受益年限，法律也规定了有效年限的，摊销年限不应超过受益年限和有效年限两者之中较短者。

（4）合同没有规定受益年限，法律也没有规定有效年限的，摊销年限不应超过 10 年。

6. 矿山维简费估算

矿山维简费，全称是维持简单再生产费用。在计划经济体制下，规定对采矿地下工程不计提折旧，而是按产量提取矿山维简费作为补偿。因此在传统的项目财务评价方法中将其作为折旧对待，在计算经营成本时予以补偿。目前有的行业已不提矿山维简费而改提折旧了，或者缩小了计提矿山维简费的范围。矿山维简费的具体计算应从行业习惯或规定。

7. 其他费用估算

其他费用包括其他制造费用、其他管理费用和其他销售费用，是指由制造费用、管理费用和销售费用中分别扣除折旧费、摊销费、矿山维简费、修理费和工资及福利费等以后的其余部分。

8. 财务费用估算

财务费用是指企业为筹集所需资金等而发生的费用，包括利息支出、汇兑损失以及相关的手续费等。在项目的财务评价中，一般只考虑利息支出。利息支出的估算包括长期借款利息、用于流动资金的借款利息和短期借款利息三部分。

（1）长期借款利息。长期借款利息是指对建设期间借款余额应在生产期支付的利息，有等额还本付息方式、等额还本利息照付方式和最大能力还本方式三种。等额还本付息方式是在指定的还款期内每年还本付息的总额相同，随着本金的偿还，每年支付的利息逐年减少，同时每年偿还的本金逐年增多；等额还本利息照付方式是在每年等额还本的同时，支付逐年相应减少的利息。这两种方式都是国际上通用的还本付息方式。最大能力还本方式是国内特有的方式，每年偿还本金的数额按最大偿还能力计算，同时利息也逐年减少。

偿还能力主要包括可以用于还款的折旧费、摊销费以及扣除法定盈余公积金、公益金和任意盈余公积金后的所得税后利润。

各种还本付息方式计算公式如下：

1）等额还本付息方式，每年还本付息额计算公式为

$$A = I_c \times \frac{i(1+i)^n}{(1+i)^n-1} \qquad (6-1)$$

式中　A——每年还本付息额；

　　　I_c——还款年年初的借款本息和；

　　　i——年利率；

　　　n——预定的还款期。

每年还本付息额中，每年支付利息＝年初本金累计×年利率；每年偿还本金＝A－每年支付利息。年初本金累计＝I_c－本年以前各年偿还的本金累计。

2）等额还本利息照付方式：

设 A_t 为第 t 年还本付息额，则有

$$A_t = \frac{I_c}{n} + I_c \times \left(1 - \frac{t-1}{n}\right) \times i \qquad (6-2)$$

其中，每年支付利息＝年初本金累计×年利率。第 t 年支付的利息为

$$第 t 年支付的利息 = I_c \times \left(1 - \frac{t-1}{n}\right) \times i \qquad (6-3)$$

其中，每年偿还本金为 $\dfrac{I_c}{n}$。

3）最大能力还本付息方式：

最大能力还本付息方式指的是每年偿还本金的数额按最大偿还能力计算，最大偿还能力取决于可用于归还借款的资金来源。在正常生产经营期间，项目可用于归还本金的资金来源主要包括当年未分配利润、折旧和摊销等，当年未分配利润的计算需要当年的收入和总成本费用，而当年总成本费用中又包括当年应计利息，当年应计利息又与年初借款本息累计有关。因此，最大能力还本付息的计算需要通过借款还本付息计划表（见表 6-4）、总成本费用估算表（见表 6-2）和利润与利润分配表（见表 6-9）三个表中数据的逐年循环计算。该计算过程将在第三节新设项目法人项目财务评价中详细介绍。

最大能力还本付息方式中，当年应付利息仍然等于当年应计利息。即

当年应付利息 = 当年应计利息 = 年初本金累计×年利率

其中，年初本金累计应包括未偿还的建设期利息。同时应当注意，由于利息计入总成本费用，因此，销售收入中用于补偿总成本费用的资金中包含了应该归还的利息，因此，不需要用企业的净利润来归还。

（2）用于流动资金的借款利息。流动资金借款从本质上说应归类为长期借款，但目前有些企业往往有可能与银行达成共识，按年终偿还，下年初再借的方式处理，并按一年期利率计息。财务评价中可以根据情况选用适宜的利率。流动资金借款利息一般按流动资金借款额乘以相应的借款年利率计算。

财务评价中对流动资金的借款偿还一般设定在计算期最后一年，也可在还完长期借款后安排。

（3）短期借款利息。项目评价中的短期借款是指生产运营期间为了资金的临时需要而发生的短期借款，短期借款的数额应在资金来源与运用表中有所反映，其利息应计入总成本费用表的财务费用中。计算短期借款利息所采用利率一般为一年期利率。短期借款的偿还按照随借随还的原则处理，即当年借款尽可能于下年偿还。

财务费用的估算可以通过借款还本付息计划表（见表 6-4）进行估算。

表 6-4　　　　　　　　　　　　**借款还本付息计划表**　　　　　　　　　　　单位：万元

序　号	项　目	计　算　期					
		1	2	3	4	…	n
1	借款						
1.1	年初本息余额						
1.2	本年借款						
1.3	本年应计利息						
1.4	本年还本付息						
	其中：还本						

续表

序　号	项　目	计 算 期					
		1	2	3	4	...	n
	付息						
1.5	年末本息余额						
2	债券						
2.1	年初本息余额						
2.2	本年发行余额						
2.3	本年应计利息						
2.4	本年还本付息						
	其中：还本						
	付息						
2.5	年末本息余额						
3	借款和债券合计						
3.1	年初本息余额						
3.2	本年借款						
3.3	本年应计利息						
3.4	本年还本付息						
	其中：还本						
	付息						
3.5	年末本息余额						
4	还本资金来源						
4.1	当年可用于还本的未分配利润						
4.2	当年可用于还本的折旧和摊销						
4.3	以前年度结余可用于还本资金						
4.4	可用于还款的其他资金						

（五）相关税费估算

财务评价中涉及多种税费的估算，不同项目涉及的税费种类和税率可能各不相同。税费计取得当是正确计算项目效益的重要因素。要根据项目的具体情况选用适宜的税种和税率，在对内、外资企业尚未统一税法之时，还应注意企业的性质，根据相应的税法计税。这些税费及相关优惠政策会因时而异，部分会因地而异，项目评价时应密切注意当时和项目所在地的税收政策，适时调整计算，使财务评价比较符合实际情况。

财务评价中涉及的税费主要包括关税、增值税、营业税、资源税、消费税、所得税、城市维护建设税和教育费附加等，有些行业还涉及土地增值税。财务评价时应说明税种、征税方式、计税依据、税率等，如有减免税优惠，应说明依据及减免方式。在会计处理上，营业税、资源税、消费税、土地增值税、城市维护建设税和教育费附加包含在"销售税金及附加"中。

（1）增值税。财务评价应按税法规定计算增值税。须注意当采用含（增值）税价格计算销售收入和原材料、燃料动力成本时，损益表中不包括增值税科目。应明确说明采用何种计价方式。当项目进口原材料时也会涉及增值税的计算。

（2）营业税。交通运输、建筑、邮电通信、服务等行业应按税法规定计算营业税。营业税是价内税，包含在营业收入之内。

（3）消费税。我国对部分货物征收消费税。项目评价中涉及使用消费税的产品或进口货物时，应按税法规定计算消费税。

（4）土地增值税。其是按转让房地产取得的增值额征收的税种，房地产项目应按规定计算土地增值税。

（5）资源税。其是国家对开采特定矿产品或者生产盐的单位或个人征收的税种，通常按矿产的产量计征。

（6）企业所得税。其是针对企业应纳税所得额征收的税种，项目评价中应注意按有关税法对所得税前扣除项目的要求，正确计算应纳税所得额，并采用适宜的税率计算企业所得税，同时注意正确使用有关的所得税优惠政策，并加以说明。

（7）城市维护建设税和教育费附加。以流转税额（包括增值税、营业税和消费税）为基数进行计算，属于地方税种，项目决策分析与评价中应注意当地的规定。

（8）关税。是对进出口的应税货物为纳税对象的税种。项目决策分析与评价中涉及应税货物的进出口时，应按规定正确计算关税。引进技术、设备材料的关税体现在投资估算中，而进口原材料的关税体现在成本中。

将财务评价（含建设投资）涉及的主要税种和计税时涉及的费用效益项目归纳于财务评价涉及税种表（见表 6-5）。

表 6-5　　　　　　　　　　　　财务评价涉及税种表

税种名称	建设投资	总成本费用	销售税金及附加	增值税	利润分配
进口关税	✓	✓			
增值税	✓	✓		✓	
消费税	✓		✓		
营业税			✓		
资源税		自用✓	销售✓		
土地增值税			✓		
耕地占用税	✓				
企业所得税					✓
城市维护建设税			✓		
教育费附加			✓		
车船税	✓				
房产税		✓			
印花税	✓	✓			

有关税金的税率及计取方式见第二章。

第三节　新设项目法人项目财务评价

一、投资项目的分类

《方法与参数》将投资项目分为新建项目和改扩建与技术改造项目两类。《指南》按照项目的融资方式将投资项目分为既有项目法人项目和新设项目法人项目两类。

新设项目法人项目是指由项目发起人和其他投资人新组建的，项目法人负责融资并承担融资责任和风险。原来所称的新建项目一般应归为新设项目法人项目。

既有项目法人项目是由现有法人进行融资活动，并承担责任和风险。既有项目法人项目大多是依托现有企业进行建设，项目建成后仍由现有企业管理，并不组建新的项目法人。依托现有企业进行改、扩建与技术改造的项目和由现有企业发起的新建项目均属此类。

无论新设项目法人还是既有项目法人，其财务评价的基本内容主要有盈利能力分析、偿债能力分析、营运能力分析和外汇平衡能力分析等方面；而其最基础的工作则是财务现金流量分析。

二、财务现金流量分析及评价指标计算

根据《方法与参数》，在财务分析中，投资项目的财务现金流量又根据评价角度的不同分为三个层次，第一层次是项目现金流量分析，第二层次是项目资本金现金流量分析，第三层次是投资各方现金流量分析，各层次分析都应编制相应的现金流量表，并计算相应的指标。

（一）项目现金流量分析

项目现金流量分析是针对设定的项目基本方案进行的一种现金流量分析，项目财务盈利能力分析依据的主要报表是项目财务现金流量表，项目财务现金流量表（新设项目法人项目）见表 6 - 6。

表 6 - 6　　　　　　　项目财务现金流量表（新设项目法人项目）　　　　　单位：万元

序　号	项　目	合　计	计　算　期					
			1	2	3	4	…	n
1	现金流入							
1.1	销售收入							
1.2	回收固定资产余值							
1.3	回收流动资金							
1.4	其他现金流入							
2	现金流出							
2.1	建设投资							
2.2	流动资金							
2.3	经营成本							
2.4	销售税金及附加							
2.5	增值税							
2.6	其他现金流出							

续表

序　号	项　目	合　计	计　算　期					
			1	2	3	4	...	n
3	净现金流量（1－2）							
4	累计净现金流量							

计算指标：项目财务内部收益率（%）；项目财务净现值（$i_c=\_\_\%$）；项目投资回收期（年）。

（二）项目资本金现金流量分析

为了全面考察盈利能力，除融资前的项目现金流量分析外，还需要进行项目资本金现金流量分析，其实质是项目融资后分析。

在市场经济条件下，在对项目基本获利能力有所判断的基础上，项目资本金盈利能力指标是投资者最终决策的最重要的指标，也是比较和取舍融资方案的重要依据。

项目资本金现金流量分析需要编制项目资本金财务现金流量表，该表的净现金流量包括了项目在缴税和还本付息之后所剩余的收益，即企业的净收益。根据这种净现金流量计算得到的资本金内部收益率指标应该能反映从投资者整体角度考察盈利能力的要求，也就是从企业角度对盈利能力进行判断的要求。这是因为企业只是一个经营实体，而所有权是属于全部投资者的。

项目资本金财务现金流量表见表6-7。依据该表要求计算的指标只有资本金内部收益率，其表达式和计算方法同项目财务内部收益率，只是所依据的表格和净现金流量的内涵不同。

表6-7　　　　　　　　　　　　　项目资本金财务现金流量表　　　　　　　　　单位：万元

序　号	项　目	合　计	计　算　期					
			1	2	3	4	...	n
1	现金流入							
1.1	销售收入							
1.2	回收固定资产余值							
1.3	回收流动资金							
1.4	其他现金流入							
2	现金流出							
2.1	项目资本金							
2.2	借款本金偿还							
2.3	借款利息支付							
2.4	经营成本							
2.5	销售税金及附加							
2.6	增值税							
2.7	所得税							
2.8	其他现金流出							
3	净现金流量（1－2）							

计算指标：项目财务内部收益率（%）。

（三）投资各方现金流量分析

对于某些项目，为了考察投资各方的具体收益，还需要编制从投资各方角度出发的现金流量表，计算相应的内部收益率指标。

投资各方财务现金流量表见表 6-8。其中栏目须根据项目具体情况和投资各方的现金流量情况选择填列。依据该表计算的投资各方财务内部收益率指标，其表达式和计算方法同项目财务内部收益率，只是所依据的表格和净现金流量内涵不同。

表 6-8　　　　　　　　　　　　**投资各方财务现金流量表**　　　　　　　　单位：万元

序 号	项 目	合 计	计 算 期					
			1	2	3	4	…	n
1	现金流入							
1.1	股利分配							
1.2	资产处理收益分配							
1.3	租赁费收入							
1.4	技术转让收入							
1.5	其他现金流入							
2	现金流出							
2.1	股权投资							
2.2	租赁资产支出							
2.3	其他现金流出							
3	净现金流量（1—2）							

计算指标：项目财务内部收益率（%）。

投资各方财务内部收益率实际上是一个相对次要的指标。在普遍按股本比例分配利润和分担亏损和风险的原则下，投资各方的利益一般是均等的。只有投资者中的各方有股权之外的不对等的利益分配时，投资各方的收益率才会有差异，比如其中一方有技术转让方面的收益，或一方有租赁设施的利益的情况。另外，不按比例出资和进行分配的合作经营项目，投资各方的收益率也可能会有差异。

综上分析，三个层次现金流量不同点如下：项目层次的现金流入主要包括销售收入、回收固定资产余值和回收流动资金，建设期的现金流出包括建设投资和流动资金投资在内的全部投资，经营期的现金流出主要包括经营成本及相关税费。项目所有者层次的现金流入也包括销售收入、回收固定资产余值和回收流动资金。建设期的现金流出主要指自有资金投资部分。经营期的现金流出除经营成本和相关税费外，还包括借款本金和利息的归还。项目投资各方层次的现金流量主要指投资各方实际投入的资金和实际分配的收益。

（四）评价指标计算

第四章介绍的净现值及其等价指标，以及内部收益率都是反映盈利能力的指标，因此，在财务评价中，也可以利用这些指标评价项目的财务盈利能力，只是计算这些指标所需要的效益和费用等基础数据是站在财务评价的角度来归集和整理的，因此在指标符号前加一个 F，以示与国民经济评价中的相应指标的区别。

1. 项目财务净现值

项目财务净现值是指按设定的折现率 i_c 计算的项目计算期内各年净现金流量的现值之和。计算公式为

$$FNPV = \sum_{t=1}^{n} (CI - CO)_t (1 + i_c)^{-t} \tag{6-4}$$

式中　$FNPV$——财务净现值；

CI——现金流入；

CO——现金流出；

$(CI - CO)_t$——第 t 年的净现金流量；

n——计算期年数；

i_c——设定的折现率。

项目财务净现值是考察项目盈利能力的绝对指标，它反映项目在满足按设定折现率要求的盈利之外所能获利的超额盈利的现值。项目财务净现值等于或大于零，表明项目的盈利能力达到或超过了设定折现率所要求的盈利水平。

可以根据评价角度分别计算全部投资的财务净现值、资本金财务净现值和投资各方财务净现值。全部投资的财务净现值就是息税前财务净现值，即不考虑资金来源的融资前财务净现值；资本金财务净现值就是息税后财务净现值，是评价投资者投入资金获利能力的重要指标。

2. 项目财务内部收益率

项目财务内部收益率是指能使项目在整个计算期内各年净现金流量现值累计等于零时的折现率，它是考察项目盈利能力的相对指标。其表达式为

$$\sum_{t=1}^{n} (CI - CO)_t (1 + FIRR)^{-t} = 0 \tag{6-5}$$

式中　CI——现金流入；

CO——现金流出；

$(CI - CO)_t$——第 t 年的净现金流量；

$FIRR$——财务内部收益率；

n——计算期年数。

将求得的财务内部收益率与设定的判别基准 i_c 进行比较，当内部收益率大于等于 i_c 时，即认为项目的盈利性能够满足要求。

同样可以站在全部投资、资本金和投资各方的角度分别计算相应的财务内部收益率。

3. 投资回收期

投资回收期包括静态投资回收期和动态投资回收期，静态投资回收期不考虑资金时间价值，动态投资回收期考虑资金时间价值。静态投资回收期的判断依据是基准投资回收期，而动态投资回收期的判断依据是项目的寿命期。即：

当 $P_t \leqslant P_c$ 时，表明项目收回投资的时间短于基准投资回收期，说明项目可以考虑接受；

当 $P_t' \leqslant n$ 时，表明项目在其寿命期内能够按照既定的收益率将全部投资收回，说明项目的财务盈利能力满足要求。

三、利润与利润分配表和效益比率分析

（一）利润与利润分配表

利润与利润分配表是一定会计期间企业经营成果及其分配方式的报表，如第二章中介绍，在工程经济学中，人们认为利润总额＝销售利润＝销售收入－销售税金及附加－总成本费用，利润与利润分配表见表6-9。

表6-9　　　　　　　　　　　　利润与利润分配表　　　　　　　　　　单位：万元

序号	项目	合计	计算期					
			1	2	3	4	…	n
1	产品销售收入							
2	销售税金及附加							
3	总成本费用							
4	利润总额（1－2－3）							
5	弥补以前年度亏损							
6	应纳税所得额（4－5）							
7	所得税							
8	净利润（4－7）							
9	期末未分配利润							
10	可供分配利润（8＋9）							
11	提取法定盈余公积金							
12	可供投资者分配利润（10－11）							
13	应付利润（股利分配）							
14	未分配利润（12－13）							
15	息税前利润（利润总额＋利息支出）							
16	息税折旧摊销前利润（15＋折旧＋摊销）							

需要指出的是，在利润计算中，若销售收入和总成本费用包含增值税，则销售税金及附加包含增值税，以及消费税、城市维护建设税和教育费附加等；若销售收入和总成本费用不包含增值税，则销售税金及附加则不包含增值税。

另外，如前所述，在最大能力还本付息方式中，利润与利润分配表、总成本费用表和借款还本付息表需要联动起来，逐年填报。先根据借款还本付息表计算本年应计利息，再将本年应计利息填入总成本费用表，再将计算出的总成本费用代入利润与利润分配表，计算当年未分配净利润，再将未分配利润代入借款还本付息计划表中，计算本年可用于归还本金的资金来源，从而计算第二年初的借款本息余额，然后依此类推，计算第二年的应计利息、总成本费用、未分配利润和还本资金来源等，直至借款全部归还。

下面通过一个例子介绍一下三表联动计算填报的过程。

【例6-1】　假设某项目第二年初的长期借款本息余额为2200万元（含建设期利息），借款利率为10%，长期借款还本付息计划简表见表6-10，总成本费用简表见表6-11，利润计算简表见表6-12，销售税金及附加的合并税率是销售收入的10%，所得税税率为25%，假

设项目的全部净利润都用来归还借款本金，按最大能力还本付息，请完成以下三个报表。（注：①三个表格都做了简化。②表中黑体加粗数据为已知数据，其余数据为计算数据。）

表 6-10　　　　　　　　　　　长期借款还本付息计划简表　　　　　　　　　单位：万元

序　号	费用项目	第1年	第2年	第3年	第4年	第5年
1	借款及还本付息					
1.1	年初借款本息余额		**2200.00**	1357.50	451.81	
1.2	本年借款					
1.3	本年应计利息		220.00	135.75	45.18	
1.4	本年还本		842.50	905.69	451.81	
1.5	本年付息		220.00	135.75	45.18	
2	还本资金来源		842.50	905.69	973.61	
2.1	净利润		622.50	685.69	753.61	
2.2	折旧		200.00	200.00	200.00	
2.3	摊销		20.00	20.00	20.00	

表 6-11　　　　　　　　　　　　总成本费用简表　　　　　　　　　　　　单位：万元

序　号	费用项目	第1年	第2年	第3年	第4年	第5年
1	外购原材料		**150**	**150**	**150**	**150**
2	外购燃料、动力		**70**	**70**	**70**	**70**
3	工资及福利费		**80**	**80**	**80**	**80**
4	修理费		**50**	**50**	**50**	**50**
5	折旧费		**200**	**200**	**200**	**200**
6	摊销费		**20**	**20**	**20**	**20**
7	财务费用（利息）		220.00	135.75	45.18	0
8	总成本费用		790	705.75	615.18	570

表 6-12　　　　　　　　　　　　利润计算简表　　　　　　　　　　　　单位：万元

序　号	费用项目	第1年	第2年	第3年	第4年	第5年
1	产品销售收入		**1800**	**1800**	**1800**	**1800**
2	销售税金及附加（10%）		180	180	180	180
3	总成本费用		790	705.75	615.18	570
4	利润总额（1-2-3）		830	914.25	1004.82	1050
5	所得税（25%）		207.5	228.56	251.20	262.5
6	净利润（4-7）		622.5	685.69	753.61	787.5

第 2 年的数据计算过程：

（1）本年应计利息为 $2200 \times 10\% = 220$（万元）。

（2）将本年应计利息填入总成本费用简表中的"**财务费用（利息）**"栏目，计算出第 2 年的总成本费用为 790 万元。

（3）将总成本费用填入利润计算表中，计算第 2 年的利润总额和净利润：

利润总额为 $1800 \times （1-10\%）-790=830$（万元）。

净利润为 $830 \times （1-25\%）=622.5$（万元）。

（4）将第 2 年的净利润填入长期借款还本付息计划简表中，计算还本资金来源，还本资金来源还包括折旧和摊销，第 2 年的还本资金为 $622.5+200+20=842.5$（万元）；第 2 年的应付利息等于应计利息，为 220 万元。

（5）第 3 年年初的借款本息余额为 $2200-842.5=1357.50$（万元）。

依此类推，可以计算第 3 年和第 4 年的相关数据，第 4 年年初的借款本息余额为 451.81 万元，而第 4 年可用于归还借款本金的资金来源为 973.61 万元，因此，第 4 年可把借款全部还清。

以上便是最大能力还本付息方式下，借款还本付息表、总成本费用表和利润表之间的数据关系。

根据利润与利润分配表中的数据可以计算效益比率指标，评价下面的盈利能力；根据借款还本付息计划表，可以计算借款偿还期等偿债能力指标。

（二）效益比率指标的计算

项目的效益比率指标基本都是静态的，与前述的动态盈利能力指标相比，取值也较粗糙，但是通过这些比率，可以了解项目的经济效率在本行业同类项目中处于何等水平。

在第三章介绍了项目的投资收益率，此外，销售利润率、已占用资产回报率和净资产收益率，是判断项目优劣、便于项目横向比较的重要指标，是政府、项目投资者和银行债权人都比较重视和关注的基本指标。

1. 销售利润率

销售利润率的计算公式如下：

$$销售利润率 = \frac{利润总额}{销售收入}$$

该指标反映单位销售收入所创造的税前利润。

2. 已占用资产回报率

已占用资产回报率的计算公式如下：

$$已占用资产回报率 = \frac{年均息税前利润}{固定资产投资+流动资金投资}$$

与传统的全部投资收益率相比，该指标的分母中不包括将来形成无形资产和递延资产的投资，该比率着重反映单位固定资产和流动资金投资获取息税前利润的能力。

3. 净资产收益率

净资产收益率的计算公式如下：

$$净资产收益率 = \frac{年税后利润}{权益资金投资}$$

该指标反映单位权益资金投资获取年税后利润的能力，它与第四章中的资本金净利润率有相同的含义，而且可以站在投资各方的角度进行分析。

四、偿债能力分析

偿债能力分析主要是通过编制借款还本付息计划表，计算相关指标，考察项目借款的偿还能力，并通过编制资金来源与运用表和资产负债表考察项目的财务状况。利润和利润分配表在偿债能力分析中也起着一定的作用。

（一）借款还本付息计划表的编制和指标计算

根据借款还本付息计划表与利润和利润分配表以及总成本费用表的有关数据可以计算利息备付率、偿债备付率或借款偿还期指标，实践中可以根据具体情况在备付率指标和借款偿还期指标中两者择其一。偿债备付率和利息备付率指标适用于预先设定借款偿还期，按等额还本付息或等额还本付息照付方式计算借款还本付息的项目；对那些要求按最大偿还能力计算借款偿还期的项目，再计算备付率指标就失去了意义。各指标的含义和计算要点如下：

1. 利息备付率（已获利息倍数）

利息备付率是指项目在借款偿还期内可用于支付利息的息税前利润与当期应付利息的比值，它从付息资金来源的充裕性角度反映项目偿付债务利息的能力。利息备付率的含义与计算公式均与中华人民共和国财政部对企业效绩评价的"已获利息倍数"指标相同。用于支付利息的息税前利润等于利润总额和当期应付利息之和，当期应付利息是指计入总成本费用的全部利息。利息备付率的计算如下：

$$利息备付率 = \frac{息税前利润}{当期应付利息} = \frac{利润总额 + 当期应付利息}{当期应付利息} \quad (6-6)$$

利息备付率最好分年计算，计算在借款偿还期内各年的利息备付率；也可以按项目的借款偿还期内总和计算，计算借款偿还期内平均的利息备付率。分年的利息备付率更能反映偿债能力。

利息备付率表示使用项目盈利偿付利息的保证倍率，对于正常经营的企业，利息备付率至少应当大于2。利息备付率高，说明利息偿付的保证度大，偿债风险小；利息备付率低于1，表示没有足够资金支付利息，偿债能风险很大。

2. 偿债备付率（偿债覆盖率）

偿债备付率是指项目在借款偿还期内，可用于还本付息的资金与当期应还本付息金额的比值。可用于还本付息的资金包括折旧、摊销、总成本费用中列支的全部利息和税后利润。当期应还本付息金额包括还本金额及计入总成本费用的全部利息。偿债备付率的计算如下：

$$偿债备付率 = \frac{可用于还本付息的资金}{当期应还本付息额} \quad (6-7)$$

偿债备付率最好在借款偿还期内分年计算，也可以按项目的借款偿还期内总和数据计算，分年计算的偿债备付率更能反映偿债能力。

偿债备付率表示可用于还本付息的资金偿还借款本身的保证倍率，正常情况应当大于1，且越高越好。偿债备付率低，说明还本付息的资金不足，偿债风险大。当这一指标小于1时，表示可用于还本付息的资金不足以偿还当期债务。

3. 借款偿还期

借款偿还期是指在有关财税规定及项目具体财务条件下，项目投产后以可用作还款的利润、折旧、摊销及其他收益偿还建设投资借款本金所需要的时间，一般以年为单位表示。该指标可由借款还本付息计划表推算。不足整年的部分可用线性插值法计算。计算出的借款偿还期指标越短，说明偿债能力越强。借款偿还期的计算公式如下：

$$借款偿还期 = 借款偿还后开始出现盈余的年份数 - 开始借款年份$$
$$+ \frac{当年应还借款额}{当年可用于还款的资金额} \quad\quad (6-8)$$

借款偿还期指标适用于那些不预先给定借款偿还期限，而是按项目的最大偿还能力和尽快还款原则还款的项目。对于可能预先设定还款期限的项目，应采用利息备付率和偿债备付率指标评价项目的偿债能力。

（二）资产负债表的编制及指标计算分析

1. 资产负债表的编制

财务评价中的企业资产负债表是根据预测数据编制的，反映的是计算期内各年年末的资产和负债情况。与企业会计核算中的资产负债表不同，财务评价中的资产负债表可以根据需要对其中科目进行简化。同时，根据资产负债表计算财务比率指标时，只需计算到投产后第5年。

财务评价中的资产负债表（新设项目法人项目）见表6-13。

表6-13　　　　财务评价中的资产负债表（新设项目法人项目）　　　　单位：万元

序号	项目	计算期					
		1	2	3	4	…	n
1	资产						
1.1	流动资产						
1.1.1	货币资金						
1.1.2	应收账款						
1.1.3	预付账款						
1.1.4	存货						
1.1.5	其他						
1.2	在建工程						
1.3	固定资产净值						
1.4	无形及其他资产净值						
2	负债及所有者权益						
2.1	流动负债总额						
2.1.1	应付账款						
2.1.2	短期借款						
2.1.3	预收账款						
2.1.4	其他						
2.2	建设投资借款						
2.3	流动资金借款						
2.4	负债小计（2.1+2.2+2.3）						
2.5	所有者权益						
2.5.1	项目资本金						
2.5.2	资本公积金						

序　号	项　　目	计　算　期					
		1	2	3	4	⋯	n
2.5.3	累计盈余公积金						
2.5.4	累计未分配利润						

2. 财务比率指标的计算

(1) 资产负债率。资产负债率是指企业一定时点负债总额同资产总额的比率。其计算公式为

$$资产负债率 = \frac{负债总额}{资产总额} \times 100\% \qquad (6-9)$$

资产负债率表示企业总资产中有多少是通过负债得来的,是评价企业负债水平的综合指标。适度的资产负债率既能表明企业投资人、债权人的风险较小,又能表明企业经营安全、稳健、有效,具有较强的融资能力。国际上公认的较好的资产负债率指标是60%。实践表明,行业间资产负债率差异也较大。实际分析时应结合国家总体经济运行状况、行业发展趋势、企业所处竞争环境等具体条件进行判定。

(2) 流动比率。流动比率是企业一定时点流动资产同流动负债的比率。其计算公式为

$$流动比率 = \frac{流动资产}{流动负债} \times 100\% \qquad (6-10)$$

流动比率衡量企业资金流动性的大小,考虑流动资产规模与负债规模之间的关系,判断企业短期债务到期前,可以转化为现金用于偿还流动负债的能力。该指标越高,说明偿还流动负债的能力越强;但该指标过高,说明企业资金利用效率低,对企业的运营也不利。国际公认的标准比率是200%。但行业间的差异很大,一般来说,若行业的生产周期较长,流动比率应相应提高,反之,就可以相对降低。

(3) 速动比率。其计算公式为

$$速动比率 = \frac{速动资产}{流动负债} \times 100\% \qquad (6-11)$$

其中,速动资产＝流动资产－存货。

速动比率指标是对流动比率指标的补充,是将流动比率指标的计算公式的分子剔除了流动资产中的变现力最差的存货后,计算企业实际的短期债务偿还能力,较流动比率更为准确。该指标越高,说明偿还流动负债的能力越强。与流动比率一样,该指标过高,说明企业资金利用效率低,对企业的运营也不利。国际公认的标准比率为100%。同样,行业间该指标也有较大差异,实践中应结合行业特点分析判断。

五、财务评价指标体系

随着建设项目的国际化,我国投资主体的多元化,以及企业财务制度的改革和完善,为了更全面地评价未来实施项目的相关绩效,同时满足不同需求者对评价指标的侧重需求,原建设部标准定额研究所在搜集国内外现有的评价指标的基础上,组织编写了《建设项目经济评价参数研究》一书,书中提出了一套反映建设项目财务评价的盈利能力、效益比率、偿债能力和生存能力的14个重要指标,并针对不同使用者,对指标的重要程度做了评价,以供使用者在评价中参考使用。建设项目财务评价基本指标明细表见表6-14。

表 6 - 14　　　　　　　　**建设项目财务评价基本指标明细表**

类　型	序　号	名　称	取值范围	相对重要性		
				政府	银行	投资者
盈利能力指标	1	净现值	$\geqslant 0$	☆	☆	☆
	2	内部收益率	$\geqslant i_c$	☆	☆	☆
	3	投资回收期	$P_t \leqslant P_c,\ P_t' \leqslant 0$	☆	☆	☆
效益比率指标	4	销售（净）利润率		☆	☆	☆
	5	已占用资本回报率	参考企业标准			☆
	6	净资产收益率		☆		☆
偿债能力指标	7	借款偿还期	在债权人限定期限内	☆	☆	☆
	8	已获利息倍数	参考企业标准		☆	☆
	9	偿债覆盖率	$\geqslant 1$	☆	☆	☆
	10	资产负债率	参考企业标准	☆	☆	☆
	11	齿轮比率			☆	☆
	12	流动比率			☆	
	13	速动比率			☆	
生存能力指标	14	资金来源满足率	$\geqslant 1$	☆	☆	☆

　　注　☆表示不同使用者的相对重要程度，有☆表示重要，没有☆表示不重要。

第四节　既有项目法人项目财务评价

一、既有项目法人项目的特点

　　与新设项目法人项目相比，既有项目法人项目的财务牵扯面广，需要数据多，复杂程度高。究其原因，它涉及项目和企业两个层次，"有项目"和"无项目"两个方面。其特殊之处主要在于：

　　（1）在不同程度上利用了原有资产和资源，以增量调动存量，以较小的新增投入取得较大的效益。

　　（2）原来已在生产，若不改扩建，原有状况也会发生变化，因此，项目效益与费用的识别和计算较新设项目法人项目复杂。

　　（3）建设期内建设与生产可能同步进行。

　　（4）项目与企业既有联系，又有区别。既要考察项目给企业带来的效益，又要考察企业整体财务状况。

　　（5）项目的效益和费用可随项目的目标不同而有很大差别，既有项目法人项目的目标各异，或是依托老厂新增生产线或车间生产新品种；或是在老装置上进行技术改造，降耗、节能、提高产品质量；或是扩大老品种的生产能力，提高产量；或是达到环境保护要求，或是上述两项以上兼而有之，因此其效益可能表现在不同方面。

　　既有项目法人项目的费用多样，不仅包括新增投资、新增成本费用，还可能包括因改造引起的停产损失和部分原有资产的拆除和迁移费用等。

二、既有项目法人项目盈利能力分析特点

既有项目法人项目盈利能力分析除了遵循前述新设项目法人项目报表编制和指标计算的一般性要求外，还应注意以下几个特点。

（一）效益与费用数据分析

对既有项目法人项目的盈利能力分析要强调"有无对比"，进行增量分析。即通过对有项目和无项目两种情况效益的费用的比较，求得增量的效益和费用数据，并计算效益指标，作为投资决策的依据。因此可能涉及以下 5 种数据。

（1）现状数据，反映项目实施前的效益和费用现状，是单一的状态值。

（2）"无项目"数据，指不实施该项目时，在现状基础上考虑计算器内效益和费用的变化趋势，经合理预测得出的数值序列。

（3）"有项目"数据，指实施该项目后计算期内的总量效益和费用数据，是数值序列。

（4）新增数据，既有项目效益和费用数据与现状数据的差额，实际上大多要先估算新增数据，然后加上现状数据得出有项目数据。

（5）增量数据，是有项目效益和费用数据与无项目效益和费用数据的数额，即有无对比得出的数据。

（二）增量分析为主进行盈利能力分析

既有项目法人项目的盈利能力分析要在明确项目范围和确定了上述 5 套数据的基础上进行。虽然既有项目法人项目的财务评价涉及 5 套数据，但并不要求计算 5 套指标。二是强调以有项目和无项目对比得到的增量数据进行增量分析为主，以增量分析的结果作为投资决策的主要依据。其主要报表为项目增量财务现金流量表、资本金增量现金流量表，分别见表 6-15 和表 6-16。依据该表计算的指标有项目增量财务内部收益率、增量财务净现值和增量投资回收期以及资本金增量内部收益率。这些指标的含义、计算以及判别基准均与新设项目法人项目相同，只是依据的报表不同，采用的是"有无对比"的增量数据。

表 6-15　　　　　　　　　　　　**项目增量财务现金流量表**　　　　　　　　　　单位：万元

序号	项　目	计　算　期			
		1	2	…	n
1	有项目现金收入				
1.1	销售收入				
1.2	回收固定资产余值				
1.3	回收流动资金				
1.4	其他现金流入				
2	有项目现金流出				
2.1	建设投资（不含建设期利息）				
2.2	流动资金				
2.3	经营成本				
2.4	销售税金及附加				
2.5	增值税				
2.6	其他现金流出				

续表

序 号	项 目	计 算 期			
		1	2	...	n
3	有项目净现金流量（1－2）				
4	无项目净现金流量				
5	增量净现金流量（3－4）				
6	累计增量净现金流量				

计算指标：项目财务内部收益率（％）；项目财务净现值（$i_c=\_\_$％）；项目投资回收期（年）。

表6-16　　　　　　　　　　　　资本金增量财务现金流量表　　　　　　　　　单位：万元

序 号	项 目	计 算 期					
		1	2	3	4	...	n
1	有项目现金收入						
1.1	销售收入						
1.2	回收固定资产余值						
1.3	回收流动资金						
1.4	其他现金流入						
2	有项目现金流出						
2.1	项目资本金						
2.2	借款本金偿还						
2.3	借款利息支付						
2.4	经营成本						
2.5	经营税金及附加						
2.6	增值税						
2.7	所得税						
2.8	其他现金流出						
3	有项目净现金流量（1－2）						
4	无项目净现金流量						
5	增量净现金流量（3－4）						

计算指标：项目财务内部收益率（％）。

（三）辅以总量盈利能力分析

必要时，既有项目法人项目的盈利能力分析也可以按"有项目"效益和费用数据编制"有项目"的现金流量表进行总量盈利能力分析，依据该表数值计算有关指标，目的是考察项目建设后的总体效果，可以作为辅助的决策依据。是否有必要进行总量盈利能力分析一般取决于企业现状与项目目标，如果企业现状亏损，而该改扩建项目的目标又是使企业扭亏为盈，那么就有必要进行总量盈利能力分析，了解改造后的预期目标能否因该项目的实施而实现。若不能满足要求，则说明该项目方案的带动效果不足，只有改变方案才能实现扭亏为盈的目标。

（四）关于利润和利润分配表的编制

既有项目法人项目的利润和利润分配表可以以两种形式出现。一般编制"有项目"后企业总体利润和利润分配表，表示项目实施后的总体情况。为了计算增量静态分析指标，也可以采用增量数据编制增量利润表。利润和利润分配表见表 6-17，增量数据编制的增量利润表格式同新设项目法人项目，但只计算到所得税后利润，输入的数据为增量数据。

表 6-17　　　　　　　　　　利 润 和 利 润 分 配 表　　　　　　单位：万元

序 号	项 目	合 计	计 算 期					
			1	2	3	4	…	n
1	产品销售收入							
2	销售税金及附加							
3	增值税							
4	总成本费用							
5	销售利润（1-2-3-4）							
6	其他业务利润							
7	对外投资收益							
8	营业外净收入							
9	利润总额（5+6+7+8）							
10	弥补以前年度亏损							
11	应纳税所得额（9-10）							
12	所得税							
13	税后利润（9-12）							
14	提取法定盈余公积金							
15	提取公益金							
16	提取任意盈余公积金							
17	可供分配利润（13-14-15-16）							
18	应付利润（股利分配）							
19	未分配利润（17-18）							
20	累计未分配利润							

三、既有项目法人项目偿债能力分析的特点

对新设项目法人项目，项目即为企业。而对于既有项目法人项目，根据项目范围界定的不同，可能会分项目和企业两个层次。当项目范围与企业范围一致时，"有项目"数据与报表都与企业一致，可直接进行借款偿还计算、资金平衡分析和资产负债分析；当改扩建项目的范围与企业不一致时，偿债能力分析就有可能出现项目和企业两个层次。

（一）项目层次的借款偿还能力

首先可以进行项目层次的偿还能力分析，编制借款还本付息计划表，并分析拟建项目用自身产生的新增收益偿还新增债务的能力，选择计算利息备付率和偿债备付率或借款偿还期指标。需注意这种做法一般要以无项目等于现状为前提。

另外当现状为亏损，无项目仍为亏损时，不能用有项目减去现状或有项目减去无项目的负负得正的利润还款。此时再计算用于还款的利润时，须将现状或无项目利润设为零。

当项目范围内存在原有借款，且必须拥有项目后的整体收益一并偿还时，需要计算的是有项目的借款还本付息计划，包括新增借款和原有借款。

虽然，借款偿还是由企业法人承借并负责偿还的，但计算得到的项目偿债能力指标可以表示项目用自身的各项收益抵偿债务的最大能力，显示项目对企业整体财务状况的影响。计算得到的项目层次偿还能力指标可以给企业法人两种提示：一是靠本项目自身收益可以偿还债务，不会给企业法人增加债务负担；二是本项目的自身收益不能偿还债务，需要企业法人另筹资金偿还债务。

（二）企业层次的借款偿还能力

银行等金融部门为了考察企业的整体经济实力，决定是否贷款，往往在考察现有企业财务状况的同时还要了解企业各笔借款的综合偿债能力。为了满足债权人要求，不仅需要提供项目建设前3～5年的主要财务报表，还需要编制企业在拟建项目建设期和投产后3～5年内的综合借款还本付息计划表、利润和利润分配表、资金来源与运用表和资产负债表，分析企业整体偿债能力。企业过去和未来的财务报表一般应由企业为主按金融部门的要求编制，咨询人员可以给予必要的协助。

●——— 本章总结 ———●

1. 财务评价的首要工作就是基础数据的确定和估算，基础数据分为两大类：判别用的基础数据和计算用的基础数据，总成本费用中的具体费用项目、收入和相关税金是基础数据中的重要内容。

2. 财务评价主要包括盈利能力分析和偿债能力分析。盈利能力分析的常用指标有$FNPV$、$FIRR$、投资回收期、投资利润率和资本金利润率等；偿债能力指标有利息备付率、偿债备付率和借款偿还期等。

3. 根据评价角度和目的的不同，投资项目的财务现金流量分析包括三个层次：项目现金流量分析、项目资本金现金流量分析和投资各方现金流量分析。

4. 由于既有项目法人项目与原企业存在千丝万缕的联系，因此既有项目法人项目的财务评价与新设项目法人项目的财务评价有所区别，盈利能力着重于增量分析，偿债能力要考虑项目层次和企业层次两个层次。

●——— 关键概念 ———●

财务评价　　　　　项目现金流量　　　　　资本金现金流量
投资各方现金流量　盈利能力分析　　　　　偿债能力分析
新设项目法人项目　既有项目法人项目

●——— 思考题 ———●

1. 项目现金流量与资本金现金流量的主要区别在哪里？

2. 一般情况下，流动资金借款的偿还方式是怎样的？其利息计入什么费用项目？

3. 财务评价所涉及的税种有哪几类?

4. 常见的还款方式有哪几种?

5. 财务评价的基本原则是什么?

●———— 计 算 题 ————●

1. 假设某项目建设投资借款本息合为 3000 万元, 借款偿还期为 5 年, 贷款年利率为
10%, 用等额偿还本金和利息的方法, 计算各年偿还的本金和利息各是多少?

2. 题目条件同上, 用等额偿还本金、利息照付的方式, 计算各年偿还的本金和利息各
是多少?

3. 某新设项目法人项目, 计算期为 12 年, 其中建设期 2 年, 生产期 10 年, 项目现金
流量表的基础数据见表 6-18 (表 6-18 中数据均按发生在期末计), 基准静态投资回收期为
7 年, 折线率为 12%, 每年两次计息。请根据表中基础数据, 将现金流入、现金流出、
净现金流量、累计净现金流量、折现现金流量和累计折现现金流量填写完整, 并计算项
目净现值、内部收益率、静态和动态投资回收期, 根据上述计算结果判断项目的财务可
行性。

表 6-18　　　　　　　　　　　项目现金流量表的基础数据　　　　　　　　　　单位: 万元

序号	项目	建设期		生产期									
		1	2	3	4	5	6	7	8	9	10	11	12
	生产负荷（%）			70	100	100	100	100	100	100	100	100	70
1	现金流入												
1.1	销售收入			3000	3000	3000	3000	3000	3000	3000	3000		
1.2	回收固定资产余值												500
1.3	回收流动资金												700
2	现金流出												
2.1	建设投资	1200	1800										
2.2	流动资金			500	200								
2.3	经营成本			1200	1700	1700	1700	1700	1700	1700	1700	1700	1200
2.4	税金			165	240	240	240	240	240	240	240	240	165
3	净现金流量												
4	累计净现金流量												
4.1	折现系数												
4.2	折现现金流量												
4.3	累计折现现金流量												

4. 某新设项目法人项目, 建设期为 2 年, 运营期为 6 年。运营期第一年达产 60%, 以
后各年均按 100% 生产能力生产, 项目的基本数据见表 6-19。

表 6-19	项目的基本数据							单位：万元
序号	项目	年 序						
		第1年	第2年	第3年	第4年	第5年	第6年	第7年	第8年
1	建设投资 自有资金 贷款	700 1000	800 1000						
2	流动资金 自有资金 贷款			160 320	320				
3	销售收入			3240	5400	5400	5400	5400	5400
4	经营成本			1680	3200	3200	3200	3200	3200
5	折旧费								
6	摊销费			90	90	90	90	90	90
7	利息支出								
7.1	长期借款利息								
7.2	短期借款利息								

有关说明：

（1）表 6-19 中数据均按发生在期末计。

（2）表 6-19 中贷款均不含贷款利息，建设投资贷款按年均衡发放，利率为 6%，按年计息，固定资产使用年限为 10 年，直线折旧法计提折旧，残值率为 4%，固定资产余值在项目运营期末一次收回。

（3）流动资金贷款利率为 4%，按年计息，流动资金本金在项目运营期末一次收回。

（4）销售税金及附加合并税率为 6%，所得税税率为 33%。

（5）长期贷款本金按照最大还款能力归还；流动资金本金年末归还，年初再借；运营期间利息当年归还。

要求计算：

（1）建设期利息。

（2）假设建设投资全部形成固定资产，计算固定资产总投资和固定资产年折旧费以及项目运营期末的固定资产余值。

（3）编制利润及利润分配表、总成本费用表和长期借款还本付息表，并计算长期借款偿还期。法定盈余公积金为 10%。

第七章 工程项目国民经济评价

━━━━━━━ 本章提要与学习目标 ━━━━━━━

大部分工程项目财务评价结论可以满足投资决策要求，但由于存在市场失灵，项目还需要进行国民经济评价，以站在全社会的角度判别项目配置经济资源的合理性。

通过本章的学习，要求能够熟悉财务评价的概念，了解费用与效益的概念及国民经济评价的作用；掌握国民经济评价与财务评价的关系，熟悉费用、效益识别的原则，明确直接效果、外部效果、转移支付的内容；熟悉国民经济评价的参数，掌握影子价格的概念及确定方法；了解国民经济评价的指标及评价步骤。

第一节 国民经济评价概述

一、国民经济评价的概念、作用与必要性

（一）国民经济评价的概念

国民经济评价是按合理配置稀缺资源和社会经济可持续发展的原则，采用影子价格、社会折现率等国民经济评价参数，从国民经济全局的角度出发，考察工程项目的经济合理性。

国民经济评价是从国民经济整体利益出发，以资源最优配置和国民收入最大增长为目标。生产价格没有考虑市场供求效应，影子价格是在生产价格基础上多考虑了供求效应因素，简单地说，就是充分竞争条件下市场的均衡价格。

（二）国民经济评价的作用

国民经济评价是把工程项目放到整个国民经济体系中来研究考察，从国民经济的角度来分析、计算和比较国民经济为项目所要付出的全部成本和国民经济从项目中可能获得的全部效益，并据此评价项目的经济合理性，从而选择对国民经济最有利的方案。

其作用主要体现在以下三个方面：

（1）宏观上合理配置国家有限资源：进行国民经济评估可避免拟建项目的重复和盲目建设，并有利于避免投资决策的失误。这是因为，国民经济评估是从国家的角度即宏观角度出发，考察项目的效益和费用，可避免地方保护主义和企业的片面性、局限性。

（2）真实反映项目对国民经济的净贡献：进行国民经济评估可以全面评估项目的综合效益。因为它既分析项目的直接经济效益，又分析项目的间接经济效益和辅助经济效益。进行国民经济评估可以确定项目消耗社会资源的真实价值，国民经济评估可以通过影子价格对财务价格进行修正，可以真实地反映出项目消耗社会资源的价值量。

（3）有利于实现投资决策科学化，有利于引导投资方向，有利于控制投资规模，也有利于提高计划质量。

（三）国民经济评价的必要性

正常运作的市场是将稀缺资源在不同用途和不同时间上合理配置的有效机制。然而，市场的正常运作要求具备若干条件，包括资源的产权清晰、完全竞争市场、公共产品数量不多、不存在短期行为等。如果这些条件不能满足，市场就不能有效地配置资源，即市场失灵。市场失灵包括：

（1）资源产权不完全或不存在。产权是有效利用、交换、管理资源等的先决条件。

（2）无市场、薄市场（thin market）。首先，很多资源的市场还根本没发育起来，或根本不存在。这些资源的价格为零，因而被过度使用，日益稀缺。其次，有些资源的市场虽然存在，但价格偏低，只反映了劳动和资本成本，没有反映生产中资源耗费的机会成本。例如，我国一些地区的地下水和灌溉用水价格偏低，因而被大量浪费。

（3）外部效果（externalities）。外部效果是企业或个人的行为对活动以外的企业或个人造成的影响。外部效果会造成私人成本（内部成本或直接成本）和社会成本不一致，导致实际价格不同于最优价格。外部效果可以是积极的也可以是消极的。河流上游农民种树，保持水土，使下游农民旱涝保收，这是积极的外部效果。上游乱砍滥伐，造成下游洪水泛滥和水土流失，这是负面的外部效果。

（4）公共物品（public goods）。公共物品的显著特点是，一个人对公共物品的消费不影响其他消费者对同一公共物品的消费。在许多情况下，个人不管付钱与否都不能被从公共物品的消费中排除出去，例如国防。因为没人能够或应该被排除，所以消费者就不愿为消费公共物品而付钱。消费者不愿付钱，私人企业赚不了钱，就不愿意提供公共物品。因此，自由市场很难提供充足的公共物品。

（5）短视计划（myopia planning）。自然资源的保护和可持续发展意味着为了未来利益而牺牲当前消费。因为人们偏好当前消费，未来利益被打折扣，因而造成应留给未来人的资源被提前使用。资源使用中的高贴现率和可再生资源的低增长率，有可能使某种自然资源提早耗尽。

市场失灵的存在使得财务评价的结果往往不能真实反映工程项目的全部利弊得失，必须通过国民经济评价对财务评价中失真的结果进行修正。

二、国民经济评价与财务评价的关系

对工程项目进行财务评价和国民经济评价所得到的结论，是项目决策的主要依据。企业的财务评价注重的是项目的盈利能力和财务生存能力，而国民经济评价注重的是国家经济资源的合理配置以及项目对整个国民经济的影响。财务评价是国民经济评价的基础，国民经济评价则是财务评价的深化。两者相辅相成，互为参考和补充，既有联系，又有区别。

（一）国民经济评价与财务评价的共同之处

（1）评价的基础工作相同。国民经济评价和财务评价都要在完成产品需求预测、工艺技术选择、投资估算、资金筹措方案等可行性研究内容的基础上进行。

（2）评价方法和评价指标相同。国民经济评价和财务评价都是经济效果评价，采取效益与费用比较的理论方法，寻求以最小的投入获取最大的产出。采用内部收益率、净现值等盈利性指标评价工程项目的经济效果。

（二）国民经济评价与财务评价的不同之处

（1）基本出发点不同。财务评价是站在项目的层次上，从项目经营者、投资者、未来债权人的角度，分析项目在财务上能够生存的可能性，分析各方的实际收益或损失，分析投资或贷款的风险及收益。国民经济评价则是站在国民经济的层次上，从全社会的角度分析项目的国民经济费用和效益。

（2）费用和效益的含义和划分范围不同。财务评价只根据项目直接发生的财务收支，计算项目的费用和效益。国民经济评价则从全社会的角度考察项目的费用和效益，从全社会的角度考虑，项目的有些收入和支出不能作为社会费用或收益，例如，税金和补贴、银行贷款利息。

（3）使用的价格体系不同。财务评价使用实际的市场预测价格，国民经济评价则使用一套专用的影子价格体系。

（4）使用的参数不同。财务评价中用财务基准收益率作为衡量盈利性指标内部收益率的判据，财务基准收益率依行业的不同而不同。国民经济评价中则用社会折现率，而社会折现率在全国各行业各地区都是一致的。

（5）评价内容不同。财务评价主要有两个方面：盈利能力分析、清偿能力分析。而国民经济评价则只做盈利能力分析而无清偿能力分析。

（三）国民经济评价与财务评价的结论不一致时的处理原则

（1）财务评价可行，国民经济评价不可行，则予以否决。

（2）国计民生的急需项目，若国民经济评价可行，财务评价不可行，则由国家提供优惠政策或扶持措施，改变财务参数，使财务评价结论可行。

财务评价与国民经济评价的区别见表 7-1。

表 7-1　　　　　　　　　　财务评价与国民经济评价的区别

项　目	财 务 评 价	国 民 经 济 评 价
角度	企业（项目）	国家、社会
目标	盈利能力，清偿能力	国家、社会付出的代价，获得的效益（不做清偿分析）
效益	货币收入（现金流入）	为国民经济所做的贡献（直接、间接）
费用	货币支出（现金流出）	国民经济对项目建设所付出的代价（直接、间接）
价格	现行价格（投入物、产出物）	影子价格（特殊投入物、贸易货物、非贸易货物等）
参数	基准收益率、官方汇率	社会折现率、影子汇率

第二节　国民经济评价中的效益与费用

一、识别效益和费用的原则

确定建设项目经济合理性的基本途径是将建设项目的费用与效益进行比较，进而计算其对国民经济的净贡献。正确地识别效益与费用，是保证国民经济评价正确性的重要条件。

识别效益与费用的基本原则有：凡项目对国民经济所做的贡献，均计为项目的效益；凡国民经济为项目付出的代价，均计为项目的费用。在考察项目的效益和费用时，应遵循效益和费用的计算范围相对应的原则。

国民经济评价考察国民经济效益和费用依据的是社会资源的真实变动。凡是增加社会资源的项目产出都是国民经济效益，凡是减少社会资源的项目投入都是国民经济费用。

二、国民经济效益与费用

国民经济效益分为直接效益和间接效益，国民经济费用分为直接费用和间接费用。直接效益和直接费用可称为内部效果，间接效益和间接费用可称为外部效果。

1. 直接效益与直接费用

（1）直接效益是项目产出物直接生成，并在项目范围内用影子价格计算的经济效益。一般表现为：

1）增加项目产出物或者服务的数量以满足国内需求的效益；

2）替代效益较低的相同或类似企业的产出物或者服务，使被替代企业减产（停产），从而减少国家有用资源耗费或者损失的效益；

3）增加出口或者减少进口从而增加或者节省的外汇等。

（2）直接费用是项目使用投入物所形成，并在项目范围内用影子价格计算的费用，一般表现为：

1）其他部门为本项目提供投入物，需要扩大生产规模所耗费的资源费用；

2）减少对其他项目或者最终消费投入物的供应而放弃的费用；

3）增加进口或者减少出口从而耗用或者减少的外汇等。

2. 间接效益与间接费用

外部效果是指项目对国民经济做出的贡献与国民经济为项目付出的代价中，在直接效益与直接费用中未得到反映的那部分效益（间接效益）与费用（间接费用）。外部效果应包括以下几个方面：

（1）产业关联效果。它是指项目的投建和运行给项目外部带来的实际影响，反映了社会生产和消费的真实变化，这种真实变化必然引起社会资源配置的显著变化。例如建设一个水电站，一般除发电、防洪、灌溉和供水等直接效益外，还必然带来养殖业和水上运动的发展，以及旅游业的发展等间接效益。此外，农牧业还会因土地淹没而遭受一定的损失（间接费用）。

（2）环境和生态效果。有些项目会对自然环境和生态环境造成污染和破坏。项目造成的生态破坏和环境污染，属于项目的外部费用。例如发电厂排放的烟尘可使附近田园的作物产量减少，质量下降；化工厂排放的污水可使附近江河的鱼类资源骤减。

（3）技术扩散效果。技术扩散和示范效果是由于建设技术先进的项目会培养和造就大量的技术人员和管理人员，他们除了为本项目服务外，由于人员流动技术交流，对整个社会经济发展也会带来好处。

（4）乘数效果。乘数效果是指项目的实施使原来闲置的资源得到利用，从而产生一种连锁的外部效果。如兴建汽车厂会带动零部件厂发展，带动各种金属材料和非金属材料的发展，进而带动机床生产、能源生产的发展等。

为防止外部效果计算扩大化，项目的外部效果一般只计算一次相关效果，不应连续计算。

3. 转移支付

项目的某些财务收益和支出，从国民经济角度看，并没有造成资源的实际增加或者减少，而是国民经济内部的"转移支付"，不计为项目的国民经济效益与费用。转移支付的主要内容包括：

　　(1) 税金。在财务分析中，税金包括销售税和所得税，对企业来说，这些税金都是财务支出。但是，对国民经济整体而言，企业纳税并未减少国民收入，只不过是将企业的这笔货币收入转移到政府手中而已，是收入的再分配。前面谈到，考察项目的国民经济评价系统，是从资源增减的角度区别收益和费用的，税金既然是国民收入的再分配，并不伴随资源的变动，因此，在国民经济评价中既不能把税金列为收益，也不能把税金列为费用。

　　(2) 补贴。补贴是一种货币流动方向与税金相反的转移支付。政府如果对某些产品实行价格补贴，可能会降低项目投入的支付费用，或者会增加项目的收入，从而增加项目的净收益。但是这种收益的增加仍然是国民收入从政府向企业的一种转移，它使资源的支配权发生变动，但是既未增加社会资源，也未减少社会资源，因而补贴不被视作国民经济评价中的费用和收益。

　　(3) 国内贷款的还本付息。项目的国内贷款及其还本付息也是一种转移支付，在项目投资人的财务评价中被视作财务支出。但从国民经济角度看，情况则不同。还本付息并没有减少国民收入，这种货币流动过程仅仅代表资源支配权力的转移，社会实际资源并未增加或减少，因而在国民经济评价中，不被视为费用。

　　(4) 国外贷款的还本付息。国外贷款还本付息的处理分以下三种情况：

　　1) 评价国内投资经济效益的处理办法。项目的国民经济评价是以项目所在国的经济利益为根本出发点，所以必须考察国外贷款还本付息对项目举办国的真实影响。如果国外贷款利率很高，高于全部投资的内部收益率，那么一个全投资效益好的项目，也可能由于偿还国外债务造成大部分肥水外流的局面，致使本国投资得不偿失。为了能够揭示这种情况，如实判断本国投资资金的盈利水平，必须进行国内投资的经济效益分析。在分析时，由于还本付息意味着国内资源流入国外，因而应当视作费用（现金流出）。

　　2) 国外贷款不指定用途时的处理办法。对项目进行国民经济分析的目的是使有限的资源得到最佳配置。因此，应当对项目所用全部资源的利用效果做出分析评价，这种评价就是包括国外贷款在内的全投资国民经济评价。不过，对使用国外贷款的项目进行全投资经济评价应是有条件的，这个条件就是国外贷款不是针对某一项目专款专用，该贷款还允许用于其他项目。这种情况下，与贷款对应的实际资源虽然来自国外，但受贷国在如何有效利用这些资源的问题上，面临着与国内资源同样的优化配置任务，因而应当对包括国外贷款在内的全部资源的利用效果做出评价。在这种评价中，国外贷款还本付息不视作收益，也不视作费用，不出现在国民经济评价所用的项目国民经济效益费用流量表中。

　　3) 国外贷款指定用途的处理办法。如果不上拟建项目，就不能得到国外贷款，这时便无须进行全投资的经济效益评价，可只进行国内投资资金的经济评价。这是因为，全投资经济效益评价的目的在于对包括国外贷款在内的全部资源多种用途进行比较选优，既然国外贷款的用途已经唯一限定，别无其他选择，也就没有必要对其利用效果做出评价了。

第三节　国民经济评价的价格

　　项目的国民经济评价应采用计算国民经济效益与费用时的专用价格——影子价格。确定影子价格时，对于投入物和产出物，首先要区分为市场定价货物、政府调控价格货物和特殊投入物三大类别，然后根据投入物和产出物对国民经济的影响分别处理。

一、影子价格的概念

影子价格（shadow price）的概念是 20 世纪 30 年代末、40 年代初由荷兰经济学家、计量经济学创始人詹恩·丁伯根和苏联数学家、经济学家、诺贝尔经济学奖获得者康特罗维奇最先提出的。

影子价格是指依据一定原则确定的，能够反映投入物和产出物真实经济价值，反映市场供求状况，反映资源稀缺程度，使资源得到合理配置的价格。影子价格是根据国家经济增长的目标和资源的可获性来确定的。如果某种资源数量稀缺，同时，有许多用途完全依靠于它，那么它的影子价格就高。如果这种资源的供应量增多，那么它的影子价格就会下降。进行国民经济评价时，项目的主要投入物和产出物价格，原则上都应采用影子价格。

二、影子价格的确定

（一）社会折现率

社会折现率是用以衡量资金时间价值的重要参数，代表社会资金被占用应获得的最低收费率，并用作不同年份价值换算的折现率。

社会折现率是国民经济评价中经济内部收益率的基准值。适当的折现率有利于合理分配建设资金，指导资金投向对国民经济贡献大的项目，调节资金供需关系，促进资金在短期和长期建设项目之间的合理调配。

根据对我国国民经济运行的实际情况、投资收益水平、资金供求状况、资金机会成本以及国家宏观调控等因素综合分析，目前社会折现率取值为 10%。

（二）影子汇率

汇率是指两个国家不同货币之间的比价或交换比率。

影子汇率是反映外汇真实价值的汇率。影子汇率主要依据一个国家或地区一段时期内进出口的结构和水平、外汇的机会成本及发展趋势、外汇供需状况等因素确定。一旦上述因素发生较大变化时，影子汇率值需做相应的调整。

在国民经济评价中，影子汇率通过影子汇率换算系数计算，影子汇率换算系数是影子汇率与国家外汇牌价的比值。工程项目投入物和产出物涉及进出口的，应采用影子汇率换算系数计算影子汇率。目前我国的影子汇率换算系数取值为 1.08。

影子汇率计算公式如下：

$$影子汇率 = 外汇牌价（即官方汇率）\times 影子汇率换算系数 \qquad (7-1)$$

【例 7-1】 已知 2022 年 9 月 24 日国家外汇牌价中人民币对美元的比值为 712/100，试求人民币对美元的影子汇率。

解　依题意及公式（7-1）可得

影子汇率 = 影子汇率换算系数 × 712/100 = 1.08 × 712/100 = 7.689 6

（三）影子工资

影子工资是项目使用劳动力，社会为此付出的代价。影子工资由劳动力的机会成本和社会资源耗费两部分构成。

影子工资一般通过影子工资换算系数计算。影子工资换算系数是影子工资与项目财务评价中劳动力的工资和福利费的比值。根据目前我国劳动力市场状况，技术性工种劳动力的影子工资换算系数取值为 1，非技术性工种劳动力的影子工资换算系数取值为 0.8。

三、市场定价货物的影子价格

（一）外贸货物的影子价格

外贸货物是指其生产或使用会直接或间接影响国家出口或进口的货物，原则上石油、金属材料、金属矿物、木材及可出口的商品煤，一般都划为外贸货物。

外贸货物影子价格的定价基础是国际市场价格。尽管国际市场价格并非就是完全理想的价格，存在着诸如发达国家有意压低发展中国家初级产品的价格，实行贸易保护主义，限制高技术向发展中国家转移，以维持高技术产品的垄断价格等问题；但在国际市场上起主导作用的还是市场机制，各种商品的价格主要由供需规律所决定，多数情况下不受个别国家和集团的控制，一般比较接近物品的真实价值。

外贸货物中的进口品应满足以下条件（否则不应进口）：国内生产成本大于到岸价格（CIF）。

外贸货物中的出口品应满足以下条件（否则不应出口）：国内生产成本小于离岸价格（FOB）。

到岸价格与离岸价格统称口岸价格。在国民经济评价中，口岸价格应按本国货币计算，故口岸价格的实际计算公式如下：

$$到岸价格（人民币）＝美元结算的到岸价格×影子汇率$$
$$离岸价格（人民币）＝美元结算的离岸价格×影子汇率$$

【例 7 - 2】 某项目进口设备的到岸价格为 16 400 万日元，美元对日元的比价为 88 日元/美元，若影子汇率为 8.2 元/美元，求进口设备的到岸价格。

解 进口设备的到岸价格（人民币）为 （16 400/88）×82＝1528.18（万元）

工程项目外贸货物的影子价格按下述公式计算：

$$产出物的影子价格（项目产出物的出厂价格）＝离岸价（FOB）×影子汇率$$
$$－国内运杂费－贸易费用 \quad (7 - 2)$$
$$投入物的影子价格（项目投入物的到厂价格）＝到岸价（CIF）×影子汇率$$
$$＋国内运杂费＋贸易费用 \quad (7 - 3)$$

贸易费用是指外经贸机构为进出口货物所耗用的，用影子价格计算的流通费用，包括货物的储运、再包装、短途运输、装卸、国内保险、检验等环节的费用支出以及资金占用的机会成本，但不包括长途运输费用。贸易费用一般用货物的口岸价乘以贸易费率计算。贸易费率由项目评价人员根据项目所在地区流通领域的特点和工程项目的实际情况测定。

（二）非外贸货物影子价格

非外贸货物是指其生产或使用不影响国家出口或进口的货物。非外贸货物分为天然非外贸货物和非天然的非外贸货物。

天然非外贸货物系指使用和服务天然地限于国内，包括国内施工和商业以及国内运输和其他国内服务。非天然的非外贸货物是指由于经济原因或政策原因不能外贸的货物，包括由于国家的政策和法令限制不能外贸的货物，还包括这样的货物：其国内生产成本加上到口岸的运输、贸易费用后的总费用高于离岸价格，致使出口得不偿失而不能出口，同时，国外商品的到岸价格又高于国内生产同样商品的经济成本，致使该商品也不能从国外进口。在忽略国内运输费用和贸易费用的前提下，由于经济性原因造成的非外贸货物满足以下条件：

离岸价格低于国内生产成本，国内生产成本低于到岸价格。

随着我国市场经济发展和贸易范围的扩大，大部分货物的价格由市场形成，价格可以近似反映其真实价值。进行国民经济评价可将这些货物的市场价格加上或者减去国内运杂费作为影子价格。工程项目非外贸货物的影子价格按下述公式计算：

$$产出物的影子价格（项目产出物的出厂价格）= 市场价格 - 国内运杂费 \qquad (7-4)$$
$$投入物的影子价格（项目投入物的到厂价格）= 市场价格 + 国内运杂费 \qquad (7-5)$$

四、政府调控价格货物的影子价格

考虑到效率优先兼顾公平的原则，市场经济条件下有些货物或者服务不能完全由市场机制形成价格，而需由政府调控价格。例如政府为了帮助城市中低收入家庭解决住房问题，对经济适用房和廉租房制定指导价和最高限价。政府调控的货物或者服务的价格不能完全反映其真实价值，确定这些货物或者服务的影子价格的原则是：投入物按机会成本分解定价，产出物按对经济增长的边际贡献率或消费者支付意愿定价。下面是政府主要调控的水、电、铁路运输等作为投入物和产出物时的影子价格的确定方法。

（1）水作为项目投入物的影子价格，按后备水源的边际成本分解定价，或者按恢复水资源存量的成本计算。水作为项目产出物的影子价格，按消费者支付意愿或者按消费者承受能力加政府补贴计算。

（2）电力作为项目投入物时的影子价格，一般按完全成本分解定价，电力过剩时按可变成本分解定价。电力作为项目产出物的影子价格，可按电力对当地经济边际贡献率定价。

（3）铁路运输作为项目投入物的影子价格，一般按完全成本分解定价，对运能富余的地区，按可变成本分解定价。铁路运输作为产出物的影子价格，可按铁路运输对国民经济的边际贡献率定价。

五、特殊投入物的影子价格

工程项目的特殊投入物是指项目在建设、生产运营中使用的劳动力、土地和自然资源等。对项目使用这些特殊投入物发生的国民经济费用，应分别采用下列方法确定其影子价格。

1. 影子工资

影子工资主要包括劳动力的机会成本和新增资源耗费。劳动力的机会成本指该劳动力不被拟建项目招用，而从事其他生产经营活动所创造的最大效益。新增资源耗费是指社会为劳动力就业而付出的，但职工又未得到的其他代价，如为劳动力就业而支付的搬迁费、培训费、城市交通费等。影子工资与劳动力的技术熟练程度和供求状况（过剩与稀缺）有关，技术越熟练，稀缺程度越高，其机会成本越高，反之越低。

2. 土地的影子价格

我国目前取得土地使用权的方式有：行政划拨、协商议价、招标投标、拍卖等。采用不同的方式获得土地使用权，投资项目占用的土地可能具有不同的财务费用，甚至其财务费用为零，但是占用土地的经济费用几乎总是存在的，而且同一块地在一定时期其经济费用应是唯一的。项目占用土地致使这些土地对国民经济的其他潜在贡献不能实现，这种因有了项目而不能实现的最大潜在贡献就是项目占用土地的机会成本。因此，土地的影子价格也是建立在被放弃的最大收益这一机会成本概念上的。如果项目占用的土地是没有什么用处的荒山野岭，其机会成本可视为零；如果项目所占用的是农业土地，其机会成本为原来的农业净收益、拆迁费用和劳动力安置费；如果项目占用城市用地，应以土地市场价格计算土地的影子价格，主要包括土地出让金、基础设施建设费、拆迁安置补偿费等。

3. 自然资源影子价格

各种自然资源是一种特殊的投入物，项目使用的矿产资源、水资源、森林资源等都是对国家资源的占用和消耗。矿产等不可再生资源的影子价格按资源的机会成本计算，水和森林等可再生自然资源的影子价格按资源再生费用计算。

第四节 国民经济评价指标及报表

费用效益分析主要采用动态计算方法，其基本评价指标包括经济净现值、经济内部收益率、经济效益费用比和经济外汇净现值。

一、国民经济评价指标

国民经济评价以盈利能力为主，其基本评价指标包括经济内部收益率和经济净现值。

(一) 经济净现值 (ENPV)

经济净现值（economic net present value，ENPV），是反映项目对国民经济净贡献的绝对指标。它是指用社会折现率将项目计算期内各年的净收益流量折算到建设期初的现值之和。其表达式为

$$\text{ENPV} = \sum_{t=0}^{n} (B-C)_t (1+i_s)^{-t} \qquad (7\text{-}6)$$

式中 B——国民经济效益流量；

         C——国民经济费用流量；

$(B-C)_t$——第 t 年的国民经济净效益流量；

         i_s——社会折现率；

         n——计算期。

判别准则：工程项目经济净现值等于或大于零，即 $\text{ENPV} \geqslant 0$ 时，表明项目收益超过了社会折现率 i_s 的水平，表示国家拟建项目付出代价后，可以得到符合社会折现率的社会盈余，或除了得到符合社会折现率的社会盈余外，还可以得到以现值计算的超额社会盈余，这时就认为项目是可以考虑接受的；否则项目是不可以被接受的。

(二) 经济内部收益率 (EIRR)

经济内部收益率（economic internal rate of return，EIRR）是反映项目对国民经济净贡献的相对指标。它是项目在计算期内各年经济净效益流量的现值累计等于零时的折现率。其表达式为

$$\sum_{t=0}^{n} (B-C)_t (1+\text{EIRR})^{-t} = 0 \qquad (7\text{-}7)$$

判别准则：经济内部收益率等于或大于社会折现率，即 $\text{EIRR} \geqslant i_s$ 时，表明项目对国民经济的净贡献达到或超过了要求的水平，这时应认为项目是可以接受的；否则项目是不可以被接受的。

　　按分析效益费用的口径不同，可分为整个项目的经济内部收益率和经济净现值，国内投资经济内部收益率和经济净现值。如果项目没有国外投资和国外借款，全投资指标与国内投资指标相同；如果项目有国外资金流入与流出，应以国内投资的经济内部收益率和经济净现值作为项目国民经济评价的指标。

　　二、国民经济评价报表

　　国民经济评价的基本报表是国民经济效益费用流量表，国民经济效益费用流量表有两种：一是项目国民经济效益费用流量表（见表 7-2）；二是国内投资国民经济效益收益费用流量表（见表 7-3）。

表 7-2　　　　　　　　　　　**项目国民经济效益费用流量表**　　　　　　　　单位：万元

序号	项目	计算期								
		1	2	3	4	5	6	7	8	9
1	效益流量			2766	2766	2766	2766	2766	2766	3662
1.1	销售收入			2160	2160	2160	2160	2160	2160	2160
1.2	回收固定资产余值									374
1.3	回收流动资金									552
1.4	项目间接效益			156	156	156	156	156	156	156
2	费用流量	3300	6494	1021	1021	1021	1021	1021	1021	1021
2.1	建设投资	3300	5000							
2.2	流动资金		522							
2.3	经营费用		972	972	972	972	972	972	972	972
2.4	项目间接费用			49	49	49	49	49	49	49
3	净效益流量	-3300	-6494	1745	1745	1745	1745	1745	1745	2641

　　注　计算指标：经济内部收益率为 6.8%；经济净现值为 -966 万元。

表 7-3　　　　　　　　　　**国内投资国民经济效益收益费用流量表**　　　　　　　单位：万元

序号	项目	计算期								
		1	2	3	4	5	6	7	8	9
1	效益流量			2766	2766	2766	2766	2766	2766	3662
1.1	销售收入			2160	2160	2160	2160	2160	2160	2160
1.2	回收固定资产余值									374
1.3	回收流动资金									552
1.4	项目间接效益			156	156	156	156	156	156	156
2	费用流量	2145	3520	1747	1718	1689	1600	1631	1602	1602
2.1	建设投资中国内资金	2145	3520							
2.2	流动资金中国内资金		522							
2.3	经营费用			972	972	972	972	972	972	972

续表

序　号	项　目	计　算　期							
		1	2	3	4	5	6	7	8	9
2.4	流到国外的资金			762	697	668	639	610	581	581
2.4.1	国外借款本金偿还			581	581	581	581	581	581	581
2.4.2	国外借款利息支付			145	116	87	58	29		
2.4.3	其他									
2.5	项目间接费用			49	49	49	49	49	49	49
3	国内投资净收益流量	−2145	−3250	1019	1048	1077	1106	1134	1164	2060

注　计算指标：经济内部收益率为 10.7%；经济净现值为 138 万元。

　　国民经济效益费用流量表一般在项目财务评价基础上进行调整编制，有些项目也可以直接编制。

　　在财务评价基础上编制国民经济效益费用流量表应注意以下问题：

　　（1）剔除转移支付，将财务现金流量表中列支的销售税金及附加、所得税、特种基金、国内借款利息作为转移支付剔除。

　　（2）计算外部效益与外部费用，并保持效益费用计算口径的统一。

　　（3）用影子价格、影子汇率逐项调整建设投资中的各项费用，剔除价差预备费、税金、国内借款建设期利息等转移支付项目。进口设备购置费通常要剔除进口关税、增值税等转移支付。建筑安装工程费按材料费、劳动力的影子价格进行调整；土地费用按土地影子价格进行调整。

　　（4）应收、应付款及现金并没有实际耗用国民经济资源，在国民经济评价中应将其从流动资金中剔除。

　　（5）用影子价格调整各项经营费用，对主要原材料、燃料及动力费，用影子价格进行调整；对劳动工资及福利费，用影子工资进行调整。

　　（6）用影子价格调整计算项目产出物的销售收入。

　　（7）国民经济评价各项销售收入和费用支出中的外汇部分，应用影子汇率进行调整，计算外汇价值。从国外引入的资金和向国外支付的投资收益、贷款本息，也应用影子汇率进行调整。

●━━━━━ 本章总结 ━━━━━●

　　1. 国民经济评价是从国民经济整体利益出发，遵循费用与效益统一划分的原则，用影子价格、影子汇率和社会折现率等经济参数，计算分析项目给国民经济带来的净效益，以此来评价项目的经济合理性和宏观可行性，实现资源的最优利用和合理配置。国民经济评价是针对工程项目所进行的宏观效益分析，其主要目的是实现国家资源的优化配置和有效利用，以保证国民经济能够可持续地稳定发展。国民经济评价和财务评价共同构成了完整的工程项目的经济评价体系。

　　2. 对工程项目进行财务评价和国民经济评价所得到的结论，是项目决策的主要依据。企业的财务评价注重的是项目的盈利能力和财务生存能力，而国民经济评价注重的则是国家经济资源的合理配置以及项目对整个国民经济的影响。财务评价是国民经济评价的基础，国民经济评价则是财务评价的深化，两者相辅相成，可互为参考和补充，既有联系，又有区别。

3. 工程项目的直接效益是由项目自身产出，由其产出物提供，并应用影子价格计算出来的产出物的经济价值，是项目自身直接增加销售量和劳动量所获得的效益。工程项目的直接费用是国家为项目的建设和生产经营而投入的各种资源（固定资产投资、流动资金以及经常性投入等）用影子价格计算出来的经济价值。间接效益是指项目对国民经济做出了贡献，而项目自身并未得益的那部分效益。间接费用是指国民经济为项目付出了代价，而项目自身却不必实际支付的那部分费用。

4. 国民经济评价参数包括计算、衡量项目的经济费用效益的各类计算参数和判定项目经济合理性的判据参数。其主要包括社会折现率、影子汇率换算系数、贸易费用率、影子工资换算系数、土地影子价格等。国家行政主管部门统一测定并发布的社会折现率和影子汇率换算系数等，在各类建设项目的国民经济评价中必须采用。影子工资换算系数和土地影子价格等在各类建设项目的国民经济评价中可参考选用。

5. 确定影子价格时，对于投入物和产出物，首先要区分为市场定价货物、政府调控价格货物、特殊投入物和非市场定价货物这四大类别。然后根据投入物和产出物对国民经济的影响分别处理。

6. 工程项目国民经济评价中的经济效果，主要反映在国民经济盈利能力上，主要指标有经济净现值、经济内部收益率、经济效益费用比。外汇作为一种重要的经济资源，对国民经济的发展具有特殊的价值，外汇平衡对一个国家的经济形势有着特殊的影响。因此，涉及产品出口创汇及替代进口节汇的项目，应进行外汇效果分析，计算经济外汇净现值、经济换汇成本、经济节汇成本指标。

—— 关键概念 ——

国民经济评价　　　　　　影子价格

—— 思考题 ——

1. 国民经济评价的作用是什么？
2. 国民经济评价与财务评价有何异同？
3. 国民经济评价中，识别效益费用的原则是什么？
4. 如何确定外贸货物影子价格？
5. 经济评价的主要报表和指标是什么？

—— 计算题 ——

1. 已知某投资项目，正式投产运营时需要购置两台机器设备，一台设备可在国内购得，其国内市场价格为 360 万元/台，影子价格与国内市场价格的换算系数为 1.4；另一台设备必须进口，其到岸价格为 70 万美元一台，影子汇率换算系数为 1.18，外汇牌价为 7.12 元/美元，进口设备的国内运杂费和贸易费用分别为 15 万元和 8 万元。试求生产产品时，两台设备的影子价格和所需设备的总成本。

2. 已知某产品共有三种原料，A、B 两种原料为非外贸品，其国内市场价格总额每年分别为 180 万元和 120 万元，影子价格与国内市场价格的换算系数分别为 1.4 和 1.6。C 原料为进口货物，其到岸价格总额每年为 150 万美元。设影子汇率换算系数为 1.16，外汇牌价为 7.92 元/美元，在不考虑国内运费和贸易费的情况下，求该产品国民经济评价的年原料成本总额。

第八章　工程项目不确定性分析与风险分析

── 本章提要与学习目标 ──

　　不确定性分析与风险分析是工程项目经济评价的重要内容。由于各经济要素的未来变化带有不确定性，加之预测方法的局限性，经济效果评价时所采用的预测值与未来的实际值可能出现偏差，使得实际效果偏离预测值，从而给投资者带来投资风险。为了尽量避免投资决策失误，有必要进行不确定性分析与风险分析。

　　通过本章的学习，要求掌握不确定分析中盈亏平衡分析的基本原理和敏感性分析的计算方法，熟悉产生不确定性和风险的原因，掌握期望值的计算和风险决策的方法。

　　工程项目的不确定性分析，就是考察建设投资、经营成本、产品售价、销售量、项目寿命等因素变化时，对项目经济评价指标所产生的影响。这种影响越强烈，表明所评价的项目方案对某个或某些因素越敏感。对于这些敏感因素，要求项目决策者和投资者予以充分重视和考虑。

　　工程项目不确定性分析的方法包括盈亏平衡分析、敏感性分析和概率分析。工程项目的风险分析主要涉及风险识别、风险测度、风险决策和风险控制。

　　不确定性分析和风险分析是有区别的。决策者对未来的情况不能确定，且对出现的概率（可能性）也不清楚，此种事件为不确定性事件。决策者对未来的情况不能完全确定，但未来情况出现的概率（可能性），即概率分布已知或可估计，这种事件称为风险事件。随着记录增多，不确定性事件将会转化为风险事件。

　　为了避免决策失误，需要进行不确定性分析和风险分析，明确哪些是主要的风险因素，以及这些因素发生变化对项目经济效果的影响程度，项目对各风险因素变化的承受能力等。

　　对项目进行不确定性分析的内容和方法，要在综合考虑项目的类型、特点、决策者的要求、相应的人力和财力，以及项目对国民经济的影响程度等条件下来选择。一般来讲，盈亏平衡分析只适用于项目的财务评价，而敏感性分析和风险分析则可同时用于财务评价和国民经济评价。

第一节　盈亏平衡分析

　　盈亏平衡分析（break-even analysis），又称损益平衡分析，它是通过盈亏平衡点（break-even point，BEP）分析项目的成本与收益的平衡关系的一种方法，也是在项目的不确定性分析中常用的一种方法。

　　投资项目的经济效果会受到许多因素的影响，当这些因素发生变化时，可能会导致原来盈利的项目变为亏损项目。盈亏平衡分析的目的就是找出这种由盈利到亏损的临界点，据此判断项目风险的大小以及对风险的承受能力，为投资决策提供科学依据。

　　由于项目的收入与成本都是产品产量的函数，因此一般又根据它们之间的函数关系，将盈亏平衡分析分为两种，即：

（1）当项目的收入与成本都是产量的线性函数时，称为线性盈亏平衡分析；

（2）当项目的收入与成本都是产量的非线性函数时，称为非线性盈亏平衡分析。

一、单方案盈亏平衡分析

单方案盈亏平衡分析是通过分析产品产量、成本和盈利能力之间的关系找出方案盈利与亏损在产量、单价、单位产品成本等方面的临界值，以判断方案在各种不确定因素作用下的风险情况。由于单方案盈亏平衡分析是研究产品产量、成本和盈利之间的关系，因此又称量本利分析。

从以上概念可以知道，所谓盈亏平衡分析，就是盈利亏损的临界值分析，因此，作为反映一定时期经营成果的利润，就是单方案盈亏平衡分析的着眼点，盈利亏损的临界值就是利润为 0 时，产量、单价、单位产品成本等的临界值。

根据前面的内容可知，在工程经济学中，项目处于正常、稳定的经营状态，不存在其他投资经营渠道和其他营业外收入，因此，利润总额的表达式为

$$\text{利润总额} = \text{销售收入} - \text{总成本费用} - \text{销售税金及附加} \tag{8-1}$$

而净利润（也称税后利润），是企业缴纳所得税后形成的利润，按照财务评价的从税原则，净利润的表达式为

$$\text{净利润（税后利润）} = \text{利润总额} - \text{企业所得税} = \text{利润总额}$$
$$\times (1 - \text{企业所得税税率}) \tag{8-2}$$

其中，企业所得税税率为 25%，根据销售收入、总成本费用与产量的关系，单方案盈亏平衡分析分为线性盈亏平衡分析和非线性盈亏平衡分析。

（一）线性盈亏平衡分析

1. 线性盈亏平衡分析的利润表达式

一般情况下，销售收入、产品成本和产品产量的关系是线性关系，此时的盈亏平衡分析成为线性盈亏平衡分析。线性情况下，销售收入与产品销售量之间是线性关系，即

$$TR = PQ \tag{8-3}$$

式中　TR——销售收入；

P——单位产品价格；

Q——产品销售量。

前面讲到，企业在一定时期的产品总成本费用可以分为两大类：一类是在一定的生产规模限度内不随产品产量的变动而变动的部分，称为固定成本；另一类是随产品产量的变动而变动的部分，称为变动成本。当变动成本与产量呈线性关系时，一定时期的产品总成本费用可用下式表示：

$$TC = C_F + C_V Q \tag{8-4}$$

式中　TC——一定时期的总成本费用；

C_F——年固定成本；

C_V——单位产品可变成本。

因此，线性盈亏平衡分析中，利润总额表达式为

$$\text{利润总额} = PQ - (C_F + C_V Q) - \text{销售税金及附加} \tag{8-5}$$

注：在盈亏平衡分析中，认为销量等于产量，因此销量和产量都用一个符号 Q 表示。

其中，当销售收入和总成本费用含增值税时，销售税金及附加一般包括增值税、城市建设维护税和教育费附加；当销售收入和总成本费用不含增值税时，销售税及附加中就不包含

增值税。

2. 盈亏平衡点及其确定

所谓盈亏平衡点是指项目盈利与亏损的分界点，它标志着项目不盈不亏的生产经营临界水平，反映了在达到一定的生产经营水平时该项目的收益和成本的平衡关系。

盈亏平衡点通常用产量来表示，也可以用生产能力利用率、销售收入、产品单价等来表示。

（1）盈亏平衡产量 Q^*。在线性情况下，根据收入、成本与产量的关系，可以绘制如图 8 - 1 所示的盈亏平衡图，横轴表示产量，纵轴表示收益或成本，收入曲线 TR 与成本曲线 TC 的交点即为盈亏平衡点（BEP），在 BEP 的左边，总成本大于总收入，方案亏损；在 BEP 右边，总收入大于总成本，方案盈利；在 BEP 上，收入等于成本，方案不盈不亏。

图 8 - 1 中，注意假设收入或总成本均不含税，盈亏平衡点所对应的产量为

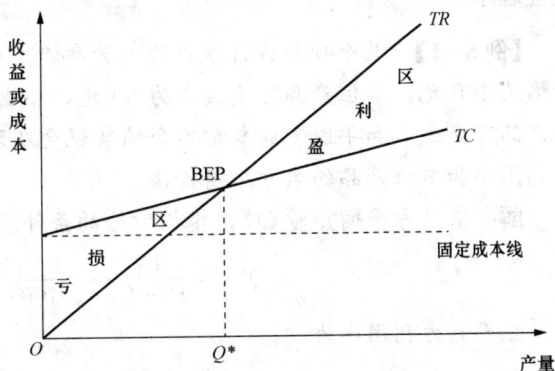

图 8 - 1　盈亏平衡图

盈亏平衡产量，根据盈亏平衡点的定义，当 $Q=Q^*$ 时，利润为

$$利润 = PQ^* -(C_F + C_V Q^*) - 销售税金及附加 = 0 \qquad (8-6)$$

当收入和成本均不含销售税金及附加时，式（8-6）变为

$$PQ^* -(C_F + C_V Q^*) = 0 \qquad (8-7)$$

可解出

$$Q^* = \frac{C_F}{P - C_V} \qquad (8-8)$$

盈亏平衡点反映了项目对市场变化的适应能力和抗风险能力，在线性盈亏平衡分析中，项目的盈亏平衡点越低，其适应市场变化的能力就越大，抗风险能力也就越强。这里的道理很简单，以盈亏平衡产量为例，如果一个项目的盈亏平衡产量比较低，那么在项目投产以后只要销售少量的产品就可以保本，这样只要市场情况不发生很大的变化，其实际销售量就很有可能超过这个比较低的盈亏平衡产量，从而使项目产生盈利。因此也可以说盈亏平衡点的高低反映了项目风险的大小。

（2）生产能力利用率。当求得盈亏平衡产量 Q^* 后，可以根据设计生产能力 Q_d 计算生产能力利用率，并根据生产能力利用率判断方案的风险性大小。生产能力利用率为

$$生产能力利用率 = \frac{Q^*}{Q_d} \times 100\% \qquad (8-9)$$

生产能力利用率反映了实际产量达到设计生产能力的多少百分比时，项目就不会亏损。同样，在线性盈亏平衡分析中，生产能力利用率越低，项目的盈利概率越大，抗风险能力也就越强。根据经验，当生产能力利用率小于等于 70% 时，项目抵抗风险的能力相当强。

（3）盈亏平衡价格 P^*。在实际生产过程中，除了盈亏平衡产量和生产能力利用率外，单位产品盈亏平衡价格也是企业比较关心的因素。它指的是，如果按照设计生产能力生产，单位产品价格最低多少钱？也就是，当 $Q=Q_d$，$P=P^*$ 时，可以得到

$$利润 = P^* Q_d - (C_F + C_V Q_d) - 销售税金及附加 = 0 \qquad (8-10)$$

当收入和成本均不含销售税金及附加时，可以得到

$$P^* = \frac{C_F + C_V Q_d}{Q_d} \qquad (8-11)$$

同样，根据盈亏平衡点的含义，在线性盈亏平衡分析中，盈亏平衡价格越低，项目的风险性越小。

【例8-1】 某个项目设计生产能力为年产50万件产品，根据资料分析，估计单位产品价格为100元，单位产品可变成本为80元，年固定成本为300万，当单位产品价格、单位产品可变成本和年固定成本都不含销售税金及附加时，求该项目的盈亏平衡产量，生产能力利用率和单位产品的盈亏平衡价格。

解 求盈亏平衡产量 Q^*，根据所给的条件可知

$$Q^* = \frac{C_F}{P - C_V} = \frac{300}{100 - 80} = 15（万件）$$

生产能力利用率为

$$\frac{15}{50} \times 100\% = 30\%$$

$$P^* = \frac{C_F + C_V Q_d}{Q_d} = \frac{300 + 80 \times 50}{50} = 86（元）$$

根据计算结果可知，当产量达到15万件，也就是达到设计生产能力的30%时，就不会亏损；从单位产品价格看，当按照设计生产能力生产时，单位产品价格达到86元就不会亏损，也小于预期价格100元。因此，项目的风险性比较小。

以上盈亏平衡点的计算中未考虑销售税金及附加，如果销售收入和成本中包含增值税，可以根据相应的税率，将含税收入和成本转化为不含税的收入或成本即可。

【例8-2】 题目条件同［例8-1］，只是单位产品价格为含税价格，适用的增值税税率为13%，单位产品可变成本也是含税金额，适用的增值税税率也是13%，年固定成本不涉及增值税，求该项目的盈亏平衡产量、生产能力利用率和单位产品的盈亏平衡价格。

解 不含税的产品价格为100/（1+13%）=88.50（元）。不含税的单位产品可变成本为80/（1+13%）=70.80（元）。

$$Q^* = \frac{C_F}{P - C_V} = \frac{300}{88.5 - 70.8} = 16.95（万件）$$

生产能力利用率为

$$\frac{16.95}{50} \times 100\% = 33.9\%$$

$$P^* = \frac{C_F + C_V Q_d}{Q_d} = \frac{300 + 70.8 \times 50}{50} = 76.8（元）$$

需要注意的是，此时计算的盈亏平衡价格不含增值税，含税价格为76.8×（1+13%）= 86.78（元）。

有时，在实际工作中，也会将销售税金及附加整体估计为销售收入的一定百分比，此时的计算，也要做相应调整。

【例8-3】 题目条件同［例8-1］，只是单位产品价格、单位产品可变成本和年固定成

本都是含税金额，销售税金及附加（用 t 表示）是销售收入的 5%，求该项目的盈亏平衡产量、生产能力利用率和单位产品的盈亏平衡价格。

解　根据以上条件，利润表达式为利润总额 $= PQ(1-t) - (C_F + C_V Q)$，因此

$$Q^* = \frac{C_F}{P(1-t) - C_V} = \frac{300}{100 \times (1-5\%) - 80} = 20（万件）$$

生产能力利用率为

$$\frac{20}{50} \times 100\% = 40\%$$

$$P^* = \frac{C_F + C_V Q_d}{Q_d(1-t)} = \frac{300 + 80 \times 50}{50 \times (1-5\%)} = 90.53（元）$$

（二）非线性盈亏平衡分析

在垄断竞争下，随着项目产销量的增加，市场上产品的单位价格就要下降，因而销售收入与产销量之间是非线性关系；同时，企业增加产量时原材料价格可能上涨，同时要多付一些加班费、奖金和设备维修费，使产品的单位可变成本增加，从而总成本与产销量之间也成非线性关系。这种情况下，可能会出现多个盈亏平衡点。

这里，设定销售收入是产量的非线性函数（二次函数），有

$$TR(x) = a_1 x + a_2 x^2 \tag{8-12}$$

设定总成本是产量的非线性函数（二次函数），有

$$TC(x) = F + b_1 x + b_2 x^2 \tag{8-13}$$

其中，F 表示总固定费用；x 表示产量；a_1、b_1、a_2、b_2 为统计常数，主要源于市场预测或经验数据（$a_2 < 0$ 且通常很小，$b_2 < 0$）。

这时的利润函数（二次函数）为

$$M(x) = TR(x) - TC(x) = a_1 x + a_2 x^2 - (F + b_1 x + b_2 x^2) \tag{8-14}$$

根据盈亏平衡的定义，$M(x) = 0$，解此二次方程，得到两个解，即两个盈亏平衡点产量 x_1^*、x_2^*，即项目的两个盈亏平衡点。

另外，对 $M(x)$ 求导，可求得项目的最大盈利点 $\bar{x}$。非线性盈亏平衡分析见图 8-2。

运用盈亏平衡分析，在方案选择时应优先选择平衡点较低者，盈亏平衡点越低意味着项目的抗风险能力越强，越能承受意外的风吹草动。

图 8-2 中 O、S 两点具有特殊的意义，O 为开门点，S 为关门点，两点的产量由方程 $M(x) = -F$ 解得，在 x_2^* 与 S 点之间是亏损区。

【例 8-4】 某生产项目根据统计分析得到关系式如下：

$$TR(x) = 100x - 0.001x^2$$

$$TC(x) = 20000 + 4x + 0.005x^2$$

其中，x 表示产量，TR、TC 分别为销售收入和总成本，试做盈亏平衡分析。

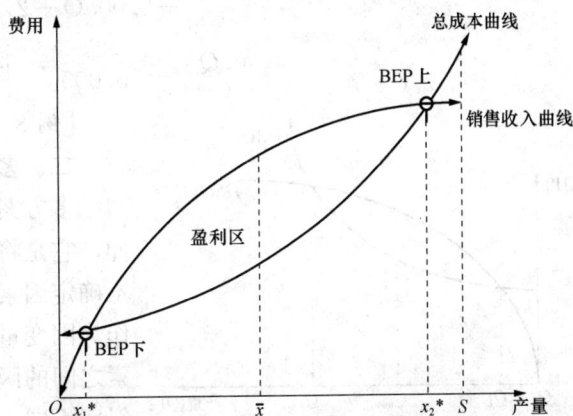

图 8-2　非线性盈亏平衡分析

解 根据式（8-14）得

$$M(x) = -0.006x^2 + 96x - 200\,000$$

令 $M(x) = 0$，得

$$x_1 = 2462, x_2 = 13\,537$$

令 $M'(x) = 0$，得

$$x = 8000$$

令 $M(x) = -F$，即 $100x - 0.001x^2 = 4x + 0.005x^2$，得

$$x_{11} = 0, x_{22} = 16\,000$$

即关门点对应的产量为 16 000。

【例 8-5】 某企业投产以后，它的年固定成本为 66 000 元，单位变动成本为 28 元，由于原材料整批购买，每多生产一件产品，单位变动成本可降低 0.001 元；单位销售价为 55 元，销量每多增加一件产品，售价可下降 0.003 5 元，试求盈亏平衡点及最大利润时的销售量。

解 单位产品的售价为 $(55 - 0.003\,5Q)$；单位产品的变动成本为 $(28 - 0.001Q)$。

(1) 求盈亏平衡点的产量 Q_1，Q_2：

$$TC(Q) = 66\,000 + (28 - 0.001Q)Q = 66\,000 + 28Q - 0.001Q^2$$

$$TR(Q) = 55Q - 0.003\,5Q^2$$

根据盈亏平衡原理有 $TC(Q) = TR(Q)$，即

$$66\,000 + 28Q - 0.001Q^2 = 55Q - 0.003\,5Q^2$$

$$0.002\,5Q^2 - 27Q + 66\,000 = 0$$

$$Q_1 = \frac{27 - \sqrt{27^2 - 4 \times 0.002\,5 \times 66\,000}}{2 \times 0.002\,5} = 3470（件）$$

$$Q_2 = \frac{27 + \sqrt{27^2 - 4 \times 0.002\,5 \times 66\,000}}{2 \times 0.002\,5} = 7060（件）$$

(2) 求最大利润时的产量 Q_{max}：

由 $M(Q) = TR(Q) - TC(Q)$ 得

$$M(Q) = -0.002\,5Q^2 + 27Q - 66\,000$$

令 $M'(Q) = 0$ 得

$$-0.005Q + 27 = 0$$

$$Q_{max} = \frac{27}{0.005} = 5400（件）$$

[例 8-5] 非线性盈亏平衡分析见图 8-3。

二、多方案盈亏平衡分析

多方案盈亏平衡分析是盈亏平衡分析方法的延伸，它是将同时影响各方案经济效果指标的共有的不确定因素作为自变量，将各方案的经济效果指标作为因变量，建立各方案经济效果指标与不确定因素之间的函数关系。由于各方案的经济效果函数的斜率不同，因此各函数曲线必然会发生交叉，即在不确定因素的不同取值区间内，各方案的经济效果

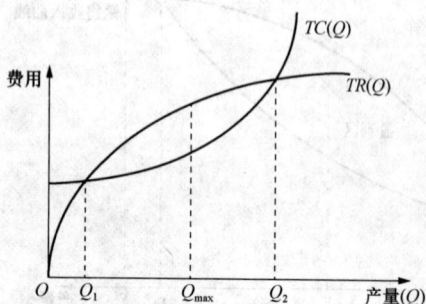

图 8-3 [例 8-5] 非线性盈亏平衡分析

指标高低的排序不同，由此来确定方案的取舍。

因此通过盈亏平衡分析，不仅能够预先估计项目对市场变化情况的适应能力，有助于了解项目可承受的风险程度，还可以对决策者确定项目的合理经济规模及对项目工艺技术方案的投资决策起到一定的参考与帮助作用，因而其应用是较为广泛的。

一般把盈亏平衡分析的方法用于不同方案的比较，其结果就不是不盈不亏，而是哪一个方案优劣的问题。这里是指达到相同质量、产量的前提下，哪一个方案更好。

假定 F 为固定成本，V 为可变成本，若两个方案中，$F_2 > F_1$，$V_2 > V_1$，则肯定第 II 方案成本高，因此，肯定第 I 方案较第 II 方案好；若 $F_2 > F_1$，$V_2 < V_1$，则要具体讨论了。图 8-4 和图 8-5 分别为 $F_2 > F_1$ 且 $V_2 > V_1$，$F_2 > F_1$ 且 $V_2 < V_1$ 的两种情况。

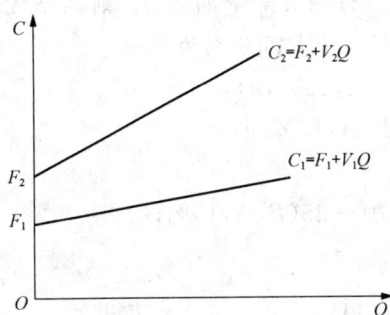

图 8-4　$F_2 > F_1$ 且 $V_2 > V_1$　　　　　图 8-5　$F_2 > F_1$ 且 $V_2 < V_1$

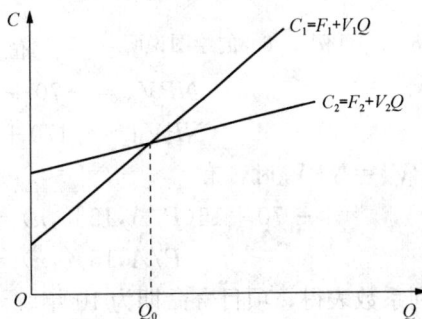

由图 8-5 可知，只要 $F_2 > F_1$ 且 $V_2 < V_1$，总会有一点 Q_0 产生，该点对应的两方案的成本相等，说明在 Q_0 的产量下，两方案的盈亏一样好。若以盈亏多少作为选择方案基准的话，当设计产量 $Q > Q_0$ 时，应选择方案 II；当设计产量 $Q < Q_0$ 时，应选择方案 I。由于 Q_0 在方案比较中具有独特之处，因此，求 Q_0 很有意义。

由图 8-5 可知，在 $Q = Q_0$ 时，$C_1 = C_2$，因此有 $F_1 + V_1 Q_0 = F_2 + V_2 Q_0$，则

$$Q_0 = \frac{F_2 - F_1}{V_1 - V_2} \tag{8-15}$$

若是多个方案的盈亏平衡分析，要求每两个方案进行求解，分别求出两个方案的平衡点数量，然后再进行比较，选择其中最经济的方案。

【例 8-6】　某施工队承接一挖土工程，可以采用两个施工方案：一个是人工挖土，单价为 10 元/m^3；另一个是机械挖土，单价为 8 元/m^3，但需机械的购置费是 20 000 元。试问这两个方案的适用情况如何？（要求绘图说明）

解　设两个方案共同应该完成的挖土工程量为 Q。

则人工挖土成本为

$$C_1 = 10Q$$

机械挖土成本为

$$C_2 = 8Q + 20\,000$$

令 $C_1 = C_2$，得

$$Q_0 = 10\,000 m^3$$

故当 $Q>10\ 000\text{m}^3$ 时，采用机械挖土合算；当 $Q<10\ 000\text{m}^3$ 时，采用人工挖土合算，[例 8-6] 的绘图说明见图 8-6。

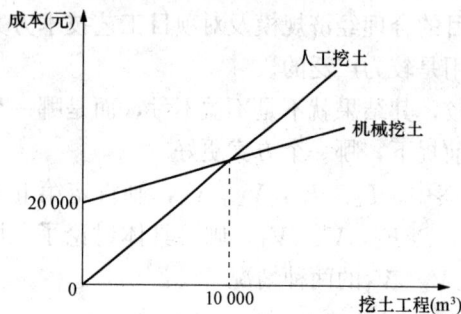

图 8-6　[例 8-6] 的绘图说明

【例 8-7】 某产品有两种生产方案，方案 A 初始投资为 70 万元，预测年净收益为 15 万元；方案 B 初始投资为 170 万元，预测年净收益为 35 万元。该项目产品的市场寿命具有较大的不确定性，如果给定基准收益率为 15%，不考虑期末资产残值，试就项目寿命期分析两个项目的临界点。

解　设项目寿命期为 n，则两个方案的净现值 NPV_A、NPV_B 分别为

$$NPV_A = -70 + 15(P/A, 15\%, n)$$
$$NPV_B = -170 + 35(P/A, 15\%, n)$$

当 $NPV_A = NPV_B$ 时，有

$$-70 + 15(P/A, 15\%, n) = -170 + 35(P/A, 15\%, n)$$
$$(P/A, 15\%, n) = 5$$

查复利系数表得，项目寿命期为 10 年。

这就是以项目寿命期为共有变量时方案 A 和方案 B 的盈亏平衡点。由于方案 B 的净收益比较高，项目寿命期延长对方案 B 有利。故可知，如果根据市场预测项目寿命期小于 10 年，应采用方案 A；如果寿命期大于 10 年，应采用方案 B，[例 8-7] 盈亏平衡分析图如图 8-7 所示。

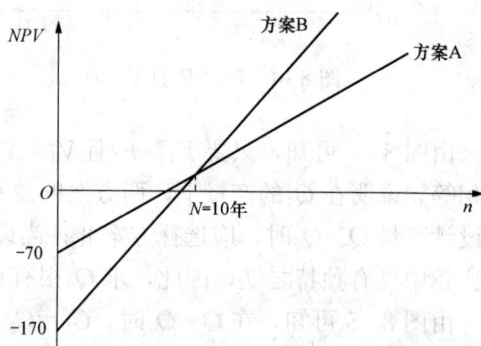

图 8-7　[例 8-7] 盈亏平衡分析图

【例 8-8】 拟兴建某项目，机械化程度高时投资大，固定成本高，则可变成本就低。现有三种方案可供选择，相关参数见表 8-1。试确定各方案的适宜范围。

表 8-1　　　　　　　　　　　　　相 关 参 数

方　　案	A	B	C
产品可变成本（元/件）	100	60	40
产品固定成本（元）	1000	2000	3000

解　根据已知条件，设 x 为预计产量，各方案的产量与成本关系方程式为 $y = a + bx$，则方案 A：$y_A = 1000 + 100x$；方案 B：$y_B = 2000 + 60x$；方案 C：$y_C = 3000 + 40x$。

设方案 A 与方案 B 的成本线交点在横轴上坐标为 x_{AB}，其求法如下：

$y_A - y_B = 0$，即

$$1000 + 100x = 2000 + 60x$$
$$x = 25$$

同理

$y_B - y_C = 0$，即

$$2000 + 60x = 3000 + 40x$$

$$x = 50$$

$y_A - y_C = 0$，即

$$1000 + 100x = 3000 + 40x$$

$$x = 33.3$$

各方案的适宜范围见图8-8。从图8-8中可以看出，每种生产方式在不同产量范围有不同的效果：当产量小于25件时，A方案成本最低；当产量介于25～50件时，B方案成本最低；当产量大于50件时，C方案成本最低。

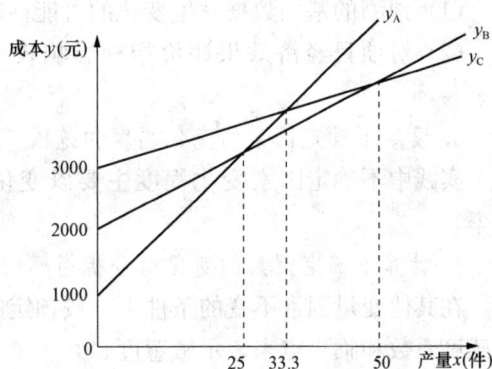

图8-8　各方案的适宜范围

第二节　敏感性分析

一、敏感性分析的含义与步骤

（一）敏感性分析的含义

敏感性（sensitivity），就是指方案的各个影响因素发生变化时对该方案的经济效果指标影响变化的程度。若某个因素所引起的变化幅度很大，则表明这个因素对方案的经济效果的影响是敏感的；若引起的变化幅度小，则表明其影响是不敏感的。

敏感性分析（sensitivity analysis），是经济决策中最常用的一种不确定性分析方法，它是通过分析预测项目主要影响因素发生变化时对项目经济评价指数（如 NPV、IRR 等）的影响，从中找出对方案经济效果影响较大的因素——敏感因素，并确定其影响程度。可能对方案的经济效果产生影响的不确定因素有投资额、建设工期、产品质量、产品价格、产品成本、贷款利率、销售量以及汇率等，敏感性分析就是通过分析这些因素单独变化或多因素变化对经济效果指标的影响，把握敏感性因素，并从敏感性因素变化的可能性以及测算的误差方面分析方案风险的大小。

（二）敏感性分析的分类

敏感性分析一般分为两类：单因素敏感性分析和多因素敏感性分析。

单因素敏感性分析是指在进行敏感性分析时，假定只有一个因素是变化的，其他的因素均保持不变，分析这个可变因素对经济评价指标的影响程度和敏感程度。

多因素敏感性分析是指在同时有两个或者两个以上的因素发生变化时，分析这些可变因素对经济评价指标的影响程度和敏感程度。

（三）敏感性分析的一般步骤

1. 确定敏感性分析指标

常用的敏感性分析指标有净现值、净年值、内部收益率、投资回收期等。一般选择一个主要指标即可。

2. 选取不确定因素

选择需要分析的不确定性因素时主要考虑两个方面：

(1) 预测的基础数据发生变化的可能性较大或对数据的准确性把握不大的因素；

(2) 对项目经济效果评价指标影响较大的因素，且应尽可能选择彼此独立的不确定因素。

3. 设定不确定因素的变化幅度和范围

实践中不确定因素变化程度主要以变化率表示，通常取 $\pm 5\%$、$\pm 10\%$、$\pm 20\%$ 的变化率。

4. 计算不确定因素的变化对分析指标的影响程度

在其他变量因素不变的条件下，按预定的变化幅度计算其对分析指标的影响程度。常用敏感度系数和临界点来表示敏感度。

(1) 敏感度系数。项目经济效果评价指标变化的百分率与不确定因素变化的百分率之比称为敏感度系数，其计算公式为

$$S = \frac{\Delta A/A}{\Delta F/F} \tag{8-16}$$

式中 S——敏感度系数；

$\Delta F/F$——不确定因素 F 的变化率，$\%$；

$\Delta A/A$——不确定因素 F 发生变化时，评价指标 A 的相应变化率，$\%$。

S 的绝对值越大，表明此评价指标对于不确定因素越敏感，该因素即为敏感性因素；反之，则越不敏感，该因素即为非敏感性因素。

敏感度系数不能直接显示变化后评价指标的值，通常通过敏感分析图辅助分析，将不确定因素变化率作为横坐标，工程经济评价指标作为纵坐标，即可做出工程经济评价指标随每种不确定因素变化的曲线。图中每一条直线的斜率的绝对值反映经济评价指标对该不确定性因素的敏感程度，斜率的绝对值越大，敏感度越高。

(2) 临界点（又称开关点）。临界点指不确定因素的变化极限（最大幅度），当变化幅度超过这个界限时，项目将不可行。例如，若选用净现值作为评价项目是否可行的评价指标，则不确定因素的临界点即为使项目净现值等于 0 的变化百分率；若选用内部收益率作为评价项目是否可行的评价指标，则不确定因素的临界点即为使项目财务内部收益率等于基准收益率时的变化百分率。

临界点的高低与设定的基准收益率有关，对于同一个投资项目，随着设定基准收益率的不断提高，临界点就会相应变低（即临界点表示的不确定因素的极限变化变小）。

在一定的基准收益率下，临界点越低，说明该因素对项目经济评价指标影响越大，项目对该因素就越敏感。这一点对于净现值同样适用。

5. 敏感性分析及分析结果

对敏感性分析的结果应进行汇总，通常是将敏感性分析的结果汇集于敏感性分析表，并用敏感性分析曲线辅助说明。

若对某一特定项目进行敏感性分析，则需重视敏感性因素对该项目的影响。如果进行敏感性分析的目的是对不同的投资项目或某一项目的不同方案进行选择，一般应选择敏感程度小、承受风险能力强、可靠性大的项目或方案。

二、单因素敏感性分析

单因素敏感性分析是每次只变动一个不确定因素所进行的敏感性分析，即在计算某个因

素的变动对经济效果指标的影响时，假定其他因素均不变。

【例 8-9】 某个投资方案设计年生产能力为 10 万台，计划总投资为 1200 万元，期初一次性投入，预计产品价格为 35 元一台，年经营成本为 140 万元，方案寿命期为 10 年，到期时预计设备残值收入为 80 万元，标准折现率为 10%。试就投资额、单位产品价格、经营成本等影响因素对投资方案进行敏感性分析。

解 选择净现值为敏感性分析的对象，根据净现值的计算公式，可算出项目在初始条件下的净现值。

$$NPV = -1200 + (35 \times 10 - 140)(P/A, 10\%, 10) + 80 \times (P/F, 10\%, 10)$$
$$= 121.21 (万元)$$

由于 $NPV > 0$，因此该项目是可行的。

下面对项目进行敏感性分析。取定三个因素：投资额、产品价格和经营成本，然后令其逐一在初始值的基础上按 ±20% 的变化幅度变动，分别计算相对应的净现值的变化情况，得出单因素敏感性分析表、单因素敏感性分析图分别见表 8-2 及图 8-9。

表 8-2 单因素敏感性分析表

	变化幅度	−20%	−10%	0	10%	20%	敏感因素+1%NPV 变化率	敏感因素−1%NPV 变化率
因素	投资额（万元）	361.21	241.21	121.21	1.21	−118.79	−9.90%	9.90%
	产品价格（万元）	−308.91	−93.85	121.21	336.28	551.34	17.75%	−17.75%
	经营成本（万元）	293.26	207.24	121.21	35.19	−50.83	−7.10%	7.10%

由表 8-2 和图 8-9 可以看出，在各个变量因素变化率相同的情况下，可得出如下结论：

第一，产品价格的变动对净现值的影响程度最大，当其他因素均不发生变化时，产品价格每下降 1%，净现值下降 17.75%，并且还可以看出，当产品价格下降幅度超过 5.64% 时，净现值将由正变成负，也即项目由可行变为不可行。

第二，对净现值影响大的因素是投资额，当其他因素均不发生变化时，投资额每增加 1%，净现值将下降 9.90%，当投资额增加的幅度超过 10.10% 时，净现值由正变成负，项目变为不可行。

第三，对净现值影响最小的因素是经营成本，在其他因素均不发生变化的情况下经营成本每上升 1%，净现值下降 7.10%，当经营成本上升幅度超过 14.09% 时，净现值由正变成负，项目变为不可行。

由此可见，按净现值对各个因素的敏感度系数来排序，依次是产品价格、投资额、经营

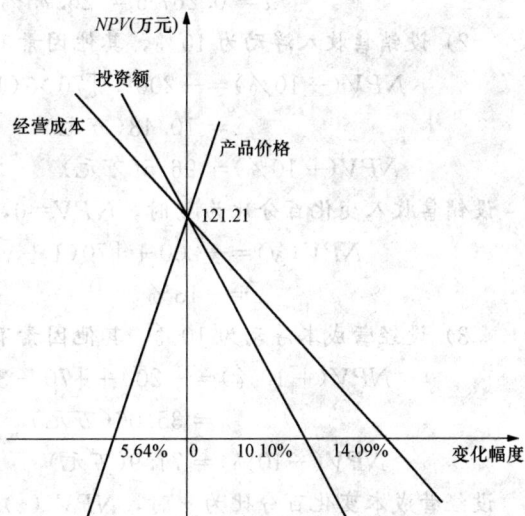

图 8-9 单因素敏感性分析图

成本，最敏感的因素是产品价格。

因此，从方案决策的角度来讲，应该对产品价格进行进一步的、更准确的预测，因为从项目风险的角度来讲，如果未来产品价格发生变化的可能性比较大，就意味着这一投资项目的风险性也较大。

【例 8-10】 某项目的数据见表 8-3，经预测分析，将来投资、销售收入、经营成本可能在 $\pm10\%$ 的范围变化，试对 NPV 进行敏感性分析（假设 $i_c=10\%$）。

表 8-3   某 项 目 的 数 据

初始投资	年数	残值	各年的销售收入	各年的经营成本
200 万元	10 年	20 万元	70 万元	30 万元

解 （1）计算原方案指标：

$$NPV=-200+(70-30)(P/A,10\%,10)+20(P/F,10\%,10)$$
$$=-200+40\times6.144\,6+20\times0.385\,5=53.5（万元）$$

（2）计算各因素变化后的指标值：

1）设投资浮动为 10%，其他因素不变：

$$NPV(+10\%)=-200\times(1+10\%)+40\times6.144\,6+20\times0.385\,5$$
$$=33.5（万元）$$
$$NPV(-10\%)=73.5（万元）$$

求投资变化的临界值，即设投资变化百分比为 x 时，$NPV=0$，即

$$NPV(x)=-200(1+x)+40\times6.144\,6+20\times0.385\,5=0$$
$$x=0.267\,5=26.75\%$$

2）设销售收入浮动为 10%，其他因素不变：

$$NPV(-10\%)=-200+[70\times(1-10\%)-30]\times6.144\,6+7.71$$
$$=10.48（万元）$$
$$NPV(+10\%)=96.5（万元）$$

设销售收入变化百分比为 y 时，$NPV=0$，即

$$NPV(y)=-200+[70(1+y)-30]\times6.144\,6+7.71=0$$
$$y=-13\%$$

3）设经营成本浮动为 10%，其他因素不变：

$$NPV(+10\%)=-200+[70-30(1+10\%)]\times6.144\,6+7.71$$
$$=35.06（万元）$$
$$NPV(-10\%)=71.9（万元）$$

设经营成本变化百分比为 z 时，$NPV(z)=0$，即

$$NPV(z)=-200+[70-30(1+z)]\times6.144\,6+7.71=0$$
$$z=29\%$$

（3）敏感性分析表、[例 8-10] 单因素敏感分析图分别见表 8-4、图 8-10。

表 8-4	敏 感 性 分 析 表			
因　素	范　围			
	+10%	0	-10%	临界值
投资（万元）	33.5	53.5	73.5	26.75%
销售收入（万元）	96.5	53.5	10.48	-13%
经营成本（万元）	35.06	53.5	71.9	29%

（4）分析：

从投资角度看，当投资增加超过 26.75%，项目不可行。依据初始数据，投资最多增减±10%，故项目抗风险性较强。

从销售收入角度看，当销售收入减少至 13% 时，$NPV=0$，即项目处于可行与不可行的临界点。而销售收入最多增减±10%，故项目抗风险性较强。

从经营成本角度看，项目也具有较强的抗风险能力。

（5）进一步分析：

在最不利的情况下，即投资为 $200 \times (1+10\%)=220$（万元）；销售收入为 $70 \times (1-10\%)=63$（万元）；经营成本为 $30 \times (1+10\%)=33$（万元）时，有

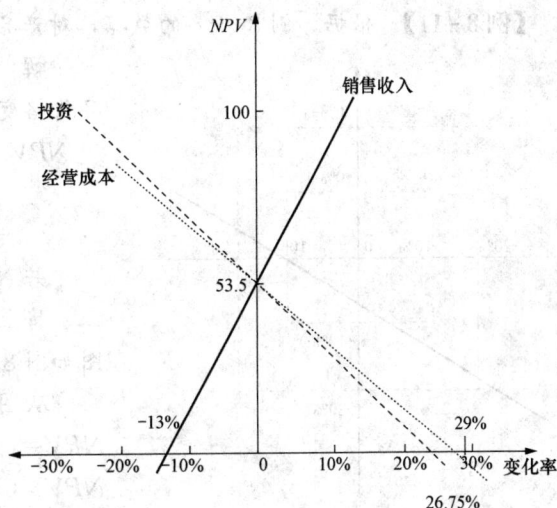

图 8-10　[例 8-10] 单因素敏感分析图

$$NPV=-220+(63-33)\times 6.144\ 6+7.71=-27.95（万元）<0$$

在最有利的情况下，即投资为 $200 \times (1-10\%)=180$（万元）；销售收入为 $70 \times (1+10\%)=77$（万元）；经营成本为 $30 \times (1-10\%)=27$（万元）时，有

$$NPV=-180+(77-27)\times 6.144\ 6+7.71=134.94（万元）$$

NPV 可能的取值区域见图 8-11。

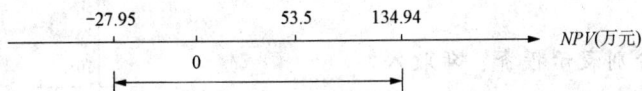

图 8-11　NPV 可能的取值区域

不可行所占比例为

$$\frac{|-27.95|}{134.94+|-27.95|}=0.171\ 6=17.16\%$$

在实际分析中，可根据项目性质及工程经济分析的特点，确定合适的抗风险尺度。若该尺度定为 15%，则由于本例中 17.16% > 15%，该项目抗风险性不强。

三、多因素敏感性分析

在单因素敏感性分析中，当计算某个不确定因素对项目的影响时，假定其他影响因素保持不变，但在实际工作中各种因素的变动可能存在着相互关联，一个因素的变动往往引起其他因素也随之变动。这时就要用到多因素敏感性分析。

多因素敏感性分析就是要考虑各种因素可能发生的不同变动幅度的多种组合，分析其对方案经济评价指标的影响程度。由于各种因素可能发生的不同变动幅度的组合关系很复杂，组合方案很多，因此多因素敏感性分析的计算较复杂，若需要分析的不确定因素不超过三个，且经济评价指标的计算也比较简单，则可以利用解析法与作图法相结合的方法进行分析。

【例 8-11】 根据 [例 8-9] 的数据，对产品价格和投资额的变动进行敏感性分析。

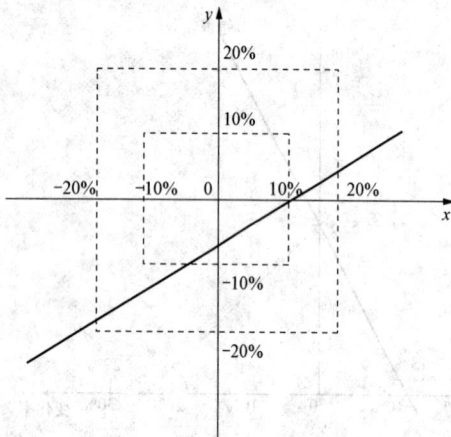

图 8-12　双因素敏感性分析图

解　设 x 表示投资额变化的百分率，y 表示产品价格变化的百分率，则净现值可表示为

$$NPV = -1200(1+x) + [35(1+y)10 - 140]$$
$$(P/A, 10\%, 10) + 80(P/F, 10\%, 10)$$
$$= 121.21 - 1200x + 2150.61y$$

若 $NPV \geqslant 0$，则有 $y \geqslant 0.56x - 0.06$。

将上述不等式绘成图形，即双因素敏感性分析图如图 8-12 所示。

从图 8-12 中可以看出，$y = 0.56x - 0.06$ 为 $NPV = 0$ 的临界线，在临界线左上方的区域表示 $NPV > 0$，在临界线右下方表示 $NPV < 0$。在各个正方形内净现值小于零的面积占整个正方形面积的比例反映了因素在此范围内变动时方案风险的大小。

【例 8-12】 某项目基本数据见表 8-5。

表 8-5　　　　　　　　　　　　某 项 目 基 本 数 据

参数	期初投资	年数	残值	年收入	年支出	i_c
预测值	10 000 元	5 年	2000 元	5000 元	2200 元	8%

经预测分析：参数中的不确定性因素为投资、年收入，变化范围不超过 ±10%，试对指标 NAV 关于投资、年收入进行双因素敏感性分析。

解　设 x，y 分别表示投资、年收入的变化百分比，则

$$NAV = -10\,000(1+x)(A/P, 8\%, 5)$$
$$+ 5000(1+y) - 2200 + 2000$$
$$(A/F, 8\%, 5)$$
$$= 636 - 2505x + 5000y$$
$$NAV = 636 - 2505x + 5000y \geqslant 0$$

以 x，y 为两坐标轴，做双因素敏感性分析图见图 8-13。

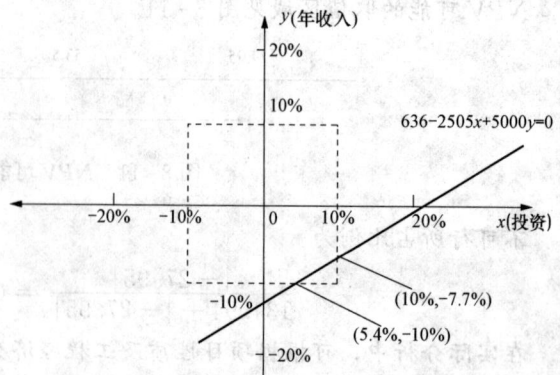

图 8-13　双因素敏感性分析图

不可行部分所占比例为

$$\frac{1/2 \times 4.6\% \times 2.3\%}{20\% \times 20\%} = 0.013\ 225 \approx 1.32\% < 15\%(风险尺度)$$

故该项目抗风险能力强。

四、敏感性分析的局限性

敏感性分析是项目经济评价时经常用到的一种方法,是投资决策中的一个重要步骤,它在一定程度上对不确定因素的变动,对项目投资效果的影响做了定量的描述,得到了维持投资方案在经济上可行所允许的不确定因素发生不利变动的最大幅度,但是,敏感性分析在使用中也存在着一定的局限性,就是它不能说明不确定因素发生变动的情况的可能性是大还是小,也就是没有考虑不确定因素在未来发生变动的概率,而这种概率是与项目的风险大小密切相关的。

人们经常会碰到这样的情况,某些因素在未来发生不利变动的可能性很小,虽然它可能是一个敏感因素,但实际上它给项目带来的风险并不大,而另外一些因素,虽然它们不太敏感,不是敏感因素,但由于它们在未来发生不利变化的可能性很大,因而实际上给项目带来的风险可能比敏感因素还要大。对此类问题,敏感性分析是无法解决的,要解决还要借助于下面介绍的风险分析。

第三节 概 率 分 析

盈亏平衡分析和敏感性分析虽然分析了不确定因素对方案的经济效益的影响及影响程度,但不能反映这些不确定因素变化的可能性有多大,以及在这种可能状态下对方案评价的影响程度,这就要靠概率分析来完成。

概率分析(probability analysis),是利用概率来研究和预测不确定因素对项目经济评价指标的影响的一种定量分析方法。概率分析的目的一般是要确定影响项目经济效益的关键变量及其可能的变动范围,并确定关键变量在此范围内的概率;然后进行概率期望值的计算,以得出定量分析的结果。

概率分析时最终是通过评价指标(如净现值或内部收益率等)的统计特征值,包括期望值、标准差、变异系数、累积概率等,综合反映项目在不确定因素影响下的经济可行性。评价指标统计特征值的计算方法有两种:一种是解析法,另一种是模拟法。

解析法主要是根据不确定性因素(如投资、成本、收益等)的概率分布(离散型或连续性),利用评价指标与不确定性因素的函数关系,计算评价指标的统计特征值。

而模拟法则是通过模拟服从某种分布的不确定性因素(如投资、成本、收益等)的所有取值(模拟数量足够多),据此计算出所有可能的评价指标,从而计算评价指标的统计特征值。

无论解析法还是模拟法,都需要知道不确定性因素的概率分布,或者其可能取值及相应的概率。本节主要介绍解析法和蒙特卡洛模拟法。

一、解析法

如前所述,不确定性因素的概率分布是概率分析法的前提,然而,由于任何一个不确定因素的某种特定情况出现的概率(或可能性)都是独立于人们主观意志之外的客观现象,它的出现或不出现和如何出现都与它们自身规律和客观环境密切相关，不以人的意志为转移，具有随机性，因此这种概率通常称为"客观概率"。对于这种客观概率，虽然可能从历史资料中做出估计，但是由于建设项目从建设到生产使用的整个寿命周期中，各种不确定因素有很多，有经济性质的或政策性质的，有自然变化的或人为变化的，有国内影响的或国外影响的，对于这些复杂的不确定因素，都要求客观判断其概率，而且还要考虑各种因素概率与概率之间的相互影响和作用，这需要大量的统计数据，根据统计数据确定客观概率方法。

在没有统计数据的情况下，采用有丰富经验的评估人员根据各种经济、技术、政策等资料来估计概率。这种估计出来的概率就是"主观概率"。

概率分析中，无论是客观概率，还是主观概率，都属于先验概率，即在事件发生前，按照过去发生的经验数据进行以人为的预测和估计为基础的概率。

概率分析中的解析法就是根据不确定性因素的概率分布，以及评价指标与不确定性因素的函数关系（如 NPV 或 IRR 的表达式），来计算评价指标的统计特征值。

不确定性因素的概率分布可以是连续型概率分布，也可以是离散型概率分布，在实际工程中，通过估计不确定性因素（如投资、收益、成本等）的取值及相应的概率来描述不确定因素的不确定性，这是常用的思路，因此，本节的解析法主要是基于离散型随机变量进行讲解。

（一）解析法的基本思路和方法

由于净现值是反映项目盈利能力的重要指标，也是项目可行性判断的主要依据，因此，大多数的概率分析主要是通过计算净现值的统计特征值，来综合评估项目的风险性。

用解析法计算净现值统计特征值的基本思路和方法如下：

（1）列出各种要考虑的不确定性因素，如投资、收益、成本等。

（2）根据历史资料或经验估计不确定性因素的概率分布，或直接确定各种不确定性因素的各种取值及其相应概率。

（3）计算净现值的期望值。

（4）计算净现值的标准差或变异系数、累积概率等。

（5）判断项目的风险大小。

（二）有关参数的计算

1. 期望值

期望值是用来描述随机变量的一个主要参数，期望值是反映随机变量取值的平均值，但平均值绝不是一般意义上的算术平均值，而是以随机变量各种取值的概率为权重的加权平均值。

根据数学上期望值的定义，净现值的期望值的计算公式可表达为

$$E(NPV) = \sum_{i=1}^{n} NPV_i P_i \tag{8-17}$$

式中　$E(NPV)$ ——NPV 的期望值；

　　　　NPV_i——各种现金流量下的净现值；

　　　　P_i——对应于各种现金流量的概率值。

一般来讲，期望值大的方案优于期望值小的方案。

2. 标准差和变异系数

标准差是用来度量随机变量与其均值（期望值）偏离程度的参数，则净现值的标准差表

达式如下：

$$\sigma = \sqrt{\sum_{i=1}^{n} \left[NPV_i - E(NPV) \right]^2 \times P_i} \qquad (8-18)$$

其中，σ 为净现值的标准差，其他符号意义同前。

对于期望值相同的方案，标准差越大说明其偏离期望值的程度越大，因而风险越大。

为了比较期望值不同的投资项目之间的风险程度大小，需要引进"变异系数"的概念。变异系数是用标准差除以期望值的商，通常用 V 表示，即

$$V = \frac{\sigma}{E(NPV)} \qquad (8-19)$$

变异系数越大，则该投资项目的风险越大。

【例 8-13】 某房地产开发项目的现金流量表见表 8-6，根据预测和经验判断，开发成本、销售收入（二者相互独立）可能发生的变化及其概率表见表 8-7。标准折现率为 12%。试对项目进行概率分析。

表 8-6　　　　　　　　　某房地产开发项目的现金流量表　　　　　　　　　单位：万元

年序	第 1 年	第 2 年	第 3 年	第 4 年	第 5 年
租售收入	1600	6400	8800	8800	8800
开发成本	4500	5900	6900	1800	200
其他支出	—	—	—	2500	3000
净现金流量	−2900	500	1900	4500	5000

表 8-7　　　　　　　　开发成本、租售收入可能发生的变化及其概率表

因　素	变　幅		
	−20%	0	+20%
租售收入	0.3	0.6	0.1
开发成本	0.1	0.4	0.5

解　（1）列出本项目净现金流量序列的全部可能状态，共 9 种，现金流量序列计算表见表 8-8。

表 8-8　　　　　　　　　　　现金流量序列计算表　　　　　　　　　　单位：万元

开发成本变幅	租售收入变幅	方案状态序号	相应概率 P_i	期望值 NPV_i	NPV_iP_i
	+20%	1	0.05	6897.15	344.86
+20%	0	2	0.30	2221.11	666.33
	−20%	3	0.15	−2454.92	−368.24
	+20%	4	0.04	9875.15	395.01
0	0	5	0.24	5199.12	1247.79
	−20%	6	0.12	523.08	62.77

续表

开发成本 变幅	租售收入 变幅	方案状态 序号	相应概率 P_i	期望值 NPV_i	NPV_iP_i
−20%	+20%	7	0.01	12 853.15	128.53
	0	8	0.06	8177.12	490.63
	−20%	9	0.03	3501.08	105.03
合计			1.00		3072.71

（2）分别计算项目净现金流量序列状态的概率 P_i（$i=1$，2，…，9）

$$P_1 = 0.5 \times 0.1 = 0.05$$
$$P_2 = 0.5 \times 0.6 = 0.30$$

其余类推。

（3）分别计算各状态下的项目净现值 NPV_i（$i=1$，2，…，9）

$$NPV_1 = \sum_{t=1}^{5} (CI - CO)_t^{(1)} (1+12\%)^{-t} = 6897.15（万元）$$

$$NPV_2 = \sum_{t=1}^{5} (CI - CO)_t^{(2)} (1+12\%)^{-t} = 2221.11（万元）$$

其余类推。

（4）计算 NPV_iP_i。

（5）求项目净现值的期望值和标准差

$$E(NPV) = \sum_{i=1}^{9} NPV_iP_i = 3072.71（万元）$$

$$\sigma = \sqrt{\sum_{i=1}^{9} [NPV_i - E(NPV)]^2 \times P_i} = 3431.28$$

（6）方案风险的判断：在单方案的判断中，一般可以利用期望值和累计概率的方法综合判断方案风险的大小。在本例中：$E(NPV) > 0$，$P(NPV \geqslant 0) = 1 - 0.15 = 0.85$，说明该项目是可行的，但标准差较大，说明各方案收益的变动性较大。（计算过程见表 8-8）

二、蒙特卡洛模拟法

蒙特卡洛模拟法，是用随机抽样的方法抽取一组输入变量的概率分布特征的数值，输入这组变量计算项目评价指标，通过多次抽样计算可获得评价指标的概率分布及累计概率分布。通过期望值、方差、标准差，计算项目可行或不可行的概率，从而估计项目投资所承担的风险。

蒙特卡洛模拟法的实施步骤一般为：

（1）通过敏感性分析，确定风险随机变量。

（2）确定风险随机变量的概率分布。

（3）通过随机数表或计算机求出随机数。根据风险随机变量的概率分布模拟输入变量。

（4）选取经济评价指标，如净现值、内部收益率等。

（5）根据基础数据计算评价指标值。

（6）整理模拟结果所得评价指标的期望值、方差、标准差和它的概率分布及累计概率，绘制累计概率图，计算项目可行或不可行的概率。

1. 离散型随机变量的蒙特卡洛模拟

假如根据专家调查获得的某种产品的年销售收入服从如表 8-9 所示的离散型随机变量的概率分布，根据表 8-9 绘制年销售收入累计概率如图 8-14 所示。

若抽取的随机数为 48 867，从累计概率图纵坐标上找到累计概率为 0.488 67，划一水平线与累计概率线相交的交点的横坐标值为 1200 万元/年，即是年销售收入的抽样值。

随机数、累计概率与抽样结果的关系见表 8-10。

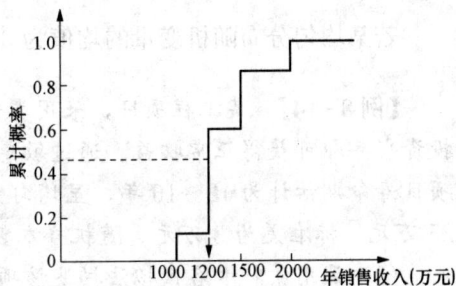

图 8-14　年销售收入累计概率

表 8-9　　　　　离散型随机变量的概率分布

年销售收入（万元）	1000	1200	1500	2000
概率	0.1	0.5	0.25	0.15
累计概率	0.1	0.6	0.85	1.00

表 8-10　　　　　随机数、累计概率与抽样结果的关系

年销售收入（万元）	1000	1200	1500	2000
随机数	00 000～09 999	10 000～59 999	60 000～84 999	85 000～99 999
累计概率	0.1	0.6	0.85	1.00

2. 正态分布随机变量的蒙特卡洛模拟

根据正态分布概率密度分布函数可以绘出它的累计概率分布图，正态分布累计概率图如图 8-15 所示。

用随机数作为累计概率的随机值，每个随机数都可在正态分布累计概率图中对应一个随机正态偏差。对应的随机变量的抽样结果可通过下式求得

$$抽样结果 = 均值 + 随机正态偏差 \times 均方差 \tag{8-20}$$

3. 均匀分布随机变量的蒙特卡洛模拟

具有最小值 a 和最小值 b 的连续平均分布随机变量，其累计概率分布如图 8-16 所示。令 RN 表示随机数，RN_m 表示最大随机数，根据相似三角形对应成比例的原理有

$$抽样结果 = a + \frac{RN}{RN_m}(b-a) = \frac{a+b}{2} - \frac{b-a}{2} + \frac{RN}{RN_m}(b-a) \tag{8-21}$$

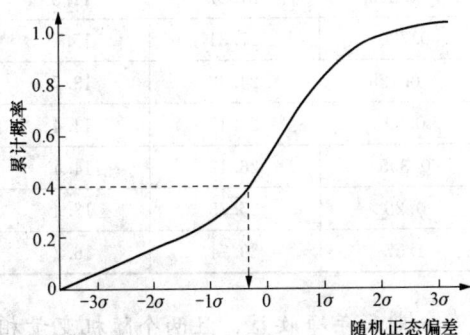

图 8-15　正态分布累计概率图

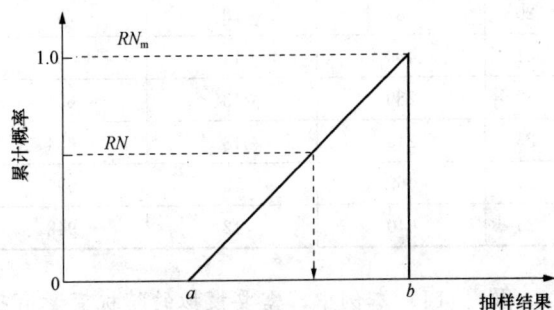

图 8-16　累计概率分布

若某均匀分布随机变量的均值为 8，变化范围为 6，则其抽样结果为 $5+\dfrac{RN}{RN_m}\times 6$。

【例 8-14】　某工程项目，采用类似项目比较法能较准确地估算出初始投资为 150 万元，投资当年即可获得正常收益。通过敏感性分析推断项目寿命期和年净收益为风险随机变量。项目寿命期估计为 12~16 年，呈均匀分布。年净收益估计呈正态分布，年净收益的均值为 25 万元，标准差为 3 万元。随机样本数据和 IRR 的计算结果见表 8-11。

（1）试用蒙特卡洛模拟法描述该项目内部收益率的概率分布。

（2）设基准收益率为 12%，计算项目内部收益率大于 12% 的概率。

表 8-11　　　　　　　　　　随机样本数据和 IRR 的计算结果

序号	项目寿命随机数	项目寿命（年）	年净收益随机数	年净收益随机正态偏差	年净收益（万元）	内部收益率（%）
1	303	13	623	0.325	25.98	14.3
2	871	16	046	−1.685	19.95	10.7
3	274	13	318	−0.475	23.58	13.2
4	752	15	318	−0.475	23.58	13.2
5	346	13	980	2.055	31.15	18.5
6	365	13	413	−0.220	24.34	12.9
7	466	14	740	0.640	27.22	15.8
8	021	12	502	0.005	25.02	12.7
9	524	14	069	−1.485	20.55	10.2
10	748	15	221	−0.770	22.69	12.6
11	439	14	106	−1.245	21.27	10.8
12	984	16	636	0.345	26.04	15.7
13	234	13	394	−0.270	24.19	12.7
14	531	15	235	−0.725	22.83	12.7
15	149	12	427	−0.185	24.45	12.2
16	225	13	190	−0.880	22.36	11.1
17	873	16	085	−1.370	20.89	11.5
18	135	12	826	−1.145	21.57	9.6
19	961	16	106	−1.245	21.27	11.8
20	381	13	780	0.770	27.31	15.4
21	439	14	450	−0.125	24.63	13.7
22	289	13	651	0.39	26.17	14.4
23	245	13	654	0.395	26.19	14.4
24	069	12	599	0.25	25.75	13.4
25	040	12	942	1.57	29.71	16.7

解　（1）本例中，需要模拟的随机变量有项目寿命期和年净收益，且两个随机变量相

互独立。根据已知条件，项目寿命期的模拟结果为 $12+\dfrac{RN}{RN_m}\times4$；项目年净收益的模拟结果为 $25+RND\times3$。（其中 RND 是计算机随机产生的服从 $[0, 1]$ 分布的随机数）

表 8-11 是 25 个随机样本数据及相应的内部收益率计算结果。

（2）蒙特卡洛模拟法累计概率计算表见表 8-12，通过表 8-12 的累计概率计算，可得该项目内部收益率大于 12% 的概率为 72%。

表 8-12　　　　　　　　　　蒙特卡洛模拟法累计概率计算表

模拟顺序	模拟结果 （内部收益率%）	概率*	累计概率	模拟顺序	模拟结果 （内部收益率%）	概率*	累计概率
18	9.6	4%	4%	6	12.9	4%	56%
9	10.2	4%	8%	4	13.2	4%	60%
2	10.7	4%	12%	24	13.4	4%	64%
11	10.8	4%	16%	21	13.7	4%	68%
16	11.1	4%	20%	1	14.3	4%	72%
17	11.5	4%	24%	22	14.4	4%	76%
19	11.8	4%	28%	23	14.4	4%	80%
3	12.2	4%	32%	20	15.4	4%	84%
15	12.2	4%	36%	12	15.7	4%	88%
10	12.6	4%	40%	7	15.8	4%	92%
8	12.7	4%	44%	25	16.7	4%	96%
13	12.7	4%	48%	5	18.5	4%	100%
14	12.7	4%	52%				

* 每次模拟结果的概率＝1/模拟次数。

第四节　风　险　分　析

一、风险与风险分析的含义

（一）风险的概念

风险是相对于预期目标而言经济主体遭受损失的不确定性。理解风险的概念应该把握以下三要素：

1. 不确定性是风险存在的必要条件

风险和不确定性是两个不完全相同但又密切相关的概念。如果某种损失必定要发生或必定不会发生，人们可以提前计划或通过成本费用的方式予以明确，风险是不存在的。只有当人们对行为产生的未来结果无法事先准确预料时，风险才有可能存在。

2. 潜在损失是风险存在的充分条件

不确定性的存在并不一定意味着风险，因为风险是与潜在损失联系在一起的，即实际结果与目标发生的负偏离，包括没有达到预期目标的损失。例如，如果投资者的目标是基准收益率 15%，而实际的内部收益率在 20%～30%，虽然具体数值无法确定，但最低的收益率都高于目标收益率，绝无风险而言。若这项投资的内部收益率估计可能在 12%～18%，则它是一个有风险的投资，因为实际收益率有小于目标水平 15％的可能性。

3. 经济主体是风险成立的基础

风险成立的基础是存在承担行为后果的经济主体（个人或组织），即风险行为人必须是行为后果的实际承担人。如果有某位投资者对其投资后果不承担任何责任，或者只负盈不负亏，那么投资风险对投资者就没有任何意义，投资者也不可能花费精力进行风险管理。

风险管理的步骤包括风险识别、风险测度、风险决策和风险控制。

（二）风险与不确定性的异同

风险和不确定性是两个不完全相同但又密切相关的概念。

1. 不确定性是风险的起因

人们对未来事物认识的局限性，可获信息的不完备性以及未来事物本身的不确定性，使得投资活动的实际结果具有不确定性，从而使经济主体可能得到低于预期的收益，甚至遭受一定的损失，导致风险。

2. 不确定性与风险相伴而生

正因为不确定性是风险的起因，所以不确定性与风险总是相伴而生的。如果不是从理论上去刻意区分，往往将它们混为一谈，实践中常常也混合使用。

3. 不确定性与风险的概念不完全相同

不确定性的结果可能高于预期目标，也可能低于预期目标，而通常是将结果低于预期目标的不确定性称为风险。另外，不确定性和风险的"未知"程度不同，虽不知道确切的实际结果，但知道各种结果发生的可能性，称之为风险；连实际结果发生的可能性都不知道的，称之为不确定性。

（三）风险分析与不确定性分析

同"不确定性"与"风险"的关系一样，不确定性分析与风险分析也是既有联系又有区别。

不确定性分析与风险分析的主要区别在于两者的分析内容、方法和作用的不同。不确定性分析只是研究各种不确定因素对方案结果的影响，但不知道这些不确定因素可能出现的状态及其发生的可能性，因而也就不知道方案出现各种结果的可能性；而风险分析则要通过预先知道不确定因素可能出现的各种状态及其可能性，求得对方案各种结果影响的可能性，进而判断方案的风险程度。

若用数学语言表述，方案结果是因变量 Y，影响方案结果的不确定因素是自变量 X，Y 与 X 之间存在着某种因果关系 f，即

$$Y = f(X) \tag{8-22}$$

由于 X 的不确定性导致了 Y 的不确定性。不确定性分析和风险分析的共性，就是 X 的不确定性。然而，风险分析预先知道 X 出现各种状态的可能性（X 的概率分布），并由此分析 Y 出现各种结果的可能性；而不确定性分析则不知道 X 的概率分布，只是分析 X 发生某种变化时 Y 的结果。

（四）风险分析的程序

从风险分析的角度看，在方案决策之前，应认真考虑如下问题：

（1）方案有哪些风险？

（2）这些风险出现的可能性有多大？

（3）若发生风险，造成的损失有多大？

（4）怎样减少或消除这些可能的损失？

如果改用其他方案，是否有新的风险？

回答上述问题实际上就是风险分析的内容。风险分析就是要查明方案在哪些方面，哪些地方，什么时候可能会出现问题，哪些地方潜藏着风险。查明之后要对风险进行量化，确定各风险出现的可能性大小及对方案的影响程度，并在此基础上制定出为减少风险而供选择的各种方案和措施。

可见，风险分析的程序如下：

第一步是风险识别，即识别影响方案结果的各种不确定因素。风险识别要从风险与方案的关系入手，弄清方案的组成、各种变数的性质及相互间的关系、方案与环境间的关系等。在此基础上，利用系统的方法和步骤查明对方案以及对方案所需资源形成潜在威胁的各种因素。

第二步是风险评估，即估计风险的性质、估算风险事件发生的概率及其对方案结果影响的大小。风险评估又分为风险估计和风险评价，风险估计是要估算各单个风险因素发生的概率及其对方案的影响程度；风险评价则是对方案的整体风险，各风险之间的相互影响、相互作用以及对方案的总体影响，经济主体对风险的承受能力等进行评价。

第三步是制定风险防范对策，即在风险识别和风险投资基础上，根据决策主体的风险态度，制定应对风险的策略和措施。

二、风险识别

风险识别是风险分析和管理的一项基础性工作，其主要任务是明确风险存在的可能性，为风险测度和风险决策奠定基础。

风险识别是一项极富艺术性的工作，要求风险分析人员拥有较强的洞察能力、分析能力以及丰富的实际经验。

（一）工程项目风险的主要来源

1. 市场风险

市场风险，指由于市场价格的不确定性导致损失的可能性。具体讲，就是由于市场需求量、需求偏好以及市场竞争格局、政治经济等方面的变化导致市场价格有可能发生不利的变化而使工程项目经济效果或企业发展目标达不到预期的水平，比如销售收入、利润或市场占有率等低于期望水平。对于大多数工程项目，市场风险是最直接也是最主要的风险。

2. 技术风险

技术风险，指高新技术的应用和技术进步使建设项目目标发生损失的可能性。在项目建设和运营阶段一般都涉及各种高新技术的应用，由于种种原因，实际的应用效果可能达不到原先预期的水平，从而也就可能使项目的目标无法实现，形成高新技术应用风险。此外，建设项目以外的技术进步会使项目的相对技术水平降低，从而影响了项目的竞争力和经济效果。这就构成了技术进步风险。

3. 财产风险

财产风险，指与项目建设有关的企业和个人所拥有、租赁或使用财产，面临可能被破坏、被损毁以及被盗窃的风险。财产风险的来源包括火灾、闪电、洪水、地震、飓风、暴雨、偷窃、爆炸、暴乱、冲突等。此外，与财产损失相关的可能损失还包括停产停业的损失、采取补救措施的费用和不能履行合同对他人造成的损失。

4. 责任风险

责任风险，指承担法律责任后对受损一方进行补偿而使自己蒙受损失的可能性。随着法律的建立健全和执法力度的加强，工程建设过程中，个人和组织越来越多地通过诉诸法律补偿自己受到的损失。司法裁决可能对受害一方进行经济补偿，同时惩罚与责任有关的个人或组织。即使被告最终免除了责任，辩护一个案子的费用也是必不可少的。因此，经济主体必须谨慎识别那些可能对自己造成影响的责任风险。

5. 信用风险

信用风险，指由于有关行为主体不能做到重合同、守信用而导致目标损失的可能性。在工程项目的建设过程中和生产营运过程中，合同行为作为市场经济运行的基本单元具有普遍性和经常性，如工程承发包合同、分包合同、设备材料采购合同、贷款合同、租赁合同、销售合同等。这些合同规范了诸多合作方的行为，是使工程顺利进行的基础。但若有行为主体钻合同的空子损害另一方当事人的利益或者单方面无故违反承诺，则毫无疑问，建设项目将受到损失，这就是信用风险。

（二）风险识别的步骤

风险识别的一般步骤是：

（1）明确所要实现的目标。

（2）找出影响目标值的全部因素。

（3）分析各因素对目标的相对影响程度。

（4）根据对各因素向不利方向变化的可能性进行分析、判断，并确定主要风险因素。

例如，某工程项目经济评价指标为内部收益率（IRR），识别项目风险的基本过程如下：

（1）找出可能影响 IRR 的各种因素，工程项目风险识别图如图 8-17 所示。

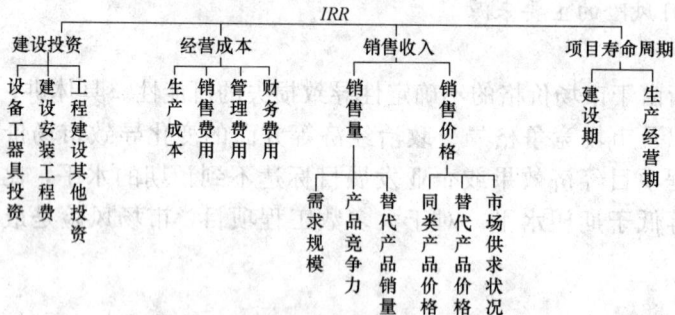

图 8-17　工程项目风险识别图

（2）对各种因素逐层分解，直至可直接判断其变动可能性为止。

（3）根据分析的知识和经验，判断可能发生不利变化的主要因素及其可能性大小。

工程项目投资规模大、建设周期长，涉及因素多。因此，也可以按项目的不同阶段进行风险识别，而且随着建设项目寿命周期的推移，一种风险的重要性会下降，而另一种风险的重要性则会上升。不同阶段项目不同风险的重要程度变化图如图 8-18 所示。这样，可以从不同的角度对项目风险进行更深入的认识。

三、风险测度

度量风险大小不仅要考虑损失或负偏离发生的大小范围，更要综合考虑各种损失或负偏离发生的可能性大小，即概率。测度工程建设项目的风险可用项目某一经济效益指标的负偏离（如 $NPV \leqslant 0$，$IRR \leqslant i_c$）发生的概率来度量。

概率分为客观概率和主观概率。客观概率是指用科学的数理统计方法，推断、计算随机事件发生的可能性大小，是对大量历史先例进行统计分析得到的。主观概

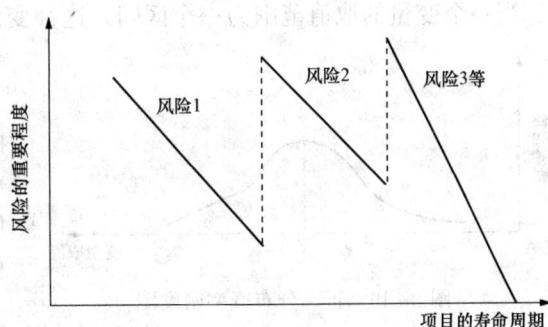

图 8-18 不同阶段项目不同风险的重要程度变化图

率是当某些事件缺乏历史统计资料时，由决策人自己或借助于咨询机构或专家凭经验进行估计得出的。实际上，主观概率也是人们在长期实践基础上得出的，并非纯主观的随意猜想。

风险测度主要是确定随机变量的概率分布以及期望值和方差等参数。

（一）概率分布

1. 离散概率分布

当变量可能值为有限个数，这种随机变量称为离散随机变量，其概率密度为间断函数。在此分布下指标期望值为

$$\bar{x} = \sum_{i=1}^{n} p_i \cdot x_i \tag{8-23}$$

其中，$\bar{x}$ 为指标的期望值；p_i 为第 i 种状态发生的概率；x_i 为第 i 种状态下的指标值；n 为可能的状态数。

指标的方差 D 为

$$D = \sum_{i=1}^{n} p_i (x_i - \bar{x})^2 \tag{8-24}$$

指标的均方差（或标准差）σ 为 $\sqrt{D}$。

【例 8-15】 某工程项目的净现值为随机变量，并有如表 8-13 所示的数据表，求净现值的期望值和方差。

表 8-13　　　　　　　　　　数　据　表　　　　　　　　　　单位：万元

净现值的可能状态	1000	1500	2000	2500
概率分布 P	0.1	0.5	0.25	0.15

解 净现值的期望值为 $0.1 \times 1000 + 0.5 \times 1500 + 0.25 \times 2000 + 0.15 \times 2500$
$= 1725$（万元）

净现值的方差为 $0.1(1000-1725)^2 + 0.5(1500-1725)^2 + 0.25(2000-1725)^2$
$+ 0.15(2500-1725)^2 = 186\,875$

净现值的均方差为 $\sqrt{186\,875} = 432$（万元）。

2. 连续概率分布

当一个变量的取值范围为一个区间，这种变量称为连续变量，其概率密度分布为连续函数。常用的连续概率分布有：

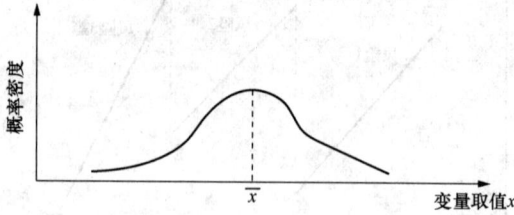

图 8-19　正态分布概率密度图

（1）正态分布。正态分布是一种最常用的概率分布，特点是密度函数以均值为中心对称分布。正态分布概率密度图如图 8-19 所示。正态分布适用于描述一般经济变量的概率分布，如销售量、售价、产品成本等。

设变量为 x，x 的正态分布概率密度函数为 $p(x)$，x 的期望值 $\bar{x}$ 和方差 D 的计算公式为

$$\bar{x} = \int xp(x)\mathrm{d}x \tag{8-25}$$

$$D = \int_{-\infty}^{+\infty}(x-\bar{x})^2 p(x)\mathrm{d}x \tag{8-26}$$

当 $\bar{x}=0$、$\sqrt{D}=1$ 时，称这种分布为标准正态分布，用 $N(0,1)$ 表示。

（2）三角分布。三角分布的特点是密度函数由悲观值、最可能值和乐观值构成的对称的或不对称的三角形。它适用于描述工期、投资等不对称分布的输入变量，也可用于描述产量、成本等对称分布的输入变量，三角分布概率密度图如图 8-20 所示。

（3）梯形分布。梯形分布是三角分布的特例，在确定变量的乐观值和悲观值后，对最可能值却难以判定，只能确定一个最可能值的范围。这时可用梯形分布描述，梯形分布概率密度图如图 8-21 所示。

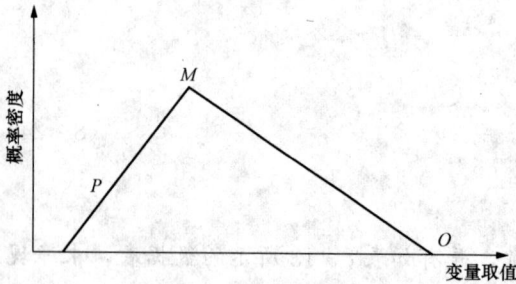

图 8-20　三角分布概率密度图

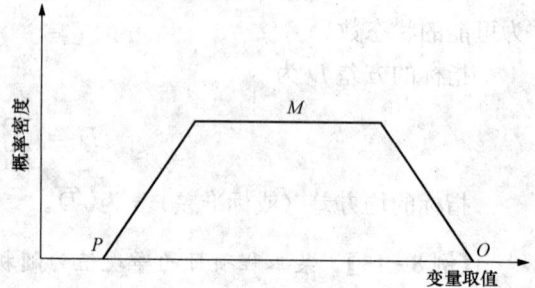

图 8-21　梯形分布概率密度图

（4）β 分布。若某变量服从 β 分布，则其概率密度在均值两边呈不对称分布，β 分布概率密度图如图 8-22 所示。β 分布适用于描述工期等不对称分布的变量。通常可以对变量做出三种估计值，即悲观值 P、乐观值 O、最可能值 M。其期望值及方差近似为

$$\bar{x} = \frac{P+4M+O}{6} \tag{8-27}$$

$$D = \left(\frac{O-P}{6}\right)^2 \tag{8-28}$$

（5）均匀分布。若指标值服从均匀分布，则其期望值和方差如下：

$$\bar{x} = \frac{a+b}{2} \tag{8-29}$$

$$D = \frac{(b-a)^2}{12} \tag{8-30}$$

其中，a、b分别为指标值的最小值和最大值。均匀分布的概率密度如图8-23所示。

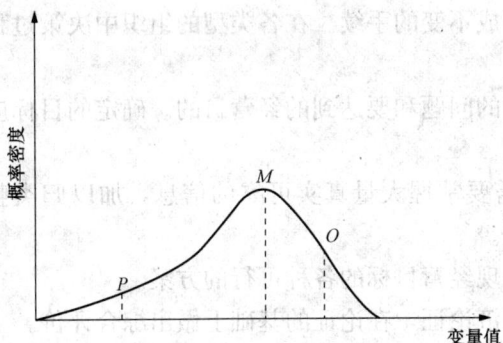

图8-22　β分布概率密度图　　　　　图8-23　均匀分布的概率密度图

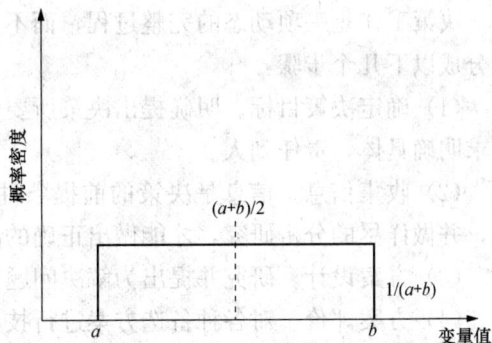

（二）风险评估

对风险事件的影响程度的评价称为风险评估，或风险评价。风险的影响程度不仅取决于风险发生的概率，更重要的是它会造成收益的减少、成本的增加、投资的增大等各类给投资主体带来损失的情况，从而导致评价指标如NPV、IRR、投资收益率等具有了不确定性，也就导致人们据此所做出的可行与否的判断变得不太可靠。

风险评估可以通过主观的风险等级划分进行评定，也可以通过随机变量的统计特征来描述它的不确定性，其中后者是风险评价常用的方法。第三节概率分析中的解析法和蒙特卡洛模拟法就是通过计算评价指标统计特征值进行风险评估的方法，在此不再赘述。

四、风险决策

在风险因素作用下，不仅项目的可行性受到影响，也可能会对多方案比选中各方案的优劣产生影响，进而影响多方案的比选结果。因此，风险因素影响下的多方案比选属于风险决策，是决策问题最重要的研究方向。

（一）基本概念

1. 决策的含义

决策（decision），是指为了实现某一目标，根据客观的可能性和科学的预测以及掌握的信息，通过正确的分析、判断，对行动方案的选择所做出的决定。简单说，决策就是从许多为达到同一目标，而可互换的行动方案中，选择一个最佳方案的分析判断过程。

决策是企业经营的重点，也是管理过程的核心，是执行各种管理职能的基础。

在实施决策时，一方面需要有"应该达到的既定目标"，另一方面需要有能达到目标的"可利用的代替方案"。也就是说，决策需要有"目标"与"代替方案"这两方面的前提。

经营决策包括两大部分内容，一是经营分析；二是决策。经营分析就是运用各种科学方法，对企业各项生产经营活动的目标、资料条件、外界因素与内部能力进行技术经济效果的定量分析，并进行最优化的选择。决策则是在经营分析的基础上，根据分析的结果及其技术效果的大小，列出几个可行的计划或行动方案，再结合企业中其他非定量化的条件和人的因素，经过综合判断，从中选择一个最适宜的方案。

2. 决策的步骤

决策工作是一项动态的完整过程，而不是一成不变的手续。在各类型的组织中决策过程可分成以下几个步骤：

（1）确定决策目标。明确提出决策所要解决的问题和要达到的经营目的。确定的目标应力求明确具体，责任到人。

（2）收集信息。信息是决策的前提条件，需要掌握大量真实可靠的信息，加以归类整理，并做详尽的分析研究，才能做出正确的决策。

（3）方案设计。研究并提出为解决问题和实现经营目标的各种可行的方案。

（4）方案评价。对各种备选方案进行技术经济论证，在论证的基础上做出综合评价。

（5）方案优化。通过对各种方案的分析评价，从可行方案中选出最优方案。

（6）决策方案的实施与反馈。做出决策以后，还要抓好决策方案的实施，并以执行的结果来鉴定、检查决策是否正确。根据实际和反馈的情况对决策做出相应的调整或改变。

3. 决策问题的构成

通过下面的例题说明决策问题的构成。

【例 8 - 16】 有一河面上增建一座公路桥，某建筑公司考虑是否承包这项工程。如果承包，在整个建桥过程中，遇河水为低水位，则可省工省料，公司可挣 4 万元；若在施工过程中遇上河水上涨，就会损失 1 万元，如果不承包，未来这段时间公司也会因工程任务少而亏损 4000 元。据气象及水文资料分析得知，未来这段时间出现低水位的概率为 0.7，出现高水位的概率为 0.3。试根据以上资料对是否承包该工程做出决策。

在上述例子中，河水出现低水位或高水位事先不能肯定，称作自然状态，为不可控因素。公司可能采取的行动有两种——承包或不承包，称作行动方案，为可控因素。对应不同的自然状态和行动方案的损失或收益称作损益值，或称作风险值。修建公路桥资料表见表 8 - 14。

表 8 - 14   修建公路桥资料表   单位：万元

自然状态	概 率	行 动 方 案	
		承 包	不承包
低水位	0.7	4	−0.4
高水位	0.3	−1	−0.4

由上述例子可以看到，构成一个决策问题通常应具备以下条件：

（1）存在着决策人希望达到的一个明确目标，如收益较大或损失最小。

（2）存在着两个以上不以决策人的主观意志为转移的自然状态。

（3）存在着两个以上可供选择的行动方案。

（4）在各自然状态下，不同行动方案将导致不同的结果，其损益值可以计算出来。

（5）决策人不能确定在几种不同的自然状态中今后将出现哪种自然状态。

（二）风险决策的准则

风险型决策也叫统计型决策或随机型决策。风险型决策的构成除具备上述条件外，各种自然状态出现的可能性（即概率），决策人可以预先估计或计算出来。这种决策具有一定的风险性，所以称为风险型决策。决策的正确程度与历史资料的占有数量有关，与决策者的经验、判断能力以及对风险的看法和态度有关。

人是决策的主体，在风险条件下决策行为取决于决策者的风险态度，对同一风险决策问题，风险态度不同的人决策的结果通常有较大的差异。典型的风险态度有三种表现形式：风险厌恶、风险中性和风险偏爱。与风险态度相对应，风险决策人可有以下决策准则：满意度准则、最小方差准则、期望值准则和期望方差准则。

1. 满意度准则

在工程实践中由于决策人的理性有限性和时空的限制，既不能找到一切方案，也不能比较一切方案，并非人们不喜欢"最优"，而是"最优"的代价太高。因此，最优准则只存在于纯粹的逻辑推理中。在实践中只有遵循满意度准则，才可以进行决策。

满意度准则既可以是决策人想要达到的收益水平，又可以是决策人想要避免的损失水平，因此它对风险厌恶和风险偏爱决策人都适用。

当选择最优方案花费过高或在没有得到其他方案的有关资料之前就必须决策的情况下应采用满意度准则决策。

满意度准则中，满意度的设置由决策者根据项目情况和风险承担能力，自行确定，不同的满意度准则，决策结论也不相同。

【例 8-17】　设有如表 8-15 所示的满意度准则风险决策。表 8-15 中的数据除各种自然状态的概率外，还有指标的损益值，正的为收益，负的为损失。请分别就如下两种满意度情况进行决策分析：

（1）可能收益有机会至少等于 5。

（2）可能损失不大于 -1，试选择最佳方案。

表 8-15　　　　　　　　　　　　满意度准则风险决策

状态及概率	自然状态 S_j			
	S_1	S_2	S_3	S_4
	状态概率 p			
	0.5	0.1	0.1	0.3
方案Ⅰ损益值（万元）	3	-1	1	1
方案Ⅱ损益值（万元）	4	0	-4	6
方案Ⅲ损益值（万元）	5	-2	0	2

解　按准则（1）选择方案时，方案Ⅱ和方案Ⅲ有等于或大于 5 的可能收益，但方案Ⅲ取得收益 5 的概率更大一些，应选择方案Ⅲ。

按准则（2）选择方案时，只有方案Ⅰ的损失不超过 -1，故应选择方案Ⅰ。

2. 期望值准则

这里所说的期望值就是概率论中离散型随机变量的数学期望。把每个行动方案看成是一个随机变量，其取值就是每个行动方案在各种自然状态下相应的益损值，而各方案的损益期望值则是各自然状态发生的概率与该方案对应的损益值乘积之和。其公式如下：

$$E(A_i) = \sum_{j=1}^{n} P(\theta_j) \cdot a_{ij} \qquad (8-31)$$

式中　$E(A_i)$——A_i方案的损益期望值；

　　　$P(\theta_j)$——自然状态θ_j的发生概率；

　　　a_{ij}——A_i方案在自然状态θ_j下的损益值；

　　　n——自然状态数。

所谓期望值准则，就是以期望值最大的行动方案作为最佳方案。

【例 8 - 18】　有一项工程，要决定下月是否开工，根据历史资料，下月出现好天气的概率为 0.2，坏天气的概率为 0.8，如遇好天气，开工可得利润 5 万元，遇到坏天气则要损失 1 万元；如不开工，无论什么天气都要付窝工费 1000 元，应如何决策？

解　按期望值准则求解。

开工方案期望值 $E(A_1) = 0.2 \times 50\ 000 + 0.8 \times (-10\ 000) = 2000$（元）

不开工方案期望值 $E(A_2) = 0.2 \times (-1000) + 0.8 \times (-1000) = -1000$（元）

显然是开工方案优于不开工方案，开工可得最大期望值 2000 元。

期望值准则决策表见表 8 - 16。

表 8 - 16　　　　　　　　　　**期望值准则决策表**

决策方案	损益值（千元）	
	好天气 $P(\theta_1) = 0.2$	坏天气 $P(\theta_2) = 0.8$
开工 A_1	50	—10
不开工 A_2	—1.0	—1.0

3. 最小方差准则

一般而言，方案指标值的方差越大则方案的风险就越大。所以，风险厌恶型的决策人有时倾向于用这一原则选择风险较小的方案。这是一种避免最大损失而不是追求最大收益的准则，具有过于保守的特点。

方差计算更为方便的表达式如下：

$$D = \sum_{i=1}^{n} x_i^2 p_i - (\bar{x})^2 \qquad (8-32)$$

对 ［例 8 - 17］ 的决策问题，采用最小方差准则决策的结果，见表 8 - 17。

表 8 - 17　　　　　　　　　　**最小方差准则决策的结果**

方　案	各 方 案 方 差
Ⅰ	$3^2 \times 0.5 + (-1)^2 \times 0.1 + 1^2 \times 0.1 + 1^2 \times 0.3 - (1.8)^2 = 1.76$
Ⅱ	$4^2 \times 0.5 + (0)^2 \times 0.1 + (-4)^2 \times 0.1 + 6^2 \times 0.3 - (3.4)^2 = 8.84$
Ⅲ	$5^2 \times 0.5 + (-2)^2 \times 0.1 + 0^2 \times 0.1 + 2^2 \times 0.3 - (2.9)^2 = 5.69$

故应选择方差最小的方案 I 。

4. 期望值方差准则

期望值方差准则是将期望值和方差通过风险厌恶系数 A 化为一个标准 Q 来决策的准则。

$$Q = \bar{x} - A\sqrt{D} \qquad (8-33)$$

其中风险厌恶系数 A 的取值范围从 0 到 1，越厌恶风险，取值越大。通过 A 取值范围的调整，可以使 Q 值适合于任何风险偏好的决策者。

对［例 8-17］的决策问题，采用期望值准则决策的结果，见表 8-18。风险厌恶系数 A 为 0.7。

表 8-18　　　　　　　　　　　期望值准则决策的结果

方案	各方案的 Q 值
I	$1.8 - 0.7 \times \sqrt{1.76} = 0.87$
II	$3.4 - 0.7 \times \sqrt{8.84} = 1.32$
III	$2.9 - 0.7 \times \sqrt{5.69} = 1.23$

故应选 Q 值最大的方案 II 。

可见，对同一个决策问题，采用不同的决策准则，决策结果是不一样的，这正是风险决策的最显著特点。

（三）决策树分析法

决策树法是将决策过程中各种可供选择的方案可能出现的自然状态及其概率和产生的结果，用一个像树枝的图形表示出来，把一个复杂的多层次的决策问题形象化，以便于决策者分析、对比和选择。

决策树法主要用于对各方案的状态、概率和收益的情况进行比选，为决策者选择最优方案提供依据。

1. 决策树的绘制方法

决策树一般由决策点、机会点、方案枝、概率枝等组成，其绘制方法如下：

（1）先画一个方框作为出发点，称为决策点。

（2）从决策点引出若干直线表示该决策点有若干可供选择的方案，在每条直线上标明方案名称，称为方案分枝。

（3）在方案分枝的末端画一圆圈，称为自然状态点或机会点。

（4）从方案点再引出若干直线表示可能发生的自然状态，并标明可能出现的概率，称为状态分枝或概率分枝。

（5）在概率分枝的末端画一个小三角形，写上各方案在每种自然状态下的收益值或损失值，称为结果点。

这样构成的图形称为决策树（见图 8-24）。它以方框、圆圈为结点，并用直

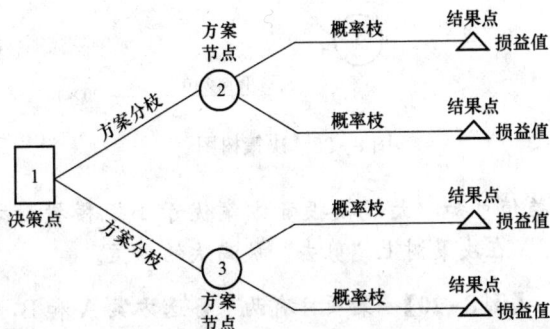

图 8-24　决策树

线把它们连接起来构成树枝状图形，把决策方案、自然状态及其概率期望损益值系统地反映在图上，供决策者抉择。

2. 决策树法的解题步骤

(1) 列出方案。通过资料的整理和分析，提出决策要解决的问题，针对具体问题列出方案，并绘制成表格。

(2) 根据方案绘制决策树。画决策树的过程，实质上是拟订各种抉择方案的过程，是对未来可能发生的各种事件进行周密思考、预测和预计的过程。决策树按从左到右的顺序绘制。

(3) 计算各方案的期望值。计算时从决策树最右端的结果点开始。

(4) 方案选择即决策。在各决策点上比较各方案的期望值，以其中最大者为最佳方案。在被舍弃的方案分枝上画二杠表示剪枝。

3. 单级决策与多级决策

决策树不仅可以解决单级决策问题，而且还可以进行多级决策分析。

(1) 单级决策。只需要进行一次决策就可以选出最优方案的决策，称为单级决策。

【例 8-19】　某投资者欲投资兴建一工厂，建设方案有两种：①大规模投资 300 万元；②小规模投资 160 万元。两个方案的生产期均为 10 年，其每年的损益值及销售状态的规律见表 8-19。试用决策树法选择最优方案。

表 8-19　　　　　　　　　　每年的损益值及销售状态的规律

销 售 状 态	概　　　率	损益值（万元）	
		大规模投资	小规模投资
销路好	0.7	100	60
销路差	0.3	−20	20

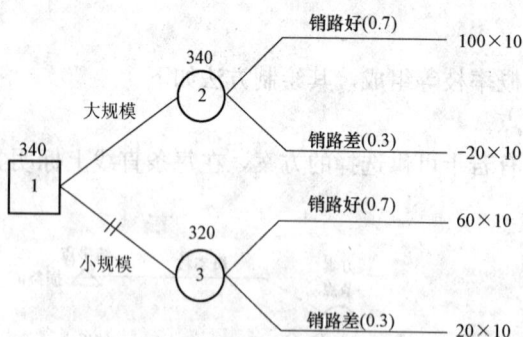

图 8-25　决策树图

解　(1) 不考虑资金时间价值，绘制决策树图，见图 8-25。

(2) 计算各状态点的期望收益值：

节点②：$[100×0.7+（−20）×0.3]×10−300=340$（万元）。

节点③：$[60×0.7+20×0.3]×10−160=320$（万元）。

将各状态点的期望收益值标在圆圈上方。

(3) 决策：比较节点②与节点③的期望收益值可知，大规模投资方案优于小规模投资方案，故应选择大规模投资方案，用符号"//"在决策树上"剪去"被淘汰的方案。

【例 8-20】　某项目有两个备选方案 A 和 B，两个方案的寿命期均为 10 年，生产的产品也完全相同，但投资额及年净收益均不相同。A 方案的投资额为 500 万元，其年净收益在产品销售好时为 150 万元，销路差时为 50 万元；B 方案的投资额为 300 万元，其年净收益在产品销路好时为 100 万元，销路差时为 10 万元。根据市场预测，在项目寿命期内，产品销路好时的可能性为 70%，销路差的可能性为 30%，试根据以上资料对方案进行比选。已知标准折现率为 10%。

解　(1) 首先画出决策树：

此题中有一个决策点，两个备用方案，每个方案又面临着两种状态，因此可以画出其决策树图，见图 8-26。

(2) 然后计算各个机会点的期望值：

机会点②的期望值为

150 $(P/A，10\%，10) \times 0.7 +$
50 $\times (P/A，10\%，10) \times 0.3$
$= 962.13$（万元）

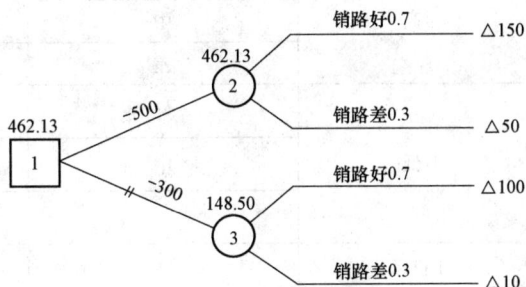

图 8-26　决策树图

机会点③的期望值为

　100 $(P/A，10\%，10) \times 0.7 + 10 (P/A，10\%，10) \times 0.3 = 448.50$（万元）

最后计算各个备选方案净现值的期望值。

方案 A 的净现值的期望值为

$$962.13 - 500 = 462.13（万元）$$

方案 B 的净现值的期望值为

$$448.50 - 300 = 148.50（万元）$$

因此，应该优先选择方案 A。

【例 8-21】　某投标单位面临 A、B 两项工程投标，因受本单位资源条件限制，只能选择其中一项工程投标，或者两项工程都不投标。根据过去类似工程投标的经验数据，A 工程投高标的中标概率为 0.3，投低标的中标概率为 0.6，编制投标文件的费用为 3 万元；B 工程投高标的中标概率为 0.4，投低标的中标概率为 0.7，编制投标文件的费用为 2 万元。各方案承包的效果、概率及损益情况见表 8-20，试运用决策树法进行投标决策。

解　(1) 绘制决策树图（见图 8-27）。

表 8-20　　　　　　　　　　各方案承包的效果、概率及损益情况

方案	效果	概率	损益值（万元）
A高	好	0.3	150
	中	0.5	100
	差	0.2	50
A低	好	0.2	110
	中	0.7	60
	差	0.1	0

续表

方　案	效　果	概　率	损益值（万元）
B高	好	0.4	110
	中	0.5	70
	差	0.1	30
B低	好	0.2	70
	中	0.5	30
	差	0.3	−10
不投标			0

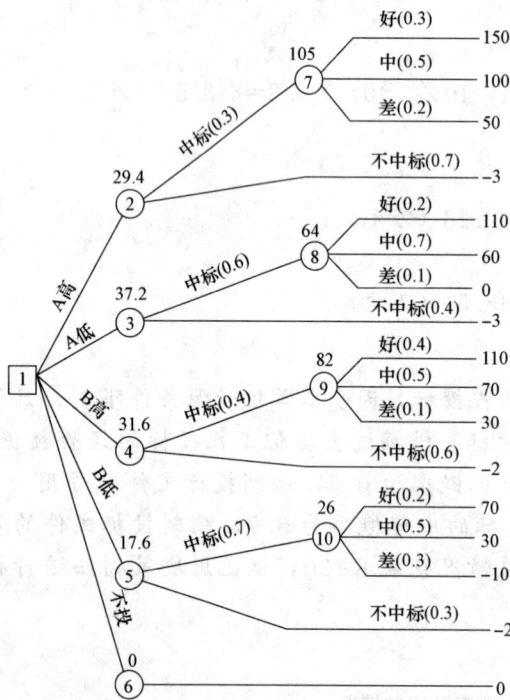

图 8-27　决策树图

（2）计算机会点的期望：

点⑦：$150×0.3+100×0.5+50×0.2=105$（万元）。

点②：$105×0.3-3×0.7=29.4$（万元）。

点⑧：$110×0.2+60×0.7+0×0.1=64$（万元）。

点③：$64×0.6-3×0.4=37.2$（万元）。

点⑨：$110×0.4+70×0.5+30×0.1=82$（万元）。

点④：$82×0.4-2×0.6=31.6$（万元）。

点⑩：$70×0.2+30×0.5-10×0.3=26$（万元）。

点⑤：$26×0.7-2×0.3=17.6$（万元）。

点⑥：0 元。

（3）选择最优方案。A 工程投低标。

（2）多级决策。一个决策问题，如果需要进行两次或两次以上的决策，才能选出最优方案，达到决策目的的，称为多级决策。

在多级决策中，决策树法就更加形象直观，参见下面例题。

【例 8-22】　某工程分两期进行施工，第一期工程完工后，由于某种原因，第二期工程要半年后才能上马，这样工地上的施工机械设备就面临着是否要搬迁的问题。如果搬迁，半年后再搬回来，共需搬迁费 8000 元；如果不搬迁，对工地上的设备必须采取保养性措施：当遇到天气好（概率为 0.6）时，可采取一般性保养措施，所需费用为 3000 元。当遇到天气差，经常下雨（概率为 0.4）时，若仍采取一般性保养措施，所需费用为 3000 元，且肯定会造成 10 万元经济损失；若采取特殊保养措施，需费用 1 万元，则有 0.8 的可能性造成 1000 元损失，0.2 的可能性造成 4000 元损失。试用决策树选择方案。

解　（1）从左至右逐步绘制决策树图（见图 8-28）。

（2）逆顺序逐步计算各个机会点"O"的损益期望值。

节点⑤：103 000 元。

节点⑥：$1000 \times 0.8 + 4000 \times 0.2 + 10\,000 = 11\,600$（元）。

比较计算结果，应选择特殊保养措施，"剪掉"一般保养措施，因此，决策点节点④的期望值为 11 600 元。

节点③：$11\,600 \times 0.4 + 3000 \times 0.6 = 6440$（元）。

节点②：8000 元。

比较计算结果，节点②的期望值大于节点③的期望值，故应选择不搬迁，"剪掉"搬迁方案。因此，最终的决策方案为不搬。若天气差，则采取特殊保养措施，该方案的损失期望值为 6440 元。

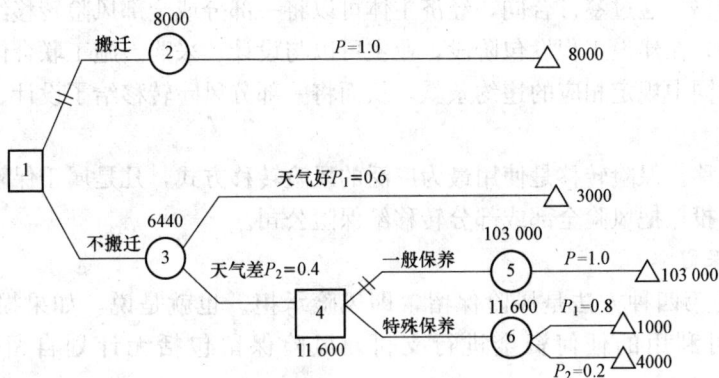

图 8-28　决策树图

风险决策可以利用前述决策树的方法将决策问题形象化，使思路更加清晰，便于决策者分析、对比和选择。

五、风险应对

根据风险评价的结果，制定相应的风险应对措施。风险应对的四种基本方法是风险回避、损失控制、风险转移和风险保留。

（一）风险回避

风险是投资主体有意识放弃风险行为，完全避免特定损失风险，在这个意义上，风险规避也可以说是投资主体将损失机会降低到 0。例如，在货物采购合同中业主可以推迟承担货物的责任，即让供货商承担货物进入业主仓库之前的所有损失风险。这样货物运输时业主可避免货物入库前的损失风险。

简单的风险回避是一种最消极的风险处理办法，因为投资者在放弃风险行为的同时，往往也放弃了潜在的目标收益。故一般只有在以下情况下才会采用这种方法：

（1）投资主体对风险极端厌恶。

（2）存在可实现同样目标的其他方案，其风险更低。

（3）投资主体无能力消除或转移风险。

（4）投资主体无能力承担该风险，或承担风险得不到足够的补偿。

（二）损失控制

当特定的风险不能避免时，可以采取行动降低与风险有关的损失，这种处理风险的方法就是损失控制。显然损失控制不是放弃风险行为，而是制订计划和采取措施降低损失的可能性或者是减少实际损失。损失控制在安全生产过程中很常用，控制的阶段包括事前、事中和事后三个阶段。事前控制的目的主要是为了降低损失的概率，事中和事后的控制主要是为了减少实际发生的损失。为了减少管理的费用，在每个阶段又应把握控制重点，如事故高发区和安全隐患集中的区域。

（三）风险转移

风险转移是指通过契约将让渡人的风险转移给受让人承担的行为。通过风险转移过程有时可大大降低经济主体的风险程度，因为风险转移可使更多的人共同承担风险，或者受让人预测和控制损失的能力比风险让渡人大得多。风险转移的主要形式是合同转移和保险转移。

（1）合同转移。通过签订合同，经济主体可以将一部分或全部风险转移给一个或多个其他参与者。例如，在建设工程发包阶段，业主可以与设计、采购、施工联合体签订交钥匙工程合同，并在合同中规定相应的违约条款，从而将一部分风险转移给了设计、采购和施工承包商。

（2）保险转移。保险转移是使用最为广泛的风险转移方式，凡是属于保险公司可保的险种，都可以通过投保把风险全部或部分转移给保险公司。

（四）风险保留

风险管理的第四种方法是风险保留，即风险承担。也就是说，如果损失发生，经济主体将以当时可利用的任何资金进行支付。风险保留包括无计划自留、有计划自我保险。

（1）无计划自留，指风险损失发生后从收入中支付，即不是在损失前做出资金安排。当经济主体没有意识到风险并认为损失不会发生时，或将意识到的与风险有关的最大可能损失显著低估时，就会采用无计划保留方式承担风险。一般来说，无资金保留应当谨慎使用，因为如果实际总损失远远大于预计损失，将引起资金周转困难。

（2）有计划自我保险，指可能的损失发生前，通过做出各种资金安排以确保损失出现后能及时获得资金以补偿损失。有计划自我保险主要是通过建立风险预留基金的方式来实现。

本章总结

人们对工程项目进行评价，都是以一些确定的数据为基础的，如项目投资、建设期、年销售收入、年经营成本等指标值，认为他们是已知的，是确定的，即使对某个指标值所做的估计或预测，也认为是可靠的。但实际上，由于存在许多不确定因素，这些指标值与其实际值之间往往存在差异，这样就对项目评价的结果产生了影响，导致投资决策失误。不确定分析就是针对上述的不确定性问题所采取的处理方法。通过本章对不确定分析和风险分析方法的学习，可以提高项目投资决策的可靠性和准确性。

盈亏平衡方法仅仅通过对项目的量、本、利之间的平衡关系进行分析计算，找出平衡点就可以了解该项目对市场需求变化的适应能力。掌握各种不确定因素的变化对项目盈亏平衡的影响，决策者从而清楚在什么环节上下功夫，才能使一笔投资得到有效的利用。通过盈亏平衡分析还有助于了解项目可接受的风险程度。

　　但盈亏平衡分析方法也有其局限性，这种局限性来源于这种方法建立的假定前提条件。因为盈亏平衡点的计算需要假定销售量等于生产量，而且在计算任一平衡点指标时，都要假定其他的因素不变且已知。这些前提约束条件都是理想化的条件，在实际中很难得到满足。因此，尽管盈亏平衡分析方法是一种很实用的不确定性分析方法，但仍只能作为对项目评价检验的辅助手段。

　　敏感分析方法是投资决策中进行方案优选和达到评审目的不可缺少的决策手段。敏感性分析在一定程度上就各种不确定因素的变动对项目经济效果的影响做了定量描述，有助于决策者更为详细地了解各方面的风险情况，帮助决策者进行正确决策。此外，敏感性分析还有助于确定在决策过程中及实施过程中需要重点研究和控制的因素。

　　但是敏感性分析方法也有其不足之处。敏感性分析只是指出了项目经济效果评价指标对各种不确定因素的敏感程度，以及项目可行所能允许的不确定因素变化的极限值，却没有考虑各种不确定因素在未来发生各种变化的概率，因此不能够表明不确定因素的变化对经济效果评价指标发生某种影响的可能性，以及在这种可能性下对经济评价指标的影响程度，因此，这种分析的结论难免带有很大的片面性。这种片面性必须借助于风险分析来弥补。

　　风险分析从某种程度上可以说是敏感性分析的继续和补充。因为它对不确定因素发生变化以及由此带来的风险的可能性大小做了更为详细的定量描述，从而使决策者能够对项目的风险水平做出比较准确的判断。但风险分析中应用到的概率分布大多是靠经验预测出来的，不可避免地带有一定的主观随意性。因此，在实际运用风险分析方法对项目进行审查和决策时，只能是做到尽量使估测接近实际。

── 关键概念 ──

不确定性分析	盈亏平衡分析	盈亏平衡点
敏感性分析	风险	决策

── 思考题 ──

1. 敏感性分析的一般步骤是什么？
2. 不确定性分析和风险分析有何区别？
3. 蒙特卡洛模拟法的实施步骤是什么？
4. 决策的步骤是什么？
5. 构成一个决策问题通常应具备哪些条件？
6. 风险决策的准则是什么？
7. 风险控制的四种基本方法是什么？

── 计算题 ──

1. 某新建项目生产一种电子产品，根据市场预测估计每件售价为 400 元，年固定成本为 150 万元，单位产品可变成本为 100 元，单位产品销售税金及附加的综合费率为 8%，试求该项目的盈亏平衡产量。

2. 某建筑工地需抽除积水以保证施工顺利进行，现有 A，B 两个方案可供选择。

A方案：新建一条动力线，需购置一台2.5kW电动机并线运转，其投资为1400元，第4年末残值为200元，电动机每小时运行成本为0.84元，每年预计的维护费用为120元，因设备完全自动化，无须专人看管。

B方案：购置一台3.86kW的（5马力）柴油机，其购置费用为550元，使用寿命为4年，设备无残值。运行每小时燃料费为0.42元，平均每小时维护费为0.15元，每小时的人工成本为0.8元。

若寿命都为4年，基准折现率为10%，试比较A、B两种方案的优劣。

3. 某企业加工一种产品需用某种设备，现有A、B两种设备可供选择。A设备：初始投资20万元，预期年运行费15万元；B设备：初始投资40万元，预期年运行费10万元。两种设备的使用年限均为8年，问基准折现率多少时选A设备有利。

4. 拟建某工程项目，有三个方案可供采纳，每种方案的产品成本见表8-21，试比较三个方案。

表8-21   每种方案的产品成本

方　　案	A	B	C
产品可变成本（元/件）	50	20	10
产品固定成本（元）	1500	4500	16 500

5. 某建筑公司拟投资15万元购买设备，正常情况下，设备使用期为10年，年收益为70 000元，年成本为43 000元，不计残值，基准收益率为8%，试就使用期、年收益、年成本三项因素对该投资方案进行敏感性分析。

6. 根据上题中确定的前两个敏感性因素进行双因素敏感性分析。

7. 某建设项目，建设投资为2000万元，寿命期为10年，经过专家预测，销售收入和经营成本都是风险因素且分别有两种可能取值，其取值及相应概率见表8-22，请对项目的风险性进行分析。基准收益率 $i_c = 10\%$，$(P/A, 10\%, 10) = 6.1446$。

表8-22   某建设项目风险因素取值及相应概率

风险因素	销售收入（万元）		经营成本（万元）	
风险因素取值	850	900	400	550
概　率	0.6	0.4	0.7	0.3

第九章　工程项目的可行性研究与后评价

━━━━●━━━ *本章提要与学习目标* ━━━●━━━━

　　可行性研究既是项目投资前的一项研究工作，又是项目经济分析系统化、实用化的方法；既是工程经济学思想的具体运用，又是项目设想细化和项目方案的创造过程。

　　本章将从可行性研究的概念与作用入手，系统学习可行性研究的工作阶段，重点介绍可行性研究的内容、步骤与编制依据。要求掌握可行性研究的概念与研究内容，以及可行性研究的目的。通过本章的学习，要求了解预测作用和步骤，熟悉定性和定量预测的基本方法及应用。

第一节　可行性研究的概述

一、可行性研究的概念和目的

（一）工程项目建设程序

工程项目的建设涉及面广、环节多，且由多部门和多行业密切协作配合的社会经济活动。为了完成工程项目的建设任务，达到预期的目标，必须有组织、有计划、按规定的程序进行。工程项目建设程序就是对工程项目建设全过程中各个环节所做工作和先后顺序的规定，即建设项目在整个过程中各项工作必须遵循的先后顺序。

1. 项目周期

项目周期是指一个投资项目从提出设想开始，通过立项、决策、开发、建设、施工等活动直至项目竣工投产为止所进行生产活动和总结评价的全过程。项目周期的过程从投资的角度可以分为三个时期，即投资前期、投资时期和生产时期。项目进展周期示意图一见图9-1。图9-1表明了项目建设全过程中各个时期开展的工作及其相互关系。

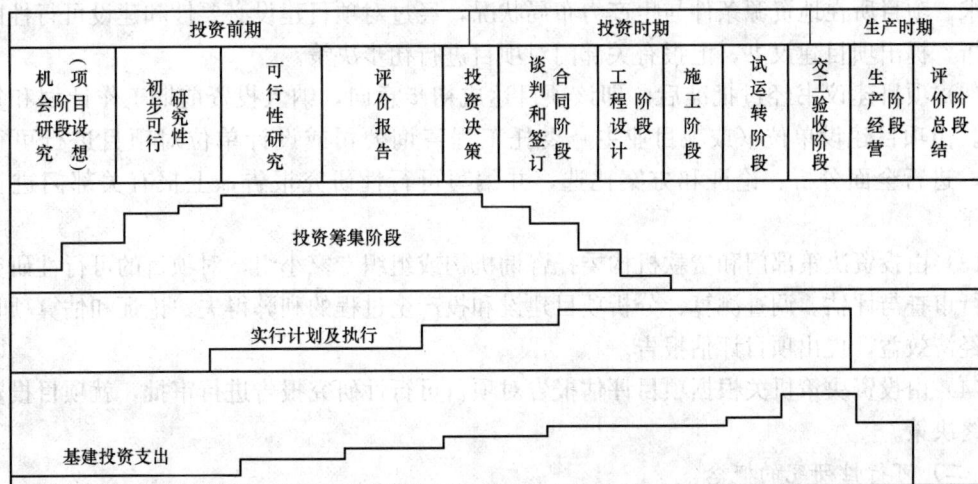

图9-1　项目进展周期示意图一

投资前期是决定工程项目经济效果的关键时期，是研究和控制的重点。因此，可行性研究是工程建设的首要环节。

一个完整的投资项目周期从项目开始规划到项目完成，一般需要经过7个工作阶段（项目进展周期示意图二见图9-2），即项目设想阶段、项目选定阶段、项目准备阶段、项目评估与决策阶段、项目实施阶段、项目投产与经营阶段和项目后评价与总结阶段。这些阶段相互联系并遵循一定的逻辑程序不断渐进，各阶段的工作都是相互衔接、相互制约的，上一阶段的工作是下一阶段工作的基础和先导，下一阶段的工作又是上一阶段工作的延续和发展，一个项目的结束也意味着一个新项目的开始。

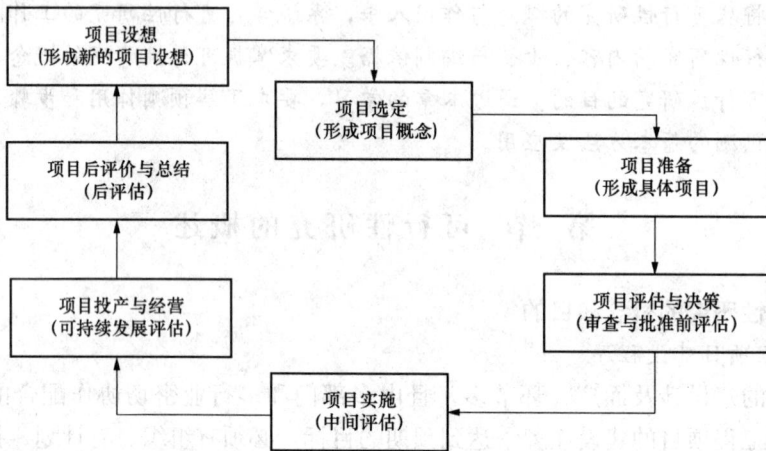

图9-2 项目进展周期示意图二

2. 项目投资决策程序

投资决策是指在可行性研究与项目评估的基础上对所投资项目的一些根本性问题进行判断和决定。我国项目投资决策程序是在总结我国项目论证评价实践经验的基础上，借鉴国外成功经验形成的，其基本程序主要包括以下4个步骤：

（1）由项目主管部门或建设单位依据国民经济和社会发展长远规划，结合行业和地区规划要求、项目所在地资源条件与生产力布局状况，经过对项目建设必要性和建设可行性的初步分析，提出项目建议书，上报有关部门对项目进行初步决策。

（2）项目建议书经过批准后，即该项目达成初步意向，纳入投资前期工作计划和贷款计划。由项目建设单位（或项目业主）委托工程咨询公司或设计单位对项目进行可行性研究，进行全面分析、论证和方案比选，并编写可行性研究报告，上报有关部门进行最终决策。

（3）由投资决策部门和贷款机构委托咨询机构或组织专家小组，对项目的可行性研究报告进行审查与评估。调查测算、分析项目建设和投产全过程的利弊得失，论证和估算项目的社会经济效益，提出项目评估报告。

（4）由投资决策机关根据项目评估报告对项目可行性研究报告进行审批，就项目投资做出最终决策。

（二）可行性研究的概念

可行性研究是在投资决策之前，对拟建项目有关的技术、经济、金融、商业、环保、法律等方面进行深入细致的调查研究，对项目各种可能的拟建方案认真地进行技术经济分析论证，研究项目在技术上的先进性、适用性，在经济上的合理有利性和建设上的可能性，对项目建成投产后的经济效益、社会效益、环境效益等进行科学的预测和评价，据此提出该项目是否应该投资建设，以及选定最佳投资建设方案等结论性意见，为项目投资决策部门提供决策的依据。

可行性研究（feasibility study），是一种运用多种学科（包括工程技术科学、社会学、经济学及系统工程学等）知识，对拟建项目的必要性、可能性以及经济、社会有利性进行全面、系统、综合的分析和论证，以便进行正确决策的研究活动，是一种综合的经济分析技术。

建设项目可行性研究根据国民经济长期发展规划、地区发展规划和行业发展规划的要求，对拟建工程项目在技术、经济上是否合理，进行全面分析、系统论证、多方案比较和综合评价，以确定某一项目是否需要建设、是否可能建设、是否值得建设，并为编制和审批设计任务书提供可靠依据的工作。

项目可行性研究的主要任务是以市场为前提，以技术为手段，以经济效果为最终目标，按照国民经济长期规划和地区规划、行业规划的要求，对拟建的投资项目，在投资前期进行投资方案规划、工程技术论证、社会与经济效果预测和组织机构分析，经过多方面的计算、分析、论证评价，对项目做出可行或不可行的评估结论，为项目决策提供可靠的依据和建议。因此，项目可行性研究是保证建设项目以最少的投资耗费取得最佳经济效果的科学手段，也是实现建设项目在技术上先进、经济上合理和建设上可行的科学方法。

建设项目可行性研究的实质是评估风险程度，进行风险同回报率的对比分析。风险评估主要包括市场前景风险预测，资源及原燃料、动力供应风险预测，技术工艺风险预测，筹资风险预测和布局安全风险预测。

（三）可行性研究的目的

（1）避免错误的项目投资决策。可行性研究的目的是对提出的投资建议、工程项目建设方案或研究课题建议的所有方面，进行尽可能详细地调查研究和做出鉴定，并对下一阶段是否终止或继续进行研究提出必要的论证。或者说它的目的是对新建或改建工程项目的主要问题，从技术、经济两个方面进行全面系统的研究、分析并对投产后的经济效果进行预测，以判断它是"行"还是"不行"。需要说明的是可行性并非最优而是可行，只有在可行性的基础上才能进一步求出最优方案。

（2）降低项目的风险性。在项目建设和运营的整个周期中，建设前期阶段是决定投资项目经济效果的关键阶段，是投资者研究和控制的重点。如果到了建设实施阶段甚至运营阶段才发现工程费用过高，或者市场对项目产品需求不足、原材料不能保证等问题，就会给投资者造成巨大损失。因此，无论是发达国家还是发展中国家，都把可行性研究作为投资项目建设的重要环节。为了消除盲目性，减少投资风险，以便在竞争中获取最大利润，投资者宁可在投资前花费一定的代价，也要进行投资项目的可行性研究，以提高投资获利的可靠程度。

（3）避免项目方案多变。建设项目方案的可靠性、稳定性是非常重要的。因为项目方案的多变无疑会造成人力、物力、财力的巨大浪费和时间的延误，这将大大影响建设项目的经济效果。

（4）保证项目不超支、不延误。做到在估算的投资额范围内和预定的建设期内使项目竣工交付使用。

（5）对项目因素的变化心中有数。对项目在建设过程中或竣工后，可能出现的某些相关因素的变化后果，做到心中有底有数，避免损失。

（6）达到投资的最佳经济效果。要使工程项目达到预期的效果，做好工程项目的前期工作是极其重要的。所谓前期工作，实际上就是调查研究分析工作，它是根据确凿的资料，对有关问题进行详尽分析（如产品是否适销对路，是否符合发展方向，建设的各种条件是否具备，技术上、工艺上是否先进、适用，投资和回收期的正确估计，利润的计算等），使许多重大技术与经济原则和基础资料都得到切实解决和落实，最后提出可行还是不可行的结论。前期工作实质上是搞工程项目建设必须进行的一项科学研究工作，这就是可行性研究。

在我国社会主义市场经济体制下，可行性研究不但应按各个工程项目进行，要考虑市场的需求，还应从整个国民经济角度出发，对工程项目规模、发展速度、投资安排、投资结构等通盘考虑，进行技术、经济效果分析和论证，以求得最优的工程项目投资方案。这就是说，不但要重视微观的可行性研究，而且要重视宏观的可行性研究。

（四）可行性研究的特点

（1）先行性。可行性研究是在工程项目建设前期所做的工作，正因为它是在项目确定之前所进行的研究、分析、论证工作，而不是在项目确定之后再来分析、论证，此时项目建设尚未实施，因此，为可行性研究提供了足够的时间，使之得以深入地、全面地进行研究、分析。

（2）不定性。可行性研究的结论包含可行和不可行两种可能，这就使可行性研究工作得以客观地进行。不论其结果为可行或不可行，都是有意义的。可行，为项目的确定提供了科学的依据；不可行，则避免了浪费和不必要的损失。

（3）预测性。可行性研究是对尚未实施的投资方案或工程项目建设所进行的研究，由于是对未来的事物做出的分析、论证，必然会有一定的误差。为此，对可行性研究结果的精确程度，要予以客观对待。同时，可行性研究必须慎重从事，尽可能地将各种因素考虑周到，以避免产生较大误差。

（4）决策性。可行性研究是为决策提供科学的依据。因此，必须严肃认真、实事求是。事实上，可行性研究过程本身就是一个决策过程。

二、工程项目可行性研究的主要作用

建设项目可行性研究的主要作用是作为项目投资决策的科学依据，防止和减少决策失误造成的浪费，提高投资效益。经批准的可行性研究报告，其具体作用如下：

（一）作为确定建设项目的依据

一项投资活动能否成功、效益如何，受到社会多方面因素的影响，包括经济的、技术的、政治法律的、管理的以及自然的因素。如何对这些因素进行科学的调查与预测、分析与计算、比较与评价，是一项非常重要而又十分复杂的系统性工作，可行性研究为这种工作提供了科学的方法和分析模式。通过对项目进行深入细致的可行性研究，有助于认识和分析这些影响因素，从而为项目决策提供科学可靠的信息，使决策者有据可依，避免主观决定；同时通过可行性研究可以分析多种合理的投资方案，投资决策者据之可以了解投资活动所涉及的各方面问题，并在此基础上进行比较和选择，降低投资风险，提高投资效益。

因此，在可行性研究报告一经审批通过，意味着该项目正式批准立项，可以进行初步设计，经批准的可行性研究报告是确定建设项目的依据。

（二）项目融资的依据

首先，各投资主体投资目的是获得经济利益，说服吸引投资者进行投资，项目可行性研究成果是最有效的根据，从项目资金的构成形态看，项目资金由两部分构成：一是资本金，二是长、短期借贷与借款。一般情况下，项目运行离不开金融贷款，而可行性研究报告详细预测了项目的财务效益和经济效益和贷款偿还能力。世界银行等国际金融组织，均把可行性研究报告作为申请项目投资贷款的先决条件。我国的银行也都把可行性研究报告作为审批建设项目投资贷款的依据。通过对贷款项目进行全面、细致的分析评估后，确认项目具有偿还贷款能力，银行不承担过大风险时，才能同意贷款。

（三）作为编制投资项目规划设计及组织实施的依据

投资项目建设是一项复杂的、综合性的、需要密切合作的系统工程，有效地协调各部分一致工作，要由可行性研究成果来统一。投资项目可行性研究的基本任务之一就是要构造多种可能的投资方案，甚至可以认为可行性研究本身就是关于拟建项目的总体性方案，其中包括项目的目标、规模、地点、融资、功能方案、技术方案等，这当然本身就是关于一个项目的总体规划和设计，自然应该作为项目进一步规划和设计的基础。同时，可行性研究报告中提出的产品方案、建设规模、厂址、工艺流程、主要设备选型和总图布置等方面可以直接作为编制规划设计的准则和依据。可行性研究报告所提出的市场调查与分析、方案比选与论证资料，都可以在规划设计的技术经济选择和论证中使用，节省相应的时间和费用。可行性研究关于投资条件和实施等方面的构思或各种因素分析，可以作为投资项目组织实施的考虑的重要依据，项目实施中遇到的一些问题完全可以查找一些可行性研究中的成果。

（四）作为拟建项目与有关协作单位签订合同或协议的依据

可行性研究报告通过之后，项目就进入了落实实施阶段，要进行多方面的谈判、签约工作，如要落实规划设计单位、实施单位和各种投资要素供应单位，可行性研究报告的许多内容和信息都可以作为直接或间接的依据，根据可行性研究报告，拟建项目可以与有关协作单位签订原材料、燃料、动力、运输通信、建筑安装、设备购置等方面的协议。

（五）作为环保部门审查项目对环境影响的依据，也作为向当地政府部门或规划部门建设执照的依据

项目在建设中和投产后对市政建设、环境及生态都有影响，因此项目的开工建设需当地市政、规划和环保部门的认可。在可行性研究报告中，对选址、总图布置、环境及生态保护方案等诸方面都做了论证，为申请和批准建设执照提供了依据。

（六）作为施工组织、工程进度安排及竣工验收的依据

可行性研究报告对以上工作都有明确的要求，因此它是检查施工进度及工程质量的依据。

（七）作为企业或其他单位生产经营组织和项目后评价的依据

在项目可行性研究中，要对项目生产经营时期的许多问题进行分析、预测和方案规划研究工作，如生产技术工艺、生产组织与人力资源、市场和销售研究、投入要素分析等，这些

都可以作为企业或其他单位生产经营组织的重要依据。

此外，在项目后评价中，投资项目可行性研究的资料和成果，大多数都要用来与运营效果进行对比分析，构成项目后评价的重要依据。在项目后评估时，以可行性研究报告为依据，将项目的预期效果与实际效果进行对比考核，从而对项目的运行进行全面的评价。

三、可行性研究的阶段划分及内容

项目可行性研究工作可分为投资机会研究阶段、初步可行性研究阶段和最终可行性研究阶段。

（一）投资机会研究阶段

该阶段的主要任务是为工程建设项目投资方向提出建议，即在一定的地区和部门内，以自然资源和市场的调查预测为基础，寻找最有利的投资机会。

在此阶段中必须研究以下内容：

（1）自然资源条件；

（2）项目在国民经济发展中与现有的地区工业布局的关系；

（3）项目的资产在国内外市场的需求量与发展前景；

（4）项目的建设在发展水平、劳力、资本、自然资源和经济条件方面与我国大致相似的国家和地区中成功或失败的经验；

（5）项目的产品替代进口产品的可能性；

（6）项目建设与国内外其他工业部门的相互影响关系；

（7）项目建设的范围和内容，以及规模和发展前景；

（8）项目生产的产品种类和综合利用的途径；

（9）投资机会的资金条件；

（10）政府对该类项目发展的有关政策法令；

（11）项目的经济和财务因素的初步研究。

机会研究又分为一般机会研究和特定项目的机会研究。前者又分为三种：地区研究，分部门研究，以资源为基础的研究。后者是要选择确定项目的投资机遇，将项目意向变为概略的投资建议。

机会研究比较粗略，主要依靠笼统的估计而不依靠详细的分析。该阶段投资估算的精确度为±30%，所需费用约占投资总额的 0.2%～1.0%。

如果机会研究证明投资项目是可行的，就可以进行下一阶段的研究。

（二）初步可行性研究阶段

初步可行性研究阶段也称"预可行性研究"或"前可行性研究"，是在机会研究的基础上进一步对项目的可行性与潜在的效益进行论证分析。其主要解决：

（1）分析机会研究的结论，在详细资料的基础上作出是否投资的决定；

（2）是否应该进行最终可行性研究；

（3）有哪些关键性问题需要做辅助研究。

在初步可行性研究阶段对以下内容进行粗略的审查：市场和生产能力，材料供应状况，建厂地区和厂址，项目设计，管理费，人力，项目进度，项目财务分析等。

初步可行性研究阶段投资估算的精确度可达±20%，所需费用占总投资额的

$0.25\%\sim1.5\%$。

所谓辅助研究是对投资项目的一个或几个重要方面进行的单独研究，是进行初步可行性研究和可行性研究的先决条件，或用以支持这两项研究。辅助研究一般有以下几种：

（1）产品市场研究；

（2）原材料和其他投入物的研究；

（3）实验室和中间试验；

（4）建厂地区研究；

（5）规模的经济性研究；

（6）设备选择的研究。

与初步可行性研究或可行性研究同时进行的辅助研究，可以确保可行性研究的结果更加稳妥可靠。

（三）最终可行性研究阶段

即通常所说的可行性研究，也称详细可行性研究。它是建设项目投资决策的基础，是在分析项目在技术上、财务上、经济上的可行性后作出投资与否的关键步骤。

这一阶段建设投资估算的精确度为$\pm10\%$，所需费用方面，小型项目占$1.0\%\sim3.0\%$，大型复杂的工程占$0.2\%\sim3.0\%$。

最终可行性研究应满足以下几项要求：

（1）作为投资决策行业编制设计任务书的依据；

（2）作为向银行和其他金融机构申请贷款的依据；

（3）作为建设部门申请建设执照和同有关部门签订合同的依据；

（4）作为项目下阶段设计的依据；

（5）作为采用新技术、新设备计划的依据；

（6）作为补充资料和政府有关部门审查的依据。

可行性研究应由建设单位或委托咨询机构完成，并经国家财务部门或银行提出审查意见。

（四）项目的评估和决策

按照国家规定，对于大中型和限额以上项目及重要的小型项目，必须经有权审批单位委托有资格的工程咨询单位进行评估论证。未经评估的建设项目，任何单位不准审批，更不准组织建设。

项目评估是由投资决策部门组织或授权于建设银行、投资银行、工程咨询公司或有关专家，代表国家对上报的建设项目可行性研究报告进行全面的审核和再评价阶段。其主要任务是对拟建项目的可行性研究报告提出评价意见。其内容包括：

（1）全面审核可行性研究报告中反映的各项情况是否属实；

（2）分析可行性报告中各项指标的计算是否正确，包括各种参数、基础数据、定额费率的选择；

（3）从企业、国家和社会等方面综合分析和判断工程项目的经济利益和社会效果；

（4）分析和判断可行性研究报告的可靠性、真实性和客观性，对项目作出最终投资决策，最后写出项目评估报告。

项目评估的目的是使所选择的项目能合理利用有限的资源和各种基础设施，兴建那些对国家和社会贡献大的项目，使有限的资源得到最有效的分配和利用。

可行性研究阶段划分及要求总结见表 9 - 1。

表 9 - 1　　　　　　　　**可行性研究阶段划分及要求总结**

工作阶段	机会研究	初步可行性研究	最终可行性研究	前评价阶段	审批阶段
工作性质	项目设想	项目初步选择	项目拟定	项目评估	项目审批
工作内容	向计划部门提出建设项目投资方向建议，解决两个方面的问题：一是社会是否需要；二是有没有可以开展项目的基本条件	对项目进行初步技术、经济分析，筛选项目方案，决定是否需要进一步作详细可行性研究或否定项目	进行深入细致的技术经济分析，多方案选优，提出结论性意见。其为投资决策的主要阶段，是建设项目投资决策的基础	综合分析各种效益，对可行性研究报告进行评估和审查，分析判断其可靠性和真实性	项目主管单位或业主根据咨询评估机构的评价结论，结合国家宏观经济条件，对项目是否建设、何时建设进行审批和决策
工作成果及作用	编制项目建议书，作为判定经济计划的基础，为初步选择投资项目提供依据	编制初步可行性报告，判定是否有必要进行下一步详细可行性研究，进一步判明建设项目的生命力	编制可行性研究报告，作为项目投资决策的基础和重要依据	提出项目评估报告，为投资决策提供最后决策依据，决定项目取舍和选择最佳投资方案	提出项目审批报告，对项目是否建设、何时建设进行审批和决策
估算精度	±30%	±20%	±10%	±10%	—

第二节　可行性研究报告的编制

一、可行性研究报告编制依据

对建设项目进行可行性研究，编制可行性研究报告的主要依据有：

（一）国民经济发展的长远规划，国家经济建设的方针、任务和技术经济政策

按照国民经济发展的长远规划、经济建设的方针和政策及地区和部门发展规划，确定项目的投资方向和规模，提出需要进行可行性研究的项目建议书。在宏观投资意向的控制下来安排微观的投资项目，并结合市场需求，有计划地统筹安排好各地区、各部门和企业的产品生产和协作配套，搞好综合平衡。

（二）项目建议书和委托单位的要求

项目建议书是做各项准备工作和进行可行性研究的重要依据，只有经国家计划部门同意，并列入建设前期工作计划后，方可开展可行性研究的各项工作。建设单位在委托可行性研究任务时，应向承担可行性研究工作的单位提出对建设项目的目标和要求，并说明有关市场、原料、资金来源以及工作范围等情况。

（三）有关的基础数据资料

进行厂址选择、工程设计、技术经济分析所需的自然、地理、气象、水文、地质、社会、经济等基础数据资料、交通运输与环境保护等资料。

（四）有关工程技术经济方面的规范、标定、定额等指标

有关工程技术经济方面的规范、标定、定额等指标以及国家正式颁布的技术法规和技术标准，都是考察项目技术方案的基本依据。

（五）国家或有关主管部门颁发的有关项目评价的基本参数和指标

这些参数和指标主要有基准收益率、社会折射率、折旧率、汇率、贸易费用率、影子工资率、重要投入物的影子价格等。它们是项目可行性研究中财务评价和国民经济评价基准依据和判别标准。这些参数可由国家统一颁布发行，也可由各主管部门根据行业特点，对有关项目的技术参数和价格调整系数，根据实际情况进行测算后，自行拟定，报国家有关部门备案。

二、可行性研究报告的编制步骤

可行性研究按以下 5 个步骤进行：

（一）筹划准备

在项目建议书被批准之后，建设单位（主管部门或企业）即可委托工程咨询公司对拟建项目进行可行性研究，双方签订合同协议，明确规定可行性研究的工作范围、目标意图、进度安排、费用支付办法及协作方式等内容；承担单位接受委托时，应获得项目建议书和有关项目背景及文件，搞清委托者的目的和要求，明确研究内容，制订工作计划，并收集有关的基础资料、基本参数、指标、规范、标准等基本依据。

（二）调查研究

主要从市场调查和资源调查两方面进行。市场调查应查明和预测产品的需求量、价格和竞争能力，以便确定产品方案和经济规模；资源调查包括原材料、能源、工艺技术、厂址、建材、劳动力、运输条件、外围基础设施、环境保护、组织管理和人员培训等自然、社会、经济的调查，为选定建设地点、生产工艺、技术方案、设备选型、组织机构和定员等提供确切的技术经济分析资料。

（三）方案选择和优化

根据项目建议书的要求，结合市场和资源调查，在收集到的资料和数据的基础上，建立几种可供选择的技术方案和建设方案，进行反复的方案论证和比较，会同委托部门明确方案选择的重大原则问题和优选标准，从若干个方案中选择合理方案，研究论证项目在技术上的可行性，进一步确定产品方案，以及生产的经济规模、工艺流程、设备选型、车间组成、组织机构、人员配置等方案。

（四）财务分析与经济评价

对经上述分析后所确定的最佳方案进行详细的财务预测、财务分析、经济效益和国民经济评价。对项目的投资、成本和销售收益进行盈利性分析、费用效益分析和不确定性分析，研究论证项目在经济上的合理性和盈利性，进一步提出资金筹措建议和项目实施总进度计划。

（五）编制可行性研究报告

经过上述分析与评价，即可编制详细的可行性研究报告，推荐一个以上的可行方案和实施计划，提出结论性意见和措施建议，供决策部门作为决策的依据。

三、可行性研究报告内容

可行性研究报告内容体现了进行可行性研究工作的内容，是主管部门进行审批的主要依

据。工业建设项目可行性研究报告一般应包括以下内容：

（一）总论

综述项目概况，包括项目的名称、主办单位、承担可行性研究的单位、项目提出的背景、投资的必要性和经济意义、投资环境、提出项目调查研究的主要依据、工作范围和要求、项目的历史发展概括、项目建议书及有关审批文件、可行性研究的主要结论概要和存在的问题与建议。

（二）市场需求预测

调查国内外市场近期需求状况，并对未来趋势进行预测，对国内现有工厂生产能力进行调查估计，进行产品销售预测、价格分析，判断产品的市场竞争能力及进入国际市场的前景，为确定项目建设规模与产品方案提供依据。

市场预测内容如下：

（1）市场现状调查。市场现状调查是进行市场预测的基础，市场现状调查主要是调查拟建项目同类产品的市场容量、价格以及市场竞争力现状等。

（2）产品供需预测。产品供需预测是利用市场调查所获得的资料，对项目产品未来市场供应和需求的数量、品种、质量、服务进行定性与定量的分析。

（3）价格预测。项目产品价格是测算项目投产后的销售收入、生产成本和经济效益的基础，也是考察项目产品竞争能力的重要方面。预测价格时应对影响价格形成和导致价格变化的各种因素进行分析，初步设定项目产品的销售价格和投入品的采购价格。

（4）竞争力分析。竞争力分析是研究拟建项目在国内外市场竞争中获胜的可能性和获胜能力。进行竞争力分析，既要研究项目自身竞争力，又要研究竞争对手的竞争力，并进行对比，以此进一步优化项目的技术经济方案，扬长避短，发挥竞争优势。

（5）市场风险分析。市场风险分析是在产品供需、价格变动趋势和竞争能力等常规分析已经达到一定深度要求的情况下，对未来国内外市场某些重大不确定因素发生的可能性，及其可能对项目造成的损失程度进行分析。市场风险分析可以定性描述，估计风险程度；也可以定量计算风险发生概率，分析对项目的影响程度。

（三）资源、原材料、燃料及公用设施情况

在市场调查和预测的基础上，对所需材料、辅助材料、燃料的种类、数量、质量及其来源和供应的情况，有毒、有害及危险品的种类、数量和储运条件，材料试验情况，所需动力（水、电、气等）公用设施的数量、供应条件、外部协作条件，以及签订协议和合同的情况等进行研究论证。

（四）建设规模与产品方案

建设规模与产品方案研究是在市场预测和资源评价的基础上，论证比选拟建项目的建设规模和产品方案（包括主要产品和辅助产品及其组合），作为确定项目技术方案、设备方案、工程方案、原材料燃料供应方案及投资估算的依据。

建设规模是指项目设定的正常生产运营年份可能达到的生产能力或者使用效益。确定建设规模，一般应研究项目的合理经济规模、市场容量对项目规模的影响、环境容量对项目规模的影响，以及资金、原材料和主要外部协作条件等对项目规模的满足程度。对于不同行业、不同类型的项目，确定建设规模时还应考虑与之相关的某些特殊因素。如铁路、公路项目还应根据拟建项目影响区内一定时期内运输量的需求预测以及该项目在综合运输系统和本运输系统中的作用来确定线路等级、线路长度和运输能力；技术改造项目则应充分研究拟建生产规模与现有生产规模的关系，拟建生产规模属于外延型还是外延内涵复合型以及利用现有场地、公用工程和辅助设施的可能性等因素。

产品方案是研究拟建项目生产的产品品种及其组合的方案。确定产品方案一般应研究市场需求、产业政策、专业化协作、资源综合利用、环境条件、原材料燃料供应、技术设备条件、生产储运条件等因素和内容。对于生产多种产品的拟建项目，还应研究其主要产品、辅助产品、副产品的种类及其生产能力的合理组合，以便为技术、设备、原材料燃料供应等方案的研究提供依据。

建设规模与产品方案的比选内容主要有：单位产品生产能力（或使用效益）投资、投资效益（即投入产出比、劳动生产率等）、多产品项目资源综合利用方案与效益等。

（五）建厂条件和厂址选择

应指出建厂地区的地理位置，与原材料产地和市场的距离；根据建设项目的生产技术要求，在指定的建设地区内，对建厂的地理位置、气象、水文、地质、地形条件、地震、洪水情况和社会经济现状进行调查研究，收集基础材料，了解交通运输、通信设施及水、电、气、热的现状和发展趋势；初步确定厂址面积、占地范围，厂区总体布置方案，建设条件、环境保护条件、法律支持条件、生活设施依托条件、施工条件、地价、拆迁及其他工程费用情况；对厂址选择进行多方案的技术经济分析和比选，提出选择意见。

厂址方案比选要进行工程条件和经济性条件两个方面的比较。工程条件比较的主要内容为占用土地种类及面积、地形地貌气候条件、地质条件、地震情况、征地拆迁及移民安置条件、社会依托条件、环境条件、交通运输条件、施工条件等。

经济性条件比较的内容分为两类：一是建设投资比较，如土地购置费、场地平整费、基础工程费、场外运输投资等；二是运营费用比较，如原材料与燃料运输费、产品运输费、动力费、排污费等。

（六）项目设计方案

在选定的建设地点内进行总图和交通运输的设计，进行多方案的比较和选择；确定的项目的构成范围，主要单项工程（车间）的组成，厂内外主体工程和公用辅助工程的方案比较和论证；项目土建工程总量的估算，土建工程方案的选择包括场地平整、主要建筑和构筑物与厂外工程的规则；采用技术和工艺方案的论证，包括技术来源、工艺路线和生产方法，主要设备选型方案和技术工艺的比较；引进技术、设备的必要性及其来源国别的选择比较；设备的国外分交与外商合作制造方案设想；以及必要的工艺流程图。

（七）环境保护与劳动安全

对项目建设地区的环境状况进行调查，分析拟建项目"三废"（废气、废水、废渣）的种类、成分和数量，并预测其对环境的影响；提出治理方案的选择和回收利用情况，对环境影响进行评价，提出劳动保护、安全生产、城市规划、防震、防洪、防空、文物保护等要求以及采取相应的措施方案。

（八）企业组织、劳动定员和人员培训

其主要包括全厂生产管理体制、机构的设置，对选择方案的论证；工程技术管理人员的素质和数量要求；劳动定员的配备方案；人员的培训计划和费用估算。

（九）项目施工计划和进度要求

根据勘察设计、设备制造、工程施工、安装、试生产所需时间与进度要求，选择项目实施方案和总进度，并用横道图和网络图来表述最佳实施方案。

（十）投资估算和资金筹措

投资估算包括项目总投资估算，主体工程及辅助、配套工程的估算，以及流动资金的估算；资金筹措应说明资金来源、筹措方式、各种资金来源所占的比例、资金成本及贷款的偿付方式。

（十一）项目的经济评价

项目的经济评价包括财务评价和国民经济评价，并通过有关指标的计算，进行项目盈利能力、偿还能力等分析，得出经济评价等结论。

（十二）社会评价

社会评价是分析拟建项目对当地社会的影响和当地社会对项目的适应性和可接受程度，从而判断项目的社会可行性。

（十三）风险分析

风险分析是在市场预测、技术方案、工程方案、融资方案、财务评价和社会评价等论证中已进行的初步风险分析的基础上，进一步识别拟建项目在建设和运营中潜在的主要风险因素，揭示风险来源，判别风险程度，提出规避风险对策，为决策提供依据。

（十四）综合评价与结论、建议

运用各项数据，从技术、经济、社会、财务等各方面综合论述项目的可行性，推荐一个或几个方案供决策参考，指出项目存在的问题以及结论性意见和改进建议。

可以看出，建设项目可行性研究报告的内容可概括为三大部分。第一是市场研究，包括产品的市场调查和预测研究，这是项目可行性研究的前提和基础，其主要任务是要解决项目的"必要性"问题；第二是技术研究，即技术方案和建设条件研究，这是项目可行性研究的技术基础，它要解决项目在技术上的"可行性"问题；第三是效益研究，即经济效益的分析和评价，这是项目可行性研究的核心部分，主要解决项目在经济上的"合理性"问题。市场研究、技术研究和效益研究共同构成项目可行性研究的三大支柱。

四、可行性研究报告的编制程序和编制要求

（一）可行性研究报告的编制程序

根据我国现行的工程建设项目建设程序和有关规定，可行性研究报告的编制程序为：

（1）建设单位提出项目建议书。各部、省、自治区、直辖市和全国性工业公司以及现有的企、事业单位，根据经济发展的长远规划，以及经济建设的方针、任务和技术经济政策，结合资源情况、建设布局等条件，在广泛调查研究、收集资料的基础上，初步分析建设条件和投资效果，提出需要进行可行性研究的项目建议书。

（2）项目筹建单位委托进行可行性研究工作。在项目建议书经过有关部门审定批准后，项目筹建单位就可委托经过资格审定的工程咨询公司（或设计单位）着手编制拟建项目的可行性研究报告。

（3）设计或咨询单位进行可行性研究工作，编制完整的可行性研究报告。设计或咨询单位与委托单位签订合同（协议书）承接可行性研究任务以后，即可按照可行性研究的步骤逐步开展工作，最终编制出详尽的可行性研究报告。

（二）可行性研究报告的编制要求

（1）编制单位必须具备承担可行性研究报告的条件。项目可行性研究报告的内容涉及面广，还有一定的深度要求。因此，编制单位必须是具备一定的技术力量、技术设备、技术手段和相当实际经验的工程咨询公司、设计院等专门单位。参加可行性研究的成员应由工程经济专家、市场分析专家、工程技术人员、机械工程师、土木工程师、企业管理人员、造价工程师、财务人员等组成。

（2）确保可行性研究报告的真实性和科学性。可行性研究工作是一项技术性、经济性、政策性很强的工作，要求编制单位必须保持独立性和公正性，在调查研究的基础上按客观实际情况实事求是地进行技术经济论证、技术方案比较和优选，切忌主观臆断、行政干预、画框框、定调子，保证可行性研究的严肃性、客观性、真实性、科学性和可靠性，确保可行性研究的质量。

（3）可行性研究的内容和深度要规范化和标准化。不同行业和不同项目的可行性研究内容和深度可以各有侧重和区别，但其基本内容要完整、文件要齐全，研究深度达到国家规定的标准，按照国家颁布的有关文件的要求进行编制，以满足投资决策的要求。

（4）可行研究报告必须经签证和审批。可行性研究报告编完之后，应由编制单位的行政、技术、经济方面的负责人签字，并对研究报告的质量负责。另外，必须上报主管部门审批。

（三）可行性研究报告的审批、核准或备案

（1）预审。咨询或设计单位编制和上报的可行性研究报告及有关文件，按项目大小应在预审前1~3个月提交预审主持单位。预审单位认为有必要时，可委托有关方面提出咨询意见，报告提出单位应向咨询单位提供必要的资料、情况和数据，并应积极配合。预审主持单位组织有关设计、科研机构、企业和有关方面的专家参加，广泛听取意见，对可行性研究报告提出预审意见。当发现可行性研究报告有原则性错误或报告的基础依据与社会环境条件有重大变化时，应对可行性研究报告进行修改和复审。可行性研究报告的修改和复审工作仍由原编制单位和预审主持单位按照规定进行。

（2）审批、核准或备案。依据2004年国务院发布的《国务院关于投资体制改革的决定》，对于政府投资项目实行审批制，对于企业不使用政府投资建设的项目，一律不再实行审批制，区别不同情况实行核准制和备案制，以贯彻"谁投资、谁决策、谁收益、谁承担风险"的基本原则，落实企业投资自主权，改变了过去不分投资主体、不分资金来源、不分项目性质，一律按投资规模大小分别由各级政府及有关部门审批的投资管理办法。政府投资建设的项目，简化和规范政府投资项目审批程序，合理划分审批权限。按照项目性质、资金来源和事权划分，合理确定中央政府与地方政府之间、国务院投资主管部门与有关部门之间的项目审批权限。对于政府投资项目，采用直接投资和资本金注入方式的，从投资决策角度只审批项目建议书和可行性研究报告，除特殊情况外不再审批开工报告。对于社会投资建设的项目，政府仅对重大项目和限制类项目从维护社会公共利益角度进行核准，其他项目无论规模大小，均改为备案制，项目的市场前景、经济效益、资金来源和产品技术方案等均由企业自主决策、自担风险，并依法办理环境保护、土地使用、资源利用、安全生产、城市规划等许可手续和减免税确认手续。对于企业使用政府补助、转贷、贴息投资建设的项目，政府只审批资金申请报告。企业投资建设实行核准制的项目，仅需向政府提交项目申请报告，不再经过批准项目建议书、可行性研究报告和开工报告的程序。政府对企业提交的项目申请报告，主要从维护经济安全、合理开发利用资源、保护生态环境、优化重大布局、保障公共利益、防止出现垄断等方面进行核准。对于外商投资项目，政府还要从市场准入、资本项目管理等方面进行核准。

第三节　市场调查方法

进行投资项目可行性研究，首先要从市场研究入手。因为一个投资项目的设想，就是市场研究的结果或源于对某一自然资源的发现和开发。因此，市场研究是可行性研究的最重要、最基础的工作。

市场研究主要是分析了解拟建项目产品的未来销路问题。而这个问题与未来市场对该项目产品的需求量与该产品占有市场的能力直接相关。因此，进行市场研究，一方面需要进行市场调查，收集有关信息资料；另一方面需要对未来市场的变化趋势进行预测。

一、市场调查概述

（一）市场调查的目标

在项目可行性研究中，市场调查的过程实际上就是寻找投资机会的过程，机会找准了，项目就有了成功的前提，因此，项目能否成功，很大程度上取决于投资者能否通过市场调查，找到并利用有效的投资机会。

市场调查是指系统地收集、记录和分析拟建项目有关的市场销售和供应方面的资料，以了解项目产品的现实和潜在市场，并得出有无市场和市场大小的结论。市场调查是市场预测的基础和前提。

在进行市场调查之前，应该首先确定市场调查的目标。市场调查的详细目标包括：市场的范围，应生产的产品数量，产品的型号、规格，各主要用户预计年消费量，产品的销售渠道，销售前景等。

（二）市场调查的内容

市场调查的内容根据项目产品的特点和复杂程度来确定，通常包括：

（1）拟建项目的产品历史消费量、生产量和最终用途调查；

（2）拟建项目的产品现有生产能力现状和发展规划调查；

（3）拟建项目的产品质量调查；

（4）替代产品调查；

（5）拟建项目的产品价格和成本调查；

（6）目前的市场情况，包括国外进口和国内出口状况；

（7）竞争对手的状况和用户反映；

（8）政治、经济、文化、人口、就业及消费水平变动等资料。

二、市场调查的作用和步骤

（一）市场调查的作用

市场调查的作用主要是提供制定决策的信息，没有市场调查，项目市场分析将难以进行，市场预测也将失去基础。可见，市场调查是多么重要性。正如美国市场营销协会对其定义中所描述的，识别和确定市场营销机会意味着界定那些仍未被竞争者所满足的市场中的需要和诉求；产生和改进营销活动意味着决定哪种计划或营销战略能最好地满足市场机会；市场调查将信息反馈给管理人员，使他们可以将实际业绩与所要求的业绩水平进行比较，同时增进对营销过程的理解，帮助人们在市场调查的执行中扩大关于市场营销的基本知识。

同样，在项目市场分析中，只有通过资料搜集和实地调查取得第一手资料，专业人员才能够开展相关分析。因此，市场调查是项目可行性研究成功与否的关键一步，这也是评价可行性研究报告的一个考察点。

（二）市场调查的步骤

市场调查的过程可划分为三个阶段：调查准备阶段、调查实施阶段和调查分析研究阶段。

（1）调查准备阶段。调查准备阶段主要解决调查的必要性和定义问题，主要工作包括确定调查目标，明确调查要求、范围和规模，组织调查力量，设计问卷以及确定抽样方案和样本容量等问题，并在此基础上，制定一个切实可行的调查方案。

（2）调查实施阶段。调查实施阶段的主要任务是组织调查人员按照调查方案的要求系统地收集信息和数据，听取被调查者各方的意见，进行实地调查。

（3）调查分析研究阶段。通过对调查信息的统计和分析，形成调查研究报告。这一环节是评价市场调查能否充分发挥作用的关键一环。这一阶段包括信息整理与分析和编写调查报告。

三、市场调查方法

在明确了市场调查的目标和内容以后，就可以着手进行市场调查了。在进行调查之前，应选择一种合适的调查方法，目前常用的调查方法有全面调查法、典型调查法和抽样调查法。

这几种调查方法各有其优点及局限性，选用时应该视调查内容和要求的不同和经济合理性而定。全面调查法的特点是内容详尽可靠，但费钱、费时；抽样调查法虽然工作量小，但精确度较低；典型调查法则介于二者之间。通常情况下，为了节省开支、精力和时间，几乎都是任选一个有代表性的样本或一组样本作为调查的对象，即采用"典型调查"或"抽样调查"的方法。

（一）典型市场调查法

典型市场调查法也称为重点市场调查方法，它是通过对选取个别有代表性的重点用户或地区的调查，以达到了解整体市场的大体发展趋势的方法。该方法优点是调查的单位少，需求情报汇总快，节省人力，适用于对大型产品和专业设备市场的调查。

（二）普遍市场调查法

普遍市场调查法是一种一次性对整体市场进行全面调查的方法。该法的准确程度较高，但调查费用昂贵，所需人力与时间也较多。这种调查往往要由全国性的机构来组织和协调，否则难以开展。但对一些使用范围有限的产品，可行性研究工作小组也能完成调查任务。比如对成套设备、专用设备的生产与供给情况的调查等。普遍市场调查经常采用邮寄问卷法、访问法、电话调查法等。

（三）抽样调查法

抽样调查法是一种科学的非全面的调查方法。该法不如普查所获信息全面，但科学的抽样调查同样具有相当参考性。而这种方法运用面广，耗用的人、财、物和时间也较为经济，因而是市场调查中普遍使用的调查方法。抽样调查法包括随机抽样法和非随机抽样法两大类。

（1）随机抽样法。随机抽样法分为简单随机抽样法、分层随机抽样法和分群随机抽样法。

1）简单随机抽样法。简单随机抽样法是对调查对象的任何一部分不做任何有目的的选择，用纯粹偶然的方法去抽取个体，进而推算总体的一种方法。

2）分层随机抽查法。分层随机抽样法是将调查的市场总体按照某些特征，划分若干个次总体，再从各个次总体中随机地抽取样本的一种方法。这种方法是为了弥补简单随机抽样的不足而发展起来的一种随机抽样法。在市场总体小、总体内部差异不大的情况下，用简单随机抽样法抽选出来的样本可以代表总体。但是当市场总体庞杂，总体内部差异较大时，简单随机抽样抽出的样本可能缺乏代表性，因此，需事先对总体进行分层，以保证样本具有代表性。

3）分群随机抽样法。分群随机抽样法是将市场区分为若干个群体，以随机抽样的方法选定群体，并对群体进行调查的方法。分层随机抽样方法同分群随机抽样方法的内容要求不同，前者要求所分层次之间有差异性，分层内部的个体具有相同性；后者则相反，要求各群体之间具有相同性，每一群体内部的个体具有差异性。

（2）非随机抽样法。非随机抽样法包括任意抽样法和判断抽样法等，即进行任意抽样或凭主观判断进行抽样选取样本的方法。

第四节　市场预测方法

预测（forecasting）是对事物的未来或目前还不明确的事物进行预先的估计和推测，探索事物未来的发展趋势的活动。预测是一门实用学科，它是从对历史及其现状的了解出发，对社会某种现象进行分析研究，从中发现其发展变化的规律，进而推断未来可能发展趋势的一种管理行为。科学的预测是正确决策的基础和前提。完成了市场调查的工作，接下来便是根据市场调查所取得的资料进行科学的分析和产品需求预测。

一、市场预测概述

预测是决策的基础。工程师进行技术经济分析时，对未来发生的费用和效益，可行性研究中对未来的市场销售的测算，以及项目方案的评价与选择所依据的数据都需要进行预测。

市场预测就是项目产品的需求预测，即在通过市场调查基本掌握市场需求规律的基础上，运用科学的方法和手段，预测在未来一段时间内社会对项目产品的需求及其变化趋势。

（一）市场预测的内容

社会对项目产品的需求有两个方面：一是质的方面，如对产品的品种、规格、型号、性能、质量、式样及价格等的需求；二是量的方面，即社会对项目产品在数量上的需求。因此，市场预测的具体内容有市场需求量预测、市场占有率预测、技术发展预测、资源预测等。

（1）市场需求量预测。市场需求预测就是通过对过去和现在产品在市场上的销售情况和影响市场需求的各种因素的分析和判断，来预测市场对项目产品的需求量有多大，以及发展变化趋势如何。

（2）市场占有率预测。市场占有率是针对某个企业（或项目）而言的，它是指企业（或项目）的某种产品销售量（或销售额）占市场上该种产品全部销售量（或销售额）的百分比。一家企业市场占有率的增加就意味着其他企业市场占有率的降低，市场占有率预测的实质就是对项目竞争能力的预测。因此，市场占有率预测主要是对竞争对手的生产经营水平进行预测，这包括国内或国外的竞争程度、消费者的反映、可能的代用品总量等。

在市场总需求不变的情况下，市场占有率的提高也就意味着销售量的增加，所以市场占有率预测应着重考虑产品本身的特征和销售能力等影响销售量的因素。

（3）技术发展预测。技术发展预测是对由于新技术、新工艺、新材料、新产品的出现对产品需求的影响做出估计。科学技术的飞速发展将会给许多相关行业带来不同程度的影响。如晶体管的出现淘汰了电子管，而集成电路尤其是大规模集成电路的出现又大大地削弱了晶体管的市场；又如计算机的普及使得打字机几乎失去了市场等。

（4）资源预测。资源的供应直接关系到产品的生产。资源预测是对原材料、能源等供应的保证程度、发展趋势及其价格的变动情况进行估计。例如，以矿产品为原料的项目，必须对未来资源是否短缺、成本是否会大幅度上升做出重点分析和预测，以免因资源矛盾使项目决策失误。

（二）市场预测的原则

在进行市场的预测时，应该遵循这样几条原则：

（1）相似性原则。当人们对预测对象的过去和现在的情况并不了解时，无法掌握其发展的规律性。但许多不同产品的需求存在着相似的演变规律，可以利用一致的、详尽的事物发展变化规律来类推预测对象的情况。预测者也可以利用预测对象在某种场合下的已知规律性推测它在不同条件下发展的规律性。

（2）相关性原则。因为与预测对象有关的各种因素之间存在着相互依存、相互制约、相互促进的因果关系，预测者需掌握预测对象的发展规律，以及影响预测对象的主要因素的发展规律，以此来推测预测对象的发展趋势。

（3）延续性原则。预测对象的市场状况经常按一定的规律发展变化，并且在一定时期内以这种规律持续发展。

（三）市场预测的程序

为了保证市场预测工作顺利进行，必须按照预定的预测程序进行，以利于各环节之间的协调，进而取得良好的预测效果。市场预测的程序大致有如下几个阶段：

（1）确定预测目标。预测应根据决策的要求确立预测的目标，具体内容包括预测的内容、范围、精确程度、预测的期限等。

（2）收集分析资料。资料是市场预测的依据。在预测前要依据预测目标系统全面地搜集各种有关资料，既要搜集现时的资料，又要搜集历史资料，并且对资料的真实可靠性进行分析，去掉与预测目标无关和虚假的资料，在对历史资料进行分析时应排除偶发事件。

（3）选择预测方法并建立预测模型。基本的预测方法有很多种，预测者需要依据预测目标的要求和条件，本着效果好、经济实用的原则选择合适的预测方法，如运用定量或定性的方法并建立预测模型。

（4）分析评价预测结果。对通过数学模型计算出的预测值做进一步分析评价，估计预测误差。由于市场因素是不断变化的而模型又不可避免地将问题简化，由定量方法计算出的预测值与未来的实际情况之间存在着误差。因此，必须在计算预测值的基础上，分析时间和空间各种因素变化的情况及其影响的程度，找到可能产生的误差，利用统计检验的准则和方法，进行模型参数估计和模型检验，从而进一步确定最终选定的模型。

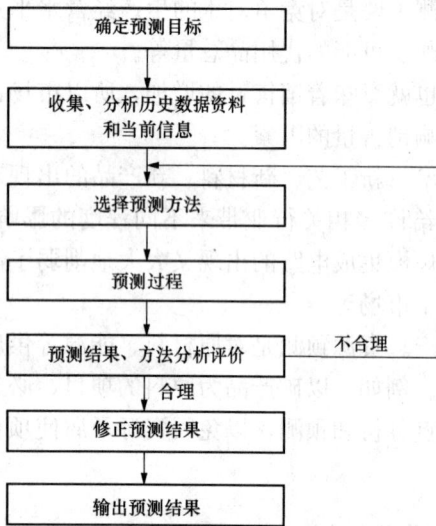

图 9-3　市场预测的程序图

（5）修正预测结果。无论是定量预测还是定性预测，常常由于数据不足或主观判断不准确，与真实情况之间存在误差，因而需要对预测结果进行修正。可以用定量的方法修正定性的结果，也可以用定性的方法对定量的结果进行修正。市场预测的程序图如图 9-3 所示。

二、市场预测的方法

市场预测的方法可分为定性的和定量两大类。

（一）定性预测法

定性预测是指利用直观材料，依靠个人经验和分析判断能力，对事物未来发展进行的预测，也称直观预测。定性的方法往往适用于预测对象受到各种因素的影响，又无法对其影响因素进行定量分析的情况，这时预测者只能凭积累的经验、少量的数据资料和主观判断等，对事物的发展趋势和未来状态进行解释、分析和判断。如建设项目的效益与费用关系中无法量化的部分只能进行定性分析。定性预测法的基本原理是运用逻辑学的方法，来推断预测对象未来发展趋势的一种方法。定性预测常用的典型方法是专家法、德尔菲法等。它的优点是简单易行，时间快，是应用历史比较悠久的一种方法，至今在各类预测方法中仍占据重要地位。它的缺点是易带片面性，精度不高。

（1）专家预测法。由专家们根据自己的经验知识，对预测对象的未来发展做出判断，然后把专家们的意见归纳整理形成预测结论。它又分为专家个人预测法和专家会议预测法两种。

专家个人预测法是由确有专长、丰富经验的专家提出个人意见，然后将各专家的意见收集起来归纳整理形成预测结论。该法能够充分发挥专家们的创造能力，不受外部影响，没有心理压力。但此法容易受到专家知识面、知识深度、占有资料以及对预测问题是否有兴趣等因素的制约，预测的结果难免带有片面性和局限性。

专家会议预测法是向专家们提供需要预测的问题和信息，请他们事先做好准备，然后在确定的时间召开会议，由专家们各自提出预测的意见，互相交换，互相启发，弥补个人知识经验的不足，并通过讨论、补充、修正以后得出的预测的结果。此法的缺点是参加会议的人数有限，代表性不够广泛；另外，在会上发表意见还受到心理因素的影响，不能够畅所欲言，容易受到权威意见和大多数人意见的影响，即使有不同的意见也不愿意在会上发表或不愿意公开修正自己已经发表的意见，导致预测结果的可靠程度有限。

（2）德尔菲法（Delphi method）。德尔菲法是集专家个人预测法和专家会议预测法两者之长，去二者之短的一种方法。其特点是用书面的方式和专家们联系，而不采用开会的形式，因此又称作函调法。它以匿名的方式通过几轮咨询，征求专家们的意见。预测小组对每一轮的意见进行归纳和分类，作为参考资料以文件形式发给每个专家，供他们分析判断，提供新的论证。如此反复三至四轮，直到得出预测结论为止。该法采用匿名的方式征询专家意见，专家们互不照面，各抒己见，博采众长，分析判断比较客观，预测结果比较准确，而且预测费用较低，广泛用于技术预测、经营预测、短期预测、长期预测、预测量变和质变过程等多种情形。

德尔菲法的预测过程包括：

1）提出预测问题，制定调查表，分发给各位专家填写。

2）把专家寄回来的调查表进行汇总、归纳和整理。

3）把整理结果第二次分发给专家再次征询意见，请各位专家重新填写调查表。

4）再把专家寄回来的调查表重新进行汇总、归纳和整理后，再分发给各位专家，请他们再一次填写调查表。如此反复多次。

5）经过多次反复征询意见，最终得出一个相当集中的预测结论。

德尔菲法虽然广泛应用于各个领域的预测，但只有合理、科学地操作，并注意扬长避短，才能够得出可靠的预测结果。

（3）主观概率法。在运用专家预测法和德尔菲法进行预测时，可采用主观概率法来综合专家的意见。主观概率和客观概率不同，客观概率是根据事物发生的实际次数而统计出来的一种概率，而主观概率是预测人员根据过去的一些经验，对某个事物实现的可能性做出主观判断的量度。主观概率法又分为两种。

1）算术平均法。当参加预测的专家水平相当，则把各位专家预测结果的重要程度同等对待，其计算公式为

$$\bar{Q} = \frac{\sum_{i=1}^{n} Q_i}{n} \tag{9-1}$$

式中　$\bar{Q}$——预测未来事件的平均值；

　　　Q_i——第 i 位专家的预测值；

　　　n——参加预测的专家人数。

2）加权平均法。当各位专家的专业水平和经验相差较大时，对各位专家的预测结果就不能平均看待，因此要对各位专家给予不同的权数。其计算公式为

$$\bar{Q} = \frac{\sum_{i=1}^{n} Q_i W_i}{n} \tag{9-2}$$

式中　W_i——第 i 位专家的权数；

　　　$\bar{Q}$——预测未来事件的平均值；

　　　Q_i——第 i 位专家的预测值；

n——参加预测的专家人数。

（二）定量预测法

定量预测是指根据历史数据和资料，应用数理统计数学工具进行分析、计算等方法预测未来，或利用事物发展的因果关系等预测未来的方法。前者又称外推法，后者又称因果法。

定量预测是建立在历史数据和统计资料的基础上的选择或建立合适的数学模型，通过分析和计算推断出未来的经济发展和市场变化情况。定量预测仅仅依据事物历史和现在的统计资料和情况，分析研究其发展变化规律并对未来做出预测。然而影响事物的因素是多方面的，很多因素的变化是无可预知的，很多因素也是难于量化的。比如国家政策的变化，人们消费偏好的改变，都无法用定量的指标来表示，因此定量预测的结果也是存在一定误差并需要修正的。

组合预测是指采用两种以上不同预测方法的预测。它既可以是几种定量方法的组合，又可以是几种定性方法的组合，但实践中更多的则是利用定性方法与定量方法的组合。

对于时间序列预测分析法，常用的方法有简单平均法、移动平均法、指数平滑法等。

（1）简单平均法。通过求一定观察期的数据平均数，以平均数为基础确定预测值的方法，称为简单平均法。它是市场预测的最简单的数学方法，它不需要复杂的运算过程，方法简单易行，是短期预测中常用的一种方法。

1）算术平均法。根据过去一定时间内各个时期的历史资料求其算术平均值作为预测数据。其计算公式为

$$\overline{X} = \frac{\sum\limits_{t=1}^{n} X_t}{n} = \frac{X_1 + X_2 + \cdots + X_n}{n} \tag{9-3}$$

式中　$\overline{X}$——预测值的算术平均值；

　　　X_t——第 t 期的数据；

　　　n——资料数或期数。

此法适用于预测对象变化不大且无明显上升或下降趋势的情形。

2）加权平均法。当一组统计资料每期数据的重要程度不同，对各期数据分别给以不同的权数，然后加以平均的方法。该法的特点是所求得的平均数，包含了事件的长期变动趋势，适用于事件的发展比较平稳，仅有个别事件偶然性波动的情况。其计算公式为

$$Y = \frac{\sum\limits_{t=1}^{n} W_t X_t}{\sum\limits_{t=1}^{n} W_t} \tag{9-4}$$

式中　Y——观测值的加权平均值；

　　　X_t——第 t 期的数据；

　　　W_t——第 t 期的权数；

　　　n——资料数或期数。

加权平均法的关键是合理地确定观测值的权数。一般的做法是，由于距离预测期越近的数据预测值的影响越大，因此近期数据给予较大的权数，距离预测期越远者则逐渐递减。当历史数据变化幅度较大时，权数之间可以采用等比级数；当历史数据变化平稳时，

权数之间可用等差级数；另外，若历史数据变化起伏波动较大，则可根据实际情况确定不同的权数。

（2）移动平均法。移动平均法是假定预测值同预测期相邻的若干观察期数据有密切关系为基础的，是把已知的统计数据按照数据点划分为若干段，再按照数据点的顺序逐点推移，逐点求其平均值得出预测值的一种方法。移动平均法的特点是对于具有趋势变化和季节性变动的统计数据，尤其是对于数值特别大或特别小的数据，经过移动平均的调整后，能够消除不规律的变化。因此，移动平均法常用于长期趋势变化和季节性变化的预测，计算公式为

$$M_{t+1} = \frac{X_t + X_{t-1} + \cdots + X_{t-n+1}}{n} \tag{9-5}$$

式中　M_{t+1}——对 $t+1$ 期的移动平均值；

　　　X_t——已知第 t 期的数据；

　　　n——每段内数据个数。

（3）指数平滑法。采用移动平均法需要一组数据，而且数据离现在越远，对未来的影响越小，因而有一定的局限性。指数平滑法是移动平均法的演变和改进，在改进中有新的发展，它只用一个平滑系数 α，一个最新的数据 X_t，以及第 t 期的预测值 F_t 就可以进行指数平滑法计算。$t+1$ 期的预测值 F_{t+1} 是第 t 期实际值 X_t 和第 t 期预测值 F_t 不同比例之和。

指数平滑法的特点如下：

1）进一步加强了观察期近期观察值对预测值的作用，对不同时间的观察值施予不同的权重，加大了近期观察值的权数，使预测值能够迅速反映市场实际的变化。

2）对于观察值所施予的权数有伸缩性，可以取不同的平滑系数 α 以改变权数的变化速率。因此，运用指数平滑法，可以通过选择不同的 α 来调节时间序列观察值的修匀程度。它既具有移动平均法的长处，又可以减少数据的存储量，故应用比较广泛。F_{t+1} 计算公式为

$$F_{t+1} = \alpha X_t + (1-\alpha)F_t \tag{9-6}$$

式中　F_{t+1}——对 $t+1$ 期的预测值；

　　　α——平滑系数，$0<\alpha<1$；

　　　F_t——对第 t 期的预测值。

平滑系数 α 实际上是一个加权系数，它决定了数据的分配比值。α 越小，F_t 所占的比重就越大，所得的预测值就越平稳；α 越大，新数据 X_t 所占的比重就越大，预测值对新趋势的反映越敏感；当 $\alpha=1$ 时，最近的数据就是下一周期预测值；当 $\alpha=0$ 时，预测值等于上一期的指数平滑值——常数。

关于初始值 F_1：当历史数据相当多（$\geqslant 50$）时，可以取 $F_1 = X_1$，因为初始值 X_1 的影响将被逐步平滑掉；当历史数据较少时，可取 $\overline{X}$ 作为 F_1。

【例 9-1】　某建筑公司连续 12 个月的预制构件实际销售额见表 9-2，试用时间序列预测分析法进行预测。

解　1. 算术平均法

由式（9-3）有

$$\overline{X} = \frac{\sum\limits_{t=1}^{n} X_t}{n} = (40+42+37+41+39+38+41+30+38+42+41+49)/12$$

$$= 39.8(千元)$$

2. 加权平均法

设 $W_t = \dfrac{1}{t}$，由式（9-4）有

$$Y = \frac{\sum\limits_{t=1}^{n} W_t X_t}{\sum\limits_{t=1}^{n} W_t} = (40 \times 1 + 42 \times 1/2 + 37 \times 1/3 + 41 \times 1/4 + 39 \times 1/5 + 38 \times 1/6$$

$$+ 41 \times 1/7 + 30 \times 1/8 + 38 \times 1/9 + 42 \times 1/10 + 41 \times 1/11$$

$$+ 49 \times 1/12) \times [1/(1 + 1/2 + 1/3 + 1/4 + 1/5 + 1/6 + 1/7$$

$$+ 1/8 + 1/9 + 1/10 + 1/11 + 1/12)] = 39.89(千元)$$

3. 移动平均法

由式（9-5）得：

设段内数据个数 $n=3$，当 $t=3$ 时，有

$$M_{t+1} = M_{3+1} = (X_1 + X_2 + X_3)/3 = 39.7(千元)$$

又设段内数据个数 $n=6$，当 $t=12$ 时，有

$$M_{t+1} = M_{12+1} = (X_{12} + X_{11} + X_{10} + X_9 + X_8 + X_7)/6 = 41.8(千元)$$

如此类推，计算结果列入表 9-2 中的第 3 和第 4 栏。移动平均法示意图如图 9-4 所示。

表 9-2　　　　　　　某建筑公司连续 12 个月的预制构件实际销售额

时间周期（t）	实际销售额（千元）	M_{t+1}, $n=3$ 预测值（千元）	M_{t+1}, $n=6$ 预测值（千元）	F_{t+1}, $\alpha=0.7$ 预测值（千元）	F_{t+1}, $\alpha=0.2$ 预测值（千元）
1	2	3	4	5	6
1 个月	40				
2 个月	42			39.9	39.8
3 个月	37			41.4	40.2
4 个月	41	39.7		38.3	39.6
5 个月	39	40.0		40.2	39.9
6 个月	38	39.0		38.7	39.7
7 个月	41	39.3	39.5	38.2	39.4
8 个月	40	39.3	39.7	40.2	39.7
9 个月	38	39.3	39.2	37.1	37.8
10 个月	42	39.3	39.3	36.5	37.8
11 个月	41	39.7	39.5	40.4	38.6
12 个月	49	40.3	39.8	40.8	39.1
13 个月		44	41.8	46.5	41.1

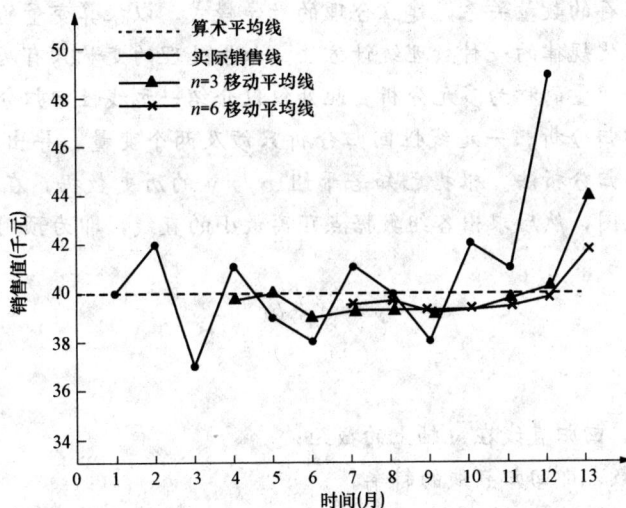

图 9-4 移动平均法示意图

4. 指数平滑法

设 $F_1=\overline{X}=39.8$，当 $\alpha=0.7$ 时，由式（9-6）有

$$F_2 = \alpha X_1 + (1-\alpha)F_1 = 0.7 \times 40 + (1-0.7) \times 39.8 = 39.9（千元）$$
$$F_3 = \alpha X_2 + (1-\alpha)F_2 = 0.7 \times 42 + (1-0.7) \times 39.9 = 41.4（千元）$$

又设 $\alpha=0.2$，则

$$F_2 = \alpha X_1 + (1-\alpha)F_1 = 0.2 \times 40 + (1-0.2) \times 39.8 = 39.8（千元）$$
$$F_3 = \alpha X_2 + (1-\alpha)F_2 = 0.2 \times 42 + (1-0.2) \times 39.8 = 40.2（千元）$$

如此类推，计算结果列入表 9-2 中的第 5 和第 6 栏。指数平滑法示意图如图 9-5 所示。

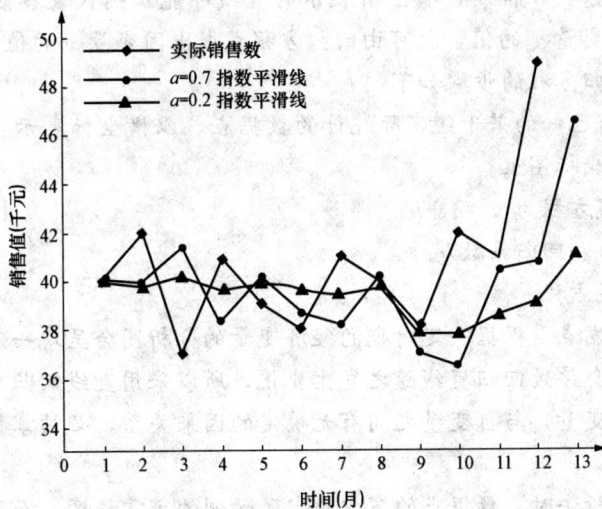

图 9-5 指数平滑法示意图

5. 回归分析法

回归分析法是一种定量的预测技术，它是根据实际统计的数据，通过数学计算，确定变

量与变量之间互相依存的数量关系，建立合理的数学模式，以推算变量的未来值。回归分析法是寻求已知数据变化规律的一种数理统计方法。如果处理的变量只有两个，称为一元线性回归分析；多于两个变量的称为多元分析。此处仅仅介绍一元线性回归分析。

（1）一元线性回归分析。一元线性回归分析只涉及两个变量，导出的数学关系式是直线，故又称为直线回归分析法。根据已知若干组 x 与 y 的历史数据，在直角坐标系上，描绘出各组数据的散点图，然后求出各组数据点距离最小的直线，即为预测值的回归直线。该直线方程为

$$y = a + bx \tag{9-7}$$

式中　y——因变量；

　　　x——自变量；

　　　a——常数项，回归直线在 y 轴上的截距；

　　　b——回归系数，即回归直线的斜率。

用最小二乘法解得回归系数 a 与 b 为

$$b = \frac{n\sum\limits_{i=1}^{n} x_i y_i - \sum\limits_{i=1}^{n} x_i \cdot \sum\limits_{i=1}^{n} y_i}{n\sum\limits_{i=1}^{n} x_i^2 - \left(\sum\limits_{i=1}^{n} x_i\right)^2} = \frac{\sum\limits_{i=1}^{n} x_i y_i - \bar{x}\sum\limits_{i=1}^{n} y_i}{\sum\limits_{i=1}^{n} x_i^2 - \bar{x}\sum\limits_{i=1}^{n} x_i} \tag{9-8}$$

$$a = \frac{\sum\limits_{i=1}^{n} y_i - b\sum\limits_{i=1}^{n} x_i}{n} = \bar{y} - b\bar{x} \tag{9-9}$$

其中，$\bar{x} = \dfrac{1}{n}\sum\limits_{i=1}^{n} x_i$，$\bar{y} = \dfrac{1}{n}\sum\limits_{i=1}^{n} y_i$。

据此求出的回归系数 b 和常数项 a 所表示的直线即能正确代表各散布点的长期变化趋势。这样给出一个自变量 x 的值，就可由回归方程式求出因变量 y 的值。

建立一元线性回归方程的步骤如下：

1）做散点图，将已知的若干组实际统计的数据点，以横坐标表示自变量、纵坐标表示因变量，标示在平面坐标图上。

2）假设回归直线方程为 $y = a + bx$。

3）确定常数项 a 和回归系数 b。

4）建立回归直线方程。

直线回归法的出发点是根据一定时期的经济变量的分析图会呈现一定的趋向。因为影响因素的增加或减少就会导致回归直线随之发生变化，所以采用直线回归分析法的关键是必须判断其预测变量（因变量）与自变量之间有无确定的因果关系，必须掌握预测对象与影响因素之间的因果关系。

采用直线回归分析法时，数据点的多少决定了预测的可靠程度，而且所需的数据点的实际数量又取决于数据本身的性质和当时的经济情况。一般说来，历史数据观察点至少要有20个。

【例 9-2】 某类房屋建安工程单方造价在 1995～2002 年间各年价格情况见表 9-3，试用回归分析方法预测 2003 年的建安工程单方造价。

表 9 - 3　　　　　某类房屋建安工程单方造价在 1995～2002 年间各年价格情况

年　份	单方造价 y_i（元/m²）	x_i	$x_i y_i$	x_i^2
1995	253	1	253	1
1996	280	2	560	4
1997	312	3	936	9
1998	360	4	1440	16
1999	410	5	2050	25
2000	456	6	2736	36
2001	509	7	3563	49
2002	564	8	4512	64
合计	3144	36	16 050	204

解　依据题意可得

$$\bar{x} = \frac{1}{n}\sum_{i=1}^{n} x_i = \frac{1}{8} \times 36 = 4.5$$

$$\bar{y} = \frac{1}{n}\sum_{i=1}^{n} y_i = \frac{1}{8} \times 3144 = 393$$

$$b = \frac{n\sum_{i=1}^{n} x_i y_i - \sum_{i=1}^{n} x_i \cdot \sum_{i=1}^{n} y_i}{n\sum_{i=1}^{n} x_i y_i - \left(\sum_{i=1}^{n} x_i\right)^2} = \frac{\sum_{i=1}^{n} x_i y_i - \bar{x}\sum_{i=1}^{n} y_i}{\sum_{i=1}^{n} x_i^2 - \bar{x}\sum_{i=1}^{n} x_i}$$

$$= \frac{16\ 050 - 4.5 \times 3144}{204 - 4.5 \times 36} = \frac{1902}{42} = 45.29$$

$$a = \bar{y} - b\bar{x} = 393 - 45.29 \times 4.5 = 189.21$$

$$y = a + bx = 189.21 + 45.29x$$

把 $x=9$ 代入上式可得

$$y = 189.21 + 45.29 \times 9 = 596.8(元/m^2)$$

因此，预测 2003 年该类房屋建安工程单方造价为 596.8 元/m²。

（2）时间序列的简化算法。用一元线性回归分析法进行预测时，当自变量 x 为时间序列时（年或月），则上述回归方程式的计算方法可以简化。

当时间序列 x_i 的数目（即统计资料的年数或月数）为奇数时，将中间的数定为 0（即作为原点），故 0 以前的时间序列数均为负值，0 以后的为正值。这样便使 $\sum_{i=1}^{n} x_i = 0$。

譬如，选取 9 个时间序列数（$n=9$，奇数），用标尺表示，时间序列见图 9-6。

因为 $\sum_{i=1}^{n} x_i = 0$，$\bar{x} = 0$，代入回归方程式（9-8）、式（9-9），则在 x_i 为时间序列时，有

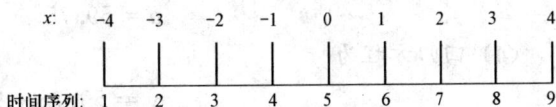

图 9-6　时间序列

$$b = \frac{\sum_{i=1}^{n} x_i y_i}{\sum_{i=1}^{n} x_i^2} \tag{9-10}$$

$$a = \bar{y} \qquad\qquad (9 - 11)$$

下面再举一例，说明如何利用一元线性回归分析进行时间序列预测。

【例 9 - 3】 某建筑公司从 1998～2004 年每年完成的工作量见表 9 - 4，试利用回归分析预测 2005 年的工作量。

表 9 - 4　　　　　　　　某建筑公司从 1998～2004 年每年完成的工作量

年份 i	1998	1999	2000	2001	2002	2003	2004
工作量（万元）	33.90	42.06	48.50	56.07	63.59	86.78	87.36

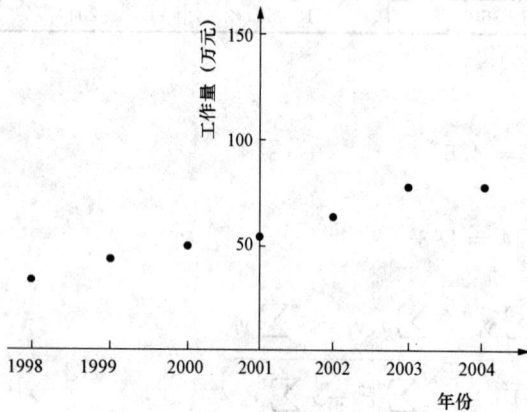

图 9-7　年工作量历史数据散点图

解　（1）画年工作量历史数据散点图（见图 9-7），从图 9-7 中可以看出数据点分布有线性趋势。

（2）假设回归直线方程为

$$y = a + bx$$

式中　y——工作量；

　　　x——年数。

（3）假定 2001 年的 x 值为 0，2002 年的 x 值为 1，2000 年的 x 值为 -1，如此类推，回归系数 a 和 b 的计算过程一览表见表 9 - 5。

表 9 - 5　　　　　　　　　回归系数 a 和 b 的计算过程一览表

年份 i	1998	1999	2000	2001	2002	2003	2004	总计
y_i	33.90	42.06	48.50	56.07	63.59	86.78	87.36	418.26
x_i	-3	-2	-1	0	1	2	3	0
$x_i y_i$	-101.70	-84.12	-48.50	0	63.59	173.56	262.08	264.91
x_i^2	9	4	1	0	1	4	9	28

$$\bar{x} = \sum_{i=1}^{n} x_i / 7 = \frac{0}{7} = 0, \bar{y} = \frac{1}{7}\sum_{i=1}^{n} y_i = \frac{418.26}{7} = 59.75$$

$$b = \frac{264.91}{28} = 9.46$$

$$a = 59.75$$

（4）回归方程为

$$y = 59.75 + 9.46x$$

（5）当 $x = 4$ 时

$$y_4 = 59.75 + 9.46 \times 4 = 97.59$$

故 2005 年工作量的预测值为 97.59 万元。

几种常用预测适用方法见表 9 - 6。

表9-6　几种常用预测适用方法

因素与条件	预测方法 定性方法			预测方法 定量方法 延伸性预测法（时间序列分析）			预测方法 定量方法 因果分析		
	专家会议法	特尔菲法	类推预测法	移动平均法	指数平滑法	趋势外推法	回归模型	消费系数法	弹性系数法
方法内容简单介绍	组织有关方面的专家，通过会议的形式进行预测，然后综合专家意见得出结论	专家会议法，对受聘专家小组进行匿名调查，多轮反馈综合，对结果整理进行统计分析处理	运用事物发展的相似性原理，对相互类似的一些新产品的出现和发展过程进行对比性分析	为消除季节性和不规律性的影响，取时间序列中连续几个数据值的平均值（算术平均或加权平均）	与移动平均法相似；考虑历史数据远近期的作用不同，给予递减的权值，要求数据量少，包括多重指数的滑动模型	运用一个数学模型，拟合一条趋势线，然后用这个模型外推未来事物的发展	运用事物发展内部因素的因果关系建立回归分析模型，包括一元回归、多元回归型线型回归等	对某种产品在各行业的消费数量进行分析，结合行业规划，预测总需求量	运用两个变量之间的弹性系数进行预测
适用的时间范围及用途	长期预测，科技预测，新产品预测	长期预测，科技预测，新产品预测	长期预测，科技预测，新产品预测	即期或短期经济预测	近期或短期经济预测	短、中期预测	短、中、长期经济与科技预测	短、中、长期经济预测	短、中、长期经济预测
需要的数据资料	将专家的意见综合，分析与处理	将专家的意见综合，分析与处理	产品或科学技术发展的多年历史资料	数据越多越好，至少3年以上	数据越多越好，至少3年以上	至少5年的数据	定量分析资料，需要几年的数据	定量分析资料，需要几年的数据	定量分析资料，需要几年的数据
精确度	尚好	较好	尚好	尚好	较好	短期好、中期较好	很好	很好	尚好
预测所用时间	短期	≥2个月	≥1个月	短期	短期	短期	取决于分析能力	取决于分析能力	短期

第五节　项 目 后 评 价

一、项目后评价概述

作为固定资产投资前期工作的重要组成部分，投资项目的可行性研究和项目评价正在我国全面推行并起到一定的作用。但是，可行性研究和项目评价是在项目建设前进行的，其判断、预测是否正确，项目的实际效果究竟如何，这都需要在项目竣工投产后根据实际数据资料进行的再评价来检验，这种再评价就是项目后评价。

（一）项目后评价的含义及特点

项目后评价是指对已建成投产并达到设计能力项目的前期准备、方案实施、项目运行等情况进行综合分析评价，衡量方案实际执行情况和计划情况的差异，分析差异成因，总结经验教训，为以后项目预测、准备、决策、管理、控制提供科学依据和可行性方案。

项目后评价是对项目投资目标实现程度的一种评价。即对项目决策前的可行性研究报告及其设计文件中规定的技术经济指标进行再评价，并通过对整个项目建设全过程的总结来实现。

项目后评价不同于项目决策前的可行性研究和项目评价（即项目前评价），其具有以下特点：

（1）现实性。项目后评价从现实出发，对项目建设、投产、运营的状况、存在的问题进行总结、分析、研究和评价。它分析研究的是项目的实际情况，所依据的数据资料是现实发生的真实数据或根据实际情况更新预测的数据，总结的是现实存在的经验教训，提出的是实际可行的对策措施。

（2）全面性。项目后评价的内容不仅包括项目的预测、筹备、决策、设计、施工等投资过程，而且包括投产、营运等过程；不仅要分析项目投资的经济效益，而且还要分析项目的社会效益、环境效益以及潜在效益；不仅要总结项目决策、建设和营运中成功的经验，更要发现问题，找出差距，分析研究成因，提出对策建议。

（3）反馈性。项目后评价的目的在于通过对现有项目的准备过程、建设过程和运营过程的回顾总结、分析研究，总结成功的典型经验和不成功甚至失败的教训，并把它们作为宝贵的财富反馈给有关部门，以提高项目决策水平和管理水平。

（4）可靠性。项目后评价是对实际运行项目准备、建设和运营情况的分析研究。它通过搜集现实发生的实际数据资料，采用科学实用的评价方法，分析研究项目的实际效益，客观反映项目实施的成功经验和失败教训，具有很高的客观性、可靠性。

（5）探索性。项目后评价是在分析工程项目现状的基础上，及时发现问题、研究问题，以探索项目未来的发展方向和发展趋势。

（二）项目后评价的目的与作用

项目后评价是指对已经完成的项目的目的、执行过程、效益、作用和影响所进行的系统、客观的分析，即根据项目的实际成果和效益，检查项目预期的目标是否达到，项目是否合理有效，项目的主要效益指标是否实现；通过分析评价，找出成败的原因，总结经验教训；并通过及时有效的信息反馈，为未来新项目的决策和提高、完善投资决策管理水平提出建议；同时也为项目实施运营中出现的问题提出改进建议，从而达到提高投资效益的目的。

根据上述基本概念可知，项目后评价的目的与作用主要有以下几个方面。

（1）总结项目管理的经验教训，提高项目管理水平。投资项目管理是一项十分复杂的活动，它涉及政府主管部门、业主、设计、施工、监理、制造、物资供应、银行等许多部门，只有这些部门密切合作，项目才能顺利进行。如何协调各部门之间的关系，各方面应采取什么样的协作形式等都尚在不断探索的过程中。项目后评价通过对已建成项目实际情况的分析研究，总结项目管理经验，指导未来项目管理活动，从而可以提高项目管理水平。

（2）提高项目决策科学化水平。项目前评价是项目投资决策的依据，但前评价中所做的预测是否准确，需要后评价来检验。通过建立完善的项目后评价制度和科学的方法体系，一方面可以增强前评价人员的责任感，促使评价人员努力做好前评价工作，提高项目预测的准确性；另一方面可以通过项目后评价的反馈信息，及时纠正项目决策中存在的问题，从而提高未来项目决策的科学化水平。

（3）为政府编制投资计划、政策提供依据。通过项目后评价能够发现宏观投资管理中的不足，从而使政府能及时地修正某些不适应经济发展的技术政策，修订某些已经过时的指标参数。同时，政府还可以根据后评价所反馈的信息，合理确定投资规模和投资流向，协调各产业、各部门之间及其内部的各种比例关系，并运用法律的、经济的、行政的手段，建立必要的法律、法规、制度和机构，促进投资项目的良性循环。

（4）对项目建成后的经营管理进行诊断，提出完善项目的建议方案。项目后评价是在项目运营阶段进行的，因而可以分析和研究项目投产初期和达产时期的实际情况，比较实际情况与预测情况的偏离程度，探索产生偏差的原因，提出切实可行的措施，从而促使项目运营状态正常化，充分发挥项目的经济效益和社会效益。

（三）项目后评价的种类

一般而言，从项目开工之后，即项目投资开始发生以后，由监督部门所进行的各种评价，都属于项目后评价的范畴，这种评价可以延伸至项目的寿命期末。因此，根据评价时点，项目后评价可细分为跟踪评价、完成评价、影响评价。

（1）跟踪评价。跟踪评价也称中间评价或实施过程评价，它是指在项目开工以后到项目竣工以前任何一个时点所进行的评价。这种由独立机构进行的评价的主要目的是检查评价项目实施状况（包括进度、质量、费用等）；评价项目在建设过程中的重大变更（如项目的产品市场发生变化、概算调整、重大方案变化等）及其对项目效益的作用和影响；判断项目发生的重大困难和问题，寻求对策和出路等。

（2）完成评价。完成评价又称总结评价或终期评价，它是指在项目投资结束，各项工程建设竣工，项目的生产效果已初步显现时进行的一次较为全面的评价。完成评价是对项目建设全过程的总结和对项目效益实现程度的评判，其内容主要包括项目选定的准确性及其经验、教训的分析，项目目标的制定是否适当，项目采用的技术是否适用，项目组织机构和管理是否有效，项目市场分析是否充分、全面，项目财务和经济分析是否符合实际，项目产生的社会影响，预期目标的实现情况，预期目标的有效程度等。

（3）影响评价。影响评价又称事后评价，它是指在项目效益得到充分正常发挥后（一般投资完成5～10年后）直到项目报废为止的整个运营阶段中任何一个时点，对项目所产生影响进行的评价。影响评价侧重于对项目长期目标的评价，通过调查项目的实际运营状况，衡量项目的实际投资效益，评价项目的发展趋势和对社会、经济及环境的影响；发现项目运营过程中在经营和管理方面的问题，提出改进措施，充分发挥项目的潜力。

二、项目后评价的内容和程序

(一) 项目后评价的内容

项目后评价的基本内容包括项目前期工作后评价、项目建设后评价、项目运营后评价、项目效益后评价、项目持续性后评价、项目影响后评价和项目目标后评价等。

1. 项目前期工作的后评价

建设项目前期工作是指从项目的酝酿到开工建设以前进行的各项工作，它是项目建设中的一个重要组成部分，是项目寿命的起点，决定了后续工作是否开展，如何开展及建设地点、建设规模、建设周期等一系列重大问题。因此项目前期工作后评价是项目后评价的重要组成部分。项目前期工作的后评价主要包括以下几个方面：

(1) 项目决策后评价。主要评价内容包括：可行性研究报告编制人资格，可行性研究工作的委托，可行性研究编制的依据、内容、深度、精度；项目建议书、选址意见书及批复；建设程序；决策程序、方式、方法等。

(2) 项目筹备工作评价。主要评价内容包括：筹建机构、人员、工作程序、制度等情况；资金筹集渠道、方式、资金结构、资金成本等；征地拆迁工作；勘测设计单位资格，委托方式及委托合同；勘察设计依据、标准、规范，勘察资料和设计方案等；项目所需的物资采购方式、采购成本、数量质量保证等；委托施工单位资质，委托方式，工程合同目标等；项目配套工作等。

(3) 项目选址评价。厂址的工程地质、水文地质、自然和人文环境情况；用地情况；区域经济、产业经济布局情况；原材料供应市场、产品销售市场；水电气路等外部条件等。

2. 项目建设后评价

项目建设阶段是指项目从开工到竣工的整个过程。在这个较长过程中，投资集中发生和使用，因而使项目潜伏着较大的投资风险，同时这个阶段的工作好坏又直接影响未来项目运行的安全性、可靠性、稳定性及运行效益，所以项目建设后评价是项目后评价中十分重要的一个环节。建设阶段后评价主要包括以下方面：

(1) 施工项目管理后评价。评价内容主要包括：项目管理班子、工作职责、程序、制度等情况；开工证照办理，施工场地平整与清理，施工人员招募与培训，施工机械完好情况、工程材料、工程设备采购等施工准备情况；施工组织设计与进度计划编制及执行；延期开工、中止施工等工期控制情况；质量保证体系、质量责任制的建立及实施，返工、重建、修理等质量控制情况；节能降耗、劳动安全与卫生保护等投资控制情况。

(2) 工程项目监理后评价。评价的主要内容有：监理人资质，委托方式及委托合同；监理人分工准备审查，开工令签发，施工组织设计及进度计划审查、监督执行，停工复工等工期控制；监理人质量保证体系的审查及监督执行，材料检验，中间与隐蔽工程验收，竣工验收、试车等质量控制；工程量审核，经济索赔审核，支付凭证签发等投资控制；合同目标实现情况等。

3. 项目营运后评价

项目营运阶段是指项目从投产到项目后评价时的整个过程。项目营运阶段既是对规划方案的实际验证过程，又是回收投资、获取回报、实现投资目标的过程。

运营后评价包括以下几个方面：

（1）生产准备工作后评价。主要内容有：机构设置、岗位责任、定员定岗、人员培训考核；经营决策机制、激励机制、约束机制等管理制度建设；生产营运所需流动资金筹集及使用情况；原材料、零部件等采购，外协条件的组织落实等。

（2）项目运营后评价。评价的主要内容包括：管理素质与经营管理理念，经营管理策略及实施，管理艺术及效果等经营管理水平情况，技术的适用性，人员技术结构，机械设备技术含量，技术操作规程，技术引进、消化吸收和开发能力等技术素质；产品方案的加工制作适用性、市场适用性，产品质量稳定可靠性，销售渠道与方式等；产品制造和销售情况等。

（3）项目运营效益后评价。主要用经济效益指标评价项目实际的财务状况、国民经济状况和社会效益状况。

4. 项目综合后评价

项目综合后评价就是综合上述评定项目立项时所预定目标的实现程度，并在此基础上预测项目实施对区域和国民经济、生态环境、社会发展进步等的影响。它是项目后评价的主要任务之一。项目综合后评价的内容有以下几个方面：

（1）目标后评价。就是要对照计划目标，考查项目计划目标完成情况，评价项目目标的实现程度。如果项目的计划目标未能有效实现，就要进一步分析未能实现的原因，并提出补救措施。目标评价的另一项任务是对项目原定目标的正确性、合理性及科学性进行分析评价；若经实际验证，有些项目目标制定不正确、不合理或不科学，不符合实际情况，不能真实反映项目实施过程中的情况，则通过项目后评价要给予重新确定，为今后项目管理服务。

（2）项目可持续性后评价。它是指项目后评价之后，项目的既定目标是否可以继续，即项目是否可以顺利地持续实施；项目的后续发展能否实现良性循环，能否越来越好：项目是否具有重复性，即项目是否在未来以同样的方式建设同类工程。项目可持续性后评价要从政策因素、组织管理因素、技术因素、财务因素、市场因素、社会文化因素、环境和生态因素、资源因素以及其他外部因素等方面来分析。

（3）项目影响后评价。它主要包括以下内容：项目对区域经济、国民经济的影响，包括资源配置、产业结构的调整、能源开发和综合利用、技术进步、生产力布局结构等经济影响评价；项目实施后对大气、水、土地、生态等环境影响评价；项目对社会、文化、教育、卫生的影响；对就业、扶贫、分配的影响；对居民生活条件和生活质量的影响；对妇女、民族团结、风俗习惯和宗教信仰等影响的综合影响评价。

（二）项目后评价的方法

从方法论的意义上说，项目后评价的基本方法是比较分析法（也叫对比分析法），就是将项目实施后的实际效果与决策时的计划目标相比较，找出差异，查明原因，提出切实可行的改进办法。在项目后评价中基于不同的需要有不同的方法。

（1）信息资料收集的方法。项目后评价需要收集大量的项目准备、决策、建设和实施信息，常用的方法有专题调查法、抽样调查法、实地调查法、专家调查法等。

（2）评价项目决策、建设和实施过程的方法。项目的存续过程受许多因素的制约和影响，考察过程的不确定因素对项目成败的影响常用过程评价法。即通过对项目意向、建议书、可行性研究、决策、施工、试车到生产全过程的计划情况和实际情况的对比研究，寻找影响项目的所有不确定因素，分析其对项目的影响程度，确定关键因素，提出防范对策。

（3）效益后评价的方法。效益后评价法主要采用效益指标对比法。即通过相关效益指标的计划情况和实际情况的对比，衡量项目预计效益指标的实现程度，考察实际效益和计划效益的偏差，为进一步对存在的问题进行分析，提出改进措施和建议。

（4）评价影响因素的方法。对项目实施效果的影响因素有许多，评价每一因素影响程度的方法常为因素分析法。通过因素分析法，定量描述每一相关因素对项目的影响程度，以揭示主要矛盾。

（三）项目后评价的一般程序

每个项目的投资主体、投资规模、建设内容等都不同，其后评价的程序也有所差异，这里介绍项目后评价的一般程序。

（1）提出问题。明确项目后评价的具体对象、评价目的和任务以及具体要求。项目后评价的提出单位可以是国家规划部门、银行部门、各主管部门，也可以是企业（项目）本身。

（2）筹划准备。筹划准备阶段的主要任务是组建评价工作小组，并按照委托单位的要求制订项目后评价计划。项目后评价计划的内容包括评价人员的配备、建立组织机构、费用预算、时间进度、后评价的内容范围与深度、选择后评价所采用的方法等。

（3）收集与整理资料。根据制定的规划，后评价人员应该制定详细的调查提纲，确定调查的对象和调查所采用的方法，并开展实际调查工作，收集后评价所需要的各种资料和数据。这些资料和数据主要包括项目建设有关资料、国家经济政策有关资料、项目运营情况的有关资料、项目实施情况的有关资料、同行业有关资料以及与后评价有关的技术及其他资料。

（4）分析研究。在充分占有资料的基础上，项目后评价人员应针对评价对象、评价内容，按照后评价的任务和要求，对实际资料和数据的完整性及准确性进行审核，运用各类定性、定量方法进行比较分析，合理评价项目实际成果，总结经验教训，对发现的问题提出进一步的改进措施。

（5）编制评价报告。项目后评价报告是项目后评价工作的最后成果。项目后评价人员应当根据国家有关部门制定的后评价报告格式，将得到的结果汇总整理，编制出项目后评价报告，并提交委托单位与被评估单位；项目后评价报告要全面、系统地反映后评价目标。

三、项目后评价报告

项目后评价报告是项目后评价的最后一项工作，是项目后评价工作的总结和后评价成果的表现形式。

（一）总论

主要包括项目后评价的目的、项目后评价的组织管理、后评价报告的编制单位、后评价报告的编制依据、后评价工作的起止时间、项目的基本情况、后评价资料的来源、后评价的方法、项目可行性研究报告的编写单位以及项目实施的总体概况等。

（二）项目前期工作后评价

主要包括项目筹备工作评价、项目决策工作评价、项目征地拆迁工作评价、项目委托设计和施工工作评价、项目配套工作以及项目物资和资金的落实工作评价等。

（三）项目建设后评价

主要包括项目开工准备工作评价、施工管理工作评价、项目设计变更评价、项目建设工期评价、项目建设工程质量评价、项目建设成本评价、项目竣工验收工作评价等。

（四）项目营运后评价

主要包括项目达产情况评价、项目产品质量评价、项目生产经营管理水平评价、项目投产后达到的技术水平评价、人员素质评价、项目产品市场情况评价等。

（五）项目经济后评价

主要包括项目财务后评价和项目国民经济后评价。

（六）综合结论和建议

综合结论和建议主要包括以下几个方面：总结项目决策、准备、实施和营运各阶段的主要成果和不足；预测项目未来发展前景；总结经验和教训；提出改进和完善措施；提出项目提高经济效益的途径和可持续发展的战略。

●———— 本章总结 ————●

1. 可行性研究对项目决策至关重要，必须重视可行性研究工作。

2. 可行性研究内容必须全面，结论必须合理，否则将给决策者造成重大损失。

3. 市场研究是可行性研究的基础，市场研究包含市场调查和市场预测。

4. 必须正确选择市场调查方法和市场预测方法，才能获得准确合理的资料和数据。

5. 项目后评价是对项目投资目标实现程度的一种评价。比较实际情况与预测情况的偏离程度，探索产生偏差的原因，提出切实可行的措施，从而促使项目运营状态正常化，充分发挥项目的经济效益和社会效益，故必须重视项目后评价工作。

●———— 关键概念 ————●

可行性研究　　　　市场调查　　　　市场预测　　　　项目后评价

●———— 思考题 ————●

1. 什么是可行性研究？其作用是什么？共分成几个阶段？各阶段工作的主要内容是什么？其投资估算精确度有何要求？

2. 可行性研究的目的是什么？

3. 可行性研究报告的编制步骤是什么？各步骤解决的主要问题是什么？

4. 可行性研究的依据是什么？

5. 可行性研究报告包含哪些内容？

6. 市场调查的方法有哪些？

7. 市场预测方法有哪些？

8. 什么是项目后评价？项目后评价具有什么作用？

9. 项目后评价报告的主要内容是什么？

第十章 价值工程及其应用

本章提要与学习目标

工程经济分析的目的是在有限的资源约束条件下对所采用的技术进行选择，对活动本身进行有效的计划、组织、协调和控制，以最大限度地提高工程经济活动的效益，降低损失或消除负面影响，最终提高工程经济活动的经济效果。提高工程经济活动的经济效果既是工程经济活动的出发点也是归宿点。一般来说，提高经济效果主要有两种途径：一是用最低的寿命周期成本实现产品、作业、服务或系统的必要功能。二是在费用一定的前提下，不断改善产品、作业、服务或系统的质量，提高其功能。

价值工程是一种技术与经济相结合的工程经济分析方法，既是一种管理技术，又是一种思想方法。第二次世界大战之后，价值工程与质量管理、系统工程、工业工程、行为科学、网络计划技术（PERT）一起被誉为当时最先进、最有价值的六大管理技术。

通过本章的学习，掌握价值工程的基本概念、工作程序、对象的选择与信息资料的收集、功能的系统分析、功能评价，以及价值工程在工程经济中的应用。

第一节 价值工程概述

一、价值工程的产生与发展

价值工程是于 20 世纪 40 年代起源于美国的一种科学管理技术，与价值管理有着共同的核心思想，是一种有效降低成本、提高价值的工程经济分析方法，已广泛应用于产品设计与创新过程中。

价值工程的创始人是美国人麦尔斯（L. D. Miles），他是二战时期美国通用电气公司采购部门的工程师。在一次采购石棉板的过程中，由于材料供应奇缺、价格剧涨，采购遇到困难，麦尔斯在寻找替代材料时，将产品的功能与成本联系起来，分析了采购石棉板的功能和目的，原来，根据美国消防法的规定，工人在车间内给产品加涂料时，作业地板上必须铺一层石棉板，以防火灾。经过调查，他在市场上找到了一种不燃烧的纸进行替代，不仅采购容易，而且价格便宜。但根据当时消防法的规定是不允许使用其他材料替代的，经过一番交涉，美国的消防法修改通过了这一替代材料，这就是有名的"石棉板事件"。从材料替代问题开始，麦尔斯逐渐总结出一套能够确保功能、完成任务而又使成本下降的科学方法，并于1947 年在美国的《机械师》杂志上发表了《价值分析的方法》，之后经过不断的实践与总结，形成了比较系统的价值工程原理和方法。1961 年，麦尔斯在他的《价值分析与价值工程》著作中，把价值工程定义为"一种有组织的创造性方法，该方法的目的为有效地识别出不必要的（无助于质量、用途、寿命、外观或用户特殊要求等的）成本"。

美国通用电气公司在开发价值工程技术上投入了 80 多万美元，而在应用价值工程的前十几年中就节约了两亿美元。由于推行价值分析经济效果显著，引起了美国各部门的注意，1954 年美国海军舰船局开始采用价值分析，1955 年空军在物资器材供应和制造技术方面采用价值分析，1956 年价值分析扩大到民间的造船业。据统计，1964～1972 年，美国国防部由于推行价值工程所节约的金额在 10 亿美元以上。日本于 1955 年引进价值工程，开始在重型电机、汽车等行业中推行；1960 年，价值工程的应用已扩展到钢铁、设备制造等产业部门；1968 年，在建筑业、造船、车辆和机械等行业中得到广泛应用。日本还将价值工程与质量管理（quality control，QC）、工业工程（industrial engineering，IE）结合起来应用，从产品设计、工艺改进、材料替代、取消不必要成本等方面都取得了很大的收获。

价值工程于 1978 年引入我国，最早应用于机械制造业，随后被广泛应用于纺织、煤炭、农业、金融、航天、军工等行业。得益于改革开放初期企业和政府工业主管部门的高度重视，政府通过下达文件、召开经验交流会、组织培训等方式有力推动了价值工程在全国的开展。1985 年，《价值工程》杂志公开出版发行；1987 年，颁布了管理标准中的第一部国家标准——《价值工程基本术语和一般工作程序》。从 20 世纪 90 年代中期开始到 20 世纪 90 年代末，伴随着国内经济体制改革和政府职能的转变，价值工程的应用作为企业活动，不再受到政府（官方）和价值工程组织（半官方）的直接干预，价值工程活动出现了低迷与继续深入并存的局面。1998 年 12 月全国首届价值工程代表会议的召开，以及中国价值工程协会筹备委员会的成立，标志着价值工程活动在国内进入了逐步回升阶段。2005 年 10 月，中国技术经济委员会价值工程分会成立，并使用 China Society of Value Engineering（CSVE）作为对外的统一称谓，标志着价值工程在我国进入了新的发展阶段。

价值工程在工程建设领域也得到了较广泛的应用，并取得了良好的经济效益。例如，美国在对俄亥俄拦河大坝的设计中，从功能和成本两个角度进行综合分析，最后提出了改进的设计方案，把溢水道阀门的数量从 17 扇减为 12 扇，同时改进了阀门施工用的沉箱结构，在不影响功能和可靠性的情况下，筑坝费用节约了 1930 万美元，而聘用咨询单位进行价值分析仅花费 1.29 万美元，取得了投入 1 美元收入 1500 美元的效益。再如，上海华东电子设计院承担宝钢自备电厂储灰场长江边围堰设计任务，原设计为土石堤坝，造价在 1500 万元以上，设计者通过对钢渣进行物理性能和化学成分分析实验，在取得可靠数据以后，经反复计算和实验坝实验，提出了技术上可行的、经济上合理的钢渣代替抛石的新方案，经采用后，工期提前一个月建成了国内首座钢渣黏土加芯坝，建成的大坝稳定而坚固，经受住了强台风和长江特高潮位同时的袭击，该方案比原设计方案节省投资 700 多万元。

价值工程未来发展的核心基础，是在全面理解价值概念及其相关研究成果的基础上，特别强调对价值创造的认识。价值概念和价值理论已经成为当前管理学领域关注的热点。

二、价值工程原理

（一）价值工程的概念

价值工程（value engineering，VE），也称为价值分析（value analysis，VA），是一种通过集体智慧和有组织的活动，以功能分析为核心，以提高价值为目的，力求以最低的寿命周期成本可靠地实现所研究对象的必要功能的思想方法和管理技术。

价值工程的研究对象，是指凡为获取功能而发生费用的事物，如产品、服务、工艺、工程、作业或它们的组成部分。对价值工程含义的理解重点要把握 4 点：最低的寿命周期费用（产品在寿命周期内需要的所有费用），可靠地实现必要的功能，着重于功能分析（是价值工程的核心），是有组织的活动。

（二）价值工程的基本要素

价值工程涉及三个基本要素，即价值、功能和成本，三者之间的关系为

$$V = F/C \tag{10-1}$$

式中　V——价值；

　　　F——功能；

　　　C——成本或费用，指寿命周期成本。

1. 价值

由式（10-1）可知，价值工程中的价值是指研究对象所具有的功能与获得该功能和使用该功能的全部费用之比。它不同于经济学中的交换价值和使用价值。在经济学中，凝结在产品中的社会必要劳动越多，产品在市场上越是供不应求，其交换价值就越大；使用价值是对象能够满足人们某种需要的程度，即功能或效用，功能或效用越大，使用价值就越大。价值工程中的价值是一种比较价值或相对价值的概念，研究对象的效用或功能越大，成本越低，价值就越大。

2. 功能

价值工程中的功能是指研究对象能够满足某种需求的一种属性，可解释为用途、效能、作用等。例如，住宅的功能是提供居住空间，建筑物基础的功能是承受和传递荷载等。以产品来说，人们在市场上购买商品的目的是购买它的功能，而非产品本身的结构。例如，人们买彩电，是因为彩电有"收看彩色电视节目"的功能，而不是单纯为了买它的集成元件、显像管等元器件。企业生产的目的，是通过生产获得用户所期望的功能，而结构、材质等是实现这些功能的手段。目的是主要的，手段可以广泛地选择。价值工程分析研究对象，首先是分析其功能，而不是分析其结构。应在分析功能的基础上，再去研究结构、材质等问题。

一种产品往往有几种不同的功能，为了便于进行功能分析，需要对功能进行分类，但不论怎样分类，功能分析的目的在于确保必要功能，消除不必要的功能。

（1）按功能的重要程度分为基本功能和辅助功能。基本功能是指实现该事物的用途必不可少的功能，是决定对象性质和存在的基本要素。基本功能改变了，产品的用途也将随之改变。辅助功能是为了更有效地实现基本功能而附加的功能。一般来说，基本功能是必要的功能，辅助功能有些是必要的功能，有些可能是多余的功能。例如，带有复印功能的传真机，基本功能是收发数据电文，复印是辅助功能。

（2）按功能的性质分为使用功能和品味功能。使用功能是指对象所具有的与技术经济用途直接有关的功能；品味功能是指与使用者的精神感觉、主观意识有关的功能，如美学功能、贵重功能、外观功能、欣赏功能等。产品的使用功能和品味功能往往兼而有之，但根据用途和消费者的需求不同而有所侧重。工艺美术品、装饰品等主要是品味功能；有些产品只注重使用功能，如地下电缆、地下管道、设备基础等；而有的产品二者兼而有之。

（3）按用户的需求分为必要功能和不必要功能。必要功能是指用户要求的功能，以及与实现用户所需求功能有关的功能。使用功能、美观功能、基本功能等均为必要功能。必要功能包括基本功能和辅助功能，但辅助功能不一定都是必要功能。不必要功能是指用户可有可无的功能，包括过剩的、多余的、重复的功能。例如，对于没有复印机的用户来说，带复印

功能的传真机的复印功能是必要功能，但对已有复印机的用户来说就是不必要的功能。

（4）按功能的量化标准分为过剩功能与不足功能。过剩功能是指某些功能虽属必要，但满足需要有余，在数量上超过了用户需求或标准功能水平。不足功能是相对于过剩功能而言的，表现为产品整体功能或零部件功能水平在数量上低于标准功能水平，不能完全满足用户需求。过剩功能和不足功能具有相对性，同样的一件产品，对于不同的用户，可能功能不足，也可能功能过剩。通常生产厂家需要对市场进行细分，针对目标消费群体进行定位、研发、生产和供应，满足不同消费群体的功能需求，从而达到占领目标市场的目的。

一种产品往往会有几种不同的功能，区分上述功能可便于在功能分析中，确保必要功能，消除不必要的功能。

3. 成本

对于成本的理解，需要把握以下两个方面：

（1）产品的成本是寿命周期成本，由生产成本和使用成本组成。从对象被研究开发、设计制造、用户使用直到报废为止的整个时期，称为对象的寿命周期。对象的寿命周期一般分为自然寿命和经济寿命。价值工程一般以经济寿命来计算和确定对象的寿命周期。

寿命周期成本是指从对象被研究开发、设计制造、销售使用直到停止使用的经济寿命期间所发生的各项费用之和。寿命周期与寿命周期成本的关系图如图 10-1 所示，对象的寿命周期成本包括生产成本和使用成本两部分。生产成本是对象在研究开发、设计制造、运输施工、安装调试过程中发生的成本；

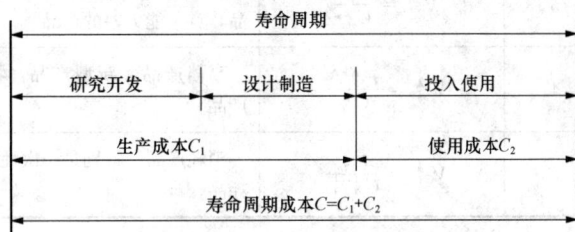

图 10-1 寿命周期与寿命周期成本的关系图

使用成本是用户在使用过程中所发生的费用总和，包括产品的维护、保养、管理、能耗等方面的费用。

产品的寿命周期成本与产品的功能有关。寿命周期成本与功能的关系如图 10-2 所示，横坐标表示功能由 F' 到 F'' 的变化过程，纵坐标表示功能由 F' 到 F'' 对应的成本 C' 到 C'' 的变化过程。在一定的技术水平下，生产成本 C_1 随着产品功能 F 的提高而逐渐增加，使用成本 C_2 随着产品功能的提高而逐渐降低；寿命周期成本（$C=C_1+C_2$）先是随着功能的提高而降低，继续提高可能存在对需求者而言的多余和过剩功能，反而会使寿命周期成本提高，因此，寿命周期成本（$C=C_1+C_2$）呈马鞍形变化，寿命周期成本最小值 C_{min}（即 C_0）所对应的功能水平 F^* 是从成本方面考虑的最适宜功能水平。

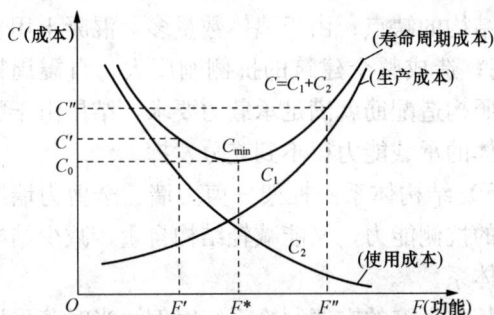

图 10-2 寿命周期成本与功能的关系图

（2）价值工程中的成本，指实现功能所支付的全部成本或费用。价值工程中的成本计算，是以功能为对象而进行的。一般地，一个产品往往包含许多零部件，且有多个不同的功能。其中的一个功能可能由一个或多个零部件实现的，一个零部件可能有一个或多个功能。对于价值工程的成本，计算的是功能（所对应的）成本。当一个功能由多个零件实现时，可将各零件成本相加得到功能成本；当一个零件具有多个功能时，可根据该零件分摊在各种功能上的实际成本的多少进行计算。这与一般财会工作中的成本计算是有区别的。财会的成本计算一般是用零部件成本单价乘以其数量，得出一个零部件的成本，然后把各种零部件成本求和，得到总成本。

（三）提高价值的途径

价值工程的公式明确反映出价值、功能、（寿命周期）成本三者之间的关系，从上述关系中可知，要提高价值，可以有 5 种途径（提高价值的途径见表 10-1）。

表 10-1　提高价值的途径

序列	途径	适用范围	依据
1	$V\uparrow\uparrow = \dfrac{F\uparrow}{C\downarrow}$	新产品设计，老产品更新换代，重大技术革新项目	顾客青睐"物美价廉"的产品
2	$V\uparrow = \dfrac{F\rightarrow}{C\downarrow}$	已定型产品，质量较稳定的产品，功能基本满足了用户要求的产品	顾客在功能相当的前提下，总是选择价格便宜的
3	$V\uparrow = \dfrac{F\uparrow}{C\rightarrow}$	功能不足的产品，质量较差的产品，竞争能力差的产品	顾客在价格相当的前提下，总是选择质量好的
4	$V\uparrow = \dfrac{F\uparrow\uparrow}{C\uparrow}$	高档产品，新型产品，特殊功能产品	顾客喜欢多功能、新颖、时髦的产品
5	$V\uparrow = \dfrac{F\downarrow}{C\downarrow\downarrow}$	消耗产品，特别是一次性使用的消耗品	顾客喜欢"经济实惠"的产品

提高价值的 5 条途径实例分析如下：

（1）成本降低的同时，功能有所提高。

这是最理想的提高价值的途径。例如，当前在 20 层左右的高层住宅项目建设中广泛采用的"短肢剪力墙"结构体系，相对于传统的框架-剪力墙、全剪力墙结构体系而言，既提高了项目功能，又降低了项目成本。

高层住宅采用框架-剪力墙结构体系，虽具有建筑布置灵活、受力明确、计算简单等优点，但由于房间布置一般都不规整，柱网难以布置，而且由于框架柱截面较大，无论如何布置柱网，都会存在柱截面大于隔墙厚度而造成房间内柱子外露，影响美观和家居布置，在平面复杂多变的情况下，结构布置难趋合理，结构计算分析困难。

全剪力墙结构体系的优点是抗震潜力大，结构延性好、墙体能与建筑平面较好地配合，而且房间内没有梁柱外露，克服了框架-剪力墙结构的缺点；由于墙体数量多，混凝土用量和结构自重大，造成基础和上部主体结构费用高；造成整个建筑的抗侧刚度大，自震周期短，引起地震反应加大；剪力墙的配筋基本上按照构造配筋就满足承载力要求，结果由于配筋率低，结构延性有限，对抗震不利。因此，墙体的承载能力得不到充分发挥。

短肢剪力墙（通常认为肢长为 2m 左右或以下）结构体系由框架-剪力墙、全剪力墙结构体系演变而来，兼具两者的优点，既具有足够的抗侧能力，又能减轻结构自重，减少结构费用，是当前在高层住宅中采用较多的一种结构体系。

（2）降低成本，功能保持不变。例如，重庆某电影院的空调制冷系统案例，当时若采用机械制冷系统（氟利昂制冷）需要花费资金 50 万元；后来结合项目本身具体情况改为利用人防地道风降温，功能不变，造价大大降低（所需资金约 5 万元，而且运行费、电耗、维修费也大大降低）。

（3）成本保持不变，提高了功能。例如，当前工程建设中的人防工程是为了备战需要而投资建设的，若设计时考虑平战结合，将部分人防工程平时利用为地下商场、地下停车场等，在投资不变的情况下，将大大提高人防工程的功能，增加经济效益。

（4）成本略有增加，功能提高很多。例如，某省对现有部分老旧小区住宅进行节能改造，增加外墙外保温系统、改双层断桥铝合金窗，虽然增加了一些投资，但是从使用期节省的空调费用、采暖费用、增加房屋的温度舒适度来说，功能大大提高了。

再例如，广州某电视塔的主要功能是发射电视和广播节目信号，塔的功能较为单一，并且每年针对塔及内部设备的维护和更新费用也不少。运用价值工程原理，利用塔的高度，在塔上部增加综合利用机房，可为气象、环保、交通消防、通信等部门服务；在塔的上部增加观景厅和旋转餐厅等，虽然增加了工程造价，但每年的综合服务和游览收入显著增加。这样既可加快投资回收，又可实现以塔养塔。

（5）功能减少一部分，成本大幅度下降。例如，某市地铁五号线建设方案，原计划在 A 地和 B 地之间修建甲、乙、丙三个地铁站，每个地铁站的成本当时在一亿元左右。价值工程小组对该段线路进行价值工程研究，通过调整甲、丙两个地铁站的位置，就可不必建设乙地铁站。虽然这样调整使得 AB 段之间的乘客出入地铁的方便程度比原方案差了一些，但是仍然在设计标准允许的范围之内，而整个工程的建设成本大大降低了。

注意：在上述 5 条途径中，成本降低是指降低产品的寿命周期成本，而不是产品的生产成本。在寿命周期成本的构成中，由于生产成本在短期内集中支出并体现在价格中，容易被人们认识，进而采取措施加以控制。而使用中的人工、能源、环境、维修等耗费常常是生产成本的许多倍，但由于分散支出，容易被人们所忽视。因此，降低成本要综合考虑生产成本和使用成本的下降，兼顾生产者和用户的利益，以获得最佳的社会综合效益。

在产品形成的各个阶段都可应用价值工程以提高产品的价值。但是，在不同的阶段进行价值工程活动，其经济效果的提高幅度却大不相同。价值工程活动更侧重于前期产品的研制与设计阶段，以寻求技术突破，取得最佳的综合效果。

（四）价值工程的特点及应遵循的原则

价值工程特点如下：

（1）以使用者的功能需求为出发点。价值工程出发点的选择应满足使用者对功能的需求。

（2）以功能分析为核心并系统研究功能与成本之间的关系。价值工程对功能进行分析的技术内容特别丰富，既要辨别必要功能和不必要功能、过剩功能和不足功能，又要计算出不同方案的功能量化值，还要考虑功能与其载体的有分有合问题。通过功能与成本进行比较，形成比较价值的概念和量值。由于功能与成本关系的复杂性，必须用系统的观点和方法对其进行深入研究。

（3）价值工程的目标是以最低的寿命周期成本实现所研究对象的必要功能。产品的寿命周期成本由生产成本、使用及维护成本组成。即通过降低成本来提高价值的活动应贯穿于研制、设计、生产和使用全过程。

（4）致力于提高价值的创造性活动。提高功能与成本的比值是一项创造性活动，要有技术创新。提高功能或降低成本，都必须创造出新的功能载体或者创造新的载体加工制造的方法，否则，提高价值只是一句空话。

（5）有组织、有计划、有步骤地开展工作。开展价值工程活动的过程涉及多个部门的各方面人员。在他们之间，要沟通思想、交换意见、统一认识、协调行动，要步调一致地开展工作。

（6）价值工程活动更侧重于前期产品的研制与设计阶段。

价值工程应遵循的原则如下：

（1）避免一般化、概念化，要做具体分析；

（2）收集一切有用的费用数据；

（3）使用最佳信息源信息；

（4）打破现有框框，不断创新和提高；

（5）发挥真正的独创性；

（6）找出障碍，克服障碍；

（7）有效地发挥各个领域专家的作用，扩大专业知识；

（8）对重要的公差换算成费用进行评价；

（9）尽量利用专业化工厂生产的产品；

（10）有效地利用专业化工厂的熟练技术；

（11）尽量利用专业化工厂的生产工艺；

（12）尽量采用可利用的标准；

（13）以"我是否这样花自己的钱？"作为判断标准。

三、价值工程的工作程序

价值工程的工作过程实质上就是针对所研究对象的功能和成本提出问题、分析问题、解决问题的过程，其一般工作程序见表10-2。由于价值工程的应用范围很广，其活动形式也不尽相同，因此在实际应用中，可参照这个工作程序，根据对象的具体情况，应用价值工程的基本原理和思想方法，考虑具体的实施措施和方法步骤。但是对象选择、功能分析、功能评价和方案创新与评价是工作程序的关键内容，体现了价值工程的基本原理和思想，是不可缺少的。

表10-2　　　　价值工程的一般工作程序

工作阶段	设 计 程 序	工 作 步 骤		对 应 问 题
		基本步骤	详细步骤	
准备阶段	制订工作计划	确定目标	①选择工作对象	①这是什么
			②收集信息	
分析阶段	规定评价（功能要求事项实现程度的）标准	功能分析	③功能定义	②这是干什么用的
			④功能整理	
		功能评价	⑤功能成本分析	③它的成本是多少
			⑥功能评价	④它的价值是多少
			⑦确定改进范围	

续表

工作阶段	设计程序	工作步骤		对应问题
		基本步骤	详细步骤	
创新阶段	初步设计（提出各种设计方案）	制定改进方案	⑧方案创造	⑤有其他方法实现这一功能吗
	评价各设计方案，对方案进行改进、选优		⑨概略评价	⑥新方案的成本是多少
			⑩调整完善	
			⑪详细评价	
	书面化		⑫提出方案	⑦新方案能满足功能要求吗
实施阶段	检查实施情况并评价活动成果	实施评价成果	⑬审批	⑧偏离目标了吗
			⑭实施与检查	
			⑮成果鉴定	

四、价值工程的应用

价值工程从材料替代开始，以后发展到改进技术、改进工艺、改进生产等领域；开始由单个零件、单项作业、工序的改进，发展到整机、全系统、全工程的改进或设计。

价值工程主要可应用于两大方面：一是在工程建设和生产发展方面。如它可应用到对一个工程建设项目或者一项成套技术项目的分析等大的方面，也可以应用于企业生产的每一件产品、每一部件、设备或原材料等小的方面。具体做法包括工程价值分析、产品价值分析、技术价值分析、设备价值分析、原材料价值分析、工艺价值分析、零件价值分析和工序价值分析等。二是在组织经营管理方面。价值工程不仅是一种提高工程和产品价值的技术经济方法，而且是一项指导决策、提高管理水平的科学方法，体现了现代经营管理的思想，在工程施工和产品生产的组织管理中也可采用这种科学思想和技术。例如，对经营品种的价值分析、施工方案的价值分析、质量价值分析、产品价值分析、管理方法价值分析、作业组织价值分析等。

价值工程目前不仅是全球公认的技术、经济与管理紧密结合、实施创新与优化的一门现代管理技术，而且还是一种重要的管理理念。价值工程的价值导向原则和创新本质，以及它的多学科化特性，将对管理创新、产品创新、技术创新、组织创新产生重大影响和积极的促进作用。

第二节 对象选择及信息资料收集

选择 VE 活动研究对象，可以从以下几个方面来考虑：成本高，对整体成本影响较大的部分（这个部分的成本降低一点，工程成本就能有较大幅度的降低）；或者是工程数量大，材料用量多的部分；结构复杂，工序繁多，有可能简化的部分；以及质量差，用户意见多的部分。对象选择是逐步缩小研究范围、寻找目标、确定主攻方向的过程，VE 活动能不能收到成效，选择对象是关键，只有选准了，才能取得预期的效果。

一、对象选择

（一）对象选择的一般原则

选择价值工程对象时一般应遵循以下两条原则：一是优先考虑企业生产经营上迫切要求

改进的主要产品，或是对国计民生有重大影响的项目；二是对企业经济效益影响大的产品（或项目）。具体包括以下几方面。

（1）设计方面。选择结构复杂、体大质重、技术性能差、能源消耗高、原材料消耗大或是稀有、贵重的奇缺产品。

（2）施工生产方面。选择产量大、工序繁琐、工艺复杂、工艺落后、返修率高、废品率高、质量难以保证的产品。

（3）销售方面。选择用户意见大、竞争力差、销售量下降、退货索赔多或市场占有率低的产品。

（4）成本方面。选择成本高、利润低的产品或在成本构成中比重大的产品。

（二）对象选择的方法

价值工程对象选择的方法有很多，应根据具体情况选择，兼顾定性分析和定量分析，以取得较好的效果。

1. 经验分析法

经验分析法是一种定性分析方法，它是指凭借开展价值工程活动人员的经验和智慧，根据对象选择应考虑的各种因素，选择对象的一种方法。

其优点是能综合、全面地考虑问题且简便易行，不需特殊训练，特别是在时间紧迫或信息资料不充分的情况下，利用此法较为方便；缺点是缺乏定量依据，分析质量受工作人员的工作态度和知识经验水平的影响较大。若本方法与其他定量方法结合使用往往能取得较好效果。

2. 百分比分析法

百分比分析法是一种通过分析产品对两个或两个以上技术经济指标的影响程度的大小（百分比），来选择价值工程对象的方法。例如，某企业产品生产的动力消耗大大超过同类企业的一般水平，在开展价值工程活动时，首先分析了各产品动力消耗比重与产值比重（见表 10-3）；然后与各产品的产值比重进行比较，发现 A、C 两种产品动力消耗比重大大超过其产值比重，遂将 A、C 两种产品生产确定为价值工程活动对象，设法降低其动力消耗和成本。

表 10-3　　　　　　　　　　　各产品动力消耗比重与产值比重

产品	A	B	C	D	E	F	G	合　计
动力消耗比重（%）	34	29	17	10	5	3	2	100
产值比重（%）	26	36	12	12	7	4	3	100

3. 产品寿命周期法

产品从试制到被淘汰的整个寿命周期，一般经历 4 个阶段：投产期、成长期、成熟期和衰退期。新产品的投产期是开展价值工程的重点。在产品设计过程中，应大力开展价值工程活动，以进一步提高产品的价值，使它一进入市场就能打开销路、扩大市场份额、增加企业效益。处于成熟期的产品，如企业决定再增加较少投资，提高它的功能或降低成本和售价，也应被选为价值工程的对象；或者产品销售额已下降，但还有可能对购买力低的用户打开销路，这样的产品也应被选为价值工程的对象。

4. ABC 分析法

ABC 分析法又称成本比重分析法或不均匀分布定律法，是运用数理统计分析原理进行价值工程对象选择的常用方法之一。这种方法是由意大利经济学家帕累托（Pareto）在研究人口收入规律时提出的，其基本原理为"关键的少数和次要的多数"，抓住关键的少数可以解决问题的大部分。在价值工程中，这种方法的基本思路是：首先把一个产品的各种零部件（或企业的各种产品）按成本的大小由高到低排列起来，绘成成本累积分配图。然后将占总成本 70%左右而占总数 10%左右的零部件划分为 A 类；将占总成本 10%左右而占总数 70%左右的零部件划为 C 类；其余为 B 类。其中 A 类零部件是价值工程的主要研究对象。ABC 分析曲线图如图 10-3 所示。

ABC 分析法的基本原理是按照一定的分类标志（如成本），分清事物的主次轻重，区别关键的少数和次要的多数，而把关键的少数列为价值工程的对象。它是一种寻找主要因素的分析方法。

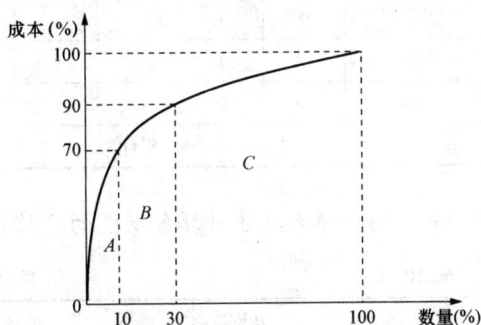

图 10-3　ABC 分析曲线图

ABC 分析法的优点是能抓住重点，把占成本比重大的零部件或工序选为价值分析对象，思路简单，简便易行。利于企业集中精力，突破重点，取得较大成果。但在实际工作中，有时由于成本分配不合理，造成成本比重不大但用户认为功能重要的对象可能被漏选，ABC 分析法的这一缺点可以通过经验分析法、强制确定法等方法加以弥补。

5. 价值系数法

在对象选择中，先求出分析对象的功能（评价）系数、成本系数，然后得出价值系数，以揭示出分析对象的功能与成本之间是否相符（匹配）。如果不相符，价值系数低的被选为 VE 研究对象，等于 1 的不作为 VE 研究对象，大于 1 的视具体情况而定。相关计算公式如下：

$$功能（评价）系数 = 每个对象的功能得分 / 各个对象的功能得分和 \qquad (10-2)$$
$$成本系数 = 每个对象的成本 / 各个对象的成本和 \qquad (10-3)$$
$$价值系数 = 功能（评价）系数 / 成本系数 \qquad (10-4)$$

【例 10-1】　某多层办公楼，建筑面积为 3000m²，其分部分项工程费合计为 370 万元，办公楼各分部分项工程费用及所占总费用的比例见表 10-4。各分部分项工程的功能评价系数是通过专家用 01 评分法计算的，功能评价系数计算表见表 10-5。试用价值系数法选择 VE 对象。

表 10-4　　　　　　办公楼各分部分项工程费及所占总费用的比例

分部工程名称	基础	地坪	墙体	门窗	楼盖	屋盖	装修	合计
分部分项工程费（万元）	48	26	140	43	58	37	18	370
占总费用的比例	0.130	0.070	0.378	0.116	0.157	0.100	0.049	1.000

表 10 - 5 　　　　　　　　　　　　功能评价系数计算表

分部名称	基础	地坪	墙体	门窗	楼盖	屋盖	装修	得分	修正得分	功能评价系数
基础	×	1	1	1	1	1	1	6	7	0.250
地坪	0	×	0	0	0	0	1	1	2	0.071
墙体	0	1	×	1	1	1	1	5	6	0.214
门窗	0	1	0	×	0	0	1	2	3	0.107
楼盖	0	1	0	1	×	0	1	3	4	0.143
屋盖	0	1	0	1	1	×	1	4	5	0.179
装修	0	0	0	0	0	0	×	0	1	0.036
累计								21	28	1.000

解　用价值系数法计算各功能的价值系数，价值系数计算表见表 10 - 6。

表 10 - 6 　　　　　　　　　　　　价值系数计算表

分部名称	基础	地坪	墙体	门窗	楼盖	屋盖	装修	合计
功能评价系数	0.250	0.071	0.214	0.107	0.143	0.179	0.036	1.000
现在成本（万元）	48	26	140	43	58	37	18	370
成本系数	0.130	0.070	0.378	0.116	0.157	0.100	0.049	1.000
价值系数	1.927	1.010	0.566	0.921	0.912	1.790	0.740	1.000

根据计算结果，看出办公楼墙体的价值系数是 0.566，是所有分部分项工程中价值系数最低的，应选 VE 对象。

注意，有时候单纯根据价值系数的大小选择 VE 对象，也可能会把重点漏掉。为了克服以上缺点，突出选择的重点，推荐采用最合适区域法。

6. 最合适区域法

最合适区域法是由日本东京大学田中教授 1973 年提出的，所以又称田中法。

最合适区域图如图 10 - 4 所示，以成本系数为横坐标，以功能（评价）系数为纵坐标，绘制价值系数坐标图。图 10 - 4 中与坐标轴成 45°夹角的直线，即为理想价值线（V＝1）。围绕该线有一朝向原点由两条双曲线包围的喇叭形区域，称作最合适区域。凡落在这个区域的价值系数点，其功能与成本是适应的，不列为 VE 对象。在曲线范围以外的点，当离原点距离越远即 L 越大，意味着其功能系数、成

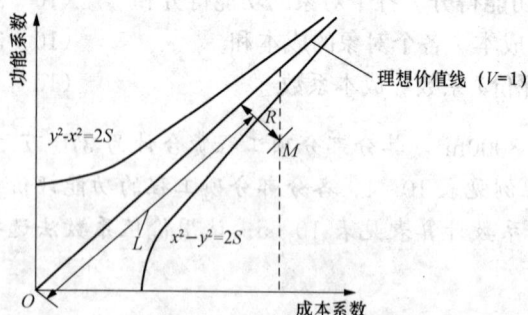

图 10 - 4　最合适区域图

本系数的绝对值大，改善的余地大，故应作为重点改善对象；反之若离原点近，说明对全局影响小，属于次要的改善对象。同时，当曲线范围以外的点离理想价值线的垂直距离 R 越大，表示与理想价值线的偏离度越大，改进的余地也越大，应作为重点改善的目标。因此，可用 $R \times L$ 综合反映 M 点的成本与功能这两个因素。

围成最合适区域的两条边界曲线的确定方法是：曲线上任意一点（x，y）至理想价值线 $V=1$ 的垂线距离 R 与点（x，y）在理想价值线上的垂足到原点的距离 L 的乘积是一个常数，即 $R \times L = S$。则围成喇叭形区域的两条曲线的方程式为

$$y^2 - x^2 = 2S \text{ 或 } x^2 - y^2 = 2S \qquad (10 - 5)$$

式中 S 作为一个设定的常数，其值等于 R 与 L 的乘积，L 越大 R 越小，L 越小 R 越大，故图形呈喇叭状。同时，S 取值大小决定了最合适区域的宽窄。S 取值越大，曲线距理想价值线的差异就越大，最合适区域的范围就相对宽些。S 取值越小，曲线距理想价值线的差异就小一些，最合适区域范围就相对窄一些。作为一个设定的常数，S 的取值视选择目标的需要人为给定，在应用时可以通过试验，代入不同的 S 值直到获得满意结果为止。一般情况下，取 $S=50$。

值得注意的是，最合适区域法在选择目标时把价值系数相同的对象区别看待，因为价值系数相同的对象，各自的成本系数与功能评价系数的绝对值不同时对产品价值的实际影响有很大差异。最合适区域法把功能评价系数和成本系数大的部分突出出来，便于较为准确地选择 VE 对象。

【例 10 - 2】 以 [例 10 - 1] 为例，用最合适区域法选择 VE 对象。

解 绘制的价值系数坐标图如图 10 - 5 所示。

从图 10 - 5 可以看出，地坪、装修、门窗、楼盖在最合适区域内，不作为 VE 对象。墙体、基础、屋盖都在最合适区域外，但墙体离理想价值线最远，应优先列为 VE 对象。

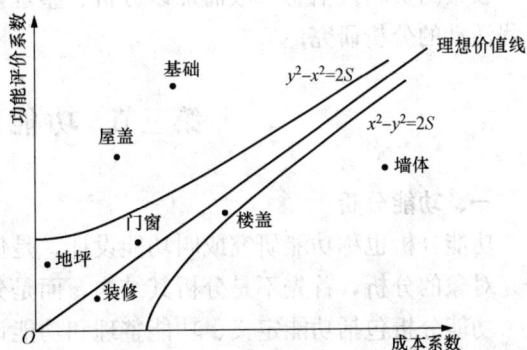

图 10 - 5 价值系数坐标图

二、信息资料收集

当 VE 活动的对象选定以后，就要进一步开展资料收集工作，这是价值工程不可缺少的重要环节。通过信息资料收集，可以得到价值工程活动的依据、标准和对比的对象；同时可以使人受到启发，打开思路，深入地发现问题，科学地确定问题的所在和问题的性质，以及明确解决问题的方向、方针和方法。

收集信息资料是一项周密而系统的调查研究活动，应有计划、有组织、有目的进行。明确收集资料的目的，确定资料的内容和调查范围，有针对性地收集信息。

收集信息资料的方法通常有：①面谈法，通过直接交谈收集信息资料；②观察法，通过直接观察 VE 对象收集信息资料；③书面调查法，将所需资料以问答形式预先归纳为若干问题，然后通过资料问卷的回答来取得信息资料。

不同价值工程对象所收集的信息资料内容不尽相同，应视具体情况而定，一般包括以下几个方面：

（1）用户方面的信息资料。收集这方面的信息资料是为了充分了解用户对产品对象的期待、要求。包括用户使用目的、使用环境和使用条件，用户对产品性能方面的要求，使用、维护和保养条件，对价格和服务方面的要求。

（2）竞争对手方面的信息资料。包括同行竞争对手的规模、经营特点、管理水平，产品的产量、质量、价格水平、市场占有率、技术服务、用户反映等，该产品的市场销售量变化情况、市场容量等。

（3）设计技术方面的信息资料。包括产品的各种功能水平高低，实现功能的方式和方法；企业产品设计、工艺、制造等技术档案，企业内以及国内外同类产品的设计方案、设计特点；设备、材料、标准、新技术、新工艺、新材料、能源及三废处理等情况。

（4）经济方面的信息资料。成本是计算价值的必要依据，是功能成本分析的主要内容。应了解同类产品的价格、成本及构成。

（5）本企业的基本资料。包括企业的经营方针，管理现状，企业的生产、组织，生产能力及限制条件，销售情况以及产品成本等方面的信息资料。

（6）环境保护方面的信息资料。包括环境保护的现状，"三废"状况，处理方法和国家法规标准。

（7）外协方面的信息资料。包括外协单位状况，外协件的品种、数量、质量、价格、交货期等。

（8）政府和社会有关部门的法规、条例等方面的信息资料。包括国家有关法规、条例、政策，以及环境保护、公害等有关影响产品的资料。

收集的资料及信息一般需加以分析、整理，剔除无效资料，使用有效资料，以利于价值工程活动的分析研究。

第三节　功能分析与评价

一、功能分析

功能分析也称功能研究或叫功能设计，是价值工程活动的核心和基本内容。价值工程对研究对象的分析，首先不是分析其结构，而是分析它的功能。

功能分析包括功能定义、功能整理和功能计量等内容，三者紧密衔接、有机结合。功能分析步骤见表 10 - 7。功能分析具有明确用户的功能要求、转向对功能的研究、可靠实现必要的功能三个方面的作用。

表 10 - 7　　　　　　　　　　　功 能 分 析 步 骤

分析步骤	分析目的	分析类别	回答问题
功能定义	对象的功能本质	功能单元的定性分析	它的功能是什么
↓	↓	↓	↓
功能整理	功能之间的相互关系	功能相互关系的定性分析	它的目的或手段是什么
↓	↓	↓	↓
功能计量	必要功能的价值标准	单元功能的量化	它的功能是多少

（一）功能定义

功能定义是指以简洁的语言对研究对象的功能加以描述。这里要求描述的是对象的功能，而不是对象的结构、外形或材质。功能定义所回答的是"它是做什么用的?"。通常用动词加名词组合的方式来描述，要求简洁、明确。例如，基础的功能是"承受和传递荷载"。

(二) 功能整理

功能整理是依据研究对象功能之间的逻辑关系对功能进行分析、归类，建立功能之间的联系并绘制出反映功能关系的功能系统图。其目的是确切定义功能，正确划分功能类别，科学确定功能系统，发现和提出不必要的功能和不正确的或可以简化的功能，为功能评价和方案创新提供依据。

功能系统图是按照一定的原则和方式将定义的功能连接起来，从单个到局部，再从局部到整体而形成的一个完整的功能体系，功能系统图基本模式如图 10-6 所示。从整体功能 F_0 开始，由左向右逐级展开，在位于不同级的相邻两个功能之间，左边的功能（上位功能）是右边功能（下位功能）的目的，而右边的功能（下位功能）是左边功能（上位功能）的手段。保温瓶功能系统图如图 10-7 所示，图 10-7 中保持水温是目的（上位功能），防止容器散热是保持水温的手段（下位功能）；防止容器散热是目的（上位功能），减少热传导、减少热辐射、减少热对流是防止容器散热的手段（下位功能）。上位功能和下位功能通常具有相对性，图 10-6 中，F_1 相对于 F_{11} 和 F_{12} 来说是上位功能，相对于 F_0 来说是下位功能。同位功能是指功能系统图中，与同一上位功能相连的若干下位功能，图 10-6 中的 F_{11} 和 F_{12} 就是同位功能。总功能是指功能系统图中，仅为上位功能的功能，见图 10-6 中的 F_0；末位功能指功能系统图中，仅为下位功能的功能，见图 10-6 中的 F_{11}、F_{12}。功能区域是功能系统图中，任何一个功能及其各级下位功能的组合。

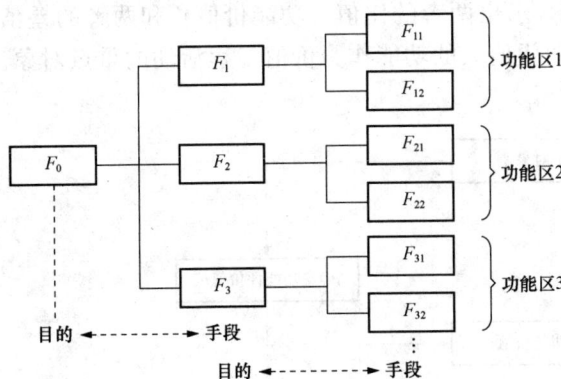

图 10-6　功能系统图基本模式　　　　　　图 10-7　保温瓶功能系统图

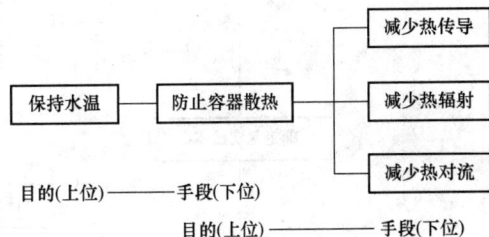

功能整理的一般程序如下：

(1) 编制功能卡片。把功能定义写在卡片上，每条写一张卡片，这样便于排列、调整和修改。

(2) 选出最基本的功能。从基本功能中挑选出一个最基本的功能，也就是最上位的功能（产品的目的），排列在左边。其他卡片按功能的性质，以树状结构的形式向右排列，并分列出上位功能和下位功能。

(3) 明确各功能之间的关系。逐个研究功能之间的关系，也就是找出功能之间的上下位关系。

(4) 对功能定义做必要的修改、补充和取消。

(5) 把经过调整、修改和补充的功能，按上下位关系，排列成功能系统图。

（三）功能计量

功能计量是以功能系统图为基础，依据各个功能之间的逻辑关系，以对象整体功能的定量指标为出发点，从左向右地逐级测算、分析，确定出各级功能程度的数量指标，揭示出各级功能领域中有无功能不足或功能过剩，从而为保证必要功能、剔除过剩功能、补足不足功能的后续活动（功能评价、方案创新等）提供定性与定量相结合的依据。

功能计量又分对整体功能的量化和对各级子功能的量化。

1. 整体功能的量化

整体功能的计量应以使用者的合理需求为出发点，以一定的手段、方法确定其必要功能的数量标准，它应能在质和量两个方面充分满足使用者的功能要求而无过剩或不足。整体功能的计量是对各级子功能进行计量的主要依据。

2. 各级子功能的量化

产品整体功能的数量标准确定之后，就可以依据"手段功能必须满足目的功能"要求的原则，运用目的—手段的逻辑判断，由上而下逐级推算、测定各级手段功能的数量标准。各级子功能的量化方法有很多，如理论计算法、技术测定法、统计分析法、类比类推法、德尔菲法等，可根据具体情况灵活选用。

二、功能评价

功能评价，即评价功能的价值，所解答的是"成本是多少？"和"价值是多少？"的问题。其目的是找出实现功能的最低成本作为功能的目标成本（又称功能评价值），以功能目标成本为基准，通过与功能现实成本的比较，求出两者的比值（功能价值）和两者的差值（改善期望值），然后选择功能价值低、改善期望值大的功能作为价值工程活动的重点对象。功能评价的程序如图 10-8 所示。

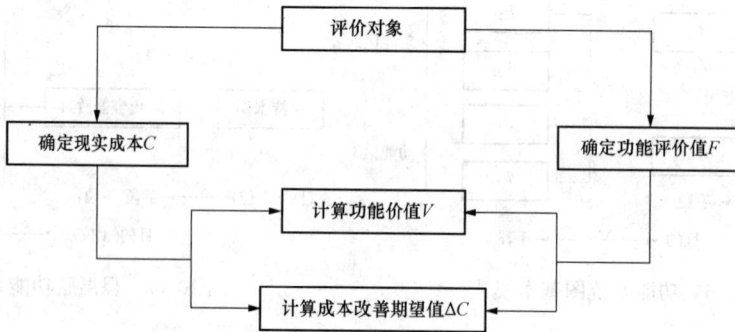

图 10-8　功能评价的程序

（一）功能现实成本和成本系数的计算

1. 功能现实成本 C 的计算

功能成本，是指实现功能所支付的成本，是以功能为对象而进行的成本核算。表 10-8 为功能现实成本计算表，表 10-8 中某件产品有甲、乙、丙、丁 4 个零部件，共同实现 6 个功能，分别为 F_1、F_2、F_3、F_4、F_5、F_6，其中一项功能由多个零部件实现，一个零部件具有多个功能。则功能 F_1、F_2、F_3、F_4、F_5、F_6 的功能现实成本分别为 150、90、250、240、50、220 元。

表 10 - 8			功能现实成本计算表					单位：元
零部件			功能区或功能领域					
序号	名称	成本	F_1	F_2	F_3	F_4	F_5	F_6
1	甲	300	100		100			100
2	乙	500		50	150	200		100
3	丙	60				40		20
4	丁	140	50	40			50	
功能现实成本		C	C_1	C_2	C_3	C_4	C_5	C_6
合计		1000	150	90	250	240	50	220

2. 成本系数的计算

成本系数是指评价研究对象各子功能现实成本在全部（功能）成本中所占的比率。其计算公式如下：

$$C_{li} = \frac{C_i}{\sum C_i} \qquad (10 - 6)$$

式中　C_{li}——研究对象第 i 个子功能的成本系数；

C_i——研究对象第 i 个子功能的现实成本；

ΣC_i——研究对象各子功能的现实成本之和。

（二）功能评价值 F 的计算

功能评价值 F，又称为功能目标成本，是指可靠地实现用户要求功能的最低成本，它可以理解为是企业有把握，或者说应该达到的实现用户要求功能的最低成本。

求功能评价值的方法较多，这里介绍功能重要性系数评价法。功能重要性系数评价法是一种根据功能重要性系数确定功能评价值的方法。这种方法是把功能（即上位功能或总功能）划分为几个功能区（即子系统），并根据各功能区的重要程度和复杂程度，确定各个功能区在总功能中所占的比重，即功能重要性系数。然后将对象的目标成本按功能重要性系数分配给各个功能区作为该功能区的目标成本，即功能评价值。

1. 确定功能重要性系数（又称功能权重）

功能重要性系数又称功能权重，是指评价对象的各子功能在整体功能中所占的比率。确定功能重要性系数的关键是对各子功能进行打分，常用的打分方法有环比评分法、强制确定法（01评分法或04评分法）、多比例评分法、逻辑评分法等。这里主要介绍环比评分法和强制确定法。

（1）环比评分法。环比评分法又称 DARE 法，是由克里（A. J. Klee）提出的一种决定方案比率的评价方法。具体做法如下：

1）确定功能区。定量评分法确定功能区示意图如图 10 - 9 所示。某产品的功能系统图中共分为 4 个功能区，分别为 F_{A1}、F_{A2}、F_{A3}、F_{A4}，填入功能重要性系数计算表，见表 10 - 9 的第（1）栏。

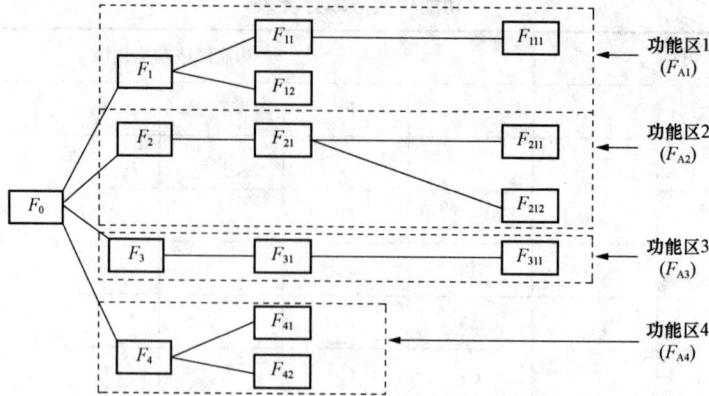

图10-9　定量评分法确定功能区示意图

表 10-9 　　　　　　　　　　功能重要性系数（功能权重）计算表

功能区	功能重要性评价		
	功能对比打分	修正得分	功能重要性系数
（1）	（2）	（3）	（4）
F_{A1}	1.5	9.0	0.47
F_{A2}	2.0	6.0	0.32
F_{A3}	3.0	3.0	0.16
F_{A4}	1.0		0.05
合计		19.0	1.00

注　括号中数字表示栏数。

2）对各功能区进行打分。邀请专家对上下相邻两项功能区的重要性进行对比打分，将 F_{A1} 与 F_{A2} 进行对比，F_{A1} 的重要性是 F_{A2} 的 1.5 倍；将 F_{A2} 与 F_{A3} 进行对比，F_{A2} 是 F_{A3} 的 2.0 倍；将 F_{A3} 与 F_{A4} 进行对比，F_{A3} 是 F_{A4} 的 3.0 倍，将以上数值分别填入表 10-9 中第（2）栏中。

3）对功能区得分进行修正。首先将最下面一项功能 F_{A4} 的得分定为 1.0，称为修正得分，填入第（3）栏。由第（2）栏知道，由于 F_{A3} 与 F_{A4} 对比为 3.0 倍，因此 F_{A3} 的修正得分为 3.0；F_{A2} 与 F_{A3} 对比为 2.0 倍，F_{A2} 的修正得分为 6.0；F_{A1} 与 F_{A2} 对比为 1.5 倍，F_{A1} 的修正得分为 9.0，填入第（3）栏。将第（3）栏的各数相加，即得各功能区的修正得分和为 19.0。

4）计算功能重要性系数。将第（3）栏中各功能的修正得分除以各功能修正得分之和 19.0，即得各功能的功能重要性系数，填入第（4）栏中。

环比评分法适用于评价对象各功能之间有明显的可比关系，能直接对比，并能准确地评定功能重要度比值的情况。

（2）强制确定法又称 FD 法，包括 01 评分法和 04 评分法两种。它是采用一定的评分规则，采用强制对比打分来评定评价对象的功能重要性系数。

1）01 评分法。01 评分法是请 5～15 名对研究对象熟悉的人员参加的功能评价。首先将研究对象的各功能按照重要程度两两对比打分，重要的得 1 分，相对不重要的得 0 分，自身对比不得分。例如，某产品有 A、B、C、D、E5 个功能，各功能的重要性为 D＞A＞B＞C＞E，功能重要性系数计算表（01 评分法）见表 10-10。注意在两两对比时，既不能认为都重要各给一分，也不能认为都不重要各给零分，只能一个得一分另一个就得零分。然后将功能得分进行累计，01 评分法的功能累计得分为 $n(n-1)/2$，n 为功能个数，为避免不重要的功能得零分，需要将各功能得分分别加 1 分进行修正，并对修正后的得分进行累计，修正后的功能累计得分为 $n(n+1)/2$。最后将修正后的各功能得分除以修正后的功能累计得分得到各功能重要性系数。

表 10-10　　　　　功能重要性系数计算表（01 评分法）

功能项目	A	B	C	D	E	功能得分	修正得分	功能重要性系数（功能权重）
A	×	1	1	0	1	3	4	4/15＝0.267
B	0	×	1	0	1	2	3	0.200
C	0	0	×	0	1	1	2	0.133
D	1	1	1	×	1	4	5	0.333
E	0	0	0	0	×	0	1	0.067
合计						10	15	1.000

2）04 评分法。01 评分法中，各功能的重要程度差别仅为 1 分，不能拉开档次。为弥补这一不足，将分档扩大为 4 级，两两对比，档次划分如下：

很重要的功能得 4 分，很不重要的功能得 0 分；

较重要的功能得 3 分，较不重要的功能得 1 分；

两个功能同等重要，各得 2 分；

自身对比不得分。

例如，某房地产公司邀请有关专家对某商业住宅项目的几个设计方案进行评价，经研究准备从适用、经济、美观、绿色 4 个方面（分别用 F_1、F_2、F_3、F_4 表示）利用 04 评分法进行打分，专家一致认为 F_1 比 F_2 较重要，F_2 与 F_4 同等重要，F_1 比 F_3 重要得多（$F_1＞F_2＝F_4＞F_3$）。则设计方案的功能重要性系数计算表（04 评分法）见表 10-11。

表 10-11　　　　设计方案的功能重要性系数计算表（04 评分法）

功能项目	F_1	F_2	F_3	F_4	功能得分	功能重要性系数（功能权重）
F_1	×	3	4	3	10	10/24＝0.417
F_2	1	×	3	2	6	0.250
F_3	0	1	×	1	2	0.083
F_4	1	2	3	×	6	0.250
合计					24	1.000

04 评分法的功能累计得分为 $2n(n-1)$，最后将各功能得分除以功能累计得分得到功能重要性系数。

强制确定法适用于被评价对象的各功能重要程度差异不太大，并且子功能数目不太多的情况。

2. 确定功能评价值

功能评价值的确定分以下两种情况：

（1）新产品评价设计。一般在产品设计之前，根据市场供需情况、价格、企业利润与成本水平，已初步设计了新产品的目标成本。因此，在功能重要性系数确定之后，就可将新产品设定的目标成本（如为 800 元）按已有的功能重要性系数加以分配计算，求得各个功能区的功能评价值，并将此功能评价值作为各功能区的目标成本，新产品功能评价计算表见表 10-12。

表 10-12   新产品功能评价计算表

功 能 区	功能重要性系数	功能评价值（F）
(1)	(2)	(3) = (2) ×800
F_{A1}	0.47	376
F_{A2}	0.32	256
F_{A3}	0.16	128
F_{A4}	0.05	40
合计	1.00	800

注　括号中数字表示栏数。

若需要进一步求出各功能区所有各项功能（各功能区的下位功能）的功能评价值时，则采取同样的方法，先求出各项功能的重要性系数，然后按所求出的功能重要性系数将成本分配到各项功能，求出功能评价值，并以此作为各项功能的目标成本。

（2）既有产品的改进设计。既有产品应以现实成本为基础求功能评价值，进而确定功能的目标成本。由于既有产品已有现实成本，就没有必要再假定目标成本。但是，既有产品的现实成本原已分配到各功能区的比例不一定合理，这就需要根据改进设计中新确定的功能重要性系数，重新分配既有产品的原有成本。从分配结果看，各功能区新分配成本与原分配成本之间有差异。正确分析和处理这些差异，就能合理确定各功能区的功能评价值（即产品各功能区的目标成本）。假设既有产品的现实成本为 500 元，计算各功能区的功能评价值（或目标成本），既有产品功能评价值计算表见表 10-13。

表 10-13   既有产品功能评价值计算表

功能区	功能区现实成本 C（元）	功能重要性系数	根据产品现实成本和功能重要性系数重新分配的功能区成本	功能评价值 F（或目标成本）	成本降低幅度 ΔC，$\Delta C=(C-F)$
(1)	(2)	(3)	(4) = (3) ×500 元	(5)	(6) = (2) - (5)
F_{A1}	130	0.47	235	130	0
F_{A2}	200	0.32	160	160	40
F_{A3}	80	0.16	80	80	0
F_{A4}	90	0.05	25	25	65
合　计	500	1.00	500	395	105

表 10-13 中第（4）栏是把产品的现实成本 $C=500$，按改进设计方案的新功能重要性系数重新分配给各功能区的结果。此分配结果可能有三种情况：

1）功能区新分配的成本等于现实成本。如 F_{A3} 就属于这种情况，此时应以现实成本作为功能评价值。

2）新分配成本小于现实成本。如 F_{A2} 和 F_{A4} 就属于这种情况，此时应以新分配的成本作为功能评价值。

3）新分配的成本大于现实成本。如 F_{A1} 就属于这种情况。为什么会出现这种情况，需要进行具体分析。如因功能重要性系数定高了，经过分析后可以将其适当降低。如因成本确实投入太少，可以允许适当提高一些。

三、功能价值的计算及分析

通过计算和分析研究对象各功能部分的功能价值（V），可以分析功能与成本的合理匹配程度。功能评价的基本思路就是价值工程基本原理的具体应用，但是在实际工作中，根据功能和成本衡量角度的不同，可分为两大类——功能成本法与价值系数法。

（一）功能成本法（又称绝对值法）

功能成本法是通过计算评价对象各功能部分的功能评价值与功能现实成本的比值，求得其功能价值和成本降低期望值，来确定价值工程的改进对象，其表达式如下：

$$V = F/C \qquad\qquad (10-7)$$

式中 F ——研究对象各功能部分的功能评价值（元）；

C ——研究对象各功能部分的功能现实成本（元）；

V ——研究对象各功能部分的功能价值。

一般可采用功能评价值与功能价值计算表（见表 10-14）进行定量分析。

表 10-14　　　　　　　　　　**功能评价值与功能价值计算表**

序号	子功能	项目				
		功能重要性系数 ①	功能评价值 ②＝目标成本×①	功能现实成本 ③	功能价值 ④＝②/③	改善幅度 ⑤＝③-②
1	A					
2	B					
3	C					
...	...					
合　计						

根据上述计算公式，功能价值计算结果有以下三种情况：

（1）$V=1$。即功能评价值等于功能现实成本，这表明研究对象该功能部分的功能现实成本与实现功能所必需的最低成本大致相当。此时评价对象该功能部分的功能价值为最佳，一般无须改进。

（2）$V<1$。即功能现实成本大于功能评价值。表明研究对象该功能部分的现实成本偏高，而功能要求不高，这时一种可能是由于存在着过剩功能，另一种可能是虽无过剩功能，但实现功能的条件或方法不佳，以致使实现功能的成本大于功能的实际需要。这两种情况都应列入功能改进的范围，并且以剔除过剩功能及降低现实成本为改进方向，使成本与功能比例趋于合理。

（3）$V>1$。说明研究对象的该功能部分比较重要，但分配的成本较少，即功能现实成本低于功能评价值。此时应进行具体分析，功能与成本的分配可能已较理想，或者有不必要的功能，或者应该提高成本。

（二）价值系数法（又称相对值法）

价值系数法通过计算研究对象各功能的功能系数与相对应的成本系数的比值，得出研究对象各功能的价值系数，进而确定改进对象，并求出该改进对象的成本改进期望值。其表达式如下：

$$研究对象各功能的价值系数 V_I = 功能系数 F_I / 成本系数 C_I \tag{10-8}$$

式（10-8）中，研究对象各功能的功能系数 F_I 也就是研究对象各功能的功能重要性系数（又称功能权重）。

根据功能系数和成本系数计算价值系数可以通过列表进行，价值系数计算表见表10-15。

表 10-15 价值系数计算表

功能项目	功能系数 ①	功能现实成本（元）②	成本系数 ③	价值系数 ④=①/③
A				
B				
C				
...				
合 计	1.00		1.00	

价值系数的计算结果有以下三种情况：

（1）$V_I=1$。此时评价对象（即研究对象的各功能）的功能比重与成本比重大致平衡，匹配合理，可以认为功能的现实成本是比较合理的。

（2）$V_I<1$。此时评价对象的成本比重大于其功能比重，表明相对于系统内的其他对象而言，目前所占的成本偏高，从而会导致该对象的功能过剩。应将评价对象列为改进对象，改善方向主要是降低成本。

（3）$V_I>1$。此时评价对象的成本比重小于其功能比重。出现这种结果的原因可能有三种：

第一，由于现实成本偏低，不能满足评价对象实现其应具有的功能要求，致使对象功能偏低，这种情况应列为改进对象，改善方向是增加成本；

第二，评价对象目前具有的功能已经超过了其应该具有的水平，也即存在过剩功能，这种情况也应列为改进对象，改善方向是降低功能水平；

第三，评价对象在技术、经济等方面具有某些特征，在客观上存在着功能很重要而需要消耗的成本却很少的情况，这种情况一般不应列为改进对象。

从以上分析可以看出，对研究对象进行价值分析，就是使研究对象的各个组成部分的价值系数尽可能趋近于1，同时应当综合考虑价值系数偏离1的程度和改善幅度，优先选择价值系数远小于1且改进幅度大的部分作为改进对象。

价值系数法既可以进行功能价值 V 的计算及分析，还可以用于多方案优选，但是两者价值系数的计算是不相同的，请读者结合［例10-1］找出差异。

四、确定 VE 对象的改进范围

VE 研究对象经过以上工作以后，特别是完成功能评价之后，得到其各功能部分价值的大小，就明确了改进的方向、目标和具体范围。确定对象改进范围的原则如下：

（1）F_I/C_I 值低的功能区域。计算出来的 $V_I < 1$ 的功能区域，基本上都应进行改进，特别是 V_I 值比 1 小得较多的功能区域，应力求使 $V_I = 1$。

（2）$C-F$ 值大的功能区域。通过核算和确定对象的实际成本和功能评价值，分析、测算成本改善期望值，从而排列出改进对象的重点及优先次序。成本改善期望值的表达式为

$$\Delta C = C - F \tag{10-9}$$

式中　ΔC——成本改善期望值，即成本降低幅度。

当 n 个功能区域的价值系数同样低时，就要优先选择 ΔC 数值大的功能区域作为重点改进对象。一般情况下，当 ΔC 大于零时，ΔC 大者为优先改进对象。

（3）复杂的功能区域。复杂的功能区域，说明其功能是通过很多组成部分来实现的。一般来说，复杂的功能区域其价值系数也较低。

综上所述，表 10-13 第（5）栏的功能区评价值总和为 395 元，这可以作为产品改进设计方案的目标成本，而成本降低幅度为 $\sum (C-F) = 105$ 元。

注意：在进行功能评价时，形式主要有两种：一是以功能区为评价对象，如具体功能、分功能、子功能（如前所述）；二是以功能载体为评价对象，如产品、零部件、工序、作业等。在掌握价值工程原理后灵活运用，同时注意其区别。

五、方案创新与评价

方案创新是指从提高研究对象的价值出发，在功能分析和功能评价的基础上，通过创造性的思维活动，提出能够可靠地实现研究对象必要功能的新方案。价值工程是创新工程，从价值工程技术实践来看，方案创新决定着价值工程的成败。

（一）方案创新的方法

方案创新的理论依据是功能载体具有替代性。方案创新的方法很多，都强调发挥人的聪明才智，积极地进行思考，设想出技术经济效果更好的新方案，比较常用的方法有以下几种。

1. 头脑风暴法（brain storming）

这种方法为美国 BBDO 广告公司的奥斯本（Osborn）于 1947 年首创，原意是提案人不要受到任何限制，打破常规，自由地思考，努力捕捉瞬时的灵感，构思新方案。

头脑风暴法通常以开小组会的方式进行，人数以 5～10 人为宜，由对改进对象有较深了解的人员组成。会议的主持者应熟悉研究对象，思想活跃，知识面广，善于启发引导，使会议气氛融洽；与会者应广开思路，畅所欲言。会议有 4 个原则：

（1）要求畅所欲言，鼓励自由开放地发表意见；

（2）希望提出的方案越多越好；

（3）对所有提出的方案不加任何评价；

（4）互相启发，要求结合别人的意见提出设想。

这种方法可使获得的方案多、新颖、全面、富于创造性，可以防止片面和遗漏。

2. 歌顿法

这种方法是由美国人歌顿（Gorden）在 1964 年提出的。该方法的指导思想是把要研究的问题适当抽象，以利于开拓思路。开始时，会议主持者并不把要解决的问题全部摊开，只是把问题抽象地介绍给大家，要求广泛地提出各种设想，以激发出有价值的创新方案。例

如，在一个三层大跨度厂房建筑方案设计中，主持会议者请大家就满足大跨度要求可采用哪些结构型式方面提出方案。会议主持者要善于引导，步步深入，等到适当时机，再把问题讲明，以做进一步的研究。

3. 专家意见法

专家意见法又称德尔菲（Delphi）法，是美国著名的咨询机构兰德公司率先采用的。德尔菲是古希腊阿波罗神殿所在地，传说阿波罗神经常派遣使者到各地去搜集聪明人的意见，用以预卜未来，故以德尔菲命名。

专家意见法是由组织者将研究对象的问题和要求函寄给若干有关专家，使他们在互不商量的情况下提出各种建议和设想，专家返回设想意见，经整理分析后，归纳出若干较合理的方案和建议，再函寄给有关专家征求意见，再回收整理，如此经过几次反复后专家意见趋向一致，从而最后确定出新的功能实现方案。这种方法的特点是专家们彼此不见面，研究问题时间充裕，不受某专家权威影响，可以无顾虑、不受约束地从各种角度提出意见和方案；缺点是花费时间较长，缺乏面对面的交谈和商议，缺乏互相启发。

4. 专家检查法

这个方法不是靠大家想办法，而是由主管设计的工程师做出设计，提出完成所需功能的办法和生产工艺，然后顺序请各方面的专家（如材料方面、生产工艺、工艺装备、成本管理、采购方面）审查。这种方法先由熟悉的人进行审查，以提高效率。

（二）方案评价

方案评价就是从创新阶段提出的众多方案中选出价值最高的可行方案，并在评价过程中对其进一步完善。方案评价包括概略评价和详细评价，二者均包括技术评价、经济评价和社会评价等方面的内容，并将这三个方面联系起来进行权衡则称为综合评价。方案评价步骤示意图如图 10-10 所示。

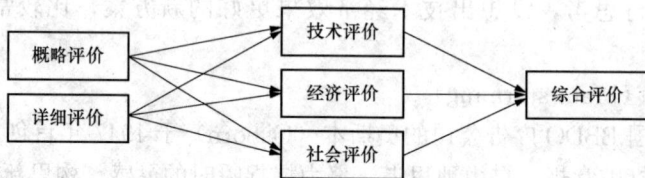

图 10-10　方案评价步骤示意图

1. 概略评价

概略评价也就是初步评价，目的是淘汰那些明显不可行的方案，筛选出几个价值较高的方案，然后再进行详细评价。概略评价的内容包括以下几个方面：

（1）技术可行性方面，即分析和研究所创新的方案能否满足功能要求，在技术上能否实现；

（2）经济可行性方面，即分析和研究产品成本能否降低和降低的幅度，以及实现目标成本的可能性；

（3）社会评价方面，即分析研究创新方案对社会利害影响的大小；

（4）综合评价方面，即分析和研究所创新方案能否使价值工程活动对象的功能和价值有所提高。

2. 详细评价

详细评价是在掌握大量数据资料的基础上，对通过概略评价的创新方案，从技术、经济、社会三个方面进行详尽的评价分析，为提案的编写和审批提供依据。详细评价的内容包括以下几个方面：

(1) 技术可行性方面，主要以用户需要的功能为依据，对创新方案的必要功能条件实现的程度做出分析评价。

(2) 经济可行性方面，主要考虑成本、利润、企业经营的要求；创新方案的适用期限与数量；实施方案所需费用、节约额与投资回收期以及实现方案所需的生产条件等。

(3) 社会评价方面，主要研究和分析创新方案给国家和社会带来的影响（如环境污染、生态平衡、国民经济效益等）。

(4) 综合评价方面，是在上述三种评价的基础上，对整个创新方案的诸因素做出全面系统的评价。为此，首先要明确规定评价项目，即确定评价所需的各种指标和因素；然后分析每个方案对每一评价项目的满足程度；最后再根据方案对各评价项目的满足程度来权衡利弊判断各方案的总体价值，从而选出总体价值最大的方案，即技术先进、经济合理、对社会有利的最优方案。

3. 方案综合评价方法

方案综合评价常用的定性方法有德尔菲（Delphi）法、优缺点列举法等；常用的定量方法有直接评分法、加权评分法、比较价值评分法、环比评分法、强制评分法、几何平均值评分法等。下面简要介绍几种方法。

(1) 优缺点列举法。把每一个方案在技术上、经济上的优缺点详细列出，进行综合分析，并对优缺点做进一步调查，用淘汰法逐步缩小考虑范围，从范围不断缩小的过程中找出最后的结论。

(2) 直接评分法。根据各种方案能够达到各项功能要求的程度，按 10 分制（或 100 分制）评分，然后算出每个方案达到功能要求的总分，比较各方案总分，作出采纳、保留、舍弃的决定，再对采纳、保留的方案进行成本比较，最后确定最优方案。

(3) 加权评分法。加权评分法又称矩阵评分法。这种方法是将功能、成本等各种因素，根据要求的不同进行加权计算，权数大小应根据它在产品中所处的地位而定，算出综合分数，最后与各方案寿命周期成本综合分析，选择最优方案。加权评分法主要包括以下 4 个步骤：

1) 确定评价项目及其权重系数。

2) 确定各方案对各评价项目的满足程度评分。

3) 计算各方案的评分权数和。

4) 计算各方案的价值系数，以较大的为优。方案经过评价，不能满足要求的就淘汰，有价值的就保留。

4. 提案编写

为争取决策部门的理解和支持、使提案获得批准，要有侧重地撰写出具有充分说服力的提案书（表）。提案编写应扼要阐明提案内容，如改善对象的名称及现状、改善的原因及效果、改善后方案将达到的功能水平与成本水平、功能的满足程度、试验途径和办法以及必要的测试数据等。提案应具有说服力，使决策者理解并采纳提案。

（三）检查、评价与验收

在选出的创新方案实施过程中，应该对方案的实施情况进行检查，发现问题及时解决。方案实施完成后，要进行总结评价和验收。

1. 企业经济效益评价

可以根据需要计算方案实施后劳动生产率、材料消耗、能源消耗、资金利用、设备利用、产量品种发展、利润、市场占有率等指标值。此外，要进行以下经济效益指标的计算：

（1）全年净节约额：全年净节约额＝（改进前的单位成本－改进后的单位成本）×年产量－VE 活动费用的年度分摊额。

（2）节约百分比：节约百分比＝（改进前的成本－改进后的成本）/改进前的成本×100％。

（3）节约倍数：节约倍数＝全年净节约额/ VE 活动经费×100％。

（4）价值工程活动单位时间节约数：价值工程活动单位时间节约数＝全年净节约额/VE 活动延续时间。

2. 方案实施的社会效果评价

方案实施的社会效果评价包括是否填补国内外科学技术或产品品种的空白，是否满足国家经济发展或国防建设的重点需要，是否节约了贵重稀缺物资材料，是否节约了能源消耗，是否降低了用户购买成本或其他使用成本，以及是否防止或减少了污染公害等。

第四节 价值工程在工程项目方案评选中的应用

（一）价值工程优选方案

价值工程的一个重要作用是优选方案。在满足功能的前提下，将价值系数最大的方案选为最优方案。

【例 10 - 3】 某企业进行设备更新改造决策，有大修理、技术改造和更新三个方案优选，各方案的费用分别为 85 000、124 000、390 000 元，各方案的功能得分及功能重要性系数见表 10 - 16。请利用价值工程来对方案进行评价。

表 10 - 16　　　　　　　　　　　各方案的功能得分及功能重要性系数

方案功能	方案功能得分			功能重要性系数
	大修理	技术改造	更新	
生产质量 F_1	6	9	10	0.35
生产能力 F_2	5	9	10	0.30
安全可靠 F_3	7	10	9	0.15
操作性 F_4	6	8	9	0.05
维修性 F_5	6	9	10	0.05
耗能性 F_6	5	8	10	0.05
美观性 F_7	6	9	9	0.05

(1) 计算各方案的功能加权得分，各方案的功能加权得分表见表 10-17。

表 10-17　　　　　　　　　　　各方案的功能加权得分表

方案功能	功能重要性系数	方案功能加权得分		
		大　修　理	技术改造	更　新
F_1	0.35	0.35×6=2.10	0.35×9=3.15	0.35×10=3.50
F_2	0.30	0.30×5=1.50	0.30×9=2.70	0.30×10=3.00
F_3	0.15	0.15×7=1.05	0.15×10=1.50	0.15×9=1.35
F_4	0.05	0.05×6=0.30	0.05×8=0.40	0.05×9=0.45
F_5	0.05	0.05×6=0.30	0.05×9=0.45	0.05×10=0.50
F_6	0.05	0.05×5=0.25	0.05×8=0.40	0.05×10=0.50
F_7	0.05	0.05×6=0.30	0.05×8=0.40	0.05×9=0.450
方案功能加权得分合计		5.80	9.00	9.75
方案功能（评价）系数		0.236	0.367	0.397

注　方案功能评价系数的计算式为 5.80/（5.80+9.00+9.75）=0.236，其余类推。

(2) 计算各方案价值系数，各方案价值系数计算表见表 10-18。

表 10-18　　　　　　　　　　　各方案价值系数计算表

方案名称	功能（评价）系数	成本和费用（元）	成本系数	价值系数
大　修　理	0.236	85 000	0.142	1.663
技术改造	0.367	124 000	0.207	1.773
更　新	0.397	390 000	0.651	0.610
合　计	1.000	599 000	1.000	

(3) 选择方案。从表 10-18 中可以看出，技术改造方案的价值系数最大，因此技术改造方案为最优方案。

【例 10-4】　运用价值工程优选设计方案。北方某建筑设计院在建筑设计中用价值工程对住宅设计方案进行优选，具体步骤如下。

(1) 选择价值工程对象。该院承担设计的工程种类很多，表 10-19 是该院近几年各类建筑设计项目比重统计表。从表 10-19 中可以看出住宅所占比重最大，运用百分比分析法选择住宅作为本次价值工程的研究对象。

表 10-19　　　　　　　　　　　各类建筑设计项目比重统计表

工程类别	比重（%）	工程类别	比重（%）	工程类别	比重（%）
住宅	22.19	实验楼	3.87	体育建筑	1.89
综合楼	10.86	宾馆	3.10	影剧院	1.85
办公楼	9.35	招待所	2.95	仓库	1.42
教学楼	5.26	图书馆	2.55	医院	1.31
车间	4.24	商业建筑	2.10	其他 38 类	27.06

（2）资料收集。主要收集以下几方面资料：

1）工程回访，收集用户对住宅设计的意见。

2）对不同地质情况和基础形式的住宅进行定期沉降观测，获取地基方面的资料。

3）了解有关住宅施工方面的情况。

4）收集大量有关住宅建设的新工艺和新材料等数据资料。

5）分地区按不同地质情况、基础形式和类型标准统计分析近年来住宅建筑的各种技术经济指标。

（3）功能分析。由设计单位、施工单位及建设单位的有关人员组成价值工程研究小组共同讨论，对住宅的以下 10 个功能进行定义、整理和评价分析：

1）平面布局；

2）采光通风、保温、隔热、隔声等；

3）层高与层数；

4）坚固耐久；

5）三防设施（防火、防震和防空）；

6）建筑造型；

7）室外装修；

8）室内装饰；

9）环境设计；

10）技术参数。

在功能分析中，用户、设计人员、施工人员以百分形式分别对各功能进行评分，即假设住宅功能合计为 100 分（也可假设满分为 10 分），分别确定各项功能占总体功能的所占比例，然后将所选定的用户、设计人员、施工人员的评分意见进行综合，三者的权重分别为 0.6、0.3、0.1，计算得到的功能评分及功能重要性系数表见表 10-20。

表 10-20   功能评分及功能重要性系数表

功　能		用户评分		设计人员评分		施工人员评分		功能得分	功能重要性系数
		得分 f_{i1}	$0.6 f_{i1}$	得分 f_{i2}	$0.3 f_{i2}$	得分 f_{i3}	$0.1 f_{i3}$		
适用	平面布局	38.25	22.950	31.63	9.489	33.25	3.325	35.764	0.358
	采光通风等	17.375	10.425	14.38	4.314	15.5	1.550	16.289	0.163
	层高层数	2.875	1.725	4.25	1.275	3.875	0.388	3.388	0.034
安全	坚固耐用	20.25	12.150	14.25	4.275	21.63	2.163	18.588	0.186
	三防设施	4.375	2.625	5.25	1.575	2.875	0.288	4.488	0.045
美观	建筑造型	3.25	1.950	6.875	2.063	5.30	0.530	4.543	0.045
	室外装修	2.75	1.650	5.50	1.650	3.975	0.398	3.698	0.037
	室内装饰	6.25	3.750	6.625	1.988	5.875	0.588	6.325	0.063
其他	环境设计	3.025	1.815	8.00	2.400	5.5	0.550	4.765	0.048
	技术参数	1.60	0.960	3.25	0.975	3.225	0.323	2.258	0.023
总　计		100	60.000	100	30.000	100	10.000	100.000	1.000

表 10-20 中功能重要性系数（功能权重）的计算公式如下：

$$功能重要性系数（功能权重）= \frac{0.6f_{i1} + 0.3f_{i2} + 0.1f_{i3}}{100} \qquad (10-10)$$

其中，f_{i1} 是指用户对住宅第 i 个功能的功能评分，其余类推。

（4）方案设计与评价。在某住宅小区设计中，该地块的地质条件较差，上部覆盖层较薄，地下淤泥较深。根据收集的资料及上述功能重要性系数的分析结果，设计人员提出了十余个方案。在采用优缺点列举法进行定性分析筛选后，对所保留的 5 个较优方案进行定量评价选优。功能重要性系数（功能权重）、方案功能评分、最佳方案选择分别见表 10-21～表 10-23。其中：

$$成本系数 \, C_{lk} = 方案成本 / 各方案成本总和 \qquad (10-11)$$

$$方案功能加权得分 \, W_k = \sum_{i=1}^{10} 功能重要性系数 \times 方案功能评分值 \, P_{ik} \qquad (10-12)$$

$$功能（评价）系数 \, F_{lk} = 方案功能加权得分 \, W_k / 各方案功能加权得分总和 \qquad (10-13)$$

其中，F_{lk} 是指第 k 个住宅设计方案的功能（评价）系数。

（5）方案效果评价及选优。根据对所收集资料的分析结果表明，近年来该地区建设条件与该工程大致相同的住宅，每平方米建筑面积造价一般平均为 1980 元，方案二只有 1609 元，可节约 371 元/m^2，节约造价 18.7%。该小区 $18.4 \times 10^4 m^2$ 的住宅可节省造价为 6826.4 万元。

表 10-21　　　　　　　　　　　　功能重要性系数（功能权重）

方　案	主　要　特　征	单位造价（元/m^2）	成本系数
方案一	7 层混合结构，层高为 3m，240 内外砖墙，预制桩基础，半地下室储存间，外装修一般，内装饰好，室内设备较好	2117	0.234
方案二	7 层混合结构，层高为 2.9m，240 内外砖墙，120 非承重内砖墙，条形基础（基底经过真空预压处理），外装修一般，内装饰较好	1609	0.178
方案三	7 层混合结构，层高为 3m，240 内外砖墙，沉管灌注桩基础外装修一般，内装饰和设备较好	1998	0.221
方案四	5 层混合结构，层高为 3m，空心砖内外墙，满堂基础，装修及室内设备一般，屋顶无水箱	1630	0.180
方案五	层高为 3m，其他特征同方案二	1685	0.186
合　　计		9039	1.000

表 10-22　　　　　　　　　　　　方案功能评分

功能项目	功能重要性系数	方案各功能评分值 P_{ik}				
		方案一	方案二	方案三	方案四	方案五
F_1	0.358	10	10	9	9	10
F_2	0.163	10	9	10	10	9
F_3	0.034	9	8	9	10	9

续表

功能项目	功能重要性系数	方案各功能评分值 P_{ik}				
		方案一	方案二	方案三	方案四	方案五
F_4	0.186	10	10	10	8	10
F_5	0.045	8	7	8	7	7
F_6	0.045	10	8	9	7	6
F_7	0.037	6	6	6	6	6
F_8	0.063	10	8	8	6	6
F_9	0.048	9	8	9	8	8
F_{10}	0.023	8	10	9	2	10
各方案功能加权得分 W_k		9.654	9.194	9.148	8.34	9.012
各方案功能系数 F_{lk}		0.213	0.203	0.202	0.184	0.199

注 1. 方案一的功能加权得分为 $0.358×10+0.163×10+0.034×9+0.186×10+0.045×8+0.045×10+0.037×6+0.063×10+0.048×9+0.023×8=9.654$，其余类推。

2. 方案一的功能系数为 $9.654/（9.654+9.194+9.148+8.340+9.012）=9.654/45.348=0.213$，其余类推。

表 10 - 23   最佳方案选择

方 案	功能系数 F_{lk}	成本系数 C_{lk}	价值系数 V_{lk}	是否选择
方案一	0.213	0.234	0.910	否
方案二	0.203	0.178	1.140	是
方案三	0.202	0.221	0.914	否
方案四	0.184	0.180	1.022	否
方案五	0.199	0.186	1.070	否

价值工程在多方案选择运用中，应选择价值系数最大的方案为最优方案。由于方案二的价值系数最大，选择方案二为最优方案。

（二）价值工程优化方案

价值工程的作用之一是对方案进行优化。

【例 10 - 5】 运用价值工程进行施工方案优化。某厂贮煤筒仓是我国目前最大的群体钢筋混凝土结构贮煤仓之一，它由 3 组 24 个直径为 11m，壁厚为 200mm 的圆柱形薄壁连体仓筒组成。其具有工程体积庞大，地质条件复杂，施工场地狭小，实物工程多，结构复杂的特点。其设计储煤量为 $4.8×10^4$ t，预算造价近千万元。为保证施工质量，按期完成施工任务，某施工单位决定在施工组织设计中开展价值工程活动。

1. 对象选择

施工单位对该工程项目进行分析，工程主体由 3 个部分组成：地下基础，地表至 16m 为框架结构并安装钢漏斗，16m 以上为底环梁和筒仓。施工单位对这 3 部分主体工程分别就施工时间、实物工程、施工机具占用、人工占用和施工难度 5 个指标进行测算（假定这 5 个指标都很重要，不分主次），结果表明筒仓工程在各指标中均占首位，某筒仓工程各指标的比重测算见表10-24。

表 10-24　　　　　　　　　　　某筒仓工程各指标比重测算表

指　　标	工程名称		
	地下基础（%）	框架结构和钢漏斗（%）	底环梁和筒仓（%）
施工时间	15	25	60
实物工程	12	34	54
施工机具占用	11	33	56
人工占用	17	29	54
施工难度	5	16	79

　　能否如期完成施工任务的关键在于能否正确处理筒仓工程面临的问题，能否选择符合本企业技术经济条件的施工方法。总之，筒仓工程是整个工程的主要矛盾，要全力解决。遂决定以筒仓工程为价值工程研究对象，以优化筒仓工程施工组织设计。

　　2. 功能分析

　　（1）功能定义。筒仓的基本功能是提供储煤空间，其辅助功能主要为方便使用和外形美观。

　　（2）功能整理。在筒仓工程功能定义的基础上，根据筒仓工程内在的逻辑联系，采取剔除、合并、简化等措施对功能定义进行整理，绘制出筒仓工程功能系统图，如图10-11所示。

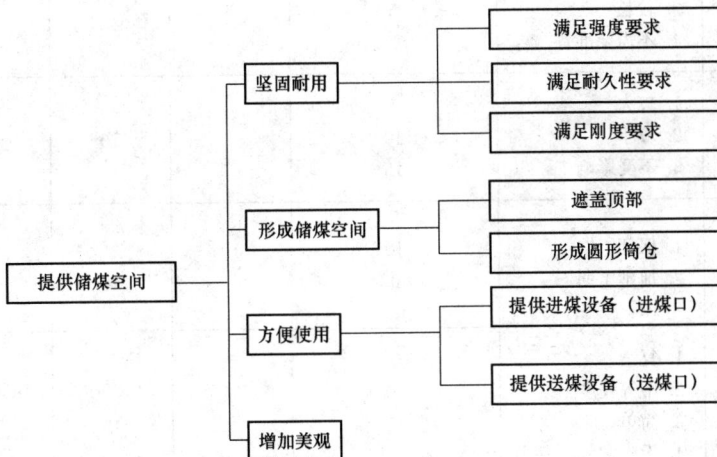

图 10-11　筒仓工程功能系统图

　　3. 功能评价和方案创造

　　根据功能系统图可以明确看出，施工对象是混凝土筒仓体。在施工阶段运用价值工程不同于设计阶段运用价值工程，重点不在于如何实现储煤空间这个功能，而在于考虑怎样实现。这就是说，采用什么样的方法组织施工、保质保量地浇灌混凝土筒仓体，是应用价值工程编制施工组织设计中所要解决的中心问题。根据"质量好、时间短、经济效益好"的原则，工程技术人员、施工人员、管理人员初步建立了滑模、翻模、大模板施工和合同转包 4 个方案，并在此基础上做进一步的技术经济评价。

4. 施工方案评价

价值工程人员运用"给分定量法"进行方案评价，分别以 A、B、C、D 代表滑模、翻模、大模板施工和合同外包 4 种方案，评分结果表见表 10-25。

表 10-25　　　　　　　　　　评分结果表

方案评价			施工方案			
指标体系	评分等级	评分标准	A	B	C	D
施工平台	1. 需要制作 2. 不需要制作	0 10	0	10	10	10
模板	1. 制作专用模板 2. 使用标准模板 3. 不需要制作模板	0 10 15	0	10	0	15
千斤顶	1. 需购置 2. 不需要购置	0 10	0	10	10	10
施工人员	1. 少工种少人员 2. 多工种多人员 3. 不需要参加	10 5 15	10	5	5	15
施工准备时间	1. 较短 2. 中等 3. 较长 4. 不需要准备	15 10 5 20	5	15	10	20
受气候、机械等因素影响	1. 较大 2. 较小 3. 不受影响	5 10 15	5	10	10	15
施工时间	1. 保证工期 2. 拖延工期	10 0	10	0	0	0
施工难度	1. 复杂 2. 中等程度 3. 简单 4. 无难度	5 10 15 20	5	15	10	20
合计			35	75	55	105

从得分结果可知，合同外包方案得分最高，其次为翻模和大模板施工方案。合同外包方案得分最高的原因在于其基本上没有费用支出，并不能简单认为合同外包方案较其他方案更优，需做进一步分析。用给分定量法对施工方案进行评价见表 10-26。

表 10 - 26　　　　　　　　用给分定量法对施工方案进行评价

方案评价			方案			
指标体系	评分等级	评分标准	A	B	C	D
技术水平	1. 清楚	10	10	10	10	
	2. 不清楚	5				5
材料	1. 需求量大	5				5
	2. 需求量小	10	10	10	10	
成本	1. 很高	5				5
	2. 较低	10	10	10	10	
工程质量	1. 保证质量	10	10	10	10	
	2. 难以保证	5				5
安全生产	1. 避免事故责任	10				10
	2. 尽量避免事故责任	5	5	5	5	
施工人员	1. 需要参加	5	5	5	5	
	2. 不需要参加	10				10
合　　计			50	50	50	40

表 10 - 26 表明，虽然合同外包方案可以坐享其成，但权衡利弊，应选翻模施工方案。

为证明这种选择的正确性，对各方案进一步进行价值分析，各方案的预算成本及价值系数表见表 10 - 27。

表 10 - 27　　　　　　　　各方案的预算成本及价值系数表

方　案	目标成本（万元）	预算成本（万元）	价值系数
A		>715.90	<0.880
B	630	630.30	0.999
C		660.70	0.950
D		>750.00	<0.840

从表 10 - 27 可知，B 方案最优。

5. 翻模施工方案的进一步优化

由于翻模施工方案存在多工种、多人员作业和总体施工时间长的问题，适宜用价值工程方法做进一步优化。

经考察，水平运输和垂直运输使大量人工耗用在无效益的搬运上，为减少人工耗用，有以下几种途径：

（1）成本不增加，人员减少。

（2）成本略有增加，人员减少而工效大大提高。

（3）成本减少，人员总数不变而提高工效。

根据以上途径，相应提出 3 个施工方案：

方案 A：单纯减少人员。

方案 B：变更施工方案为单组流水作业。

方案 C：采用双组流水作业。

对以上 3 个方案采用给定定量法进行评价，方案 C 为最优，即采用翻模施工双组流水作业，在工艺上采用两层半模板和两层角架施工。

6. 效果评价

通过运用价值工程，使该工程施工方案逐步完善，施工进度按计划完成，产值小幅增加，利润提高，工程质量好，故被评为全优工程。从降低成本方面看，筒仓工程实际成本为577.2 万元。与原滑模施工方案相比节约 133.6 万元；与大模板施工方案相比节约 83.5 万元；与合同外包方案相比节约 172.8 万元；与翻模施工方案相比节约 53 万元，降低率为8.4％；与目标成本相比下降 52.8 万元，降低成本率为 8.3％，成效显著。

──── 本章总结 ────

1. 价值工程也称价值分析，是一种通过集体智慧和有组织的活动，以功能分析为核心，以提高价值为目的，力求以最低的寿命周期成本，可靠地实现所研究对象的必要功能的思想方法和管理技术。

2. 价值工程中的价值是对象的比较价值；功能是对象的必要功能；成本是寿命周期成本，由生产成本和使用成本组成。

3. 价值工程的目标，是以最低的寿命周期成本，实现所研究对象的必要功能。

4. 价值工程活动更侧重于产品的研制与设计阶段。

5. 价值工程的工作过程，实质就是针对所研究对象的功能和成本提出问题、分析问题、解决问题的过程。

6. 常用的价值工程对象选择的方法有经验分析法、百分比分析法、ABC 分析法、价值系数法、最合适区域法。

7. 功能系统图中的上位功能和下位功能通常具有相对性，上位功能是目的，下位功能是手段；功能区域是功能系统图中，任何一个功能及其各级下位功能的组合。

8. 常用的打分方法有强制确定法（01 评分法或 04 评分法）、多比例评分法、逻辑评分法、环比评分法等。

9. 功能评价，即评价功能的价值，目的是找出实现功能的最低成本作为功能的目标成本（又称功能评价值），以功能目标成本为基准，通过与功能现实成本的比较，求出两者的比值（功能价值）和两者的差值（改善期望值）。然后选择将功能价值低、改善期望值大的功能作为价值工程活动的重点对象。

10. 价值工程是创新工程，方案创新决定着价值工程的成败。方案创新常用的方法有头脑风暴法、歌顿法、专家意见法、专家检查法。

──── 关键概念 ────

价值工程　　　　价值　　　　功能　　　　成本

──── 思考题 ────

1. 价值工程包括的三个基本要素是什么？

2. 举例说明提高研究对象价值的途径有哪些？

3. 价值工程有何特点？

4. 如何实施价值工程？

5. 选择价值工程对象的一般原则是什么？常用哪些方法？

6. 功能分析是价值工程活动的一个重要环节，它包括哪些内容？

7. 方案创新是价值工程活动成败的关键，在价值工程中常用的方法有哪些？

●——— 计 算 题 ———●

1. 某办公楼设计，设计师根据业主的使用要求提出了 3 个备选方案。有关专家决定从 5 个方面（分别以 $F_1 \sim F_5$ 表示）对各方案的功能进行评价，并对各功能的重要性分析如下：F_1 相对于 F_4 很重要，F_1 相对于 F_2 较重要，F_2 和 F_3 同等重要，F_4 和 F_5 同等重要。各方案的功能评分表见表 10 - 28。从表 10 - 28 中可以看出各方案的单位面积造价及专家对各方案的功能评分数值。

表 10 - 28　　　　　　　　　各方案的功能评分表

功　　能	方　　案		
	A	B	C
F_1	9	10	9
F_2	10	9	8
F_3	9	9	10
F_4	8	9	10
F_5	8	10	9
单位面积造价（元/m²）	2180	2320	2260

问题：

（1）试用 04 评分法计算各功能的权重。

（2）用价值系数法选择最佳设计方案。

（3）在确定某一设计方案后，设计人员按限额设计要求确定建安工程目标成本额为 1200 万元，然后以主要分部工程为对象进一步开展价值工程分析。各部分工程评分值及目前成本见表 10 - 29。试分析各功能项目的功能系数、目标成本（要求分别列出计算式）及应降低额，并确定功能改进顺序（注：计算结果保留小数点后 3 位）。

表 10 - 29　　　　　　　　　各部分工程评分值及目前成本

功 能 项 目	功 能 得 分	目前成本（万元）
基础结构工程	18	240
主体结构工程	42	586
装饰工程	28	380
安装工程	12	150

2. 某工程项目有 A、B、C、D 4 种不同的设计方案，方案综合考虑适用性（F_1、F_2、F_3）、安全性（F_4）、美观性（F_5）和其他功能（F_6）4 个方面，方案论证过程采取业主、设计单位、全过程咨询公司综合评价方案的方法，三方意见的权重分别为 40%、35%、

25%。功能权重系数评分表以及方案评分表分别见表 10 - 30、表 10 - 31。

表 10 - 30　　　　　　　　　　　功能权重系数评分表

功能项目	业主评分（40%）	设计单位评分（35%）	全过程咨询公司评分（25%）
F_1	40	35	30
F_2	15	12	17
F_3	6	4	5
F_4	21	20	23
F_5	10	16	13
F_6	8	13	12

表 10 - 31　　　　　　　　　　　方案评分表

功能	功能满足程度评分			
	A	B	C	D
F_1	9	10	9	8
F_2	10	9	10	9
F_3	8	9	10	9
F_4	10	10	9	10
F_5	8	9	10	9
F_6	7	9	9	9
各方案单方造价（元/m²）	2400	2460	2580	2360

问题：

(1) 根据上述资料计算功能权重。

(2) 计算成本系数。

(3) 计算功能系数。

(4) 计算价值系数。

(5) 确定最佳方案。

下篇 工程经济学应用

第十一章 公益性项目的经济评价

●——— 本章提要与学习目标 ———●

公益性项目主要指交通、水利、防火减灾、环境保护、国家安全、科技、教育、文化、卫生、体育等由各级政府和非政府组织承建的项目。公益性项目投资不以商业利润为基本出发点，而以社会公众利益为主要目标，项目具有公共性、外部性等特点。这些特点决定了对公益性项目进行经济评价与一般盈利性项目有所不同，因此本章对其做专门研究。

本章主要介绍了公益性项目的概念、特点及评价特点；效益费用的分类、识别和计量；以及公益性项目评价的方法——经济费用效益分析法和费用效果分析法。

学习本章主要应了解公益性项目的特点及其评价的特殊性，能够正确识别和计量项目的效益和费用，掌握经济费用效益分析法，了解费用效果分析的方法，能够熟练地对公益性项目进行经济评价。

第一节 公益性项目及其经济评价的特点

一、公益性项目的概念

当前我国各类公益性项目名目繁多，包括交通、水利、防灾减灾、国家安全、教育、文化、卫生、体育、环保等不同类型，这些项目既有由政府投资实施的，又有由各种非政府组织开展的。由于公益性项目本身的特点，导致其与竞争性项目在运营目的等多方面存在差别，从而在评价上也有其特殊性，因而需要对其做专门研究。

公益性项目主要指交通、水利、防火减灾、环境保护、国家安全、科技、教育、文化、卫生、体育等由各级政府和非政府组织承建的项目。社会组织按其是否以盈利为目的可分为两大类，即营利性的企业和非营利组织。非营利组织是不以营利为主要目的的社会组织，包括教育科研、文化艺术、医疗卫生、宗教、慈善福利以及公交、水电、铁路、邮电等社会公共服务机构。非营利组织兴建的项目一般称为公益性项目，这类项目不以商业利润作为基本追求，而以社会公众利益为主要目标。

政府是公益性项目的投资主体之一，这是由政府的性质和职责所决定的，也是由其效率所决定的。政府是公共权力机构，其权力是人民赋予的，其职责是为人民服务、为社会谋利，因此对于一些非营利性项目，为兼顾效率和公平，往往由政府出资。

随着我国经济的不断发展和社会主义市场经济的逐渐完善，社会对公益性项目的投资力度也日益增长，越来越多的社会团体、企业乃至私人开始投资公益性项目，投资主体开始多元化。如各种基金会、协会、促进会、民办非企业单位或个人也开始投资公益性项目。不过，在对公益项目投资管理中，政府仍然发挥着主导作用。

二、公益性项目的特点

公益性项目不以商业利润为基本出发点，而以社会公众利益为主要目标。公益性项目一般具有以下基本特点。

（1）公益性项目的投资目的是谋求社会效益。投资盈利性项目的主要目的是最大限度地获取经济利益，而政府及非营利组织兴建公益性项目的目的是谋求社会效益、保护国家及人民生命财产安全、为公众和企业提供满意便捷的服务。在这种情况下，对公益性项目进行评价不能采用盈利最大化指标，而应该从国家整体的角度考虑项目的效益和费用，用一套经济费用效益分析参数，分析项目投资的经济效率和对社会福利所做的贡献。

（2）公益性项目的投资主体以政府为主导，兴办者、投资者和受益者一般是分离的。虽然公益性项目投资呈现出多元化的趋势，但政府的主导作用还是不容置疑的。这是由公益性项目投资目标的非营利性且投资周期长等原因造成的。另外兴办者、投资者和受益者往往是分离的，例如一些科教文卫项目，兴办者一般是政府，投资者可以是各级政府或各类基金会、各种捐款等，而受益者往往是老百姓。这就使公益性项目在评价时，各利益主体对多个评价指标关注的侧重点不同，可能会出现利益冲突，而这种利益冲突往往难以协调，从而增加了项目评价的难度。

（3）公益性项目产品具有公共性特点。公益性项目提供的是公共物品，与私有物品不同，公共物品不具有享用权上的排他性，而具有明显的公共性，即某人的享用不排除他人对同一物品或服务的享用权。如某人享用公园优美的环境并不排斥他人同时享用，公共物品可同时为多人服务，这是公益性项目的一个显著特点，也是导致公益性项目主要由政府和非营利组织承建的一个原因。

（4）公益性项目具有外部性。外部性是从项目收益和成本的角度来看的，是外部收益和外部成本的统称。外部收益是落在项目投资经营主体之外的收益，此收益由投资经营主体之外的人免费获取。例如水电站可以使投资经营主体通过电能出售获得收益，也可以减少下游洪水灾害使下游群众获取收益，而后一种收益即是外部收益，尽管可能很大却是免费的。外部成本是落在项目投资经营主体之外的社会成本，但此成本不由投资经营主体给予等价补偿，而由外部团体和个人无偿地或不等价地承担。例如项目所导致的环境污染和生态破坏即属于外部成本。较强的外部性是公益性项目的又一显著特点。

（5）公益性项目投资目标和产生的效果具有多元性。例如政府水力发电枢纽项目的开发一般具有防洪、发电、供水、灌溉、养殖、旅游、提供就业岗位等多种用途和目的。这一特点使得对公益性项目的评价更加复杂化。

三、公益性项目评价的特点

公益性项目的基本特点决定了对公益性项目进行评价具有以下特点：

（1）更加注重社会和国家的宏观效果。公益性项目评价就是要评估项目对于国家社会发展目标的贡献大小，所以必须从全社会的宏观角度考察该项目对社会带来的贡献与影响。虽然不是每个公益性项目都会涉及社会各个方面的发展目标，但必须全面评估项目对其所涉及的社会发展目标的贡献和损害程度以促进项目社会目标的实现。这就要求对公益性项目评价不能仅仅关注项目本身的微观效果，局限于项目本身的利润和收入，更要关注社会和国家的宏观效果，以增进社会经济效益和改善社会福利为基本评价依据。

（2）更加关注间接效果。公益性项目除产生直接效果外，还会产生许多涉及社会各方面的间接效果，而且公益性项目的间接传导机理十分复杂，往往难以精确估计。此外，公益性项目的影响具有长期性，其效果往往要经过很长时间才能显现，这更加剧了公益性项目评价的不确定性。对公益性项目间接效果评价的准确性是公益性项目评价的重要课题。

（3）更加强调定量分析和定性分析相结合。公益性项目的社会影响多种多样，有许多不仅不能使用货币衡量，而且也难以使用实物甚至劳动量去衡量。例如，公益性项目对文化的影响，项目对社会稳定安全的影响等。因此，公益性项目评价还具有难以量化的特征，必须使用定量与定性相结合的评价方法。

第二节 公益性项目效益和费用的识别与计量

确定项目经济合理性的基本途径是将项目的效益与费用进行比较，要正确地评价项目，就要对项目的效益与费用进行正确的识别和计量。

公益性项目的产出具有公共品性和外部性。在效益与费用的识别与计量上，公益性项目相较于盈利性的企业项目具有很多不同之处。盈利性项目投资以追求利润为基本目的，因而，其效益与费用的识别是以利润增加或减少为原则，识别的基本方法是追踪项目的货币流动，凡是流入项目之内的货币就被视作效益——现金流入（如销售收入），凡是流出项目的货币就被视作费用——现金流出（如投资、经营成本、税金等）。由于这些财务效益或支出仅是流入或流出项目的货币，且都可以借助价格系统进行货币计量，因此识别与计量就相对简单和容易。公益性项目投资的基本目的是追求社会利益，而非项目利润，效益与费用是指广泛的社会效益和社会费用，而且这些效益与费用又往往由于缺乏市场价格而难以用货币计量，这都使得公益性项目的效益与费用的识别和计量相对复杂与困难。

一、公益性项目效益和费用的分类

按照影响范围、投资主体和效果特征的不同，公益性项目的效益和费用可分为直接效益和费用、间接效益和费用，内部效益和费用、外部效益和费用，有形效益和费用、无形效益和费用。

（一）直接效益和费用、间接效益和费用

直接效益和费用是指在项目的寿命周期内直接产生的效益与费用。例如水力发电项目所获得的电力销售收入、增加灌溉收入、增加航运收入、减少洪涝灾害等都是直接效益；而投资和日常运营支出都是直接费用。

间接效益和费用是直接效益和费用以外的效益和费用，间接效益和费用是由直接效益和费用引发生成的。例如水力发电项目除具有增加电力销售收入等直接效益外，可能因灌溉使下游地区的农作物增产、因减少洪涝灾害而使周边地区经济得以稳定发展等都属于间接效益；而淹没上游农田使农产品产出减少等为间接费用。

（二）内部效益和费用、外部效益和费用

内部效益是由项目投资经营主体获得的收益，内部费用是由项目投资经营主体承担的费用。例如，水力发电项目所获得的电力销售收入、增加灌溉收入、增加航运收入等由投资经营主体所获得的收入均为内部效益；而项目投资经营主体所承担的投资和日常运营支出等均属于内部费用。

外部效益与外部费用是指落在项目之外的效益和费用。这类效益和费用通常受益者不需要付出任何代价，而受损者也得不到任何补偿，具有偶然的附带性，因而也被称为"伴随效果"。例如受防洪工程保护的企事业单位、居民、农户所获得的防洪效益就是外部效益；而土地淹没损失、水库周围土地盐碱化、原有自然和人文景观破坏造成的损失就是外部费用。

公益性项目由于产出的公共品性和外部性强，因此，这类项目的外部效益常会很大，甚至远远超出内部效益，因此在评价工作中要特别注意对其进行识别与计量。

（三）有形效益和费用、无形效益和费用

有形效益与费用是指可以采用货币计量单位或实物计量单位计量的效益与费用。为了便于分析和比较，项目的效益与费用应尽可能用货币单位计量，无法用货币单位计量的可用实物单位计量，使两者具有同一价值量纲，可以直接比较。一般而言，公益性项目投入物（内部成本）的货币价值是较易计算的，如投资和经营支出等，而其产出物为公共物品，则常常由于缺乏市场价格而不易计量。

无形效益与费用是指无法用货币计量单位或实物计量单位计量的效益与费用。由于不存在相应的市场和价格，无形效果一般很难赋予货币价值。长期以来，经济学家们一直在试图寻找使用货币单位估价无形效果的方法，并把它们纳入自己的效益——费用分析系统中去。例如，把减少发病率所避免的工作损失和医药损失以及提高工作效率所增加的产出作为卫生保健效果的价值，把受教育者与未受教育者的收入差额作为衡量教育效果的价值等，虽然这方面的工作（特别是对环境保护问题的关注）还在继续之中，但很难说这些以货币形态估价无形费用和无形效益的方法已经到了可被普遍接受的地步。其原因之一，就是这类方法往往低估无形效果，从健康的体魄中所获得的益处要远远超过多工作几小时所创造的经济价值和医疗费用的节约——职工寿命的延长、免除疾病所获得的精神愉快与舒适，又该如何估价呢？同样，教育的价值不仅仅在于工资收入上的那点增加，教育对人的自我发展和自我完善更具有难以估量的作用。

尽管如此，当无形效果是项目的主要效果或不容忽视的重要效果时，经济分析人员首先应当努力尝试用货币形态计量无形效果；难以货币化的，应当尽力采用非货币单位进行计量，如项目的就业人数、受教育的人数、受益于劳动条件改善的人数等。对于不能数量化的无形效果，例如建筑物的美学价值，以及自然风景和文物古迹的保护效果等，则应尽量通过文字、图形图表的方式给以定性描述。

将项目的效益和费用分为直接和间接、内部和外部、有形和无形是项目效果分析的不同分类方法。各类效益和费用的概念不同，但又相互关联。如内部效益和费用同直接效益和费用，外部效益和费用同间接效益和费用，有时有重叠。在计量时应选择其中之一进行分类，以免重复或遗漏。

二、公益性项目效益和费用的识别和计量应注意的问题

识别和计量公益性项目的效益和费用时，需要注意以下几点：

1. 明确项目的基本目标

效益和费用是相对于目标而言的，效益是对目标的贡献，费用是为实现目标所付出的代价。因此，明确项目的基本目标，是识别效益和费用的基本前提。

公益性项目投资目标和产生的效果具有多元性，这也是造成评价复杂性的重要原因。例如政府水力发电枢纽项目的开发一般具有防洪、发电、供水、灌溉、养殖、旅游、提供就业岗位等多种目标。对项目的效益和费用进行正确识别和计量要围绕基本目标进行分析。

2. 统一效益和费用的识别与计量范围

项目的效益和费用的发生具有时间性与空间性，在考察时须遵循时间和空间上的一致性原则。遵循时间上的一致性，就是要明确项目计量的时间范围，要在同一时间域内考察项目的效益和费用。遵循空间上的一致性，就是要在相同的地域和人群中考察效益和费用。任意扩大或缩小项目考察的空间范围，或对效益和费用的考察空间不一致，都会造成项目评价的偏差。

3. 遵循增量原则

增量原则即有无对比原则。项目的效益和费用，是指项目的增量效益和增量费用，即有项目较之无项目所增加的效益和费用。"无项目"状态即指不对该项目进行投资时，与项目有关的效益和费用的预计发展情况；"有项目"状态是指对项目进行投资后，在计算期内效益费用的预计情况。有无对比突出了项目的增量效益，排除了项目实施以前各种条件的影响，突出项目活动的效果。因此，在识别和计量项目的效益和费用时，最终落脚点是分析预测项目本身所引起的效益费用，剔除与项目无关的因素的影响。

4. 避免遗漏和重复识别计量

由于公益性项目通常具有外部性和内部性的双重特征，从而增加了效益和费用识别和计量的难度。因此，稍有不慎，就容易导致费用或效益的漏算或重复计算。如前所述，内部效益和费用同直接效益和费用，外部效益和费用同间接效益和费用，有时有重叠。因此对于项目的效益和费用识别时应首先明确分类，然后仔细甄别，避免漏算和重复计量。

第三节　公益性项目的经济评价方法

公益性项目投资目的是谋求社会效益，在对其进行评价时以效益与费用比较为基础，并以经济费用效益分析和费用效果分析为主。经济费用效益分析是对公益性项目投资进行评价的方法之一，从资源合理配置的角度，分析项目投资的经济效率和对社会福利所做出的贡献，评价项目的经济合理性。从广义上来说，经济费用效益分析并不区别采用何种计量单位。从狭义上来说，如果项目的效益与费用可以采用货币单位计量，相应的评价方法称为经济费用效益分析法；如果效益不能采用货币单位计量，相应的评价方法称为费用效果分析法。这里采用的是狭义的概念。

一、经济费用效益分析

经济费用效益分析法是采用社会折现率把每一经济行为对社会的全部影响和效果折现为用货币单位表示的效益和费用，通过项目发生的效益和费用的对比，按净效益对项目的经济性做出评价。其要点在于，根据项目实际发生的社会贡献和社会资源消耗，确定项目的效益和费用。运用该方法需要注意以下几个问题：①明确项目的受益范围和效益内容。明确哪些是货币性效益，哪些是非货币性效益？对于非货币性效益，要合理地将其转化为货币性效益。②明确项目的费用范围和费用内容。对于非货币性费用，要合理地将其转化为货币性费用。

（一）经济费用效益分析评价指标和评价准则

经济费用效益分析是将货币化的效益和费用进行比较评价，故这种评价可以像盈利性项目那样，使用经济净现值、经济净年值、经济内部收益率等评价指标及评价准则，此类指标在前面的章节中有所介绍，这里不再赘述。在公益性项目评价中，更常用的一个指标是效益费用比指标。

效益费用比指标是项目的效益现值与费用现值之比，其数学表达式如下：

$$B/C = \frac{\sum_{t=0}^{n} B_t (1+i)^{-t}}{\sum_{t=0}^{n} C_t (1+i)^{-t}} \qquad (11-1)$$

式中　B/C——项目的效益费用比；

$\quad\quad B_t$——项目第 t 年的效益（货币单位），（$t=0$，1，2，…，n）；

$\quad\quad C_t$——项目第 t 年的费用（货币单位），（$t=0$，1，2，…，n）；

$\quad\quad i$——社会折现率；

$\quad\quad n$——项目的寿命年限或计算年限。

评价准则如下：

若 $B/C \geqslant 1$，项目可以接受；

若 $B/C < 1$，项目应予拒绝。

对单一项目方案而言，由式（11-1）所定义的效益费用比是经济净现值 $ENPV$、经济净年值和经济内部收益率的等效评价指标。下面以净现值为例，证明如下：

若 $ENPV \geqslant 0$，即

$$\sum_{t=0}^{n} (B_t - C_t)(1+i)^{-t} \geqslant 0$$

则有

$$\sum_{t=0}^{n} B_t (1+i)^{-t} \geqslant \sum_{t=0}^{n} C_t (1+i)^{-t}$$

故

$$\frac{\sum_{t=0}^{n} B_t (1+i)^{-t}}{\sum_{t=0}^{n} C_t (1+i)^{-t}} = B/C \geqslant 1$$

同理可证，若 $ENPV < 0$，则必有 $B/C < 1$。所以，效益费用比指标与经济净现值指标对同一方案的评价结论具有一致性。

在公益性项目的经济评价中，效益费用指标有时也用等额年效益与等额年费用之比来表达。

（二）对不同类型方案比选的方法

1. 互斥方案

如果公益性项目之间是互斥关系，要在其中选优，可以采用经济净现值 $ENPV$、经济差额内部收益率 $\Delta EIRR$、增量效益费用比 $\Delta B/\Delta C$ 等指标。若采用 $ENPV$ 指标，按照 $ENPV \geqslant 0$ 且 $ENPV$ 最大的方案为最优方案；若采用 $\Delta EIRR$ 指标，$\Delta EIRR \geqslant i_s$（$i_s$ 为社会折现率），则选择投资大的方案，反之选择投资小的方案；若采用效益费用比指标，不能按效益费用比最大准则进行比较，即不能认为效益费用比最大的方案就是最好方案，这种情况类似于不能按内部收益率最大准则进行方案比较一样。正确方法是同时采增量效益费用比（先用效益费用比指标判断每个方案本身的经济性，再用增量效益费用比指标比选），计算公

式如下：

$$\Delta B/\Delta C = \frac{\sum_{t=0}^{n} B_{kt}(1+i)^{-t} - \sum_{t=0}^{n} B_{jt}(1+i)^{-t}}{\sum_{t=0}^{n} C_{kt}(1+i)^{-t} - \sum_{t=0}^{n} C_{jt}(1+i)^{-t}} \tag{11-2}$$

式中　$\Delta B/\Delta C$——增量效益费用比 $\left[\Delta B = \sum_{t=0}^{n} B_{kt}(1+i)^{-t} - \sum_{t=0}^{n} B_{jt}(1+i)^{-t}\right.$，增量效益现

值；$\Delta C = \sum_{t=0}^{n} C_{kt}(1+i)^{-t} - \sum_{t=0}^{n} C_{jt}(1+i)^{-t}$，增量费用现值$\left.\right]$。

B_{kt}、C_{kt}——第 k 方案、第 t 年的效益和费用（$t=0, 1, 2, \cdots, n$）。

B_{jt}、C_{jt}——第 j 方案、第 t 年的效益和费用（$t=0, 1, 2, \cdots, n$）。

其他符号意义同（11-1）。

评价准则：

设 $\Delta B>0$，$\Delta C>0$

若 $\Delta B/\Delta C \geqslant 1$，则效益现值大的方案好；

若 $\Delta B/\Delta C < 1$，则效益现值小的方案好。

2. 独立方案

（1）无资源限制的情况。独立方案之间若没有资源的限制，则任何一个方案的选择只与其自身的可行性有关，因此只要经济净现值 $ENPV \geqslant 0$ 或 $EIRR \geqslant i_s$ 或 $B/C \geqslant 1$，就可以认为项目是可以接受的。

（2）有资源限制的情况。若资源是有限的，不能满足所有方案的需要，则应该将独立方案构造互斥方案组合，再用互斥方案的效益费用比选方法，选择最优方案组合。

3. 相关方案

公益性项目相关方案有多种情形，比如从属相关型方案、互补型方案、现金流量相关型方案等，其基本的思路都是将这些多方案转化为多个互斥的方案组合，用评价互斥方案的方法选优。

（三）经济费用效益分析法举例

【例 11-1】

1. 项目背景

某山河发电供水工程是一项发电与城市生活供水为一体的，并兼有防洪、灌溉等功能的工程，工程项目分水库枢纽、发电、供水系统三大部分。该工程科学地综合利用水资源，提高了其附加值，充分发挥了水资源更好的经济效益和社会效益。

2. 经济效益费用的识别、计算与经济费用效益分析

该项目分析人员详细研究了该工程的受益区域和效益类别，对各类效益进行了预测和估算：

（1）直接灌溉效益。直接受益于该工程而得以灌溉的耕地有 $1533.34 \times 10^4 \mathrm{m}^2$，预计每平方米每年可增产农作物价值为 0.3 元，由此，每年直接受益 460 万元（1533.34 $\times 0.3$）。

（2）直接防洪保护效益。防洪保护面积为 $200 \times 10^4 \mathrm{m}^2$，按照每平方米年产值 4.5 元，

预计防洪保护效益为 900 万元（200×4.5）。

（3）直接发电效益。本工程设计年发电量为 2100 万 kW·h，核定平均电价为 0.32 元/（kW·h），则年发电收入为 672 万元（2100×0.32）。

（4）直接供水效益。设计年供水能力为 2000 万 m³，按水价 1 元/m³ 计，年供水收入可达 2000 万元。

（5）间接旅游观赏效益。受益于本工程，当地旅游事业得以发展，预计每年新增加的旅游收入为 10 万元。

（6）其他间接收益。该工程提供防洪安全保障使保护区经济得以稳定发展，因灌溉使下游地区农作物增产，因供水使地下水位上升促进相关经济发展等其他间接效益，预计每年可达 100 万元。

本工程的费用主要是投资支出、占地损失（不在投资支出内）、工程的管理、维护和设备更新费用。工程预计 3 年完成，总投资额预计 1.8 亿元，占地损失每年 60 万元，管理维护等运行费用每年为 250 万元。

某山河发电供水工程基础数据表见表 11-1。

表 11-1　　　　　　　　　某山河发电供水工程基础数据表　　　　　　　　　单位：万元

序 号	项 目	计 算 期			
		1	2	3	4～33
1	效益				4142
1.1	直接灌溉效益				460
1.2	直接防洪保护效益				900
1.3	直接发电效益				672
1.4	直接供水效益				2000
1.5	间接旅游观赏效益				10
1.6	其他间接收益				100
2	费用	10 000	5000	3000	310
2.1	投资支出	10 000	5000	3000	
2.2	占地损失				60
2.3	管理维护等运行费用				250
3	净效益	−10 000	−5000	−3000	3832

3. 指标计算及评价结论

（1）效益现值与费用现值：

$$\sum_{t=0}^{33} B_t(1+8\%)^{-t} = 4142(P/A,8\%,30)(P/F,8\%,3)$$
$$= 37\ 015.399(万元)$$

$$\sum_{t=0}^{33} C_t(1+8\%)^{-t} = 10\ 000 + 5000(P/F,8\%,1) + 3000(P/F,8\%,2)$$
$$+ 310(P/A,8\%,30)(P/F,8\%,3)$$
$$= 16\ 677.539(万元)$$

（2）效益费用比指标：

$$B/C = \frac{37\ 015.399}{16\ 677.539} = 2.22$$

由计算可知，本项目效益费用比大于1，所以项目是可以接受的。

【例11-2】 某市地方政府资助的"森林保护联合会"正在评价一条新路的可选路线，该路线延伸到以前公路尚未到达的地区，不同的路线带来的效益不尽相同，各条路线方案基础数据表见表11-2。要保证道路有50年的经济寿命，合理的利率要求是每年3%，请判断选择哪条路线合适？

表11-2 各条路线方案基础数据表 单位：万元

路线	建造成本	火灾损失年节余	年游乐效益	年维修费用
A	185 000	5000	3500	1500
B	220 000	5000	7000	2500
C	310 000	7000	8800	3000

解 每个方案的效益费用比分别为

$$(B/C)_A = \frac{(5000+3500)(P/A,3\%,50)}{185\ 000+1500(P/A,3\%,50)} = 0.978$$

$$(B/C)_B = \frac{(5000+7000)(P/A,3\%,50)}{220\ 000+2500(P/A,3\%,50)} = 1.086$$

$$(B/C)_C = \frac{(7000+8800)(P/A,3\%,50)}{310\ 000+3000(P/A,3\%,50)} = 1.05$$

由此判断，A方案效益费用比指标小于1，不满足收益要求，方案不可行。B、C方案是可以接受的。

对于B、C方案，可以采用增量效益费用比指标来判断优劣：

$$\Delta B/\Delta C = \frac{\left[(7000+8800)-(5000+7000)\right](P/A,3\%,50)}{(310\ 000-220\ 000)+(3000-2500)(P/A,3\%,50)} = 0.951$$

由于$\Delta B/\Delta C < 1$，因此效益现值小的方案B好。

故在三条路线当中，B路线是最优路线。

二、费用效果分析

对公益性项目而言，其产生的很多无形效益是无法用货币表示的，如项目对文化、教育、卫生、国防、环保、治安等方面的影响，这时采用经济费用效益分析法就难以正确地评价项目，费用效果分析法则回避了对效果定价的难题，直接用非货币化的效果指标与费用进行比较，最适用于效果难以货币化的领域。

（一）基本概念与应用范围

对公益性项目的效益和费用的计量而言，常常可以用货币计量费用，但其产出或效益却往往不能用货币计量，比如死亡人数的降低、空气中有毒气体的减少等。因此，当项目的产出效益难以或不宜进行货币化计量时，经济费用效益分析法就失去了应用前提，这时可以采用费用效果分析法。由于效果和费用的计量单位不同，不具有统一的量纲，因此费用效果分析不能像经济费用效益分析那样用于方案之间的绝对经济效果评价，即无法判断项目方案自身的经济性，仅能用于多个方案的选优。

费用效果分析法的应用须满足以下 4 个基本条件：

（1）待评价的项目方案数目不少于两个，且所有方案都是相互排斥的方案。

（2）各方案具有共同的目标或目的，即各方案是为实现同一使命而设的。

（3）各方案的费用采用货币单位计量，各方案的效果采用非货币的同一计量单位计量，如果有多个效果，其指标加权处理形成单一综合指标。

（4）备选方案的费用应能货币化，且资金用量不应突破资金限制。

（二）费用效果分析的方法与基本程序

假如某公益性项目的无形效果可用单一指标来衡量，就可采用费用效果分析法。它是一种避免标价的方法，计算指标一般可用 [E/C] 表示，即：

$$[E/C] = 效果/费用$$

其判定准则是：投入费用一定，效果最大；或者效果一定，费用最小；或者效果费用比最大的方案最佳。

项目的费用，用货币指标计算。项目的效果，用非货币指标计算，计量单位可以采用任何有助于说明项目收效的量纲，并且要求能够切实度量项目目标的实现程度，同时方便计算。如果效果指标是多个，就可以采用加权平均法对各评价指标求加权值，即为方案的总效果。这种方法的基本思想就是对目标实现的满意程度加权求和。

费用效果分析法一般应包括以下几个步骤：

（1）明确项目所要实现的目标或目的。费用效果分析法的主要目的是识别实现既定目标的最优方案。项目的目标可能是单一的，也可能是多目标。单一目标的项目评价相对简单和容易，多目标的项目评价相对复杂和困难，应对项目的预定目标合理界定，防止目标追求得过多过滥，选择必备目标作为考核内容，将其他次要目标仅作为附带效果进行适当分析。

（2）制定达到目标要求的任务要求。确定任务要求的过程，既是明确如何实现目标的过程，又是检验能否实现目标的过程，因此，目标对制定任务要求具有规定性，任务要求对目标的合理制定具有反馈调整作用。例如，一个病人紧急呼救项目，其总的目标可能是改善当地家庭和单位的突发性危急病人的抢救治疗效果，实现目标的关键是缩短抢救时间，为此制定的任务要求可能包括：

1）缩短医院从接到呼救电话到发出救护车的回应时间。

2）缩短救护车到达病人处并把病人（必要时）送回医院的时间。

3）缩短医院的紧急诊治时间。如果规定了回应——抢救时间的最低目标要求，那就要把它分解到上述具体任务上去，并通过这些任务要求的细致分析，对目标制定得适当与否做出评判。

（3）构想并提出完成预定目标和任务的供选方案。供选方案的构想与提出，不仅取决于技术实现的可能性，而且也取决于相关人员的知识、经验和创造性思维的发挥。例如前面提到的病人紧急呼救项目，完成目标及各项任务要求的供选方案至少有以下几种：

1）各家医院各自为战，各自准备紧急救护车的方案。

2）多家医院在紧急呼救通信联网基础上，按就近原则派发救护车并可减少救护车总数的方案。

3）建立全市紧急呼救中心。该中心的救护车按市区人口密度分布而被分派在各区游弋待命，随时按紧急呼救中心的指令就近救护；该中心也可按及时原则，指令就近医院派发救护车，此方案可能会进一步减少医院自备救护车数，缩短抢救时间。总之，不要在项目的初始阶段就把方案的构思限制在一个狭窄的思路上，要尽可能地发挥创新精神，集思广益，多提供可选择的方案，然后再通过分析比较进行筛选。

（4）对项目方案的效果和费用进行识别与计量。有关效果与费用的识别与计量问题，本章前面已有所述，这里着重指出的是，不同项目具有不同的目标，效果的性质千差万别，在效果计量单位的选择上，既要方便于计量，又要能够切实度量项目目标的实现程度。

（5）方案间的比较评价。根据费用效果分析计算方法，综合比较、分析各个方案的优缺点，推荐最佳方案或提出方案优先采用的顺序。费用效果分析采用的方法可以是固定效果法、固定费用法或效果费用比较法。在如何选用上应视项目的具体要求和特点而定。

（6）进行敏感性分析或其他不确定性分析。通过分析对评价的可靠性进行审查，同时通过敏感性分析确定各影响因素变动对项目目标的影响程度，对可以控制的因素制定控制措施，对无法独自控制的因素寻找防范措施与对策。其他不确定性分析方法有情景分析法（设想内外环境变动下的未来各种可能情景，估算每一情景下的评价指标值）、概率分析法或风险分析法等。

（7）撰写出分析或研究报告。对以上步骤的分析进行说明和总结，内容包括项目背景；问题与任务的提出；目标确定及依据；推荐方案与候选方案的技术特征与可行性；资源的可得性及资金来源与筹集；项目的组织与管理；效益、费用的识别与计量，及其有关假设与依据；不确定性分析的有关结论；比较评价分析，提出推荐方案或少数候选方案，分析论述有关方案优点与短处，供最终决策者参考。

（三）费用效果分析法举例

【例 11 - 3】　某流感免疫接种计划可使每 10 万个接种者中 6 人免于死亡，一人在注射疫苗时有致命反应。该计划每人接种费用为 4 元，但因此可以不动用流感救护车，可节省费用每 10 万人 8 万元。试用费用效果分析决定是否实施该计划？

解　净保健效果是避免 6 例死亡减去造成 1 例死亡，即避免 5 例死亡。

其费用为 $4 \times 100\ 000 - 80\ 000 = 320\ 000$（元）

效果/费用为 5 例死亡/320 000＝1 例死亡/64 000

结果表明，若社会认可用 64 000 元的代价挽救一个生命时，该计划应予实施。

【例 11 - 4】　某物业公司为提高服务质量，提出了免费帮业主家擦玻璃、免费帮助照看放学后的儿童、为小区内老人提供免费服务、在小区内建设图书室 4 个方案，服务效果指标为群众满意度。4 个方案的费用及推广的满意度表见表 11 - 3。

表 11 - 3　　　　　　　　　　　　4 个方案的费用及推广的满意度表

方　　案	费用（万元）	满　意　度
1	1.2	0.95
2	1.2	0.85
3	1	0.86
4	1	0.85

解　采用固定费用法，1、2 两方案费用相同，方案 1 的满意度高于方案 2，所以淘汰 2方案；3、4 方案费用相同，方案 3 满意度高于方案 4，所以淘汰 4 方案。剩下 1、3 方案，

利用效果费用指标判断。

$$[E/C]_{方案1} = 0.95/1.2 = 0.79$$
$$[E/C]_{方案3} = 0.86/1 = 0.86$$

从计算结果可以看出，单位投资 3 方案的效果高于 1 方案，故选择 3 方案。

本章总结

1. 了解公益性项目的特点及评价特点是进行公益性项目评价的第一步。

2. 正确地识别和计量公益性项目的效益和费用是进行公益性项目评价的前提。

3. 根据项目效益是否可以用货币单位计量，公益性项目评价方法有经济费用效益分析法和费用效果分析法，两种方法的适用条件、评价指标、评价步骤各不相同，必须熟练掌握。

关键概念

公益性项目

直接效益、费用	间接效益、费用	内部效益、费用
外部效益、费用	有形效益、费用	无形效益、费用
经济费用效益分析		
费用效果分析	效益费用比指标	增量效益费用比指标

思考题

1. 公益性项目有何特点？

2. 公益性项目评价有何特点？

3. 度量公益性项目的效益和费用时应注意哪些事项？

4. 公益性项目评价的经济费用效益分析法和费用效果分析法的区别在哪里，它们各自的适用范围是什么？

计算题

1. 某市计划组织一项为期 8 周的夏令营活动，雇用 10 名社会工作者，这期间支付工资总额为 128 000 元。这 10 人若不参加这项活动，原来的正常工作能为本市创造 134 000 元的效益。夏令营白天要使用由市政府长期租用的建筑物，8 周的租金为 24 000 元。这座建筑物原来是老年活动中心，为老人带来 40 000 元的效益。参加夏令营的 150 个孩子的家长愿意为每个孩子支付每星期 160 元。此外，不再收取其他费用。请问这项计划是否可以实施？

2. 某新建公路的方案能够使车速提高到 50km/h，日均流量为 4000 辆，寿命为 30 年。社会折现率为 8%，某新建公路方案的效益与费用见表 11-4，试用经济费用效益分析法判断该项目的可行性。

表 11-4 某新建公路方案的效益与费用

方案	全长（km）	初期投资（万元）	年维护运营费用（万元/km）	大修费每 10 年一次（万元）	运输费用节约 [元/（km·辆）]	时间费用节约 [元/（h·辆）]
公路方案	50	3470	0.5	200	0.09	2.5

3. 某地是一个洪水多发地，每年都有水灾发生，并且隔上几年就有一场大水灾。为减轻水灾威胁，政府决定修建一座或几座水坝。若在所有的支流上都筑上水坝，则可能大大消除主要的水灾。水坝工程基础数据表见表 11-5。

表 11-5　　　　　　　　　　　水坝工程基础数据表　　　　　　　　　　单位：万元

方　案	建造成本	年维修运营费用	年防洪效益	年防火效益	年游乐效益
1	120	2	20	2	3
2	150	3.5	19	4	3
3	270	5	28	6	6
4	350	6	30	7	7

假设水坝的寿命为 40 年，残值为 0，利率为 4%，请问应选择 4 个方案中的哪一个？

4. 某研究机构新研究了 4 种新型水压机，以可靠性作为评价效果的主要指标，即在一定条件下不发生事故的概率。新型水压机基础数据表见表 11-6，预算限制为 240 万元，应选哪个方案？

表 11-6　　　　　　　　　　　新型水压机基础数据表

方　案	费用（万元）	可靠性（1-事故概率）
1	240	0.99
2	240	0.98
3	200	0.98
4	200	0.97

第十二章　工程经济学在工程建设过程中的应用

本章提要与学习目标

　　研究和学习工程经济学的最终目的是要将工程经济学的原理应用到工程实践中去。本章介绍了工程设计、施工以及设备更新中的经济分析。设计是整个工程建设的灵魂，施工是把设计方案付诸实施，形成具有使用价值的工程实体。项目建成后的长期使用价值如何，经济效益、社会效益、环境效益怎样，取决于设计和施工质量的好坏与水平的高低。

　　通过本章的学习，要求了解工程建筑设计与经济的关系，掌握提高民用建筑设计方案技术经济效果的途径，了解施工方案技术经济分析的基本要求，理解施工工艺方案和施工组织设计方案的技术经济评价指标，掌握设计方案与施工方案的技术经济评价方法；理解设备更新的一些特有的概念，如沉入成本、经济寿命等，并掌握在设备更新分析中如何应用这些概念。

第一节　工程设计中的经济分析

　　建筑设计，是对拟建房屋和构筑物从技术和经济上的详细设想与计算，是对平面布置、立面造型、结构体系、各细部构造和周围环境配合的全面安排，并用工程图纸准确、清晰、详尽地表现出来、制造模型，形成综合的技术经济文件。

　　设计是工程项目建设中必不可少的组成部分，是决定性环节。没有设计，投资计划就不可能实现。设计又是施工的前提，没有设计，就不能组织施工。由于工程项目的投资大、一次性的特点，建成后可变性小，设计质量的优劣很大程度上影响到投资规模大小、工期长短、长期的使用价值和经济效果。

一、工程设计中的经济参数

　　同一个工程项目，采用不同的工程设计方案，不仅费用上有很大差异，对工程的整体效益也会有较大影响。如住宅开发项目中，平面布局不仅会影响建造费用和维护成本，还会影响到销售价格，甚至关系到政府对土地增值税和契税等的征收额度。在工程设计中，费用是最关键的经济参数。可以理解为，在工程项目既定的效益目标下，如何选择更为经济的设计方案是决策者需要重点考虑的问题。

　　图12-1为工程项目建设的各个阶段对项目投资的影响程度示意图。从图12-1中可以看出，投资者要真正实现项目费用的节省，关键在于投资决策和设计阶段。

　　虽然设计费在项目总投资中所占的比重仅在2%～10%，但设计工作对项目的一次性建造费用影响却很大，而且也决定了工程投入使用后运行费用、维护费用等的大小。图12-2为工程建设各阶段投资节约潜力示意图。

　　在工程设计经济分析中，费用可以区分为工程项目建造投资和建筑物全寿命费用两个概念。这两个概念对于工程设计决策的影响是不同的。

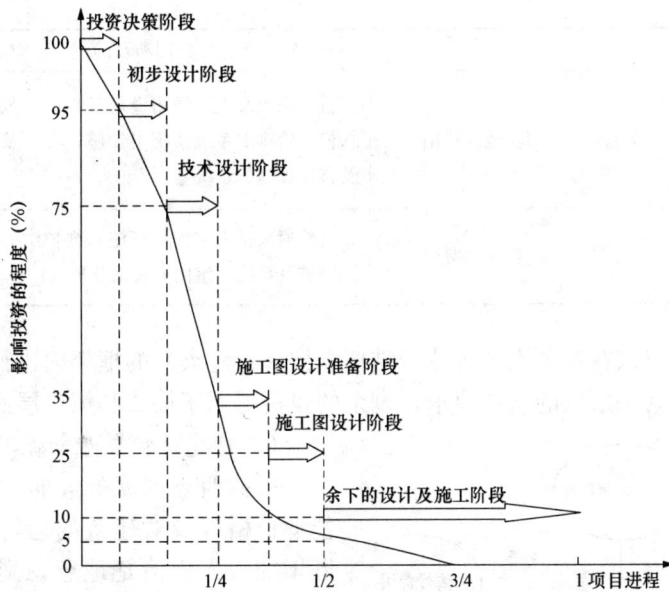

图 12-1　工程项目建设的各个阶段对项目投资的影响程度示意图

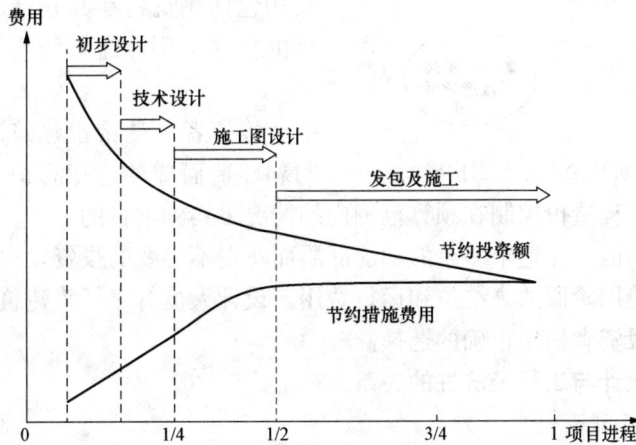

图 12-2　工程建设各阶段投资节约潜力示意图

（一）工程项目的建造投资

工程项目的建造投资是项目从筹建开始到项目投入使用所需的全部费用。它可以分解成三个层次，工程项目的建设费用层次见表 12-1。

表 12-1　　　　　　　　　　　　**工程项目的建设费用层次**

费用层次	内　　容	费用涉及的主要工程部位
第一层次	满足安全功能要求的费用	地基及主体承重结构；防火设施及消防系统；走道、楼梯及安全防护设施、防盗设施及警报系统，防毒、除尘、屏蔽等密封工程和设施；有毒物排放处理设施；其他安全投入

续表

费用层次	内　　容	费用涉及的主要工程部位
第二层次	满足基本使用功能的费用	自然采光及人工照明设施及系统；载客及运货电梯、自动扶梯；给排水系统及厨卫设施；废物及垃圾处理设施；通信及自控设施、系统等
第三层次	满足舒适功能要求的费用	自然通风机人工换气设施；维护结构的保温隔热；采暖空调设施及系统；室内外装饰及装修；建筑物园林与绿化等

设计人员首先应该在各种安全规范（结构、抗震、防火）的框架内进行设计，故工程建造投资首先要满足第一层次的费用要求，剩余的投资再用于第二和第三层次的费用要求。

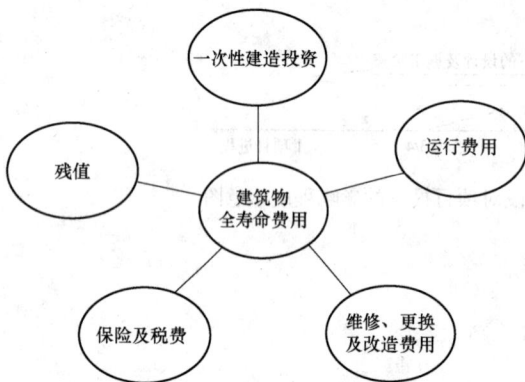

图 12-3　建筑物全寿命费用构成

（二）建筑物全寿命费用

根据西方国家的经验，由于持续增长的能源价格以及对建筑的运行和维护费用的不断增加，人们清楚地意识到，建筑物的全寿命周期费用其实比工程项目的最初费用，即一次性建造投资要重要得多。建筑物全寿命费用包括建筑物在其建造和使用年限内所发生的全部费用，建筑物全寿命费用构成见图 12-3。

投资者总是希望建筑产品是由高质量的材料建造而成的，却忘记了自己是在宁愿降低工程品质也要将工程造价控制在预算范围内的情况下实施项目的。

设计过程中既不能一味追求多余的功能品质而花费不必要的投资，也不能只为了节省初期的造价而忽视在使用阶段的高维护和运行费用。设计人员有责任将建筑物全寿命周期的理念引入设计，引导投资者做出正确的选择。

二、工业建筑设计与工程经济性的关系

（一）厂区总平面设计

厂区总平面设计是否经济合理，对整个工程设计和施工以及投产后的生产、经营都有重大影响，正确合理的总平面设计可以大大减少建筑工程量，节约建设用地，节省建设投资，加快建设速度，降低工程造价和生产后的使用成本，并为企业创造良好的生产组织、经营条件和生产环境以及树立良好的企业形象，还可以增添整体的优美艺术感。

总平面设计的原则包括：

（1）节约用地。优先考虑采用无轨运输，减少占地指标；在符合防火、卫生和安全距离要求并满足工艺要求和使用功能的条件下，应尽量设计成外形规整的建筑，以提高场地的有效使用面积。

（2）按功能分区，结合地形地质条件，因地制宜、合理布置车间及设施。

（3）合理布置厂内运输，合理选择运输方式。

（4）合理组织建筑群体。

评价总平面设计的主要技术经济指标有：

（1）建筑系数。即建筑密度，是指厂区内（一般指厂区围墙内）建筑物、构筑物和各种露天仓库及堆场、操作场地等的占地面积与整个厂区建筑用地面积之比。它是反映总平面图设计用地是否经济合理的指标，建筑系数越大，表明布置越紧凑，可以节约用地，减少土石方量，又可缩短管线距离，降低工程造价。

（2）土地利用系数。是指厂区内建筑物、构筑物、露天仓库及堆场、操作场地、铁路、道路、广场、排水设施及地上地下管线等所占面积与整个厂区建设用地面积之比。它综合反映厂区总平面布置的经济合理性和土地利用效率。

（3）工程量指标。它是反映工厂投资的经济指标，包括场地平整土石方量，铁路、道路和广场铺砌面积，排水工程，围墙长度及绿化面积。

（4）运营费用指标。它是反映运输设计是否经济合理的指标，包括厂区内铁路、无轨道路、每吨货物的运输费用及其经常费用等。

（二）工业建筑平面空间设计的几个问题

1. 合理确定厂房建筑的平面布置

平面布置应满足生产工艺的要求，力求合理地确定厂房的平面与组合形式，各车间、各工段的位置和柱网、走道、门窗等。单厂平面形状越接近方形越经济，尽量避免设置纵横跨，以便采用统一的结构方案；尽量减少构件类型，简化构造。

2. 厂房的经济层数

单层厂房：对于工艺上要求跨度大、高度高，拥有重型生产设备和起重设备，生产时常有较大振动和散发大量热与气体的重工业厂房，采用单层厂房是经济合理的。

多层厂房：对于工艺紧凑，采用垂直工艺流程和利用重力运输方式，设备与产品重量不大，要求恒温条件的各种轻型车间多采用多层厂房。多层厂房具有占地少、可减少基础工程量、缩短运输线路及厂区的围墙长度等优点。层数的多少，应根据地质条件、建筑材料的性能、建筑结构形式、建筑面积、施工方案和自然条件（地震、强风）等因素以及工艺要求等具体情况确定。

多层厂房经济层数的确定主要考虑两个因素：一是厂房展开面积的大小，展开面积越大，层数可适当增加；二是与厂房的长度与宽度有关，长度与宽度越大，层数可适当增加，造价随之降低。

3. 合理确定厂房的高度和层高

层高增加，墙与隔墙的建造费用、粉刷费用、装饰费用都要增加，水电、暖通的空间体积与线路增加，楼梯间与电梯间设备费用也会增加，起重运输设备及其有关费用都会提高，顶棚施工费也会增加。

决定厂房高度的因素是厂房内的运输方式、设备高度和加工尺寸，其中以运输方式选择较灵活。因此，为降低厂房高度，常选用悬挂式吊车、架空运输、皮带输送、落地龙门吊以及地面上的无轨运输方式。

4. 柱网选择

对单跨厂房，当柱距不变时，跨度越大则单位面积造价越小，这是因为除屋架外，其他结构分摊在单位面积上的平均造价随跨度增大而减少；对于多跨度厂房，当跨度不变时，中跨数量越多越经济，这是因为柱子和基础分摊在单位面积上的造价减少。

5. 厂房的体积与面积

在满足工艺要求和生产能力的前提下，尽量通过减少厂房体积和面积以减少工程量和工程造价。为此，要求设计者尽可能地选用先进生产工艺和高效能设备，合理而紧凑地布置总平面图和设备流程图以及运输路线；尽可能把可以露天作业的设备尽量露天而不占厂房的设计面积，如炉窑、反应塔等；尽可能将小跨度、小柱距的分建小厂房合并为大跨度、大柱距的大厂房设计方案，提高平面利用率，减少工程量，降低造价。

三、民用建筑设计与工程经济性的关系

住宅建筑在民用建筑中占了很大比例，下面重点论述住宅建筑设计参数的经济性问题。

（一）住宅小区规划设计

我国城市居民点的总体规划一般是按居住区、小区和住宅三级布置，由几个住宅组成一个小区，由几个小区组成一个居住区。

小区规划设计应根据小区的基本功能要求确定小区构成的合理层次与关系，据此安排住宅建筑、公共建筑、管网、道路及绿地的布局，确定合理的人口与建筑密度、房屋间距与建筑层数，合理布置公共设施项目的规模及其服务半径，以及水、电、热、燃气的供应等。

评价小区规划设计的主要技术经济指标见表 12 - 2。

表 12 - 2　　　　　　　　评价小区规划设计的主要技术经济指标

评价指标	指标名称	计算公式
用 地 指 标	居住用地系数	$\dfrac{居住用地面积}{小区总占地面积}$
	公共建设系数	$\dfrac{公共建筑用地面积}{小区总占地面积}$
	人均用地指标 （m²/人）	$\dfrac{总居住建筑用地面积}{小区居住总人口}$
	绿化用地系数	$\dfrac{绿化用地面积}{小区总占地面积}$
	居住建筑面积毛密度 （m²/hm²）	$\dfrac{居住建筑总面积}{居住区总用地}$
	居住建筑面积净密度 （m²/hm²）	$\dfrac{居住建筑总面积}{居住区居住用地}$
	居住建筑净密度 （%）	$\dfrac{居住建筑占地面积}{居住用地}$
	居住面积净密度 （m²/hm²）	$\dfrac{居住建筑总居住面积}{居住用地}$
造价指标	居住建筑工程造价 （元/m²）	$\dfrac{居住建筑总投资}{居住建筑总面积}$

（二）住宅建筑的层数

1. 层数与用地

在多高层住宅建筑中，总建筑面积是各层建筑面积的总和，层数越多，单位建筑面积所

分摊的房屋占地面积就越少。但随着建筑层数的增加，房屋的总高度也增加，房屋之间的距离必须增大。因此，用地的节约量并不随层数的增加而按同一比例递增。据测算，住宅建筑超过5~6层，节约用地的效果就不再明显。

2. 层数与造价

建筑层数对单位建筑面积造价有直接影响，但影响程度对房屋结构各组成部分是不同的。屋盖部分，不管层数多少，都共用一个屋盖，并不因层数增加而使屋盖的造价增加。因此，屋盖部分的单位面积造价随层数增加而明显下降。基础部分，各层共用基础，随着层数增加，基础所承受的荷载增大，必须加大基础的承载能力，虽然基础部分的单位面积造价随层数增加而有所降低，但不如屋盖那样显著。承重结构，如墙、柱、梁等，往往随着层数增加而要增强其承载能力和抗震能力，这些分部结构的单位面积造价将有所提高。门窗、装修以及楼板等分部结构的造价几乎不受层数的影响，但会因为结构的改变而变化。

3. 住宅层数的综合经济分析

住宅层数在一定范围内增加，除了具有降低造价和节约用地的优点外，单位建筑面积的楼内内部和外部的物业管理费用、共用设施费用、供水管道、煤气管道、电子照明和交通等投资和日常运行费用随层数增加而减少。但是，目前黏土砖的强度等级一般采用7.5MPa，若建7层以上的住宅需改变承重结构形式。高层建筑还会因为要考虑风荷载和抗震能力，需要提高结构强度，改变结构形式。而且，如果超过7层，要设置电梯设备，需要更大的楼内交通面积（过道、走廊）和补充设备（供水设备、供电设备等）。因此，7层以上住宅的工程造价会大幅度增加。

一般来说，从土地费用、工程造价和其他社会因素综合角度分析，中小城市以建造多层住宅较为经济；在大城市可沿主要街道建设一部分高层住宅，以合理利用空间，美化市容；对于土地价格昂贵的地区来讲，高层住宅却是比较经济的。当然，在满足城市规划要求等条件下，开发的住宅类型是由房地产开发商根据市场需求等因素进行经济分析比较后决定的。随着我国居民的生活水平和居住水平的提高，一些城市已出现了低密度住宅群。

（三）住宅的层高

住宅的层高直接影响住宅的造价，因为层高增加，墙体面积和柱的体积增加，并增加结构的自重，会增加基础和柱的承载力，并使水卫和电气的管线加长。降低层高，可节省材料、节约能源、有利于抗震，节省造价。同时，降低层高可以减少住宅建筑总高度，可以缩小建筑物之间的日照距离，所以降低层高还能取得节约用地的效果。但是，层高的确定还要结合人们的生活习惯和国家卫生标准。目前一般住宅的层高为2.8m左右。

在多层住宅建筑中，墙体所占比重大，是影响造价高低的主要因素之一。衡量墙体比重的大小，常采用墙体面积系数作为指标，其公式为

$$墙体面积系数 = \frac{墙体面积}{建筑面积} \tag{12-1}$$

其中，墙体面积和建筑面积的单位均是m^2，墙体面积系数的大小与住宅的平面布置、层高、单元组成等均有密切的关系。

（四）住宅建筑的平面布置与提高平面系数的途径

1. 评价住宅平面布置的主要技术经济指标

评价住宅平面布置的主要技术经济指标见表12-3。

表 12 - 3 　　　　　　　　　　评价住宅平面布置的主要技术经济指标

指 标 名 称	计 算 公 式	说　明
平 面 系 数	$K_1 = \dfrac{居住面积}{建筑面积}$	居住面积是指住宅建筑中的居室净面积
辅助面积系数	$K_2 = \dfrac{辅助面积}{居住面积}$	辅助面积是指住宅建筑中楼梯、走道、卫生间、厨房、阳台、贮藏室等的面积
结构面积系数	$K_3 = \dfrac{结构面积}{建筑面积}$	结构面积是住宅建筑各层平面中的墙、柱等结构所占的面积
外墙周长系数	$K_4 = \dfrac{建筑物外墙周长}{建筑物建筑面积}$	

注　表中提到的面积单位均是 m^2，周长单位是 m。

2. 住宅建筑的平面布置

根据住宅建筑平面布置的技术经济指标，住宅建筑平面设计的参数有以下几个方面：

（1）建筑物的形状。建筑面积相同的住宅建筑，平面形状不同，其外墙周长系数也不相同。显然，平面形状越接近方形或圆形，外墙周长系数越小，外墙砌体、基础、外表面装修等减少，造价降低。考虑到住宅的使用功能和方便性，通常单体住宅建筑的平面形状多为矩形。

现以距建筑物外墙面 3m 处所形成规则的平面为用地界限，建筑面积为 $400m^2$ 的几种常用平面形状的外墙周长和用地面积的比较见表 12 - 4。

表 12 - 4 　　　建筑面积为 $400m^2$ 的几种常用平面形状的外墙周长和用地面积的比较

平面形状	基地面积 （m^2）	周长 （m）	$\dfrac{周长}{基地面积}$	用地面积 （m^2）	$\dfrac{用地面积}{基地面积}$
○		70.87	0.18	815.67	2.04
□		80	0.20	676	1.69
▭	400	100	0.25	736	1.84
⌐		100	0.25	936	2.34
⊏⊐		116	0.29	832	2.08

（2）住宅建筑平面的宽度。在满足住宅功能和质量的前提下，加大住宅进深（宽度）对降低造价有明显效果。这是因为进深加大，墙体面积系数相应减少，造价降低。

（3）住宅建筑平面的长度。按设计规范，当房屋长度增加到一定程度时，就要设置带有两层隔墙的温度伸缩缝；当房屋长度超过 90m 时，就必须设置贯通式的过道。而这些设置无疑会增加工程造价，所以一般住宅建筑长度以 60～80m 较为经济，根据户型不同，可设有 2～4 个单元。

（4）结构面积系数。结构面积系数是衡量设计方案经济性的一个重要指标。结构面积越小，有效面积就越大。结构面积系数除与房屋结构有关外，还与房屋外形及其长度和宽度有关，同时也与房间平均面积大小和户型组成有关。

3. 提高平面系数的途径

平面系数是衡量设计经济性的一个参考指标，平面系数大，说明以相同的建筑面积或投资可以得到较大的使用面积。提高平面系数有以下几种途径：

（1）减少结构面积。以住宅为例，各种结构体系的结构面积占建筑面积的百分数一般为砖混 16%～19%；大模板 16%；大板 14%；框架轻板 11%。合理选择结构形式，发展新型材料是减少结构面积的有效办法。

（2）加大房间面积。建筑面积一定时，房间面积合理加大，结构面积所占的比重就会相应减少。

（3）适当安排交通面积。合理组织交通路线有利于提高平面系数。

（4）集中布置管道设备。室内的上下水管道、煤气管道、电缆电线、卫生设备在平面设计时尽可能集中布置，竖向上下对齐，应避免过于分散使管线拉长。

四、提高民用建筑设计方案技术经济效果的途径

（一）平面布置合理，房屋长度、宽度适当

在层数和层高一定的条件下，每层的建筑面积不变，建筑物的长度与宽度越接近，单位面积的外墙周长就越小。通常外墙周长系数也反映建筑物的造价。

外墙周长系数＝建筑物外墙周长/建筑面积，其中建筑物外墙周长单位为 m，建筑面积单位为 m^2。

外墙周长系数越小，能源损耗越少，造价越低。考虑到设置伸缩缝的间距要求，砖混结构房屋长度以 60～80m 较为经济合理。

（二）单元的组成和户型合理，居住面积适当

根据国家经济水平、家庭人口组成和职业情况确定户型及单元组成。居住面积一般用平面系数来确定。平面系数应达到 50% 以上，辅助面积系数在 25% 左右为宜，结构面积系数越小设计方案越经济。结构面积系数根据结构体系的不同，以 12%～18% 为宜。

（三）层高适当，层数合理

相同情况下层高低，建筑体量小，建筑物及基础造价可降低。建筑物总高度降低，结构材料和施工费用也可省。层高降低 10cm，造价可降低 1% 左右。目前，我国居住建筑层高多数为 2.8m。

房屋层数增加可提高居住密度，减少管道长度。但层数过多要增加电梯设备，结构上还要考虑抵抗水平风荷载及地震作用。因此，应根据城市规划、经济条件等多种因素综合考虑建筑物的层高与层数。

（四）结构体系合理

结构体系是影响建筑物技术经济指标的重要因素。目前，我国住宅建筑结构体系有混合结构、装配式大板、大模板结构、承重砌块、滑模结构、内浇外砌等几种，它们各有利弊。黏土砖因耗费耕地被限制使用，钢结构住宅和混凝土承重砌块结构开始被大量采用。隔墙的造价对经济指标影响也较大，要求轻质、隔声、隔热、防火、易装修。楼板质量占整个房屋质量的 22% 左右，造价占房屋造价的 12% 左右，是影响技术经济效果的主要构件，其研究发展方向是质量轻、强度大、隔声效果好。

五、工程构造和结构选型的经济性分析

工程构造与结构选型的经济性主要体现在功能满足程度、空间利用效率（如结构面积系

数、辅助面积系数等)、施工费用、使用与维护费用等方面。

（一）工程构造的经济性策略

影响工程构造的经济性因素可归纳为技术参数的合适性、功能的合理性、技术标准和部品的通用性、建筑材料与设备的适宜性、可施工性和可维护性等几个方面。当以上指标都能满足时，可以从某构件的造价指标来判断其设计方案的优劣。

【例 12 - 1】 拟设计某小区景观长廊顶部的钢筋混凝土梁，初步拟定 A、B、C 三个可行方案，各设计方案相关参数明细表见表 12 - 5。相关造价信息如下：混凝土为 450 元/m²，模板为 43 元/m²，钢筋为 4200 元/t。试分析哪个方案最经济？

表 12 - 5 　　　　　　　　各设计方案相关参数明细表

钢筋混凝土梁的设计方案	A	B	C
断面尺寸（mm×mm）	300×500	400×500	350×450
钢筋（kg/m³）	100	85	110

解 根据题设条件，三个方案的功能是一致的，可采用建造投资较小的方案。以来长 1m 为单位计算，计算结果见表 12 - 6。

表 12 - 6 　　　　　　　　　　计 算 结 果

项 目	单 位	A	B	C
混凝土体积	m³	0.3×0.55=0.165	0.4×0.5=0.2	0.35×0.45=0.158
钢筋质量	kg	100×0.165=16.5	85×0.2=17	110×0.158=17.38
梁模板	m²	0.3+0.55×2=1.4	0.4+0.5×2=1.4	0.35+0.45×2=1.15
混凝土费用	元	0.165×450=74.25	0.2×450=90.0	0.158×450=71.1
钢筋费用	元	16.5×4.2=69.3	17×4.2=71.4	17.38×4.2=73.0
模板费用	元	1.4×43=60.2	1.4×43=60.2	1.15×43=49.45
合 计	元	74.25+69.3+60.2=203.75	90.0+71.4+60.2=221.6	71.1+73.0+49.45=193.55

从计算结果可以判断，方案 C 相对最经济。

（二）工程结构选型的经济性策略

不同结构选型的经济性主要体现在以下几个方面：

(1) 不同结构形式工料消耗差异较大；

(2) 结构类型对施工工艺选择和施工工期影响较大。

因此，在满足基本功能要求的条件下，结构方案的造价是考虑设计方案经济性的重要指标。在结构选型的经济策略中，应重点关注工程材料的发挥效能、工程结构的空间利用效率和结构选型对其他专业的影响等几个方面。工程结构选型的经济比较案例见［例 12 - 4］。

六、最优设计问题

设计工程师面临的一个重要问题是：一方面既要使设计满足房屋的功能要求，以及工程的安全性和可靠性；另一方面又要考虑工程造价的高低，要在这两者之间进行权衡，即要以最低的费用来实现设计产品的必要功能，这就是最优设计。

最优设计包括以下两方面的内容：

一是指结构设计本身的优化问题，即设计优化。它是在给定结构类型、材料、结构形式的情况下，优化各个组成构件的截面尺寸，使结构既经济又合理。如某钢铁设计院在修订吊车梁标准图时进行了优化，按新标准图设计的钢吊车梁比按原标准图节约 5%～10% 的钢材。国家现行的设计规范、标准，通常都是历经多年实践经验总结、科学实验与研究而制定的，具有通用性强、技术先进、经济合理、安全适用、确保质量、便于施工生产等优点。如《工业与民用建筑灌注桩基础设计与施工规程》（JGJ 4-80），从试行结果看，采用规范推荐的方法不但加快了基础工程的施工进度，而且降低了造价。同预制桩相比，可节省钢材50%，并避免了预制桩施工带来的振动、噪声污染，以及对周围房屋的破坏性影响，取得了较好的社会效益。

二是合理的设计标准问题，即对于某个具体工程，确定一个合理的设计标准，既能使工程满足功能、质量和安全的要求，又能使其预期的工程全寿命期的费用最低。图 12-4 表示了工程全寿命期总费用与设计标准之间的关系。如某乙烯扬子石化公司乙二醇装置采用循环供水方案，与直流供水方案相比，虽然初期的投资费用较高，但每年可节约用水 1.12×10^8 t，年降低生产成本约 560 万元。

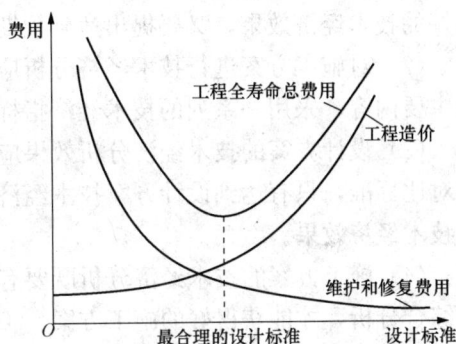

图 12-4 工程全寿命期总费用与设计标准之间的关系

设计工程师在工程实践中采用的优化方法通常有以下几种：

（1）直觉优化。直觉优化又分直觉选择性优化和直觉判断性优化。前者是设计者在设计过程中根据有限的几个设计方案，经过初步的分析计算，按照设计的好坏选择其最佳方案的一种方法；后者是设计者根据经验和直觉知识，不需要通过分析计算就做出判断性选择的一种方法。直觉优化方法是一种重要的简易方法，但它取决于设计者直觉知识的广泛性、经验判断的推理能力及丰富的设计技艺。

（2）实验优化。当对设计对象的机理不是很清楚或对其制造与施工经验不足、各个参数以及设计指标的主次影响难以分清时，实验优化是一种可行的设计方法。根据模型实验所得结果，可以寻找出最优方案。

（3）经济分析比较优化。即通过经济分析比较的方法，确定最优方案。

（4）数值计算优化。数值计算优化是指用一些数学规划方法寻求最优方案的方法。现代的数值计算优化都是以使用计算机的数值计算为特征的。在工程优化设计中，应用效果较好的是数学规划中的几种方法。

第二节 工程施工中的经济分析

工程施工中的经济分析主要是施工工艺方案、施工组织方案的技术经济分析评价、比较与选择，以及工程施工中采用新工艺、新技术的经济分析评价等。

施工方案的技术经济分析一般由施工单位来作，并且应在开始施工之前完成，这项工作做得越全面、越具体、越细致，就越能达到预期的目标，对施工活动就越有指导意义。

对于一个建设项目来说，往往可以采取多种施工技术方案，施工方案的技术经济分析是编制施工方案或施工组织设计的重要依据。建设项目施工工期的长短、工程质量的优劣、材料的节约或浪费、劳动力安排得合理或不合理、工程成本的高低、生产安全与否、文明施工程度如何，以及企业的经营管理效益，都与施工方案密切相关。因此，施工单位必须重视对工程项目施工方案的技术经济分析。

一、施工方案技术经济分析的基本要求

对施工方案技术经济分析的基本要求如下：

（1）对施工方案进行技术经济分析既要分析技术方法及其可行性，又要分析组织管理方法及经济效果；既要分析具体的局部施工环节，又要分析施工的全过程；既要进行优化，得出好的技术经济效果，又要提出达到预期技术经济效果的各项技术组织措施。

（2）对施工方案进行技术经济分析应以施工方法、进度计划、总平面图和技术组织措施为主要内容，采用一系列的技术经济指标进行方案的对比，并做出评价。

（3）设计方案的技术经济分析效果应作为施工方案技术经济分析的重要依据之一和主要的对比标准，只有达到设计方案技术经济效果的施工方案才是可行的，并力求优于设计方案的技术经济效果。

（4）施工方案的技术经济分析既要有定量分析，同时又要有定性分析。只有进行定性定量综合分析，才能获得好的施工方案。

二、施工工艺方案的技术经济评价指标

施工工艺方案是指分部（分项）工程的施工方案，如主体结构工程、基础工程、垂直运输、水平运输、构件安装、大体积混凝土浇筑、混凝土输送及模板、脚手架等方案，主要内容包括施工技术方法和相应的施工机械设备的选择等。主要的技术经济评价指标有：

1. 技术性指标

技术性指标是指各种技术性参数。如模板方案的技术性指标有模板型号数、模板的尺寸、模板单件重等。

2. 消耗性指标

消耗性指标主要反映为完成工程任务所必要的劳动消耗，包括费用消耗指标、实物消耗指标及劳动力消耗指标等。其主要内容有：

（1）工程施工成本。一般应用直接费用成本进行分析评价，形式上可用总成本、单位工程量成本或单位面积成本等。

（2）主要施工机械设备的选用及需要量。包括配备型号、台数、使用时间、总台班数等。

（3）施工中主要资源需要量。包括施工所需的工具与材料（如模板、卡具等）资源、不同施工方案引起的结构材料消耗的增加量、不同施工方案能源消耗量（如电、燃料、水等）。

（4）主要工种工人需要量和劳动消耗量。包括总需要量、月或周平均需要量、高峰需要量等。

3．效果（效益）性指标

（1）工程效果指标：

1）工程施工工期。具体可用总工期、与工期定额相比的节约工期等指标表示。

2）工程施工效率。可用实物进度工程量表示，如土方工程可用 $m^3/月$（周、台班、工日或 h 等）。

（2）经济效果指标：

1）成本降低额或降低率。即实施该施工工艺方案后所可能取得的成本降低额度或程度。

2）材料资源节约额度或节约率。即实施该施工工艺方案后所取得的材料资源的可能节约额度或程度。

4．其他指标

指上述三类指标之外的其他指标，如采用该工艺方案后对企业的技术装备、素质、信誉、市场竞争力和专有技术拥有程度等方面的影响。这些指标可以是定量的，也可以是定性的。

三、施工组织方案的技术经济评价指标

施工组织方案是指单位工程以及包括若干个单位工程的建筑群体的施工过程的组织与安排的方案，如流水作业方法、平行流水、立体交叉作业方法等，评价施工组织方案的技术经济指标有：

1．技术性指标

（1）工程特征指标。如建筑面积、各主要分部分项工程的工程量等。

（2）组织特征指标。如施工工作面的大小、人员的配备、机械设备的配备、划分的施工段、流水步距与流水节拍等。

2．消耗性指标

（1）工程施工成本。

（2）主要施工机械耗用量。

（3）主要材料资源耗用量。主要是指施工过程必须消耗的主要材料资源（如轨道、枕木、道砟、模板材料、工具式支撑、脚手架材料等），一般不包括构成工程实体的材料消耗。

（4）劳动力消耗量。可用总工日数、分时期的总工日数、最高峰工日数、平均月工日数等指标表示。

3．效果指标

（1）工程效果指标：

1）工程施工工期。

2）工程施工效率。

3）施工机械效率。可用两个指标评价：一是主要大型机械单位工程量（单位面积、长度或体积等）耗用台班数；二是施工机械利用率即主要机械在施工现场的工作总台班数与在现场的日历天数的比值。

4）劳动效率（劳动生产率）。可用三个指标评价：一是单位工程量（单位面积、长度或体积等）用工数（如，总工日数/建筑面积）；二是分项工程的每工产量（m，m^2，m^3）；三是生产工人的日产值（元/工日）。

5）施工均衡性。相关指标计算公式如下（系数越大越不均衡）：

$$主要分项工程施工不均衡性系数 = \frac{高峰月工程量}{平均月工程量} \qquad (12-2)$$

$$主要材料资源消耗不均衡性系数 = \frac{高峰月耗用量}{平均月耗用量} \qquad (12-3)$$

$$劳动力消耗不均衡性系数 = \frac{高峰月劳动消耗量}{平均月劳动消耗量} \qquad (12-4)$$

（2）经济效果指标：

1）成本降低额或降低率。可用工程施工成本和临时设施成本的节约额或节约率等指标表示。

2）材料资源节约额或节约率。即实施该施工工艺方案后所取得的材料资源的可能节约额度或程度。

3）总工资节约额。

4）主要机械台班节约额。

第三节　设计方案与施工方案的技术经济评价

一、技术经济评价的基本概念与基本原理

（一）技术经济评价的目的

技术经济评价就是针对不同的工程技术方案（包括工程设计、施工及其他技术措施等），从技术和经济效益两个方面进行综合考察和分析，通过分析比较，对不同的技术方案做出评价，目的是选出最优的技术方案去实施，实践中也称为技术经济分析。

对于一个特定的建设项目，往往可以提出若干个不同的技术方案，而实施不同的技术方案，其经济效益会有不同程度的差异，因此，工程上需要对不同的技术方案进行技术经济评价。

技术经济评价，可以在建设项目的不同实施阶段进行。例如在设计的各个阶段（方案设计、生产工艺、技术设计等）做内容不同、深度不同的技术经济评价；在工程开工前做不同施工方案的技术经济评价等；也可以在建设项目建成以后进行，例如对同类建筑的不同结构体系、不同施工工艺体系的技术经济做评价等。后一类技术经济评价积累的数据越多、越准确，对以后建设项目实施阶段的技术经济评价的参考价值就越大，也越有指导意义。

进行技术经济评价的目的如下：

（1）鉴别各种技术方案在功能上的适用性，技术上的先进性和可行性，以及经济上的合理性。

（2）选出技术经济效果最优的方案作为决策的依据。

（3）促进设计和施工管理水平的不断提高。

（二）技术经济评价的基本要求

在技术经济评价过程中，应结合政策、法规、技术和经济等各方面相关因素，对技术方案开展各层次的多方案分析和比选，以争取全面优化技术实施方案。具体要求如下：

（1）建设项目不同实施阶段的技术方案都应进行多方案分析和比选。

（2）各技术方案首先应满足国家政策法规和地方性法规的要求。

（3）各技术方案应满足项目的功能要求。

（4）各技术方案应具有可比性。没有比较就没有鉴别，但是建筑技术方案之间只有具有可比性（即可以对比的条件）才能进行比较。事实上，不同技术方案的技术经济的构成因素往往不同，这就需要在它们之间找出内在因子，只有将不可比的条件转化为可比条件，才能进行比较。

（5）在满足以上要求的前提下，采用定性和定量相结合的方法开展多方案技术经济比选，并提出推荐方案。

（6）对建筑项目的技术经济评价应纵观设计、施工和管理等方面，进行全面、综合的评价。

二、技术经济评价的方法

（一）多指标评价法

多指标评价法就是使用多个指标体系，将对比方案的相应指标值一一进行分析比较，按照指标的高低对其做出评价。

多指标评价法一般是从财力（货币指标）、物力（物化劳动消耗指标）、人力（活劳动消耗指标）等多方面评价工程项目的一次性消耗。常用的评价指标主要有以下几种。

1. 建筑造价指标

造价指标是指完成建筑产品的一次性综合货币指标，它可由设计概算和施工预算确定。其中又分为：

（1）每平方米建筑造价＝建筑总造价/建筑总面积，每平方米建筑造价单位为元/m^2。其中，建筑总造价又分±0.00以上（不包括基础）造价和土建全部（包括基础）造价。

（2）卫生设备和给排水造价。

（3）采暖造价。

（4）通风造价。

（5）电气照明造价。

（6）设备安装工程造价等。

2. 主要消耗指标

主要消耗指标是指在建筑工程中主要建筑材料的消耗程度。主要消耗指标包括钢材、水泥、木材（常称为"三材"）及其他材料消耗量。相关计算如下：

钢材＝钢材总数量/建筑总面积，单位为 kg/m^2。

水泥＝水泥总数量/建筑总面积，单位为 kg/m^2。

木材＝木材总数量/建筑总面积，单位为 m^3/m^2。

劳动量＝总劳动量/建筑总面积，单位为工日/m^2。

3. 工期指标

工期指标是指同等建筑面积和建筑结构特征的建筑物，从开工到竣工所耗费的时间。它用于评价建造的速度。

在多指标评价的指标体系中，应分清主要指标和辅助指标。所谓主要指标是指能够比较充分地反映工程技术经济特点的指标，它是评价工程技术经济效果的主要依据。而辅助指标是作为主要指标的补充，当主要指标不足以判断对象的优劣时，辅助指标可作为进一步评价的依据。

用多指标作为方案比较时，如果某一方案的全部指标都优于其他方案，这无疑是最佳方案，而实际上这是很少见的。如果各个方案中其他指标都相同，而只比较一个指标就能决定方案的优势，或突出一个指标就可选择最佳方案，这也比较简单。可是在实际工作中，往往各个方案中有些指标较优，另一些指标较差，而且各种指标对方案经济效果的影响也是不等同的，在这种情况下，采用多指标评价法选优就比较困难了。为此，可采用如下方法对某些指标进行调整，使其具备可比性。

（1）修正系数法。根据对指标影响因素的不同，制定出不同的修正系数，使各方案的同一指标具备可比性。

（2）局部调整法。对工程设计进行局部调整以消除各比较方案之间的差异，以便于分析比较。如层数不同的建筑物，可采取增减层数的办法使层数相同（同时要注意对基础的影响等）。

（3）平面布置固定法。这种方法适于结构体系分析比较时采用。对同样平面布置的建筑物，采用不同结构体系时，各种指标之间具备了较高的可比性。这给指标的分析、评价带来了很大的方便。

（二）单指标评价法

1. 综合评分法

综合评分法是作为选择技术方案的一种实用选优法，其实质就是加权积分法。

此法评价的步骤是，首先对各方案必须考虑的指标按其重要程度给以一定的权重（B）和评价值（S），将每个指标的权重乘以其评价值（$B \times S$）即为每个指标的评价分，然后分别求出各方案的所有指标评价分之总和，以评价总分最高者为最优方案。总评分的表达式如下：

$$T_i = \sum_{i=1}^{n} (B_i \times S_i)(i = 1,2,3,\cdots,n) \qquad (12 \text{-} 5)$$

式中　　T_i——总评分；

　　　　B_i——指标权重；

　　　　S_i——指标评价值；

　　　　i——指标数。

运用此法的关键是正确评定权重和评价值。一般可请有实际工作经验的专家、工程技术经济人员开会决定，最好应在收集大量科学计算数据和实际经验数据的基础上，对这些基础资料进行测试，建立一定数量的定额标准等数据库，以提高评价的精确度。

【例 12 - 2】　试从甲、乙、丙三个建筑方案中选出最优方案。

假设经有关专家确定的主要指标的权重和评价值水平分别见表 12 - 7 及表 12 - 8。

表 12 - 7　　　　　　　　　　　　　主要指标的权重

序　号	指　标	权重（按重要程度）	序　号	指　标	权重（按重要程度）
1	单位造价	5	4	材料耗用量	2
2	工期	4	5	劳动力耗用量	1
3	基建投资	3			

表 12-8　　　　　　　　　　评价值水平

序　号	评 价 值	判　断
1	3	高于一般水平
2	2	一般水平
3	1	低于一般水平

方案评价见表 12-9。从表 12-9 中可看出，总评分（T_i）最高为 31，即甲方案为最优。权重及评价值也可以采取其他数值形式，如权重可用百分率表示（即 $\sum B=1$），评价值可以设每项指标的最高限额分（如 10 分）。评价时，先对各项指标评出分数，然后将各项指标的分数和相应权重（也称加权数）相乘得各项指标的评价分，最后以各项指标评价分累计总分的高低综合评价方案的优劣。

表 12-9　　　　　　　　　　方 案 评 价

序号	指标名称	权重（B）	甲方案		乙 方 案	
			评价值（S）	评价分（B×S）	评价值（S）	评价分（B×S）
1	单位造价	5	3	15	1	5
2	工　期	4	1	4	3	12
3	基建投资	3	2	6	2	6
4	材料耗用量	2	2	4	1	2
5	劳动力耗用量	1	2	2	2	2
6	总评分（T_i）			31		27

【例 12-3】　某市拟建一座商业大厦，通过设计竞赛方式优选设计方案。在参加投标的方案中，初选出 4 个较好的方案，然后邀请若干名专家对这 4 个方案进行评定，以便选出最优方案。假设评价的主要指标及其权重，专家对 4 个方案各主要指标给出的平均评分值见各设计方案的综合评价表（见表 12-10），各指标的最高分值定为 10 分，试选出最优方案。

表 12-10　　　　　　　　各设计方案的综合评价表

指　标		单位造价	适用性	建筑造型	三材消耗	综合评分（T_i）
权重（B）		0.4	0.3	0.2	0.1	
方案评价值	方案 A	8	8	9	8	8.2
	方案 B	9	8	8	7	8.3
	方案 C	7	9	8	8	7.9
	方案 D	6	8	7	9	7.1

计算各方案的综合评分值：

A 方案的综合评分值 $T_A=0.4\times8+0.3\times8+0.2\times9+0.1\times8=8.2$

B 方案的综合评分值 $T_B=0.4\times9+0.3\times8+0.2\times8+0.1\times7=8.3$

C 方案的综合评分值 $T_C=0.4\times7+0.3\times9+0.2\times8+0.1\times8=7.9$

D 方案的综合评分值 $T_D=0.4\times6+0.3\times8+0.2\times7+0.1\times9=7.1$

　　综合评分值最高为 8.3，故 B 方案为最优。此法不仅能反映价值指标，而且可以体现无法用货币形态表示的使用价值在评价中应有的作用，因此，它比"价值指标评价法"更全面一些。

　　2. 综合费用指标评价法

　　综合费用指标评价法是一种静态指标评价法。当几个建筑工程方案的功能基本相同时，可用综合费用指标进行评价，首先计算出该方案每年的使用费，然后按本部门规定的标准投资效果系数，计算出该方案一次性投资逐年回收的资金数量。这两项费用的总和称为该方案的综合费用。综合费用最小的方案则为最佳方案。其计算公式如下：

$$Z_i = C_i + E_i P_i \qquad (12-6)$$

式中　Z_i——第 i 个方案的年综合费用；

　　　　C_i——第 i 个方案的年使用费；

　　　　P_i——第 i 个方案的一次性投资；

　　　　E_i——部门标准投资效果系数（$E_i = 1/n$，其中 n 为投资回收年限）。

三、设计方案的经济分析与比较

　　设计方案从纵向（设计深度）上可以分为总体设计方案、初步设计方案、技术设计方案、施工图设计方案；从横向可分为：①专业工程方案，包括工艺方案、运输方案，给水系统方案、排水系统方案、供热方案等；②建筑构造方案，包括建筑结构方案、屋盖系统方案、围护结构方案、基础结构方案、内外装饰结构方案、室内设计方案等。

　　设计方案的经济分析与比较就是利用前面章节介绍的方法处理设计方案的经济比较与选择问题。常用的方法有以下两种。

　　（一）多指标综合评价方法

　　在设计方案的选择中，采用方案竞选和设计招标方式选择设计方案时，通常采用多指标的综合评价法。

　　采用竞选方式选择规划方案和总体设计方案，通常由组织竞选单位的有关专家组成专家评审组。专家评审组按照技术先进、功能合理、安全适用、满足节能和环境要求、经济实用、美观的原则，并同时考虑设计进度的快慢、设计单位与建筑师的社会信誉等因素综合评定设计方案优劣，择优确定中选方案。评定优劣时通常以一个或两个主要指标为主，再综合考虑其他指标。

　　设计招标中对设计方案的选择，通常由设计招标单位组织的评标委员会按设计方案优劣、投入产出经济效益好坏、设计进度快慢、设计资历和社会信誉等方面进行综合评审确定最优标。评标时，可根据主要指标再综合考虑其他指标选优的方法；也可采用打分的方法，通过确定一个综合评价值来确定最优的方案。

　　（二）单指标评价方法

　　单指标可以是效益性指标也可以是费用性指标。效益性指标主要是对于其收益或者功能有差异的多方案的比较选择，可以采用第五章中的互斥方案比选的方法选优。对于专业工程设计方案和建筑结构方案的比选来说，更常见的是：尽管设计方案不同，但方案的收益或功能没有太大的差异，这种情况下可采用单一的费用指标，即采用最小费用法选择方案。

　　采用最小费用法比选方案也有两种：一种是只考察方案初期的一次费用，即造价或投资；另一种是考察设计方案全寿命期的费用。设计方案全寿命期费用包括：工程初期造价

（投资），工程交付使用后的经常性开支费用（包括经常费用、日常维护修理费用、使用过程中的大修费用和局部更新费用等），以及工程使用期满后拆除费用等。考虑全寿命周期费用是比较全面合理的分析方法，但对于一些设计方案，如果建成后的工程在日常使用费用上没有明显的差异或者以后的日常使用费用难以估计时，可直接用造价投资来比较优劣。

下面通过一些例子来说明设计方案的经济比较与选择。

【例 12 - 4】 某 6 层单元式住宅设计共 54 户，建筑面积为 3949.62m²。原设计方案为砖混结构，内外墙为 240mm 砖墙。现拟订的新方案为内浇外砌结构，外墙做法不变，内墙采用 C20 混凝土浇筑。新方案内横墙厚为 140mm，内纵墙厚为 160mm。其他部位的做法、选材及建筑标准与原方案相同。

两方案的数据见表 12 - 11。

表 12 - 11　　　　　　　　　　两 方 案 的 数 据

设 计 方 案	建筑面积（m²）	使用面积（m²）	总投资（包括地价，元）
方案 1（砖混）	3949.62	2797.20	8 163 789
方案 2（内浇外砌）	3949.62	2881.98	8 300 342

问题如下：

（1）通过两方案的单位建筑面积造价和单位使用造价等指标对两方案进行经济比较分析。

（2）住宅楼作为商品房出售，在按使用面积出售和按建筑面积出售两种情况下分别进行经济分析。

（3）按多指标综合评价法对两方案进行比较，判断哪个方案最优（两方案的指标值见表 12 - 12）。

表 12 - 12　　　　　　　　　　两 方 案 的 指 标 值

指　标		平面布局	使用功能	造价	使用面积	经济效益	结构安全
权　重		0.15	0.20	0.20	0.15	0.20	0.10
方　案	砖　混	8	8	9	7	7	7
	内浇外砌	8	8	8	8	9	8

解　对于住宅来说，住宅的功能与日常运营费用一般不会受到房屋结构方案不同的影响，因此本例的方案主要是考察期初的投资或销售收入的差异。问题（1）和（2）采用单指标分析，问题（3）采用多指标综合评价法。

（1）表 12 - 13 是各方案单位建筑面积和单位使用面积投资额的计算值。

表 12 - 13　　　　各方案单位建筑面积和单位使用面积投资额的计算值

方　案	单位建筑面积投资（元/m²）	单位使用面积投资（元/m²）
方案 1（砖混）	8 163 789/3949.62＝2066.98	8 163 789/2797.20＝2918.56
方案 2（内浇外砌）	8 300 342/3949.62＝2101.55	8 300 342/2881.98＝2880.08

从表 12 - 13 中可看出，按单位建筑面积计算，方案 2 的投资高于方案 1 的投资；如按单位使用面积计算，方案 2 的投资低于方案 1 的投资。由于只有使用面积才会真正发挥居住

的功能，如果不考虑其他因素，显然方案 2 优于方案 1。

也可换个角度和方法来分析，每户平均增加使用面积为

$$(2881.98 - 2797.20)/54 = 1.57(\text{m}^2)$$

为此，每户多投资

$$(8\,300\,342 - 8\,163\,789)/54 = 2528.76(\text{元})$$

折合单位使用面积投资为

$$2528.76/1.57 = 1610.68(\text{元}/\text{m}^2)$$

即方案 2 比方案 1 的用户每多增加的使用面积 1.57m^2，其每平方米的投资为 1610.68 元。和方案 1 的单位使用面积 2918.56 元的投资相比，增加面积的投资是合算的。

（2）如果作为商品房出售，假设方案 2 与方案 1 的单位面积售价是相同的，可从以下不同角度来分析：

1）按使用面积出售的情况分析：对于购房人来说，如果不考虑其他因素，不同的结构对其选择是没有影响的，即不管房屋是什么结构的，他花费同样的钱只能购买同样使用面积的住房。

而对于房产商来说，选择方案 2 是很有利的，因为就该住宅分析，方案 2 比方案 1 每单位使用面积净收入增加 2918.56－2880.08＝38.48（元/m^2），而整个住宅至少可增加净收入 38.48×2881.98＝110 898.59（元）。

2）按建筑面积出售的情况分析：对于房产商来说，选用不同的方案总收入并不增加，但方案 2 比方案 1 的投资额却增加了，单位建筑面积增加额为 2109.57－2066.98＝42.59（元/m^2），投资总增加额为 42.59×3949.62＝168 214.32（元）。故选择方案 2 对房产商并不有利。

但对于购房人来说，购买一套房子的购房款总额不变，但其所得的使用面积，方案 2 比方案 1 每户要多 1.57m^2，故选择方案 2 对购房人是有利的。

（3）两个方案可按多指标综合评价法来确定最优方案。根据指标得分情况，可以计算出各方案的综合评价总分值。

方案 1 的综合评价总分值为

$$8×0.15＋8×0.20＋9×0.20＋7×0.15＋7×0.20＋7×0.10 = 7.75$$

方案 2 的综合评价总分值为

$$8×0.15＋8×0.20＋8×0.20＋8×0.15＋9×0.20＋8×0.10 = 8.20$$

因此，方案 2 最优。

【例 12 - 5】 某单位拟建几个仓库，初步拟定 A、B、C 三种结构设计方案。A、B、C 三种结构设计方案的费用表见表 12 - 14。试分析在不同的建筑面积范围采用哪个方案最经济（$i_c = 10\%$）。

表 12 - 14　　　　　　　　A、B、C 三种结构设计方案的费用表

方　案	造价（元/建筑面积）	寿命（年）	维修费（元/年）	其他费（元/年）	残值（元）
A	600	20	28 000	12 000	0
B	725	20	25 000	7500	造价×3.2%
C	875	20	15 000	6250	造价×1.0%

解　解决实际工程的经济问题，首先就问题进行分析。对于本问题，首先可以确定的是不管采用哪种方案，仓库所发挥的功能是一致的，因此可采用最小费用法比较各方案费用大小进行选优；其次，是分析各方案费用的情况，两个方案在初期投资有差异，其次各方案的年费用也不相同，一般来说，这种情况下应该考虑方案的全寿命期的费用。依据上述两点，就该方案进行进一步比较。

设仓库的建筑面积为 x m^2，则

$$PC_A = 600x + (28\,000 + 12\,000)(P/A, 10\%, 20)$$
$$= 600x + 40\,000 \times 8.513\,5$$
$$= 340\,540 + 600x$$
$$PC_B = 725x + (25\,000 + 7500)(P/A, 10\%, 20) - 725x \times 3.2\%$$
$$\times (P/F, 10\%, 20)$$
$$= 725x + 32\,500 \times 8.513\,5 - 725x \times 3.2\% \times 0.148\,6$$
$$= 276\,689 + 721.6x$$
$$PC_C = 875x + (15\,000 + 6250)(P/A, 10\%, 20) - 875x$$
$$\times 1.0\% \times (P/F, 10\%, 20)$$
$$= 725x + 21\,250 \times 8.513\,5 - 875x \times 1.0\% \times 0.148\,6$$
$$= 180\,912 + 873.7x$$

显然，三个方案的费用现值 PC 与建筑面积 x 之间成函数关系，利用优劣平衡分析法，求出三个方案的优劣平衡分歧点：$x_{AB} = 525$ m^2，$x_{BC} = 629$ m^2，$x_{AC} = 583$ m^2，A、B、C 方案的优劣平衡分析如图 12 - 5 所示。

根据图 12 - 5 分析，得出以下分析结论：

（1）当仓库的面积小于 583 m^2，选择 C 方案经济；

（2）当仓库的面积大于 583 m^2，选择 A 方案经济；

（3）B 方案在任何情况下都是不经济的。

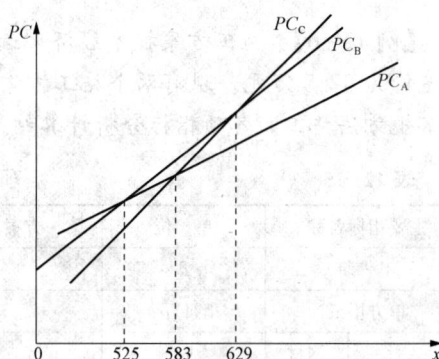

图 12 - 5　A、B、C 方案的优劣平衡分析

四、施工方案技术经济分析的方法及实例

（一）施工方案比较和选择的方法

施工方案包括前述的两大类，具体来说常见的有施工机械的选用、水平运输方案、垂直运输方案、现场平面布置方案、劳动力调配方案、现场机械设备调度方案、施工流水作业方案等。对于一般常见的问题可由施工管理人员根据经验迅速地做出选择，而对于复杂的问题，需要进行分析、评价比较，才能做出正确的选择。

施工方案技术经济分析方法包括定性分析和定量分析。定性分析主要是根据施工经验和各个施工方案的特征进行优缺点的评述，如施工方法是否先进可行；施工进度安排是否合理；工期长短如何；施工的连续性和均衡性；机械选用是否与工程要求相符；总平面设计是否充分利用场地，能否体现文明施工等。定量分析就是对各项指标进行数据计算，通过量的

分析比较，对各个施工方案进行技术经济评价。目前定量分析一般先采用多指标分析法，然后做出综合评价。

比较与选择的方法有如下几种：

1. 多指标综合评价法

即根据上述的指标体系，对于具体方案选择多个指标进行综合的评价选择。通常以其中的一个或两个为主，再综合考虑其他因素来确定最优方案。如基坑支护方案，既要考虑到采用这种方案施工的安全和方便性，又要考虑到其经济性。

2. 单指标评价法

施工方案的比较中，经常用的是单指标评价法，即根据一个单一的效益性指标或费用性指标比较方案的优劣，其中以最小费用法用得最多。另外，由于施工方案的寿命期较短（一般一个合同的工期最多在 1～2 年内），因此在对施工方案进行比较时，通常不用考虑资金的时间价值，用短期方案的比较方法进行比选。

3. 价值工程方法

价值工程方法作为一个方便实用的经济分析方法，在施工方案的经济分析中也得到较好的应用。利用价值工程方法，可对建筑材料、构配件及周转性工具材料的代换进行价值分析，也可以直接用于方案的经济比较。

（二）施工方案技术经济分析的实例

下面为施工方案技术经济分析与选择的实例。

【例 12 - 6】　施工方案技术经济比选。某 6 层砖混结构住宅建筑面积为 4000m²，设计概算造价为 62.5 万元。现有两个施工方案：第一方案，用网络计划技术组织施工；第二方案，用常规方法施工。各项指标分析计算结果见表 12 - 15，试比较哪个方案较优？

表 12 - 15　　　　　　　　　　　　各项指标分析计算结果

主要指标名称		单　位	第一方案（用网络计划技术）	第二方案（常规）	增减（＋、－）
工　期		d	165	185	－20
单方用工		工日/m³	2.9	3.15	－0.25
主要材料节约	钢材	kg	1200	1200	0
	木材	m³	3.5	3.5	0
	水泥	kg	21 000	21 000	0
塔吊单方台班数		台班/m³	0.015	0.017	－0.002
降低成本额		元	24 500	16 700	＋7800
降低成本率		%	3.92	2.67	＋1.25

从表 12 - 15 中所列主要指标的对比中可看出，用网络计划技术组织施工的第一方案其各项指标都较好，故第一方案较优。

【例 12 - 7】　施工方案中节约措施所取得的经济效果的计算。某测试中心实验楼建筑面积为 1940m²，预算造价为 27.1 万元，在择优选取的施工方案中采用的技术节约措施见表 12-16。节约措施经济效果计算表见表 12-17，其结果是：节约水泥 28 150kg；节约木材 3m³；节约红砖 15 600 块；节约劳动力 50 工日；合计节约资金为 6455.5 元；则降低成本率为 6455.5÷271 000＝2.38%。

表 12-16　　　　　　　　　　　　　　**技术节约措施**

项　目	节约项目	单位	工程量	技术节约措施
1	挖基槽土方	m³	90	土质好，不放坡，不加宽开挖，抢晴天，节约土方量
2	室内外回填土	m³	350	合理堆土，加强土方平衡调配，节省运费
3	振动灌注桩	m³	400	掺木质素减水剂，控制好配合比
4	基础块石垫层	m³	20	利用凿桩废料代用块石
5	混凝土	m³	40	用钢模代替木模
6	木落砖	m³	1	利用短、旧、废木料
7	砌砖	m³	780	合理排砖，调整皮数杆，利用断砖等节约用砖；砂浆中掺微沫剂节约白灰
8	楼地面细石混凝土面层	m²	1500	认真打底找平，预制板安装平整，厚20mm面层改细石混凝土加浆随捣随抹
9	墙面粉刷	m²	5000	墙面平整，减薄厚度为2mm，减少混合砂浆用量
10	地面垫层	m³	20	用开洞石渣（4元/t）代替碎石（10元/t）
11	节约工日数	工日	50	除土方节约劳动力之外，其他用工节约

表 12-17　　　　　　　　　　　　　**节约措施经济效果计算表**

项次	节约项目	单位	工程量	单方节约	节约值（量）	备　注
1	挖基槽土方	m³	90	2.62元	90×2.62＝235.8(元)	
2	回填土	m³	350	1.48元	350×1.48＝518.0(元)	
3	振动灌注桩 节约水泥 节约水泥	m³ m³ kg	400 400 16 000	 40kg 0.076元	 400×40＝16 000(kg) 16 000×0.076－186＝1030(元)	掺木质素减水剂金额共计186元
4	基础块石垫层 节约块石	m³ kg	20 29 000	 0.008元	 29 000×0.008＝232(元)	节约块石 29 000kg
5	混凝土 节约木材	m³ m³	40 2	 169元	2×169＝338(元)	用钢模代替木模节约木材 2m³
6	木落砖 节约木材金额	m³ m³	1 1	 169元	1×169＝169(元)	节约木材 1m³
7	砌砖 节约石灰 节约砖 节约砖	m³ kg m³ 块	780 14 000 780 15 600	 0.0388元 20块 0.065元	 14 000×0.038 8－18＝525.2(元) 780×20＝15 600(块) 15 600×0.065＝1014(元)	用微沫剂节约石灰14t，而增加微沫剂金额共计18元
8	楼地面细石面层 节约水泥 节约细石混凝土	m² m³ m³	1500 30 30	0.02m³ 345kg 50元	1500×0.02＝30(m³) 30×345＝10 350(kg) 30×50＝1500(元)	减薄20mm，节约C20细石混凝土 30m³
9	墙面粉刷 节约水泥 节约混合砂浆	m² m³ m³	5000 10 10	 180kg 58元	 10×180＝1800(kg) 10×58＝580(元)	减薄2mm，节约混合砂浆量 10m³

续表

项次	节约项目	单位	工程量	单方节约	节约值（量）	备　注
10	地面垫层 节约碎石	m³ kg	20 37 000	0.01元	37 000×0.01−148=222（元）	节约碎石 37t，而用石渣代替，石渣金额合计 148 元
11	节约工日	工日	50	1.83元	50×183=91.5（元）	除土方节约人工外的其他用工节约数
	合　计		节约水泥：28 150kg 节约木材：3m³ 降低成本额：6455.5 元		节约红砖：15 600 块 节约人工：50 工/日	

【例 12 - 8】 某工程一根 9.9m 长的钢筋混凝土梁，可以采用 3 种设计方案（见表 12 - 18）。经测算，3 种方案不同强度等级（A、B、C）的混凝土的制作费用分别为 220、230、225 元/m³，梁侧模的摊销费用为 21.4 元/m²，梁底模的摊销费用为 24.8 元/m²，钢筋制作、绑扎的费用为 3390 元/t。问哪个方案最优？

表 12 - 18　　　　　　　　　　混凝土梁的三种设计方案

方　　案	梁断面尺寸	钢筋（kg/m³）	砼强度等级
1	300mm×900mm	95	A
2	500mm×600mm	80	B
3	300mm×800mm	105	C

解　首先，不管采用哪种方案，梁承受的荷载并不改变，也就是说梁发挥的功能和作用是一样的，故可以采用最小费用法进行比较。其次，由于各个方案中梁将来的维护费用并无差异，因此只比较初始投资造价，且无须考虑资金的时间价值因素。对于这 3 种方案可用方案的直接费用的大小来比较优劣。

先要计算出各方案中混凝土、钢筋、底模和侧模的使用量，然后根据给定的单价计算每个方案的直接费用。

计算方案 1 的直接费用：

（1）混凝土费用：
$$0.3×0.9×9.9×220 = 588.06（元）$$

（2）梁侧模费用：
$$0.9×9.9×2×21.4 = 381.35（元）$$

（3）梁底模费用：
$$0.3×9.9×24.8 = 73.66（元）$$

（4）钢筋费用：
$$0.3×0.9×9.9×95×3390 = 860\ 839.65（元）$$

（5）方案 1 的直接费用：
$$588.06＋381.35＋73.65＋860\ 839.65 = 861\ 882.71（元）$$

同样的方法，可以计算出方案 2 与 3 的直接费用，3 种方案的直接费用计算结果见表 12 - 19。

表 12 - 19　　　　　　　　　　　3 种方案的直接费用计算结果

费用项目	单　　位	方案 1	方案 2	方案 3
混凝土	m³	2.673	2.97	2.373
钢筋	kg	253.90	237.60	249.50
梁侧模	m²	17.82	11.88	15.84
梁底模	m²	2.97	4.95	2.97
混凝土费用	元	588.06	683.10	534.60
钢筋费用	元	860.72	805.46	845.81
模板费用	元	455.00	376.99	412.63
合计（直接费用）	元	1903.78	1865.55	1793.04

从表 12 - 19 中可以看出，方案 3 最优。

第四节　设备更新的经济分析

一、设备更新的原因及特点

（一）设备更新原因分析

设备更新源于设备的磨损。磨损分为有形磨损和无形磨损，设备磨损是有形磨损和无形磨损共同作用的结果。

1. 设备的有形磨损

由于设备被使用或自然环境造成设备实体的内在磨损称为设备的有形磨损或物质磨损。设备有形磨损又可分为第Ⅰ类有形磨损和第Ⅱ类有形磨损。

（1）第Ⅰ类有形磨损。运转中的设备在外力作用下，实体产生的磨损、变形和损坏称为第Ⅰ类有形磨损。产生第Ⅰ类有形磨损的原因有摩擦磨损、机械磨损和热损伤。

第Ⅰ类有形磨损可使设备精度降低，劳动生产率下降。当这种有形磨损达到一定程度时，整个设备的功能就会下降，导致设备故障频发、废品率升高、使用费剧增，甚至难以继续正常工作，丧失使用价值。

（2）第Ⅱ类有形磨损。自然环境的作用是造成设备有形磨损的另一个原因，设备因自然力产生的磨损称为第Ⅱ类有形磨损。这种磨损与生产过程的使用无关，甚至在一定程度上还同使用程度成反比。因此设备闲置或封存不用同样也会产生有形磨损，如金属件生锈、腐蚀、橡胶件老化等。可见设备闲置时间长了，会自然丧失精度和工作能力，失去使用价值。

2. 设备的无形磨损

设备无形磨损是由于社会经济环境变化造成的设备价值的贬值。无形磨损不是由于生产过程中的使用或自然力的作用造成的，故它不表现为设备实体的变化和损坏。设备无形磨损也可分为第Ⅰ类无形磨损和第Ⅱ类无形磨损。

（1）第Ⅰ类无形磨损。第Ⅰ类无形磨损是由于设备制造工艺不断改进，成本不断降低，劳动生产率不断提高，生产同种设备所需的社会必要劳动减少，因而设备的市场价格降低了，这样就使原来购买的设备相应地贬值了。

这种无形磨损的后果只是现有设备原始价值部分贬值，设备本身的技术特性和功能即使用价值并未发生变化，故不会影响现有设备的使用。

（2）第Ⅱ类无形磨损。第Ⅱ类无形磨损是由于技术进步，社会上出现了结构更先进、技术更完善、生产效率更高、耗费原材料和能源更少的新型设备，而使原有机器设备在技术上显得陈旧落后造成的。它的后果不仅是使原有设备价值降低，而且会使原有设备局部或全部丧失其使用功能。这是因为，虽然原有设备的使用期还未达到其物理寿命，能够正常工作，但由于技术上更先进的新设备的发明和应用，使原有设备的生产效率大大低于社会平均生产效率，如果继续使用，有可能使产品成本明显高于社会平均成本，所以原有设备价值应视为已降低，甚至应被淘汰。

第Ⅱ类无形磨损导致原有设备使用功能降低的程度与技术进步的具体形式有关。当技术进步表现为不断出现性能更完善、效率更高的新设备，但加工方法没有原则性变化时，将使原有设备的使用功能大幅度降低；当技术进步表现为采用新的加工对象如新材料时，则原有设备的使用功能完全丧失，加工旧材料的设备必然要被淘汰；当技术进步表现为改变原有生产工艺，采用新的加工方法时，则为旧工艺服务的原有设备也将失去使用功能；当技术进步表现为产品的更新换代时，不能适用于新产品生产的原有设备也要丧失使用功能，即被淘汰。

3. 设备磨损的补偿

要维持企业再生产的正常进行，必须对设备的磨损进行补偿，由于设备磨损的形式不同，补偿磨损的方式也不一样。设备的磨损有两种补偿方式，即局部补偿和完全补偿。设备有形磨损的局部补偿是修理，设备无形磨损的局部补偿是现代化技术改造。有形磨损和无形磨损的完全补偿是更换，即淘汰旧设备更换新设备。

（二）设备的寿命形态

1. 物理寿命

物理寿命又称为自然寿命或物质寿命，它是从设备投产使用起由于物质磨损，使设备老化、损坏，直至报废止所经历的时间长度。这种寿命主要取决于设备的质量、使用和维修的质量。

2. 使用寿命

使用寿命是指设备从投入使用开始，直到由于老化不能使用为止所经历的时间。这种寿命既考虑设备的有形磨损，又要考虑其无形磨损，但由于这两种磨损的估计都比较困难，因此在实务中其使用年限是根据国家的有关规定并结合企业的具体情况来确定的。

3. 经济寿命

经济寿命是从开始到如果继续使用经济上已经不合理为止的整个时间过程。是指设备的平均年费用最低的使用年限，是从经济角度看设备最合理的使用期限。设备经济寿命即指能使一台设备的年平均使用成本最低的年数。设备的使用成本是由两部分组成：一是设备购置费的年分摊额，二是设备的年运行费用（主要包括操作费、维修费、材料费及能源费）。年运行费用是随着设备的使用年限的延长而增加的，尤其设备在其使用后期，由于性能劣化导致运行费用大幅度增加。

4. 折旧寿命

折旧寿命是从折旧制度的角度考察设备的一项时间指标，也称设备的折旧年限。其是指设备从投入使用到提满折旧为止的时间。一般情况下，设备的折旧寿命及折旧的计提方法及原则由我国的财务通则或财务制度及相关法规规定，比如我国财务制度规定固定资产不低于10年的折旧期，也就是说，设备的折旧寿命不低于10年，而有的设备则有明确的规定。折旧寿命一般小于物理寿命。相应的设备的折旧寿命可以用折旧计算的逆运算求得。

5. 技术寿命

技术寿命是指设备从投产起至由于新技术的出现，使原有设备在物理寿命尚未结束前就丧失其使用价值而被淘汰所经历的时间。它是从技术的角度看设备最合理的使用期限，并由设备的无形磨损来决定。

6. 产品寿命

产品寿命是指在某些情况下，设备还处于良好的状态，由于市场不需要该设备所生产的产品，迫使设备提前退出使用，此时，从设备投入使用到退出使用的时间称为设备的产品寿命。

(三) 设备更新的特点分析

1. 设备更新的中心内容是确定设备的经济寿命

生产设备的寿命有上述几种寿命形态，设备更新的中心内容是确定设备的经济寿命。设备经济寿命是由有形磨损和无形磨损共同决定的。具体来说是指能使投入使用的设备等额年总成本（包括购置成本和运营成本）最低或等额年净收益最高的期限。例如一辆汽车，随着使用时间的延长，平均每年分摊的汽车购置费（设备原值）越来越小，仅就此点而论，似乎使用的时间越长越好；但在另一方面，随着使用年限的延长，旧汽车的维护费和燃料费等将不断递增。因此，前者那部分越来越低的成本将被后者越来越高的那部分成本所抵消。在两种相互消长的变化过程中，必定有某一时点会使年度总成本最低，这一点就是该汽车的经济寿命。在设备更新分析中，经济寿命是确定设备最优更新期的主要依据。

2. 设备更新分析应站在咨询者的立场分析问题

设备更新问题的要点是站在咨询师的立场上，而不是站在旧资产所有者的立场上考虑问题。咨询师并不拥有任何资产，故若要保留旧资产，首先要付出相当于旧资产当前市场价值的现金，才能取得旧资产的使用权。这是设备更新分析的重要概念。

3. 设备更新分析只考虑未来发生的现金流量

旧设备经过磨损，其实物资产的价值会有所降低。但旧设备经过折旧后所剩下的账面价值并不一定等于其当前的市场价值，即更新旧设备往往会产生一笔沉入成本。沉入成本＝旧设备账面价值－当前市场价值（残值）或沉入成本＝（旧设备原值－历年折旧费）－当前市场价值（残值）。

设备更新分析中有一个重要的特点，是在分析中只考虑今后研发生的现金流量，对以前发生的现金流量及沉入成本，因为它们都属于不可恢复的费用，与更新决策无关，故不需再参与经济计算。

4. 只比较设备的费用

通常在比较设备更新方案时，假定设备产生的收益是相同的，因此只对它们的费用进行比较。

5. 设备更新分析以费用年值法为主

由于不同设备方案的服务寿命不同，因此通常都采用年值法进行比较。新设备往往具有较高的购置费和较低的运营成本，而要更新的旧设备往往具有较低的重置费和较高的运营费。

二、设备经济寿命的确定

在设备更新分析中，往往是在已知新旧设备经济寿命的基础上进行经济评价，但由于经济评价结果对新旧设备的经济寿命十分敏感，因此仅凭假设或推测来确定设备的经济寿命就显得不够谨慎，必须通过科学合理的方法来计算设备的经济寿命。

（一）设备经济寿命的有关概念

1. 设备费用构成

一台设备在其整个寿命周期内发生的费用包括：

（1）原始费用，指采用新设备时一次性投入的费用，包括设备原价、运输和安装费等；

（2）使用费，指设备在使用过程中发生的费用，包括运行费（人工、燃料、动力、刀具、机油等消耗）和维修费（保养费、修理费、停工损失费、废次品损失费等）；

（3）设备残值，指针对旧设备进行更换时，旧设备的处理价值，可根据设备转让或处理的收入和扣除拆卸费用和可能发生的修理费用计算，设备残值也可能是个负数。

通常，新设备是原始费用高但运行和维修费用低，而旧设备恰恰相反。实际上，当一台全新设备投入使用后，随着使用年限的延长，平均每年分摊的设备原始费用将越来越少；而与此同时，设备的使用费用却是逐年增加的（称为设备的劣化）。因此随着使用年限的延长，平时每年分摊的原始费用减少的效果会因为使用费的增加而减少，直至原始费用减少不足以抵消使用费用的增加，显然这时如果继续使用设备并不经济，就存在了设备的经济寿命。如果过了设备的经济寿命还继续使用设备，经济上是不合算的，称为"恶性使用阶段"。

2. 设备经济寿命的构成

根据上述设备的经济寿命的定义得知，设备的经济寿命（见图 12-6）是设备的平均年费用最低的使用年限，其中年费用由两部分组成：

（1）资金恢复费用，指设备的原始费用扣除设备弃置不用时的估计残值（净残值）后分摊到设备使用各年上的费用；

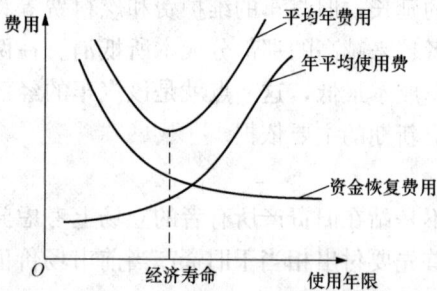

图 12-6　设备的经济寿命

（2）年平均使用费。

（二）设备经济寿命的计算

1. 不考虑资金时间价值时的经济寿命

（1）一般情况。设 N 为设备的使用年限，P_0 为设备的原始费用，P_N 为设备使用到 N 年末的残值，C_t 为第 t 年的设备使用费（包括运行费 O 和维修费 M）。平均年费用最低所对应的年限即为设备的经济寿命。

设备使用到第 N 年末时的年平均费用 AC_N 的计算公式如下：

$$AC_N = \frac{P_0 - P_N}{N} + \frac{\sum_{t=1}^{N} C_t}{N} \tag{12-7}$$

其中，$\dfrac{P_0 - P_N}{N}$ 为资金恢复费用；$\dfrac{\sum_{t=1}^{N} C_t}{N}$ 为年平均使用费。可以通过列表的方法得出年平均使用费用最低的使用年限，即设备的经济寿命。

【例 12 - 9】　某设备原始费用为 20 000 元，每年的使用费及年末的残值具体情况见表 12 - 20，试计算这台设备的经济寿命。

表 12 - 20　　　　　　　　　　每年的使用费及年末的残值具体情况　　　　　　　　单位：元

服务年限	年度使用费	年末残值	服务年限	年度使用费	年末残值
1	2200	10 000	6	7700	5000
2	3300	9000	7	8800	4000
3	4400	8000	8	9900	3000
4	5500	7000	9	11 000	2000
5	6600	6000	10	12 100	1000

解　列表计算数据见表 12 - 21。

表 12 - 21　　　　　　　　　　　列 表 计 算 数 据　　　　　　　　　　　单位：元

使用年限 (1)	年度使用费 (2)	年度使用费之和 (3)	年平均使用费 (4)	年末的估计残值 (5)	年末退出使用的资金恢复费用 (6)	该年限内的年平均费用 (7)
(1)	(2)	$(3) = \sum (2)$	$(4) = (3)/(1)$	(5)	$(6) = [20\ 000 - (5)]/(1)$	$(7) = (4) + (6)$
1	2200	2200	2200	10 000	10 000	12 200
2	3300	5500	2750	9000	5500	8250
3	4400	9900	3300	8000	4000	7300
4	5500	15 400	3850	7000	3250	7100
5	6600	22 000	4400	6000	2800	7200
6	7700	29 700	4950	5000	2500	7450
7	8800	38 500	5500	4000	2286	7786
8	9900	48 400	6050	3000	2125	8175
9	11 000	59 400	6600	2000	2000	8600
10	12 100	71 500	7150	1000	1900	9050

从表 12 - 21 中可看出。第 4 年的年平均费用最低，因此，该设备的经济寿命为 4 年。

（2）各年残值相同（设为 L），每年的设备使用费增量（劣化值）相等（设为 λ）的情况：C_1 为第 1 年的设备使用费，则设备年平均费用计算公式如下：

$$AC_N = \frac{P_0 - L}{N} + C_1 + \frac{N-1}{2}\lambda \qquad (12 - 8)$$

对上式两边求导，可得设备的经济寿命 N_{opt}：

$$N_{opt} = \sqrt{\frac{2(P_0 - L)}{\lambda}} \qquad (12 - 9)$$

2. 考虑资金时间价值时的经济寿命

设基准收益率为 i_c，设备使用到 N 年末时资金恢复费用为

$$P_0(A/P, i_c, N) - P_N(A/F, i_c, N)$$
$$= P_0(A/P, i_c, N) - P_N[(A/P, i_c, N) - i_c]$$
$$= (P_0 - P_N)(A/P, i_c, N) + P_N i_c$$

年平均使用费为

$$\sum_{t=1}^{N} C_t(P/F, i_c, t)(A/P, i_c, N)$$

则设备使用到第 N 年末时的年平均费用为

$$AC_N = (P_0 - P_N)(A/P, i_c, N) + P_N i_c + \sum_{t=1}^{N} C_t(P/F, i_c, t)(A/P, i_c, N) \quad (12\text{-}10)$$

或者

$$AC_N = \left[P_0 - P_N(P/F, i_c, N) + \sum_{t=1}^{N} C_t(P/F, i_c, t)\right](A/P, i_c, N) \quad (12\text{-}11)$$

可通过列表计算的方法，得出年平均费用最低的使用年限，即为设备的经济寿命。

【例 12-10】 在 [例 12-9] 中，如考虑资金的时间价值，设 $i_c = 10\%$，试计算设备的经济寿命。

解 列表计算数据见表 12-22。

表 12-22　　　　　　　　　　　列 表 计 算 数 据　　　　　　　　　　单位：元

年限	各年使用费	各年现值系数	各年使用费现值	累计现值之和	资金回收系数	年平均使用费	年末估计残值	年均资金恢复费用	年平均费用
1	2200	0.909 1	2000	2000	1.100	2200	10 000	12 000	14 200
2	3300	0.826 4	2727	4727	0.576 2	2724	9000	7238	9962
3	4400	0.751 3	3306	8033	0.402 1	3230	8000	5625	8856
4	5500	0.683 0	3757	11 790	0.315 5	3719	7000	4801	8520
5	6600	0.620 9	4098	15 888	0.263 8	4191	6000	4293	8484
6	7700	0.564 5	4346	20 234	0.229 6	4646	5000	3944	8590
7	8800	0.513 2	4516	24 750	0.205 4	5084	4000	3686	8770
8	9900	0.466 5	4618	29 368	0.187 4	5505	3000	3487	8991
9	11 000	0.424 1	4665	34 033	0.173 6	5910	2000	3326	9235
10	12 100	0.385 5	4665	38 699	0.162 7	6298	1000	3192	9490

从表 12-22 中可以看出，考虑资金的时间价值，设备的经济寿命为 5 年。从上述两种方法计算结果可以看出，计算结果有差别，但差别不是很大。

三、新添设备优劣比较的经济分析

新添设备指新购或新租设备，新添设备的优劣比较主要是从多种试用的型号中选择一种最经济的型号以及比较租用设备合算还是购置设备合算的问题。

（一）新购设备的优劣比较

新购设备的优劣比较，首先是确定需要比较的各型号的经济寿命，然后通过比较经济寿命期内各方案的年费用来判断方案的优劣。

（二）购置设备和租赁设备的优劣比较

1. 设备的租赁

设备租赁是随着企业资产所有权和使用权的分离应运而生的设备使用形式。它是指设备的承租者按照租赁契约的规定，定期向出租者支付一定数额的租赁费从而取得设备的使用权，设备的所有权不发生改变，仍然归出租者所有。

设备租赁对双方的有利之处表现在如下方面：

(1) 从出租者来看，由于出租设备的所有权不发生变化，因而不会伴随像资金贷款形式那样大的投资风险，并且可以避免设备的使用效率低和设备闲置，出租设备所得的租金一般也高于出租设备的价值。

(2) 从承租者来看，可以解决购置设备资金不足和借款受到限制等问题，可以将由租赁节约下来的资金用到更为有利和迫切的生产方面。更重要的是，承租者通过租赁提高了生产能力，从而能获得更多的收益，同时避免承担因技术进步造成的资金过时的更新风险。

2. 设备租赁的形式

(1) 经营性租赁。经营性租赁是由出租者向承租者提供一种特殊服务的租赁，即出租者除向承租者提供租赁物外，还承担租赁设备的保养、维修、老化、贬值以及不再续租的风险。这种方式带有临时性，因而租金较高。承租者往往用这种方式租赁技术更新较快、租期较短的设备，承租设备的使用期往往也短于设备的寿命期；并且经营性租赁设备的租赁费计入企业成本，可减少企业所得税。承租人可视自身情况需要决定是中止还是继续租赁设备。

(2) 融资性租赁。融资性租赁是一种融资和融物相结合的租赁方式。它是由双方明确租让的期限和付费义务，出租者按照要求提供规定的设备，然后以租金形式回收设备的全部资金。这种租赁方式是以融资和对设备的长期使用为前提的，租赁期相当于或超过设备的寿命期，租赁对象往往是一些贵重和大型的设备。由于设备是承租者选定的，出租者对设备的整机性能、维修保养、老化等不承担责任。对于承租者来说，融资租入的设备属于固定资产，可以计提折旧计入企业成本；而租赁费一般不直接列入企业成本，由企业税后支付。但租赁费中的利息和手续费（按租赁合同约定，手续费可包括在租赁费中，或者一次性支付）可在支付时计入企业成本，作为纳税所得额中准予扣除的项目。

3. 设备租赁的现金流量及与购置方案的比较

经营性租赁设备方案的净现金流量为

经营性租赁设备方案的净现金流量＝销售收入－经营成本－租赁费－销售税及附加
－（销售收入－经营成本－租赁费
－销售税金及附加）×所得税税率

融资性租赁的设备方案净现金流量为

融资性租赁的设备方案净现金流量＝销售收入－经营成本－租赁费－销售税及附加
－（销售收入－销售成本－折旧费
－租赁费中的手续费和利息－销售税金及附加）
×所得税税率

而在相同条件下，购置设备方案的净现金流量为

购置设备方案的净现金流量＝销售收入－经营成本－设备购置费－销售税及附加
－（销售收入－经营成本－折旧费－利息
－销售税金及附加）×所得税税率

下面通过例子说明设备租赁方案与购置方案的比较方法。

【例 12-11】　某企业需要某种设备，其购置费为 10 000 元，以自有资金购买，估计使用期为 10 年，10 年后的残值为 0。如果采用融资租赁的，同类设备年租赁费为 1600 元（其

中利息部分为 200 元）。当设备投入使用后，企业每年的销售收入为 6000 元，销售税及附加为销售收入的 10%，设备年经营成本为 1200 元/年，所得税税率为 33%，折旧采用直线折旧法，该企业的基准收益率为 10%。要求比较租赁方案和购置方案。

解　（1）采用购置方案。

年折旧：$10\,000 \div 10 = 1000$（元）。

年利润：$6000 - 6000 \times 10\% - 1200 - 1000 = 3200$（元）。

税后利润：$3200 \times (1 - 33\%) = 2144$（元）。

投入使用后年净现金流量：$2144 + 1000 = 3144$（元）。

净现值：$-10\,000 + 3144\,(P/A, 10\%, 10) = 9329.88$（元）。

（2）采用租赁方案。

折旧同购置方案。

年利润：$6000 - 6000 \times 10\% - 1200 - 1000 - 200 = 3000$（元）。

税后利润：$3\,000 \times (1 - 33\%) = 2010$（元）。

投入使用后年净现金流量：$2010 + 1000 - (1600 - 200) = 1610$（元）。

净现值：$1610 \times (P/A, 10\%, 10) = 9893.45$（元）。

（3）比较两方案。通过计算，租赁方案的净现值高于购置方案的净现值，因此可以认为租赁方案优于购置方案。

四、设备更新方案的经济分析

（一）设备更新经济分析的含义

设备更新经济分析就是确定一套正在使用的设备是否应该用更经济的设备来替代或者何时应该改进现有设备。

对企业来说，设备更新问题的决策是很重要的，如果因为机器暂时的故障就将现有的设备进行草率的报废处理，或者因为片面追求先进和现代化，而购买最新型的设备，都有可能造成资本的流失；而对于一个资金比较紧张的企业可能会选择另一个极端的做法，即恶性使用设备（拖延设备的更新直到其不能再使用为止）。恶性使用设备对企业来说是一种危险的做法，它必须依靠低效率的设备所生产的高成本和低质量的产品与竞争对手们利用现代化的设备生产的低成本和高质量的产品进行竞争，显然这会使企业处在一个极为不利的地位。

设备更新有两种情况：

（1）有些设备在其整个使用期内并不会过时，即在一定时期内还没有更先进的设备出现。在这种情况下，设备在使用过程中避免不了有形磨损的作用，结果引起设备的维修费用，特别是大修理费以及其他运行费用的不断增加，这时立即进行原型设备替换，在经济上是合算的，这就是原型更新问题。原型设备的更新通常由设备的经济寿命决定，即当设备运行到设备的经济寿命时，即进行更新。

（2）在技术不断进步的条件下，由于无形磨损的作用，很可能在设备尚未使用到经济寿命期，就已经出现了重置价格很低的同型设备或工作效率更高和经济效益更好的更新型的同类设备，这时就要通过分析继续使用原设备和购置新设备的两种方案进行选择，确定设备是否更新。在实际工作中，往往是综合磨损作用的结果。现代社会技术进步速度越来越快，设备的更新周期越来越短，因此对企业来说，设备的更新分析是一个很重要的工作。

（二）不同类型设备更新经济分析

1. 因过时而发生的更新

因过时而发生的更新主要是无形磨损作用的结果。任何一项与现有设备有关的构造和运行技术的发展及改进，都有可能促进设备的提前更新。人们可能会因为新设备的购置费用较大而趋向保留现有设备；但新设备将带来运营及维修费用的减少，产品质量的提高。设备更新的关键是新设备与现有设备相比的节约额可能比新设备投入的购置费用更大。

在设备更新分析中，对现有设备要注意的一个重要问题，就是现有设备的最初购置费以及会计账面余值，从经济分析的角度来看，它们属于沉没成本，将不予考虑，只考虑现有设备的现行市场价值，即现有的已使用若干年的设备的转让价格，或购置这样的使用若干年的同样设备的价格。这是因为，以前的购置费及其会计折旧的账面余值，都是在新设备出现以前所确定的现有设备价值，新设备的出现必然使得现有设备过时，并降低其价值。

【例 12-12】某单位 3 年前用 40 万元购置了一台磨床，它一直运行正常。但现又有了一种改进的新型号，售价为 35 万元，并且其运营费用低于现有磨床。现有磨床和新型磨床各年的残值（当年转让或处理价格）及运营费用见表 12-23。磨床还需使用 4 年，新磨床的经济寿命为 6 年。设 $i_c=15\%$，分析是否需要更新。

表 12-23　　现有磨床和新型磨床各年的残值（当年转让或处理价格）及运营费用　　单位：元

年序	现有磨床		新型磨床	
	运营费	残　值	运营费	残　值
0		120 000		350 000
1	34 000	70 000	2000	300 000
2	39 000	40 000	10 000	270 000
3	46 000	25 000	12 000	240 000
4	56 000	10 000	15 000	200 000
5			20 000	170 000
6			26 000	150 000

解　因为磨床还需要使用 4 年，所以对于新磨床来说，只要考虑前 4 年的情况。现有设备的 40 万元的购置费是沉没成本，只考虑 12 万元的现行市场价格。

旧磨床年费用：$[120\,000+34\,000\,(P/F,\,15\%,\,1)+39\,000\,(P/F,\,15\%,\,2)$
$\qquad\qquad +46\,000\,(P/F,\,15\%,\,3)+56\,000\,(P/F,\,15\%,\,4)$
$\qquad\qquad -10\,000\,(P/F,\,15\%,\,4)]\times(A/P,\,15\%,\,4)$
$\qquad\qquad =82\,524（元）$

新磨床年费用：$(350\,000-200\,000)\,(A/P,\,15\%,\,4)+200\,000\times15\%$
$\qquad\qquad +\,[20\,000\,(P/F,\,15\%,\,1)+10\,000\,(P/F,\,15\%,\,2)$
$\qquad\qquad +12\,000\,(P/F,\,15\%,\,3)+15\,000\,(P/F,\,15\%,\,4)]$
$\qquad\qquad \times(A/P,\,15\%,\,4)$
$\qquad\qquad =91\,567（元）$

因此，新型磨床的年费用高于现有磨床，现在不应进行更新。

2. 由于性能降低而发生的更新

设备性能降低表现为运行费用过多、维修费用增加、废品率上升和附加设备费用增加等。当设备使用费增加时，就需要对设备进行更新分析，而且这种更新分析是连续进行的，即如果确定在本周期（一个周期通常为一年）内不需要更新，那么是否需要在下一个周期或者后面的某个周期开始之前进行更新？

因性能降低而发生的更新分析，首先是确定是否需要更新现有设备（旧设备），由于新设备的使用年限一般并不相等，因而通常用年费用法进行比较；如果确定了需要进行更新，那么下一步就是确定应该在什么时间进行更新，具体的分析方法是连续计算各年的旧设备年费用费，并与新设备的年费用进行比较，直到某一年旧设备的年费用高于新设备的年费用，则在该年年初或其上一年的年末更新现有设备。

【例 12 - 13】 某单位的一台旧机器，目前可以转让，价格为 25 000 元，下一年将贬值 10 000 元，以后每年贬值 5000 元。由于性能退化，它今年的使用费为 80 000 元，预计今后每年将增加 10 000 元。它将在 4 年后报废，残值为 0。现有一台新型的同类设备，它可以完成与现在设备相同的工作，购置费为 160 000 元，年平均使用费为 60 000 元，经济寿命为 7 年，期末残值为 15 000 元，并预计该设备在 7 年内不会有大的改进。设 $i_c=12\%$，问是否需要更新现有设备？如果需要，应该在什么时间更新？

解　确定新设备的年平均费用 AC_X：

$$AC_X = (160\,000 - 15\,000)(A/P,12\%,7) + 15\,000 \times 12\% + 60\,000 = 93\,572(元)$$

确定旧设备持续使用 4 年的年平均费用 AC_J：

$$AC_J = 25\,000(A/P,12\%,4) + 80\,000 + 10\,000(A/G,12\%,4) = 101\,819(元)$$

显然，旧设备的年平均费用高于新设备的年平均费用，故旧设备需要更新。但如果做出马上就应更新的决策，可能是错误的，这需要对此做进一步的分析。

若旧设备再保留使用一年，则一年的年费用 AC_J^1：

$$AC_J^1 = (25\,000 - 15\,000)(A/P,12\%,1) + 15\,000 \times 12\% + 80\,000 = 93\,000(元)$$

因为小于新设备的年平均费用，所以旧设备在第一年应该继续保留使用。

若旧设备再保留使用到第二年，则第二年一年的年费用 AC_J^2 为：

$$AC_J^2 = (15\,000 - 10\,000)(A/P,12\%,1) + 10\,000 \times 12\% + 90\,000 = 96\,800(元)$$

显然，若保留使用到第二年，第二年的年费用高于新设备的年平均费用，则旧设备在第二年使用之前就应该更新。

因此，现有设备应该再保留使用一年，一年后更新为新设备。

3. 由于能力不足而发生的更新

当运行条件发生变化时，现有设备可能会出现生产能力不足的问题，这时面对的更新问题：一是更换现有设备，购置生产能力满足要求的新设备，老设备留着备用或者转让；二是现有设备继续保持使用，同时再购买一台附加的新设备，或对现有设备进行改进，以满足生产能力的需要。

【例 12 - 14】 某厂 6 年前花 8400 元购置了设备 A，当时估计它有 12 年的寿命，残值为 1200 元，年使用费基本保持在 2100 元。现在由于机器 A 加工的零件所在的产品的市场需求量增加，对机器 A 所加工的零件的需求量成倍增加，现有设备 A 的生产能力已不能满足要求。为解决这个问题，有两个方案：

(1) 购进与设备 A 完全相同的 A 型机器，现购买价为 9600 元，寿命期和年使用费与 A 相同，残值为 1600 元。

(2) 现在设备 A 可折价 3000 元转让，再购进生产同样零件的 B 型机器，生产能力是 A 型机器的两倍。购置费为 17 000 元，寿命期为 10 年，年使用费基本稳定在 3100 元，残值估计为 4000 元。

设 $i_c = 10\%$，比较选择两个更新方案。

解 对这个问题，可换个角度考虑，能使问题更清晰一点：假设将现在的设备 A 以 3000 元卖出，然后需要购进生产这种零件的设备，方案 (1) 是花 3000 元买的一台使用 6 年的陈旧的 A 型机器加一台购置费为 9600 元的新的 A 型机器；方案 (2) 是花 14 000 元购置一台 B 型机器。

两方案的现金流量图如图 12 - 7 所示。分别计算方案 (1) 和方案 (2) 的年费用 $AC_{(1)}$、$AC_{(2)}$ 为

$$AC_{(1)} = (3000 - 1200)(A/P, 10\%, 6) + 1200 \times 10\% + 2100$$
$$+ (9600 - 1600)(A/P, 10\%, 12) + 1200 \times 10\% + 2100$$
$$= 6067(元)$$
$$AC_{(2)} = (17\ 000 - 4000)(A/P, 10\%, 10) + 4000 \times 10\% + 3100$$
$$= 5615(元)$$

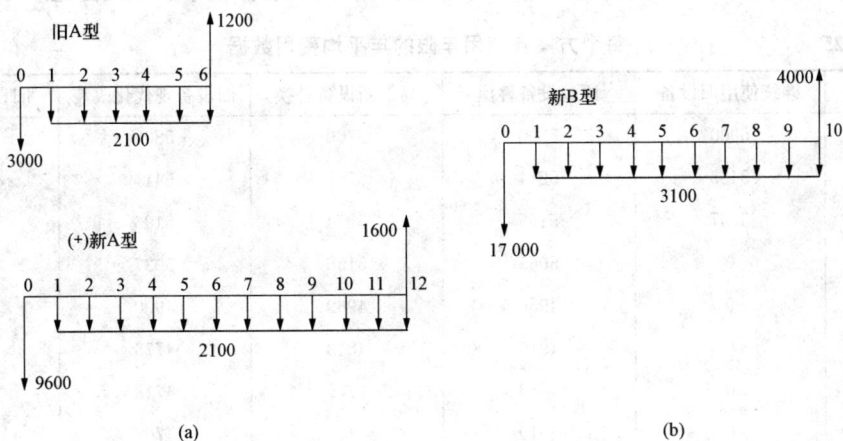

图 12 - 7 两方案的现金流量图

(a) 方案 (1) 现金流量；(b) 方案 (2) 现金流量

由于方案 (1) 的年费用高于方案 (2) 的年费用，因此应该选择方案 (2)，即将旧 A 型机器折价 3000 元处理，购入 B 型机器。

4. 设备继续使用的年限为未知的更新分析

有时对设备还需要继续使用的年限不能确定，这时可对设备使用年限的多种可能情况进行更新分析。

【例 12 - 15】 现有设备还有 3 年即将使用到其经济寿命期限，现对其更新进行经济分析。各个更新方案的数据见表 12 - 24，其中继续使用旧设备的初始费用是指旧设备现在的处理价

格。设备使用年限未定，试确定不同使用年限的设备更新方案的选择。基准收益率 $i_c = 10\%$。

表 12-24　　　　　　　　　　各个更新方案的数据　　　　　　　　　　单位：元

方　案	继续使用旧设备		原型设备替换		高效新设备替换		旧设备现代化改装		旧设备大修理	
初始费用	2000		15 000		21 000		12 000		5000	
年　末	年运营费	年末残值	年运营费	年末残值	年运营费	年末残值	年运营费	年末残值	年运营费	年末残值
1	4000	1200	1000	12 200	600	18 000	1600	9000	2700	3000
2	5200	600	1200	0	800	15 200	1800	6700	3300	1800
3	6400	300	1600	9500	1100	13 200	2000	4700	3900	600
4			2000	7000	1400	11 200	2300	3000	5000	300
5			2400	5000	1700	10 000	2600	1700	6000	100
6			2800	3500	2000	9000	3100	1000	7000	100
7			3400	2000	2300	8000	3800	700		
8			4600	1000	2600	7000	4700	200		
9			5600	500	2900	6500	5700	200		
10			6800	30	3300	6000	6800	200		

解　利用式（12-10）计算出的每个方案各使用年限的年平均费用数据见表 12-25。

表 12-25　　　　　　　每个方案各使用年限的年平均费用数据　　　　　　单位：元

使用年限	继续使用旧设备	原型设备替换	高效新设备替换	旧设备现代化改装	旧设备大修理
1	5000	5300	5700	5800	5200
2	5438	5214	5557	5419	5010
3	5837	5165	5274	5193	5091
4	0	5065	5155	5037	5149
5	0	4956	4969	4900	5326
6	0	4916	4843	4779	5544
7	0	4883	4775	4718	0
8	0	4910	4743	4767	0
9	0	4980	4695	4837	0
10	0	5108	4680	4961	0

　　从表 12-25 中可以看出，如果设备还需使用 1 年，显然继续使用旧设备有利，且无须对其改进和修理；若设备尚要使用到 2～3 年，则对设备大修理后继续使用；若设备要使用到 4～7 年，则选择旧设备现代化改装有利；若设备要使用 8 年以上（包括 8 年），则使用高效新设备替换有利。

———●———— 本章总结 ————●———

　　本章介绍了工程设计、施工以及设备更新中的经济分析。虽然一般工程项目的设计费用只占其全寿命费用的1%左右，但工程设计方案的好坏对工程经济性影响很大，它不仅影响工程的造价（影响程度达75%以上），而且直接关系到将来工程投入使用后运营阶段使用费用的高低，甚至对工程的预期收益都会产生影响。因此，工程设计中的经济分析工作是一项很重要，而且十分有意义的工作。项目建成后的长期使用价值如何，经济效益、社会效益、环境效益怎样，取决于设计和施工质量。

大规模生产被证明是一种经济有效地满足消费者需求的方式。追求规模效益需要购置大量的机器设备等固定资产，固定资产在使用过程中会发生磨损、效率减低和过时的现象，如果不及时对设备进行升级、换代或更新，将有可能严重影响生产效率。因此，掌握设备更新分析的方法对保证生产系统的正常运行及企业获利是至关重要的。但是，设备更新分析的一些特有的概念，如沉入成本、经济寿命等，需要引起特别的注意。

—— 关 键 概 念 ——

建筑设计　　　　　最优设计　　　　　有形磨损　　　　　无形磨损
设备的经济寿命　　沉入成本　　　　　设备更新经济分析

—— 思 考 题 ——

1. 工业建筑厂区总平面图设计的原则是什么？
2. 评价总平面图设计的主要技术经济指标有哪些？
3. 提高平面系数的途径有哪些？
4. 提高民用建筑设计方案技术经济效果的途径有哪些？
5. 施工方案技术经济分析的基本要求是什么？
6. 技术经济评价的目的是什么？
7. 技术经济评价有哪些基本要求？
8. 技术经济评价有哪些方法？
9. 设计方案的经济分析与比较的方法有哪些？
10. 施工方案比较和选择的方法是什么？
11. 联系实际举例说明，何谓设备的有形磨损、无形磨损，各有何特点？设备磨损的补偿形式有哪些？
12. 设备的技术寿命、自然寿命和经济寿命有何区别和联系？设备更新分析有何特点？

—— 计 算 题 ——

1. 某开发商开发的别墅区，在设计时设计师考虑选择家用中央空调系统。该别墅每幢各三层，建筑面积都在230m²左右，每幢别墅需要配备空调的房间有8间，如选择水系统家用中央空调系统，需要配置9台室内风盘。现有两种品牌的家用中央空调系统供选择：

A型：初始购置费（包括安装费用）为7.6万元，年平均运行费用为4260元（按现行电价计算）。

B型：初始购置费（包括安装费用）为6.0万元，年平均运行费用为5080元（按现行电价计算）。

空调平均使用寿命为20年，不考虑残值回收。基准收益率为6%。

试问：(1) 用单指标评价方法选择最优型号。

(2) 与 B 型相比，A 型为一知名品牌，具有低故障率、稳定性好、运行可靠、智能化程度高、售后服务体系完善等优点，综合考虑以上因素，如何进行选择？

2. 某工程项目进行施工方案设计时，为了保证钢结构质量的焊接方法，已初选出电渣焊、埋弧焊、CO_2 焊、混合焊 4 种方案。根据调查资料和实践检验，已定出各评价要素的权重及方案的评分值见表 12 - 26，试对焊接方案进行比选。

表 12 - 26　　　　　　　已定出各评价要素的权重及方案的评分值

序号	评价要素	权重	方案满足程度			
			电渣焊	埋弧焊	CO_2 焊	混合焊
1	焊接质量	0.4	80%	70%	40%	60%
2	焊接效率	0.1	80%	70%	80%	70%
3	焊接成本	0.3	80%	100%	100%	100%
4	操作难易	0.1	50%	100%	70%	90%
5	实现条件	0.1	40%	100%	100%	100%

3. 某施工单位在一建设项目施工中（工期在 1 年左右），对该工程的混凝土供应提出了两个方案：

方案 A：现场搅拌混凝土方案。

现场建一个搅拌站，初期一次性建设费用，包括地坑基础、骨料仓库、设备的运输及装拆等费用，总共 100 000 元；

搅拌设备的租金与维修费为 22 000 元/月；

每立方米混凝土的制作费用，包括水泥、骨料、添加剂、水电及工资等总共为 270 元。

方案 B：商品混凝土方案。

由某构件厂供应商品混凝土，送到施工现场的价格为 350 元/m^3。

分别在下列两种情况下，对两个方案进行经济分析比较：

(1) 设工程混凝土总需要量为 4000m^3，在不同工期下，比较两方案；

(2) 设工程的工期为 1 年 (12 个月)，在不同的混凝土总需要量下，比较两方案。

4. 某设备的原始价值为 16 000 元，使用寿命为 7 年，年运行成本及年末残值见表 12 - 27，求设备的静态经济寿命。

表 12 - 27　　　　　　　年运行成本及年末残值　　　　　　　单位：元

使用年限	1	2	3	4	5	6	7
年运行费	2000	2500	3500	4500	5500	7000	9000
年末残值	10 000	6000	4500	3500	2500	1500	1000

5. 某型号轿车购置费为 3 万元，其使用过程统计数据表见表 12 - 28，如果不考虑资金的时间价值，试计算其经济寿命。

表 12 - 28　　　　　　　　**某型号轿车使用过程统计数据表**　　　　　单位：元

使用年度 j	1	2	3	4	5	6	7
j 年度运营成本	5000	6000	7000	9000	11 500	14 000	17 000
n 年末残值	15 000	7500	3750	1875	1000	1000	1000

6. 设备购置费为 24 000 元，第一年的设备运营费为 8000 元，以后每年增加 5600 元，设备逐年减少的残值见表 12 - 29。设基准收益率为 12%，求该设备的经济寿命。

表 12 - 29　　　　　　　　　　**设备逐年减少的残值**　　　　　　　　单位：元

第 j 年末	设备使用到第 n 年末的残值	年度运营成本	第 j 年末	设备使用到第 n 年末的残值	年度运营成本
1	12 000	8000	3	4000	19 200
2	8000	13 600	4	0	24 800

7. 某公司未来生产经营期能维持相当长的时间，公司现有一台设备 O，目前市场上另有两种与设备 O 同样功能的设备 A 和 B，这三台设备构成了互斥的方案组。现有设备 O 还有 5 年使用期，设备 A 和 B 的自然寿命分别为 6 年和 7 年，设备各年的现金流量见表 12 - 30。设基准收益率为 10%，试采用原型设备更新分析方法，比较三种方案的优劣。

表 12 - 30　　　　　　　　　　**设备各年的现金流量**　　　　　　　　单位：元

n 年末	设备 O		设备 A		设备 B	
	第 n 年残值	n 年期间的运营成本	第 n 年残值	n 年期间的运营成本	第 n 年残值	n 年期间的运营成本
0	14 000		20 000		27 500	
1	9900	3300	0	1200	0	1650
2	8800	5500	0	3400	0	1650
3	6600	6050	0	5800	0	1650
4	5500	8800	0	8000	0	1650
5	3300	9900	0	10 200	0	1650
6			0	12 600	0	1650
7					0	1650

8. 某公司用旧设备 O 加工某产品的关键零件，设备 O 是 8 年前买的，当时的购置及安装费为 8 万元，设备 O 目前市场价为 18 000 元，估计设备 O 可再使用 2 年，退役时残值为 2750 元。目前市场上出现了一种新的设备 A，设备 A 的购置及安装费为 120 000 元，使用寿命为 10 年，残值为原值的 10%。旧设备 O 和新设备 A 加工 100 个零件所需时间分别为 5.24h 和 4.22h，该公司预计今后每年平均能销售 44 000 件该产品。该公司人工费为 18.7 元/h。旧设备动力费为 4.7 元/h，新设备动力费为 4.9 元/h，基准收益率为 10%，试分析是否应采用新设备 A 更新旧设备 O。

计算题参考答案

第二章

1. 8200 万元。

2. 97 823 万元。

3. (1) 第一年的价差预备费为 $5000 \times [(1+5\%)-1] = 250$（万元）。

第二年的价差预备费为 $8000 \times [(1+5\%)^2-1] = 820$（万元）。

第三年的价差预备费为 $3000 \times [(1+5\%)^3-1] = 472.88$（万元）。

累计价差预备费为 $250+820+472.88 = 1542.88$（万元）。

(2) 不包括建设期利息的建设总投资为 $18\,000+1542.88 = 19\,542.88$（万元）。

总的贷款数额为 $19\,542.88-10\,000 = 9542.88$（万元）。

所以第三年的贷款数额为 $9542.88-7000 = 2542.88$（万元）。

第一年的建设期利息为 $2000 \times 8\%/2 = 80$（万元）。

第二年的建设期利息为 $2000 \times 8\%+5000 \times 8\%/2 = 360$（万元）。

第三年的建设期利息为 $7000 \times 8\%+2542.88 \times 8\%/2 = 661.71$（万元）。

累计建设期利息为 $80+360+661.71 = 1101.71$（万元）。

4. 年折旧率为 $2 \div 5 = 40\%$。

第一年折旧额为 $50\,000 \times 40\% = 20\,000$（元）。

第二年折旧额为 $(50\,000-20\,000) \times 40\% = 12\,000$（元）。

第三年折旧额为 $(50\,000-20\,000-12\,000) \times 40\% = 7200$（元）。

第四年折旧额为 $(50\,000-20\,000-12\,000-7200-500) \div 2 = 5150$（元）。

第五年折旧额为 $(50\,000-20\,000-12\,000-7200-500) \div 2 = 5150$（元）。

5. 增值税为 $226/(1+13\%) \times 13\%-113/(1+13\%) \times 13\% = 13$（万元）。

城市建设维护税和教育费附加为 $13 \times 6\% = 0.78$（万元）。

应缴纳的税费为 $13+0.78 = 13.78$（万元）。

6. 利润总额为 $226-163-13.78 = 49.22$（万元）。

净利润为 $49.22 \times (1-25\%) = 36.92$（万元）。

税前净现金流量为 $226-100-13.78 = 112.22$（万元）。

税后净现金流量为 $226-100-13.78-49.22 \times 25\% = 99.92$（万元）。

7. 略

第三章

1. (1) $F=8434.95$ 元，$P=4191.9$ 元。

(2) $F=2\,018\,191.45$ 元，$P=49\,616.14$ 元。

(3) $F=178\,604.53$ 元，$P=50\,288$ 元。

(4) $F=13\,469.125$ 元，$P=11\,080.95$ 元。

2. 24.44 万美元。

3. 6.552 万元。

4. 0.341 万美元。

5. (1) 四年还款总额为 10 万元，还款额限值为 8 万元。

　(2) 四年还款总额为 11.2 万元，还款额限值为 8 万元。

　(3) 四年还款总额为 10.096 万元，还款额限值为 8 万元。

　(4) 四年还款总额为 11.71 万元，还款额限值为 8 万元。

6. 5607.76 元。

7. 向甲行贷款。

8. 418 203.14 元。

9. 实际所花的投资为 2222.85 万元。

10. 1802.18 万元。

11. 1277.65 元。

12. 应向乙银行贷款，利息差 4.789−4.601=0.188（亿元）。

第四章

1. P_t=4.86 年。

2. 全部投资利润率为 17.92%（18.63%）；

　全部投资收益率为 27.36%（27.78%）；

　资本金净利润率为 29.25%（30%）；

　资本金收益率为 46.25%（47%）。

3. NPV=572.7 万元>0，符合要求，可以接受。

4. NPV=427.83 万元>0，符合要求，可以接受。

5. IRR=17.20%。

6. NPV=186.96 万元>0，符合要求，可以接受。

7. IRR=21.3%，符合要求，可以接受。

8. 动态投资回收期为 7.23 年<10 年，可以接受。

9. 4%。

10. (1) 10%。

　(2) NPV=0，P'_t=n。

第五章

1. NPV_A=11.35 万元，NPV_B=3.90 万元，NPV_C=29.03 万元；

　ΔIRR_{A-0}=16.66%，ΔIRR_{B-A}=11.69%，ΔIRR_{C-A}=19.79%。

　C 房产最优。

2. NPV_1=5.25 万元，NPV_2=6.3 万元，NPV_3=4.5 万元，NPV_4=12.75 万元，

　NPV_5=3.8 万元；

　ΔIRR_{1-0}=19.05%，ΔIRR_{2-1}=19.05%，ΔIRR_{3-2}=8.9%，ΔIRR_{4-2}=26.76%，

　ΔIRR_{5-4}无解（增量收益之和小于增量投资）。

方案 4 最优。

3. （1）NPV_A＝1150.6 万元，NPV_B＝1072.28 万元，NPV_C＝2837.34 万元，NPV_D＝3373.48 万元，NPV_E＝4339.74 万元。

　　应选择方案 E。

（2）i_c＝25.7%～27.5%时，方案 C 最优。

4. 不设排水系统：PC＝10 257.76 元。

设排水系统：PC＝7296.33 万元，较优。

5. 利用年值法，NAV_1＝1.13 万元，NAV_2＝14.08 万元。

利用最小公倍数法，最小公倍数为 12 年，NPV_1＝7.67 万元，NPV_2＝95.93 万元。方案 2 较优。

6. 选择研究期为 4 年，NPV_1＝3.59 万元，NPV_2＝44.63 万元，方案 2 较优。

7. NPV_A＝127.45 万元，NPV_B＝159.08 万元，NPV_C＝421.88 万元，选择方案 C。

8. （1）因为 NPV 均大于零，所以在资金无限制的情况下，5 个方案都可以选择。

（2）资金限量为 6000 万元时，选择方案 A＋E。

9. PC_A＝2062 万元，PC_B＝2259 万元，方案 A 更经济。

10. Ⅰ方案：PC＝152.02 万元；

Ⅱ方案：PC＝150.8 万元，较优。

11. 铁路和公路方案属于现金流量相关型关系，利用组合互斥化原则，铁路（方案 A）、公路（方案 B）和铁路＋公路（方案 C）为互斥关系，其中方案 C 的现金流量是两个方案同时上的铁路和公路的现金流量之和。据此计算三个方案的现金流量为

$NPV_A = 46\ 565.1$ 万元，$NPV_B = 37\ 287.5$ 万元，$NPV_C = 29\ 062.3$ 万元，

$NPV_A > NPV_B > NPV_C > 0$。

因此，方案 A 铁路方案最优。

12. R（B−A）＝10%，R（C−A）＝20%，方案 C 较优；

P_t（B−A）＝10 年，P_t（C−A）＝5 年，方案 C 较优；

Z_A＝−30 万元，Z_B＝−20 万元，Z_C＝−55 万元，方案 C 较优；

S_A＝−100 万元，S_B＝−20 万元，S_C＝−200 万元，方案 C 较优。

第六章

1. 各年等额偿还的本金和利息之和为 791.4 万元。

其中，第一年归还的利息为 300 万元，本金为 491.4 万元。
第二年归还的利息为 250.86 万元，本金为 540.54 万元。
第三年归还的利息为 196.81 万元，本金为 594.60 万元。
第四年归还的利息为 137.35 万元，本金为 654.05 万元。
第五年归还的利息为 71.94 万元，本金为 719.46 万元。

2. 各年等额偿还的本金都是 600 万元。

其中，第一年归还的利息为 300 万元，本金为 600 万元。
第二年归还的利息为 240 万元，本金为 600 万元。
第三年归还的利息为 180 万元，本金为 600 万元。

第四年归还的利息为 120 万元，本金为 600 万元。

第五年归还的利息为 60 万元，本金为 600 万元。

3. 补充完整的数据见表1。

表 1　　　　　　　　　　　　　　　　补充完整的数据　　　　　　　　　　　　　单位：万元

序号	项目	建设期		生 产 期									
		1	2	3	4	5	6	7	8	9	10	11	12
	生产负荷（%）			70	100	100	100	100	100	100	100	100	70
1	现金流入			2100	3000	3000	3000	3000	3000	3000	3000	3000	3300
1.1	销售收入			2100	3000	3000	3000	3000	3000	3000	3000	3000	2100
1.2	回收固定资产余值												500
1.3	回收流动资金												700
2	现金流出	1200	1800	1865	2140	2140	2140	2140	2140	2140	2140	2140	1365
2.1	建设投资	1200	1800										
2.2	流动资金			500	200								
2.3	经营成本			1200	1700	1700	1700	1700	1700	1700	1700	1700	1200
2.4	税金			165	240	240	240	240	240	240	240	240	165
3	净现金流量	−1200	−1800	235	860	1060	1060	1060	1060	1060	1060	1060	1935
4	累计净现金流量	−1200	−3000	−2765	−1905	−845	215	1275	2335	3395	4455	5515	7450
4.1	折现系数	0.89	0.797	0.705	0.627	0.558	0.497	0.442	0.394	0.350	0.312	0.278	0.247
4.2	折现现金流量	−1068	−1425.8	165.7	539.2	591.5	525.8	468.5	417.6	371	330.72	294.7	477.95
4.3	累计折现现金流量	−1068	−2493.8	−2328.1	−1788.3	−1197.4	−670.6	−202.1	215.6	586.6	917.3	1212.0	1689.9

静态投资回收期：$(6-1)+845/1060=5.8$（年）。

动态投资回收期：$(8-1)+202.1/417.6=7.48$（年）。

项目净现值 $NPV=1689.9$（万元）。

项目内部收益率 $IRR=23.42\%$。

4. (1) 建设期利息为 121.8 万元。

(2) 固定资产总投资为 3621.8 万元。

固定资产年折旧费 347.69 万元。

固定资产余值为 1535.64 万元。

(3) 长期借款还本付息表、总成本费用表、利润及利润分配表分别见表 2～表 4。

表 2　　　　　　　　　　**长期借款还本付息表**　　　　　　　　　单位：万元

序号	项目	计算期							
		1	2	3	4	5	6	7	8
1	借款								
1.1	年初借款本息余额		1030	2121.8	1209.12				
1.2	本年借款	1000	1000						
1.3	本年借款应计利息	30	91.8	127.31	72.54				
1.4	本年还本付息			1039.99	1281.66				
	其中：还本			912.68	1209.12				
	付息			127.31	72.54				
1.5	年末本息余额	1030	2121.8	1209.12	0				
2	还本资金来源			912.68	1245.81				
2.1	当年可用于还本的未分配利润			474.99	808.12				
2.2	当年可用于还本的折旧和摊销			437.69	437.69				
2.3	以前年度结余可用于还本资金								
2.4	可用于还款的其他资金								

表 3　　　　　　　　　　**总成本费用表**　　　　　　　　　单位：万元

序号	项目	合计	计算期							
			1	2	3	4	5	6	7	8
1	经营成本				1680	3200	3200	3200	3200	3200
2	折旧费				347.69	347.69	347.69	347.69	347.69	347.69
3	摊销费				90	90	90	90	90	90
4	利息支出				140.11	98.14	25.6	25.6	25.6	25.6
5	其他费用									
6	总成本费用合计 (1+2+3+4+5)				2257.80	3735.83	3633.29	3633.29	3633.29	3633.29

表 4　　　　　　　　　　**利润及利润分配表**　　　　　　　　　单位：万元

序号	项目	合计	计算期							
			1	2	3	4	5	6	7	8
1	产品销售收入				3240	5400	5400	5400	5400	5400
2	销售税金及附加				194.4	324	324	324	324	324
3	总成本费用				2258.01	3735.83	3633.29	3633.29	3633.29	3633.29
4	利润总额（1−2−3）				787.59	1340.17	1442.71	1442.71	1442.71	1442.71
5	应纳税所得额（4）				787.59	1340.17	1442.71	1442.71	1442.71	1442.71
6	所得税				259.90	442.26	476.09	476.09	476.09	476.09
7	净利润（4−6）				527.69	897.91	966.62	966.62	966.62	966.62
8	可供分配利润（7）				527.69	897.91	966.62	966.62	966.62	966.62
9	提取法定盈余公积金（10%）				52.7	89.79	96.66	96.66	96.66	96.66
10	未分配利润（8−9）				474.99	808.12	869.96	869.96	869.96	869.96

长期借款偿还期：$3+1209.12/1245.81=3.97$（年）。

第七章

1. 第一台：$300×1.3=390$（万元/台）。

   第二台：$60×6.45×1.08+10+5=432.96$（万元/台）。

   总成本：$390+432.96=822.96$（万元）。

2. 2232.19 元/t。

第八章

1. $Q*=5597$（件）。

2. 设一年开机时数为 t，当 $t=651h$，即当年开机小时数低于 651h，选 B 方案有利；当年开机小时数高于 651h，选 A 方案有利。

3. 基准折现率 $i_0=17.5\%$。当 $i_0=17.5\%$ 时，A、B 两种设备费用现值相等。当 $i_0<17.5\%$ 时，B 设备费用现值较低，应选用 B 设备。当 $i_0>17.5\%$ 时，A 设备费用现值较低，应选用 A 设备。

4. $Q_{AB}=100$；$Q_{BC}=1200$；$Q_{AC}=375$。当产量小于 100 件时，A 方案为优；当产量为 100～1200 件时，B 方案为优；当产量大于 1200 件时，C 方案为优。

5. ①使用期的变化率 $x=-26\%$；②年收益的变化率 $y=6.64\%$；③年成本的变化率 $z=10.8\%$。

6. 设 x 表示产收益变化的百分率，y 表示年成本的百分率，则有 $y\leqslant1.63x+0.11$。

7. 这个问题可以分前 3 年和后 7 年两期考虑，属于多级决策类型。最合理的方案是先建小厂，如果销路好，就再进行扩建。

第十章

1. （1）各功能的权重：F_1 的权重为 0.350，F_2 的权重为 0.225，F_3 的权重为 0.225，F_4 和 F_5 的权重为 0.100。

   （2）由于 B 方案的功能系数最大，选择 B 方案为最佳设计方案。

   （3）功能系数：$F_a=18/(18+42+28+12)=18/100=0.18$；$F_b=42/100=0.42$；$F_c=28/100=0.28$；$F_d=12/100=0.12$。

   目标成本：$C_a=1200×0.18=216$（万元）；$C_b=1200×0.42=504$（万元）；$C_c=1200×0.28=336$（万元）；$C_d=1200×0.12=144$（万元）。

   功能改进顺序：①装饰工程；②基础结构工程；③主体结构工程；④安装工程。

2. （1）功能权重系数：$f_1=0.358$；$f_2=0.145$；$f_3=0.059$；$f_4=0.236$；$f_5=0.121$；$f_6=0.084$。

   （2）成本系数：$C_A=0.251$；$C_B=0.242$；$C_C=0.262$；$C_D=0.244$。

   （3）功能评价系数：$F_A=0.249$；$F_B=0.256$；$F_C=0.250$；$F_D=0.244$。

   （4）价值系数：$V_A=0.992$；$V_B=1.058$；$V_C=0.954$；$V_D=1.000$。

   （5）选择 B 方案为最佳方案。

第十一章

1. 项目效益费用比为 1.1>1，说明项目可行，本计划可以实施。

2. 效益费用比指标 $B/C=1022/345.28=2.96>1$，故项目是可以接受的。

3. 3 方案是最佳方案。

4. 按每万元取得的可靠性判断，应选方案 3。

第十二章

1. (1) $PC_A=124\ 861.84$ 元，$PC_B=118\ 267.20$ 元，B 方案最优。

   (2) 综合考虑，选 A 型。

2. CO_2 焊方案最优，其综合评价值为 71。

3. (1) 工期在 10 个月以内，A 方案经济；工期在 10 个月以上，B 方案经济。

   (2) 混凝土总需要量 4550m^3 以内，B 方案经济；混凝土总需要量 4550m^3 以上，A 方案经济。

4. 第 4 年的年平均费用最低，故该设备的静态经济寿命为 4 年。

5. 该型号轿车使用 5 年时，其年等额总成本最低（$AC_5=13\ 500$ 元）；使用期限大于或小于 5 年时，其年等额总成本大于 13 500 元。故该汽车的经济寿命为 5 年。

6. 设备的经济寿命为 2 年。

7. 在研究期的 210 年内，以各方案设备经济寿命对应的等额年总成本为比较依据，设备 B 为最优。因此，立即采用新设备 B 更新现有设备 O，设备 B 未来的更新周期为其经济寿命 7 年。

8. 使用新设备 A 比使用旧设备 O 每年节约 421 元，故应立即用新设备 A 更新旧设备 O。

附 录 A 复 利 系 数 表

表 A.1 $(F/P, i, n)$

n	0.75%	1%	1.50%	2%	2.50%	3%	4%	5%	6%	7%	8%	9%	10%	12%	15%	20%	25%	30%
1	1.007 5	1.010 0	1.015 0	1.020 0	1.025 0	1.030 0	1.040 0	1.050 0	1.060 0	1.070 0	1.080 0	1.090 0	1.100 0	1.120 0	1.150 0	1.200 0	1.250 0	1.300 0
2	1.015 1	1.020 1	1.030 2	1.040 4	1.050 6	1.060 9	1.081 6	1.102 5	1.123 6	1.144 9	1.166 4	1.188 1	1.210 0	1.254 4	1.322 5	1.440 0	1.562 5	1.690 0
3	1.022 7	1.030 3	1.045 7	1.061 2	1.076 9	1.092 7	1.124 9	1.157 6	1.191 0	1.225 0	1.259 7	1.295 0	1.331 0	1.404 9	1.520 9	1.728 0	1.953 1	2.197 0
4	1.030 3	1.040 6	1.061 4	1.082 4	1.103 8	1.125 5	1.169 9	1.215 5	1.262 5	1.310 8	1.360 5	1.411 6	1.464 1	1.573 5	1.749 0	2.073 6	2.441 4	2.856 1
5	1.038 1	1.051 0	1.077 3	1.104 1	1.131 4	1.159 3	1.216 7	1.276 3	1.338 2	1.402 6	1.469 3	1.538 6	1.610 5	1.762 3	2.011 4	2.488 3	3.051 8	3.712 9
6	1.045 9	1.061 5	1.093 4	1.126 2	1.159 7	1.194 1	1.265 3	1.340 1	1.418 5	1.500 7	1.586 9	1.677 1	1.771 6	1.973 8	2.313 1	2.986 0	3.814 7	4.826 8
7	1.053 7	1.072 1	1.109 8	1.148 7	1.188 7	1.229 9	1.315 9	1.407 1	1.503 6	1.605 8	1.713 8	1.828 0	1.948 7	2.210 7	2.660 0	3.583 2	4.768 4	6.274 9
8	1.061 6	1.082 9	1.126 5	1.171 7	1.218 4	1.266 8	1.368 6	1.477 5	1.593 8	1.718 2	1.850 9	1.992 6	2.143 6	2.476 0	3.059 0	4.299 8	5.960 5	8.157 3
9	1.069 6	1.093 7	1.143 4	1.195 1	1.248 9	1.304 8	1.423 3	1.551 3	1.689 5	1.838 5	1.999 0	2.171 9	2.357 9	2.773 1	3.517 9	5.159 8	7.450 6	10.604 5
10	1.077 6	1.104 6	1.160 5	1.219 0	1.280 1	1.343 9	1.480 2	1.628 9	1.790 8	1.967 2	2.158 9	2.367 4	2.593 7	3.105 8	4.045 6	6.191 7	9.313 2	13.785 8
11	1.085 7	1.115 7	1.177 9	1.243 4	1.312 1	1.384 2	1.539 5	1.710 3	1.898 3	2.104 9	2.331 6	2.580 4	2.853 1	3.478 5	4.652 4	7.430 1	11.641 5	17.921 6
12	1.093 8	1.126 8	1.195 6	1.268 2	1.344 9	1.425 8	1.601 0	1.795 9	2.012 2	2.252 2	2.518 2	2.812 7	3.138 4	3.896 0	5.350 3	8.916 1	14.551 9	23.298 1
13	1.102 0	1.138 1	1.213 6	1.293 6	1.378 5	1.468 5	1.665 1	1.885 6	2.132 9	2.409 8	2.719 6	3.065 8	3.452 3	4.363 5	6.152 8	10.699 3	18.189 9	30.287 5
14	1.110 3	1.149 5	1.231 8	1.319 5	1.413 0	1.512 6	1.731 7	1.979 9	2.260 9	2.578 5	2.937 2	3.341 7	3.797 5	4.887 1	7.075 7	12.839 2	22.737 4	39.373 8
15	1.118 6	1.161 0	1.250 2	1.345 9	1.448 3	1.558 0	1.800 9	2.078 9	2.396 6	2.759 0	3.172 2	3.642 5	4.177 2	5.473 6	8.137 1	15.407 0	28.421 7	51.185 9
16	1.127 0	1.172 6	1.269 0	1.372 8	1.484 5	1.604 7	1.873 0	2.182 9	2.540 4	2.952 2	3.425 9	3.970 3	4.595 0	6.130 4	9.357 6	18.488 4	35.527 1	66.541 7
17	1.135 4	1.184 3	1.288 0	1.400 2	1.521 6	1.652 8	1.947 9	2.292 0	2.692 8	3.158 8	3.700 0	4.327 6	5.054 5	6.866 0	10.761 3	22.186 1	44.408 9	86.504 2
18	1.144 0	1.196 1	1.307 3	1.428 2	1.559 7	1.702 4	2.025 8	2.406 6	2.854 3	3.379 9	3.996 0	4.717 1	5.559 9	7.690 0	12.375 5	26.623 3	55.511 2	112.455 4
19	1.152 5	1.208 1	1.327 0	1.456 8	1.598 7	1.753 5	2.106 8	2.527 0	3.025 6	3.616 5	4.315 7	5.141 7	6.115 9	8.612 8	14.231 8	31.948 0	69.388 9	146.192 0
20	1.161 2	1.220 2	1.346 9	1.485 9	1.638 6	1.806 1	2.191 1	2.653 3	3.207 1	3.869 7	4.661 0	5.604 4	6.727 5	9.646 3	16.366 5	38.337 6	86.736 2	190.049 6
21	1.169 9	1.232 4	1.367 1	1.515 7	1.679 6	1.860 3	2.278 8	2.786 0	3.399 6	4.140 6	5.033 8	6.108 8	7.400 2	10.803 8	18.821 5	46.005 1	108.420 2	247.064 5
22	1.178 7	1.244 7	1.387 6	1.546 0	1.721 6	1.916 1	2.369 0	2.925 3	3.603 5	4.430 4	5.436 5	6.658 6	8.140 3	12.100 3	21.644 7	55.206 1	135.525 3	321.183 9
23	1.187 5	1.257 2	1.408 4	1.576 9	1.764 6	1.973 6	2.464 7	3.071 5	3.819 7	4.740 5	5.871 5	7.257 9	8.954 3	13.552 3	24.891 5	66.247 4	169.406 6	417.539 1
24	1.196 4	1.269 7	1.429 5	1.608 4	1.808 7	2.032 8	2.563 3	3.225 1	4.048 9	5.072 4	6.341 2	7.911 1	9.849 7	15.178 6	28.625 2	79.496 8	211.758 2	542.800 8
25	1.205 4	1.282 4	1.450 9	1.640 6	1.853 9	2.093 8	2.665 8	3.386 4	4.291 9	5.427 4	6.848 5	8.623 1	10.834 7	17.000 1	32.919 0	95.396 2	264.697 8	705.641 0
26	1.214 4	1.295 3	1.472 7	1.673 4	1.900 3	2.156 6	2.772 5	3.555 7	4.549 4	5.807 4	7.396 4	9.399 2	11.918 2	19.040 1	37.856 8	114.475 5	330.872 2	917.333 3

续表

n＼i	0.75%	1%	1.50%	2%	2.50%	3%	4%	5%	6%	7%	8%	9%	10%	12%	15%	20%	25%	30%
27	1.223 5	1.308 2	1.494 8	1.706 9	1.947 8	2.221 3	2.883 4	3.733 5	4.822 3	6.213 9	7.988 1	10.245 1	13.110 0	21.324 9	43.535 3	137.370 6	413.590 3	1192.533 3
28	1.232 7	1.321 3	1.517 2	1.741 0	1.996 5	2.287 9	2.998 7	3.920 1	5.111 7	6.648 8	8.627 1	11.167 1	14.421 0	23.883 9	50.065 6	164.844 7	516.987 9	1550.293 3
29	1.242 0	1.334 5	1.540 0	1.775 8	2.046 4	2.356 6	3.118 7	4.116 1	5.418 4	7.114 3	9.317 3	12.172 2	15.863 1	26.749 9	57.575 5	197.813 6	646.234 9	2015.381 3
30	1.251 3	1.347 8	1.563 1	1.811 4	2.097 6	2.427 3	3.243 4	4.321 9	5.743 5	7.612 3	10.062 7	13.267 7	17.449 4	29.959 9	66.211 8	237.376 3	807.793 6	2619.995 6
31	1.260 7	1.361 3	1.586 5	1.847 6	2.150 0	2.500 1	3.373 1	4.538 0	6.088 1	8.145 1	10.867 7	14.461 8	19.194 3	33.555 1	76.143 5	284.851 6	1009.742 0	3405.994 3
32	1.270 1	1.374 9	1.610 3	1.884 5	2.203 8	2.575 1	3.508 1	4.764 9	6.453 4	8.715 3	11.737 1	15.763 3	21.113 8	37.581 7	87.565 1	341.821 9	1262.177 4	4427.792 6
33	1.279 6	1.388 7	1.634 5	1.922 2	2.258 9	2.652 3	3.648 4	5.003 2	6.840 6	9.325 3	12.676 0	17.182 0	23.225 2	42.091 5	100.699 8	410.186 3	1577.721 8	
34	1.289 2	1.402 6	1.659 1	1.960 7	2.315 3	2.731 9	3.794 3	5.253 3	7.251 0	9.978 1	13.690 1	18.728 4	25.547 7	47.142 5	115.804 8	492.223 5	1972.152 3	
35	1.298 9	1.416 6	1.683 9	1.999 9	2.373 2	2.813 9	3.946 1	5.516 0	7.686 1	10.676 6	14.785 3	20.414 0	28.102 4	52.799 6	133.175 5	590.668 2	2465.190 3	
40	1.348 3	1.488 9	1.814 0	2.208 0	2.685 1	3.262 0	4.801 0	7.040 0	10.285 7	14.974 5	21.724 5	31.409 4	45.259 3	93.051 0	267.863 5	1469.771 6		
45	1.399 7	1.564 8	1.954 2	2.437 9	3.037 9	3.781 6	5.841 2	8.985 0	13.764 6	21.002 5	31.920 4	48.327 3	72.890 5	163.987 6	538.769 3	3657.262 0		
50	1.453 0	1.644 6	2.105 2	2.691 6	3.437 1	4.383 9	7.106 7	11.467 4	18.420 2	29.457 0	46.901 6	74.357 5	117.390 9	289.002 2	1083.657 4	9100.438 2		
55	1.508 3	1.728 5	2.267 9	2.971 7	3.888 8	5.082 1	8.646 4	14.635 6	24.650 3	41.315 0	68.913 9	114.408 3	189.059 1					
60	1.565 7	1.816 7	2.443 2	3.281 0	4.399 8	5.891 6	10.519 6	18.679 2	32.987 7	57.946 4	101.257 1	176.031 3	304.481 6					
65	1.625 3	1.909 4	2.632 0	3.622 5	4.978 0	6.830 0	12.798 7	23.839 9	44.145 0	81.272 9	148.779 8	270.846 0	490.370 7					
70	1.687 2	2.006 8	2.835 5	3.999 6	5.632 1	7.917 8	15.571 6	30.426 4	59.075 9	113.989 4	218.606 4	416.730 1	789.747 0					
75	1.751 4	2.109 1	3.054 6	4.415 8	6.372 2	9.178 9	18.945 3	38.832 7	79.056 9	159.876 0	321.204 5	641.190 9	1271.895 4					
80	1.818 0	2.216 7	3.290 7	4.875 4	7.209 6	10.640 9	23.049 8	49.561 4	105.796 0	224.234 4	471.954 8	986.551 7	2048.400 2					
85	1.887 3	2.329 8	3.545 0	5.382 5	8.157 0	12.335 7	28.043 6	63.254 4	141.578 9	314.500 3	693.456 5	1517.932 0	3298.969 0					
90	1.959 1	2.448 6	3.818 9	5.943 1	9.228 9	14.300 5	34.119 3	80.730 4	189.464 5	441.103 0	1018.915 1	2335.526 6	5313.022 6					
95	2.033 7	2.573 5	4.114 1	6.561 7	10.441 6	16.578 2	41.511 4	103.034 7	253.546 3	618.669 7	1497.120 5	3593.497 1	8556.676 0					
100	2.111 1	2.704 8	4.432 0	7.244 6	11.813 7	19.218 6	50.504 9	131.501 3	339.302 1	867.716 3	2199.761 3	5529.040 8	13780.612 3					

$(P/F, i, n)$

表 A.2

n \ i	0.75%	1%	1.50%	2%	2.50%	3%	4%	5%	6%	7%	8%	9%	10%	12%	15%	20%	25%	30%
1	0.992 6	0.990 1	0.985 2	0.980 4	0.975 6	0.970 9	0.961 5	0.952 4	0.943 4	0.934 6	0.925 9	0.917 4	0.909 1	0.892 9	0.869 6	0.833 3	0.800 0	0.769 2
2	0.985 2	0.980 3	0.970 7	0.961 2	0.951 8	0.942 6	0.924 6	0.907 0	0.890 0	0.873 4	0.857 3	0.841 7	0.826 4	0.797 2	0.756 1	0.694 4	0.640 0	0.591 7
3	0.977 8	0.970 6	0.956 3	0.942 3	0.928 6	0.915 1	0.889 0	0.863 8	0.839 6	0.816 3	0.793 8	0.772 2	0.751 3	0.711 8	0.657 5	0.578 7	0.512 0	0.455 2
4	0.970 6	0.961 0	0.942 2	0.923 8	0.906 0	0.888 5	0.854 8	0.822 7	0.792 1	0.762 9	0.735 0	0.708 4	0.683 0	0.635 5	0.571 8	0.482 3	0.409 6	0.350 1
5	0.963 3	0.951 5	0.928 3	0.905 7	0.883 9	0.862 6	0.821 9	0.783 5	0.747 3	0.713 0	0.680 6	0.649 9	0.620 9	0.567 4	0.497 2	0.401 9	0.327 7	0.269 3
6	0.956 2	0.942 0	0.914 5	0.888 0	0.862 3	0.837 5	0.790 3	0.746 2	0.705 0	0.666 3	0.630 2	0.596 3	0.564 5	0.506 6	0.432 3	0.334 9	0.262 1	0.207 2
7	0.949 0	0.932 7	0.901 0	0.870 6	0.841 3	0.813 1	0.759 9	0.710 7	0.665 1	0.622 7	0.583 5	0.547 0	0.513 2	0.452 3	0.375 9	0.279 1	0.209 7	0.159 4
8	0.942 0	0.923 5	0.887 7	0.853 5	0.820 7	0.789 4	0.730 7	0.676 8	0.627 4	0.582 0	0.540 3	0.501 9	0.466 5	0.403 9	0.326 9	0.232 6	0.167 8	0.122 6
9	0.935 0	0.914 3	0.874 6	0.836 8	0.800 7	0.766 4	0.702 6	0.644 6	0.591 9	0.543 9	0.500 2	0.460 4	0.424 1	0.360 6	0.284 3	0.193 8	0.134 2	0.094 3
10	0.928 0	0.905 3	0.861 7	0.820 3	0.781 2	0.744 1	0.675 6	0.613 9	0.558 4	0.508 3	0.463 2	0.422 4	0.385 5	0.322 0	0.247 2	0.161 5	0.107 4	0.072 5
11	0.921 1	0.896 3	0.848 9	0.804 3	0.762 1	0.722 4	0.649 6	0.584 7	0.526 8	0.475 1	0.428 9	0.387 5	0.350 5	0.287 5	0.214 9	0.134 6	0.085 9	0.055 8
12	0.914 2	0.887 4	0.836 4	0.788 5	0.743 6	0.701 4	0.624 6	0.556 8	0.497 0	0.444 0	0.397 1	0.355 5	0.318 6	0.256 7	0.186 9	0.112 2	0.068 7	0.042 9
13	0.907 4	0.878 7	0.824 0	0.773 0	0.725 4	0.681 0	0.600 6	0.530 3	0.468 8	0.415 0	0.367 7	0.326 2	0.289 7	0.229 2	0.162 5	0.093 5	0.055 0	0.033 0
14	0.900 7	0.870 0	0.811 8	0.757 9	0.707 7	0.661 1	0.577 5	0.505 1	0.442 3	0.387 8	0.340 5	0.299 2	0.263 3	0.204 6	0.141 3	0.077 9	0.044 0	0.025 4
15	0.894 0	0.861 3	0.799 9	0.743 0	0.690 5	0.641 9	0.555 3	0.481 0	0.417 3	0.362 4	0.315 2	0.274 5	0.239 4	0.182 7	0.122 9	0.064 9	0.035 2	0.019 5
16	0.887 3	0.852 8	0.788 0	0.728 4	0.673 6	0.623 2	0.533 9	0.458 1	0.393 6	0.338 7	0.291 9	0.251 9	0.217 6	0.163 1	0.106 9	0.054 1	0.028 1	0.015 0
17	0.880 7	0.844 4	0.776 4	0.714 2	0.657 2	0.605 0	0.513 4	0.436 3	0.371 4	0.316 6	0.270 3	0.231 1	0.197 8	0.145 6	0.092 9	0.045 1	0.022 5	0.011 6
18	0.874 2	0.836 0	0.764 9	0.700 2	0.641 2	0.587 4	0.493 6	0.415 5	0.350 3	0.295 9	0.250 2	0.212 0	0.179 9	0.130 0	0.080 8	0.037 6	0.018 0	0.008 9
19	0.867 6	0.827 7	0.753 6	0.686 4	0.625 5	0.570 3	0.474 6	0.395 7	0.330 5	0.276 5	0.231 7	0.194 5	0.163 5	0.116 1	0.070 3	0.031 3	0.014 4	0.006 8
20	0.861 2	0.819 5	0.742 5	0.673 0	0.610 3	0.553 7	0.456 4	0.376 9	0.311 8	0.258 4	0.214 5	0.178 4	0.148 6	0.103 7	0.061 1	0.026 1	0.011 5	0.005 3
21	0.854 8	0.811 4	0.731 5	0.659 8	0.595 4	0.537 5	0.438 8	0.358 9	0.294 2	0.241 5	0.198 7	0.163 7	0.135 1	0.092 6	0.053 1	0.021 7	0.009 2	0.004 0
22	0.848 4	0.803 4	0.720 7	0.646 8	0.580 9	0.521 9	0.422 0	0.341 8	0.277 5	0.225 7	0.183 9	0.150 2	0.122 8	0.082 6	0.046 2	0.018 1	0.007 4	0.003 1
23	0.842 1	0.795 4	0.710 0	0.634 2	0.566 7	0.506 7	0.405 7	0.325 6	0.261 8	0.210 9	0.170 3	0.137 8	0.111 7	0.073 8	0.040 2	0.015 1	0.005 9	0.002 4
24	0.835 8	0.787 6	0.699 5	0.621 7	0.552 9	0.491 9	0.390 1	0.310 1	0.247 0	0.197 1	0.157 7	0.126 4	0.101 5	0.065 9	0.034 9	0.012 6	0.004 7	0.001 8
25	0.829 6	0.779 8	0.689 2	0.609 5	0.539 4	0.477 6	0.375 1	0.295 3	0.233 0	0.184 2	0.146 0	0.116 0	0.092 3	0.058 8	0.030 4	0.010 5	0.003 8	0.001 4
26	0.823 4	0.772 0	0.679 0	0.597 6	0.526 2	0.463 7	0.360 7	0.281 2	0.219 8	0.172 2	0.135 2	0.106 4	0.083 9	0.052 5	0.026 4	0.008 7	0.003 0	0.001 1

续表

$n \backslash i$	0.75%	1%	1.50%	2%	2.50%	3%	4%	5%	6%	7%	8%	9%	10%	12%	15%	20%	25%	30%
27	0.8173	0.7644	0.6690	0.5859	0.5134	0.4502	0.3468	0.2674	0.2074	0.1609	0.1252	0.0976	0.0763	0.0469	0.0230	0.0073	0.0024	0.0008
28	0.8112	0.7568	0.6591	0.5744	0.5009	0.4371	0.3335	0.2551	0.1956	0.1504	0.1159	0.0895	0.0693	0.0419	0.0200	0.0061	0.0019	0.0006
29	0.8052	0.7493	0.6494	0.5631	0.4887	0.4243	0.3207	0.2429	0.1846	0.1406	0.1073	0.0822	0.0630	0.0374	0.0174	0.0051	0.0015	0.0005
30	0.7992	0.7419	0.6398	0.5521	0.4767	0.4120	0.3083	0.2314	0.1741	0.1314	0.0994	0.0754	0.0573	0.0334	0.0151	0.0042	0.0012	0.0004
31	0.7932	0.7346	0.6303	0.5412	0.4651	0.4000	0.2965	0.2204	0.1643	0.1228	0.0920	0.0691	0.0521	0.0298	0.0131	0.0035	0.0010	0.0003
32	0.7873	0.7273	0.6210	0.5306	0.4538	0.3883	0.2851	0.2099	0.1550	0.1147	0.0852	0.0634	0.0474	0.0266	0.0114	0.0029	0.0008	0.0002
33	0.7815	0.7201	0.6118	0.5202	0.4427	0.3770	0.2741	0.1999	0.1462	0.1072	0.0789	0.0582	0.0431	0.0238	0.0099	0.0024	0.0006	0.0002
34	0.7757	0.7130	0.6028	0.5100	0.4319	0.3660	0.2636	0.1904	0.1379	0.1002	0.0730	0.0534	0.0391	0.0212	0.0086	0.0020	0.0005	0.0001
35	0.7699	0.7059	0.5939	0.5000	0.4214	0.3554	0.2534	0.1813	0.1301	0.0937	0.0676	0.0490	0.0356	0.0189	0.0075	0.0017	0.0004	0.0001
40	0.7416	0.6717	0.5513	0.4529	0.3724	0.3066	0.2083	0.1420	0.0972	0.0668	0.0460	0.0318	0.0221	0.0107	0.0037	0.0007	0.0001	
45	0.7145	0.6391	0.5117	0.4102	0.3292	0.2644	0.1712	0.1113	0.0727	0.0476	0.0313	0.0207	0.0137	0.0061	0.0019	0.0003		
50	0.6883	0.6080	0.4750	0.3715	0.2909	0.2281	0.1407	0.0872	0.0543	0.0339	0.0213	0.0134	0.0085	0.0035	0.0009	0.0001		
55	0.6630	0.5785	0.4409	0.3365	0.2572	0.1968	0.1157	0.0683	0.0406	0.0242	0.0145	0.0087	0.0053	0.0020	0.0005			
60	0.6387	0.5504	0.4093	0.3048	0.2273	0.1697	0.0951	0.0535	0.0303	0.0173	0.0099	0.0057	0.0033	0.0011	0.0002			
65	0.6153	0.5237	0.3799	0.2761	0.2009	0.1464	0.0781	0.0419	0.0227	0.0123	0.0067	0.0037	0.0020	0.0006	0.0001			
70	0.5927	0.4983	0.3527	0.2500	0.1776	0.1263	0.0642	0.0329	0.0169	0.0088	0.0046	0.0024	0.0013	0.0004	0.0001			
75	0.5710	0.4741	0.3274	0.2265	0.1569	0.1089	0.0528	0.0258	0.0126	0.0063	0.0031	0.0016	0.0008	0.0002				
80	0.5500	0.4511	0.3039	0.2051	0.1387	0.0940	0.0434	0.0202	0.0095	0.0045	0.0021	0.0010	0.0005	0.0001				
85	0.5299	0.4292	0.2821	0.1858	0.1226	0.0811	0.0357	0.0158	0.0071	0.0032	0.0014	0.0007	0.0003	0.0001				
90	0.5104	0.4084	0.2619	0.1683	0.1084	0.0699	0.0293	0.0124	0.0053	0.0023	0.0010	0.0004	0.0002					
95	0.4917	0.3886	0.2431	0.1524	0.0958	0.0603	0.0241	0.0097	0.0039	0.0016	0.0007	0.0003	0.0001					
100	0.4737	0.3697	0.2256	0.1380	0.0846	0.0520	0.0198	0.0076	0.0029	0.0012	0.0005	0.0002	0.0001					

表A.3

$$(F/A,\ i,\ n)$$

n	0.75%	1%	1.50%	2%	2.50%	3%	4%	5%	6%	7%	8%	9%	10%	12%	15%	20%	25%	30%
1	1.000 0	1.000 0	1.000 0	1.000 0	1.000 0	1.000 0	1.000 0	1.000 0	1.000 0	1.000 0	1.000 0	1.000 0	1.000 0	1.000 0	1.000 0	1.000 0	1.000 0	1.000 0
2	2.007 5	2.010 0	2.015 0	2.020 0	2.025 0	2.030 0	2.040 0	2.050 0	2.060 0	2.070 0	2.080 0	2.090 0	2.100 0	2.120 0	2.150 0	2.200 0	2.250 0	2.300 0
3	3.022 6	3.030 1	3.045 2	3.060 4	3.075 6	3.090 9	3.121 6	3.152 5	3.183 6	3.214 9	3.246 4	3.278 1	3.310 0	3.374 4	3.472 5	3.640 0	3.812 5	3.990 0
4	4.045 2	4.060 4	4.090 9	4.121 6	4.152 5	4.183 6	4.246 5	4.310 1	4.374 6	4.439 4	4.506 1	4.573 1	4.641 0	4.779 3	4.993 4	5.368 0	5.765 6	6.187 0
5	5.075 6	5.101 0	5.152 3	5.204 0	5.256 3	5.309 1	5.416 3	5.525 6	5.637 1	5.750 7	5.866 6	5.984 7	6.105 1	6.352 8	6.742 4	7.441 6	8.207 0	9.043 1
6	6.113 6	6.152 0	6.229 6	6.308 1	6.387 7	6.468 4	6.633 0	6.801 9	6.975 3	7.153 3	7.335 9	7.523 3	7.715 6	8.115 2	8.753 7	9.929 9	11.258 6	12.756 0
7	7.159 5	7.213 5	7.323 0	7.434 3	7.547 4	7.662 5	7.898 3	8.142 0	8.393 8	8.654 0	8.922 8	9.200 4	9.487 2	10.089 0	11.066 8	12.915 9	15.073 5	17.582 8
8	8.213 2	8.285 7	8.432 8	8.583 0	8.736 1	8.892 3	9.214 2	9.549 1	9.897 5	10.259 8	10.636 6	11.028 5	11.435 9	12.299 7	13.726 8	16.499 1	19.841 9	23.857 7
9	9.274 8	9.368 5	9.559 3	9.754 6	9.954 5	10.159 1	10.582 8	11.026 6	11.491 3	11.978 0	12.487 6	13.021 0	13.579 5	14.775 7	16.785 8	20.798 9	25.802 3	32.015 0
10	10.344 3	10.462 2	10.702 7	10.949 7	11.203 4	11.463 9	12.006 1	12.577 9	13.180 8	13.816 4	14.486 6	15.192 9	15.937 4	17.548 7	20.303 7	25.958 7	33.252 9	42.619 5
11	11.421 9	11.566 8	11.863 3	12.168 7	12.483 5	12.807 8	13.486 4	14.206 8	14.971 6	15.783 6	16.645 5	17.560 3	18.531 2	20.654 6	24.349 3	32.150 4	42.566 1	56.405 3
12	12.507 6	12.682 5	13.041 2	13.412 1	13.795 6	14.192 0	15.025 8	15.917 1	16.869 9	17.888 5	18.977 1	20.140 7	21.384 3	24.133 1	29.001 7	39.580 5	54.207 7	74.327 0
13	13.601 4	13.809 3	14.236 8	14.680 3	15.140 4	15.617 8	16.626 8	17.713 0	18.882 1	20.140 6	21.495 3	22.953 4	24.522 7	28.029 1	34.351 9	48.496 6	68.759 6	97.625 0
14	14.703 4	14.947 4	15.450 4	15.973 9	16.519 0	17.086 3	18.291 9	19.598 6	21.015 1	22.550 5	24.214 9	26.019 2	27.975 0	32.392 6	40.504 7	59.195 9	86.949 5	127.912 5
15	15.813 7	16.096 9	16.682 1	17.293 4	17.931 9	18.598 9	20.023 6	21.578 6	23.276 0	25.129 0	27.152 1	29.360 9	31.772 5	37.279 7	47.580 4	72.035 1	109.686 8	167.286 3
16	16.932 3	17.257 9	17.932 4	18.639 3	19.380 2	20.156 9	21.824 5	23.657 5	25.672 5	27.888 1	30.324 3	33.003 4	35.949 7	42.753 3	55.717 5	87.442 1	138.108 5	218.472 2
17	18.059 3	18.430 4	19.201 4	20.012 1	20.864 7	21.761 6	23.697 5	25.840 4	28.212 9	30.840 2	33.750 2	36.973 7	40.544 7	48.883 7	65.075 1	105.930 6	173.635 7	285.013 9
18	19.194 7	19.614 7	20.489 4	21.412 3	22.386 3	23.414 4	25.645 4	28.132 4	30.905 7	33.999 0	37.450 2	41.301 3	45.599 2	55.749 7	75.836 4	128.116 7	218.044 6	371.518 0
19	20.338 7	20.810 9	21.796 7	22.840 6	23.946 0	25.116 9	27.671 2	30.539 0	33.760 0	37.379 0	41.446 3	46.018 5	51.159 1	63.439 7	88.211 8	154.740 0	273.555 8	483.973 4
20	21.491 2	22.019 0	23.123 7	24.297 4	25.544 7	26.870 4	29.778 1	33.066 0	36.785 6	40.995 5	45.762 0	51.160 1	57.275 0	72.052 4	102.443 6	186.688 0	342.944 7	630.165 5
21	22.652 4	23.239 2	24.470 5	25.783 3	27.183 3	28.676 5	31.969 2	35.719 3	39.992 7	44.865 2	50.422 9	56.764 5	64.002 5	81.698 7	118.810 1	225.025 6	429.680 9	820.215 1
22	23.822 3	24.471 6	25.837 6	27.299 0	28.862 9	30.536 8	34.248 0	38.505 2	43.392 3	49.005 7	55.456 8	62.873 3	71.402 7	92.502 6	137.631 6	271.030 7	538.101 1	1067.279 6
23	25.001 0	25.716 3	27.225 1	28.845 0	30.584 4	32.452 9	36.617 9	41.430 5	46.995 8	53.436 1	60.893 3	69.531 9	79.543 0	104.602 9	159.276 4	326.236 9	673.626 4	1388.463 5
24	26.188 5	26.973 5	28.633 5	30.421 9	32.349 0	34.426 5	39.082 6	44.502 0	50.815 6	58.176 7	66.764 8	76.789 8	88.497 3	118.155 2	184.167 8	392.484 2	843.032 9	1806.002 6
25	27.384 9	28.243 2	30.063 0	32.030 3	34.157 8	36.459 3	41.645 9	47.727 1	54.864 5	63.249 0	73.105 9	84.700 9	98.347 1	133.333 9	212.793 0	471.981 1	1054.791 2	2348.803 3
26	28.590 3	29.525 6	31.514 0	33.670 9	36.011 7	38.553 0	44.311 7	51.113 5	59.156 4	68.676 5	79.954 4	93.324 0	109.181 8	150.333 9	245.712 0	567.377 3	1319.489 0	3054.444 3
27	29.804 7	30.820 9	32.986 7	35.344 3	37.912 0	40.709 6	47.084 2	54.669 1	63.705 8	74.483 8	87.350 8	102.723 1	121.099 9	169.374 0	283.568 8	681.852 8	1650.361 2	3971.777 6

续表

n	0.75%	1%	1.50%	2%	2.50%	3%	4%	5%	6%	7%	8%	9%	10%	12%	15%	20%	25%	30%
28	31.028 2	32.129 1	34.481 5	37.051 2	39.859 8	42.930 9	49.967 6	58.402 6	68.528 1	80.697 7	95.338 8	112.968 2	134.209 9	190.698 9	327.104 1	819.223 3	2063.951 5	5164.310 9
29	32.260 9	33.450 4	35.998 7	38.792 2	41.856 3	45.218 9	52.966 3	62.322 7	73.639 8	87.346 5	103.965 9	124.135 4	148.630 9	214.582 8	377.169 7	984.068 0	2580.939 4	6714.604 2
30	33.502 9	34.784 9	37.538 7	40.568 1	43.902 7	47.575 4	56.084 9	66.438 8	79.058 2	94.460 8	113.283 2	136.307 5	164.494 0	241.332 7	434.745 1	1181.881 6	3227.174 3	8729.985 5
31	34.754 2	36.132 7	39.101 8	42.379 4	46.000 3	50.002 7	59.328 3	70.760 8	84.801 7	102.073 0	123.345 9	149.575 2	181.943 4	271.292 6	500.956 9	1419.257 9	4034.967 8	11 349.981 1
32	36.014 8	37.494 1	40.688 3	44.227 0	48.150 3	52.502 8	62.701 5	75.298 8	90.889 8	110.218 2	134.213 5	164.037 0	201.137 8	304.847 7	577.100 5	1704.109 5	5044.709 8	14 755.975 5
33	37.284 9	38.869 0	42.298 6	46.111 6	50.354 0	55.077 8	66.209 5	80.063 8	97.343 2	118.933 4	145.950 6	179.800 3	222.251 5	342.429 4	664.665 5	2045.931 4	6306.887 2	19 183.768 1
34	38.564 6	40.257 7	43.933 1	48.033 8	52.612 9	57.730 2	69.857 9	85.067 0	104.183 8	128.258 8	158.626 7	196.982 3	245.476 7	384.521 0	765.365 4	2456.117 6	7884.609 1	24 939.898 5
35	39.853 8	41.660 3	45.592 1	49.994 5	54.928 2	60.462 1	73.652 2	90.320 3	111.434 8	138.236 9	172.316 8	215.710 8	271.024 4	431.663 5	881.170 2	2948.341 1	9856.761 3	32 422.868 1
40	46.446 5	48.886 4	54.267 9	60.402 0	67.402 6	75.401 3	95.025 5	120.799 8	154.762 0	199.635 1	259.056 5	337.882 4	442.592 6	767.091 4	1779.090 3	7343.857 8	30 088.655 4	
45	53.290 1	56.481 1	63.614 2	71.892 7	81.516 1	92.719 9	121.029 4	159.700 2	212.743 5	285.749 3	386.505 6	525.858 7	718.904 8	1358.230 0	3585.128 5	18 281.309 9	91 831.496 2	
50	60.394 3	64.463 2	73.682 8	84.579 4	97.484 3	112.796 9	152.667 1	209.348 0	290.335 9	406.528 9	573.770 2	815.083 6	1163.908 5	2400.018 2	7217.716 3	45 497.190 8		
55	67.768 8	72.852 5	84.529 6	98.586 5	115.550 9	136.071 6	191.159 2	272.712 6	394.172 0	575.928 6	848.923 2	1260.091 8	1880.591 4					
60	75.424 1	81.669 7	96.214 7	114.051 5	135.991 6	163.053 4	237.990 7	353.583 7	533.128 2	813.520 4	1253.213 3	1944.792 1	3034.816 4					
65	83.370 9	90.936 6	108.802 8	131.126 2	159.118 3	194.332 8	294.968 4	456.798 0	719.082 9	1146.755 2	1847.248 1	2998.288 5	4893.707 3					
70	91.620 1	100.676 3	122.363 8	149.977 9	185.284 1	230.594 1	364.290 5	588.528 5	967.932 2	1614.134 2	2720.080 1	4619.223 2	7887.469 6					
75	100.183 3	110.912 8	136.972 1	170.791 8	214.888 3	272.630 9	448.631 4	756.653 7	1300.948 7	2269.657 4	4002.556 6	7113.232 1	12 708.953 7					
80	109.072 5	121.671 5	152.710 9	193.772 0	248.382 7	321.363 0	551.245 0	971.228 8	1746.599 9	3189.062 7	5886.935 4	10 950.574 1	20 474.002 1					
85	118.300 1	132.979 0	169.665 2	219.143 9	286.278 6	377.857 0	676.090 1	1245.087 1	2342.981 7	4478.576 1	8655.706 1	16 854.800 3	32 979.690 3					
90	127.879 0	144.863 3	187.929 9	247.156 7	329.154 3	443.348 9	827.983 3	1594.607 3	3141.075 2	6287.185 4	12 723.938 6	25 939.184 2	53 120.226 1					
95	137.822 5	157.353 8	207.606 1	278.085 0	377.664 2	519.272 0	1012.784 6	2040.693 5	4209.104 2	8823.853 5	18 701.506 9	39 916.635 0	85 556.760 5					
100	148.144 5	170.481 4	228.803 0	312.232 3	432.548 7	607.287 7	1237.623 7	2610.025 2	5638.368 1	12 381.661 8	27 484.515 7	61 422.675 5	137 796.123 4					

表 A.4

$(A/F,\ i,\ n)$

n \ i	0.75%	1%	1.50%	2%	2.50%	3%	4%	5%	6%	7%	8%	9%	10%	12%	15%	20%	25%	30%
1	1.000 0	1.000 0	1.000 0	1.000 0	1.000 0	1.000 0	1.000 0	1.000 0	1.000 0	1.000 0	1.000 0	1.000 0	1.000 0	1.000 0	1.000 0	1.000 0	1.000 0	1.000 0
2	0.498 1	0.497 5	0.496 3	0.495 0	0.493 8	0.492 6	0.490 2	0.487 8	0.485 4	0.483 1	0.480 8	0.478 5	0.476 2	0.471 7	0.465 1	0.454 5	0.444 4	0.434 8
3	0.330 8	0.330 0	0.328 4	0.326 8	0.325 1	0.323 5	0.320 3	0.317 2	0.314 1	0.311 1	0.308 0	0.305 1	0.302 1	0.296 3	0.288 0	0.274 7	0.262 3	0.250 6
4	0.247 2	0.246 3	0.244 4	0.242 6	0.240 8	0.239 0	0.235 5	0.232 0	0.228 6	0.225 2	0.221 9	0.218 7	0.215 5	0.209 2	0.200 3	0.186 3	0.173 4	0.161 6
5	0.197 0	0.196 0	0.194 1	0.192 2	0.190 2	0.188 4	0.184 6	0.181 0	0.177 4	0.173 9	0.170 5	0.167 1	0.163 8	0.157 4	0.148 3	0.134 4	0.121 8	0.110 6
6	0.163 6	0.162 5	0.160 5	0.158 5	0.156 5	0.154 6	0.150 8	0.147 0	0.143 4	0.139 8	0.136 3	0.132 9	0.129 6	0.123 2	0.114 2	0.100 7	0.088 8	0.078 4
7	0.139 7	0.138 6	0.136 6	0.134 5	0.132 5	0.130 5	0.126 6	0.122 8	0.119 1	0.115 5	0.112 1	0.108 7	0.105 4	0.099 1	0.090 4	0.077 4	0.066 3	0.056 9
8	0.121 8	0.120 7	0.118 6	0.116 5	0.114 5	0.112 5	0.108 5	0.104 7	0.101 0	0.097 5	0.094 0	0.090 7	0.087 4	0.081 3	0.072 9	0.060 6	0.050 4	0.041 9
9	0.107 8	0.106 7	0.104 6	0.102 5	0.100 5	0.098 4	0.094 5	0.090 7	0.087 0	0.083 5	0.080 1	0.076 8	0.073 6	0.067 7	0.059 6	0.048 1	0.038 8	0.031 2
10	0.096 7	0.095 6	0.093 4	0.091 3	0.089 3	0.087 2	0.083 3	0.079 5	0.075 9	0.072 4	0.069 0	0.065 8	0.062 7	0.057 0	0.049 3	0.038 5	0.030 1	0.023 5
11	0.087 6	0.086 5	0.084 3	0.082 2	0.080 1	0.078 1	0.074 1	0.070 4	0.066 8	0.063 4	0.060 1	0.056 9	0.054 0	0.048 4	0.041 1	0.031 1	0.023 5	0.017 7
12	0.080 0	0.078 8	0.076 7	0.074 6	0.072 5	0.070 5	0.066 6	0.062 8	0.059 3	0.055 9	0.052 7	0.049 7	0.046 8	0.041 4	0.034 5	0.025 3	0.018 4	0.013 5
13	0.073 5	0.072 4	0.070 2	0.068 1	0.066 0	0.064 0	0.060 1	0.056 5	0.053 0	0.049 7	0.046 5	0.043 6	0.040 8	0.035 7	0.029 1	0.020 6	0.014 5	0.010 2
14	0.068 0	0.066 9	0.064 7	0.062 6	0.060 5	0.058 5	0.054 7	0.051 0	0.047 6	0.044 3	0.041 3	0.038 4	0.035 7	0.030 9	0.024 7	0.016 9	0.011 5	0.007 8
15	0.063 2	0.062 1	0.059 9	0.057 8	0.055 8	0.053 8	0.049 9	0.046 3	0.043 0	0.039 8	0.036 8	0.034 1	0.031 5	0.026 8	0.021 0	0.013 9	0.009 1	0.006 0
16	0.059 1	0.057 9	0.055 8	0.053 7	0.051 6	0.049 6	0.045 8	0.042 3	0.039 0	0.035 9	0.033 0	0.030 3	0.027 8	0.023 4	0.017 9	0.011 4	0.007 2	0.004 6
17	0.055 4	0.054 3	0.052 1	0.050 0	0.047 9	0.046 0	0.042 2	0.038 7	0.035 4	0.032 4	0.029 6	0.027 0	0.024 7	0.020 5	0.015 4	0.009 4	0.005 8	0.003 5
18	0.052 1	0.051 0	0.048 8	0.046 7	0.044 7	0.042 7	0.039 0	0.035 5	0.032 4	0.029 4	0.026 7	0.024 2	0.021 9	0.017 9	0.013 2	0.007 8	0.004 6	0.002 7
19	0.049 2	0.048 1	0.045 9	0.043 8	0.041 8	0.039 8	0.036 1	0.032 7	0.029 6	0.026 8	0.024 1	0.021 7	0.019 5	0.015 8	0.011 3	0.006 5	0.003 7	0.002 1
20	0.046 5	0.045 4	0.043 2	0.041 2	0.039 1	0.037 2	0.033 6	0.030 2	0.027 2	0.024 4	0.021 9	0.019 5	0.017 5	0.013 9	0.009 8	0.005 4	0.002 9	0.001 6
21	0.044 1	0.043 0	0.040 9	0.038 8	0.036 8	0.034 9	0.031 3	0.028 0	0.025 0	0.022 3	0.019 8	0.017 6	0.015 6	0.012 2	0.008 4	0.004 4	0.002 3	0.001 2
22	0.042 0	0.040 9	0.038 7	0.036 6	0.034 6	0.032 7	0.029 2	0.026 0	0.023 0	0.020 4	0.018 0	0.015 9	0.014 0	0.010 8	0.007 3	0.003 7	0.001 9	0.000 9
23	0.040 0	0.038 9	0.036 7	0.034 7	0.032 7	0.030 8	0.027 3	0.024 1	0.021 3	0.018 7	0.016 4	0.014 4	0.012 6	0.009 6	0.006 3	0.003 1	0.001 5	0.000 7
24	0.038 2	0.037 1	0.034 9	0.032 9	0.030 9	0.029 0	0.025 6	0.022 5	0.019 7	0.017 2	0.015 0	0.013 0	0.011 3	0.008 5	0.005 5	0.002 5	0.001 2	0.000 6
25	0.036 5	0.035 4	0.033 3	0.031 2	0.029 3	0.027 4	0.024 0	0.021 0	0.018 2	0.015 8	0.013 7	0.011 8	0.010 2	0.007 5	0.004 7	0.002 1	0.000 9	0.000 4
26	0.035 0	0.033 9	0.031 7	0.029 7	0.027 8	0.025 9	0.022 6	0.019 6	0.016 9	0.014 6	0.012 5	0.010 7	0.009 2	0.006 7	0.004 1	0.001 8	0.000 8	0.000 3

续表

n	0.75%	1%	1.50%	2%	2.50%	3%	4%	5%	6%	7%	8%	9%	10%	12%	15%	20%	25%	30%
27	0.033 6	0.032 4	0.030 3	0.028 3	0.026 6	0.024 6	0.021 2	0.018 3	0.015 7	0.013 4	0.011 4	0.009 7	0.008 3	0.005 9	0.003 5	0.001 5	0.000 6	0.000 3
28	0.032 2	0.031 1	0.029 0	0.027 0	0.025 1	0.023 3	0.020 0	0.017 1	0.014 6	0.012 4	0.010 5	0.008 9	0.007 5	0.005 2	0.003 1	0.001 2	0.000 5	0.000 2
29	0.031 0	0.029 9	0.027 8	0.025 8	0.023 9	0.022 1	0.018 9	0.016 0	0.013 6	0.011 4	0.009 6	0.008 1	0.006 7	0.004 7	0.002 7	0.001 0	0.000 4	0.000 1
30	0.029 8	0.028 7	0.026 6	0.024 6	0.022 8	0.021 0	0.017 8	0.015 1	0.012 6	0.010 6	0.008 8	0.007 3	0.006 1	0.004 1	0.002 3	0.000 8	0.000 3	0.000 1
31	0.028 8	0.027 7	0.025 6	0.023 6	0.021 7	0.020 0	0.016 9	0.014 1	0.011 8	0.009 8	0.008 1	0.006 7	0.005 5	0.003 7	0.002 0	0.000 7	0.000 2	0.000 1
32	0.027 8	0.026 7	0.024 6	0.022 6	0.020 8	0.019 0	0.015 9	0.013 3	0.011 0	0.009 1	0.007 5	0.006 1	0.005 0	0.003 3	0.001 7	0.000 6	0.000 2	0.000 1
33	0.026 8	0.025 7	0.023 6	0.021 7	0.019 9	0.018 2	0.015 1	0.012 5	0.010 3	0.008 4	0.006 9	0.005 6	0.004 5	0.002 9	0.001 5	0.000 5	0.000 2	0.000 1
34	0.025 9	0.024 8	0.022 8	0.020 8	0.019 0	0.017 3	0.014 3	0.011 8	0.009 6	0.007 8	0.006 3	0.005 1	0.004 1	0.002 6	0.001 3	0.000 4	0.000 1	0.000 1
35	0.025 1	0.024 0	0.021 9	0.020 0	0.018 2	0.016 5	0.013 6	0.011 1	0.009 0	0.007 2	0.005 8	0.004 6	0.003 7	0.002 3	0.001 1	0.000 3	0.000 1	
40	0.021 5	0.020 5	0.018 4	0.016 6	0.014 8	0.013 3	0.010 5	0.008 3	0.006 5	0.005 0	0.003 9	0.003 0	0.002 3	0.001 3	0.000 6	0.000 1		
45	0.018 8	0.017 7	0.015 7	0.013 9	0.012 3	0.010 8	0.008 3	0.006 3	0.004 7	0.003 5	0.002 6	0.001 9	0.001 4	0.000 7	0.000 3	0.000 1		
50	0.016 6	0.015 5	0.013 6	0.011 8	0.010 3	0.008 9	0.006 6	0.004 8	0.003 4	0.002 5	0.001 7	0.001 2	0.000 9	0.000 4	0.000 1			
55	0.014 8	0.013 7	0.011 8	0.010 1	0.008 7	0.007 3	0.005 2	0.003 7	0.002 5	0.001 7	0.001 2	0.000 8	0.000 5	0.000 2	0.000 1			
60	0.013 3	0.012 2	0.010 4	0.008 8	0.007 4	0.006 1	0.004 2	0.002 8	0.001 9	0.001 2	0.000 8	0.000 5	0.000 3	0.000 1				
65	0.012 0	0.011 0	0.009 2	0.007 6	0.006 3	0.005 1	0.003 4	0.002 2	0.001 4	0.000 9	0.000 5	0.000 3	0.000 2	0.000 1				
70	0.010 9	0.009 9	0.008 2	0.006 7	0.005 4	0.004 3	0.002 7	0.001 7	0.001 0	0.000 6	0.000 4	0.000 2	0.000 1					
75	0.010 0	0.009 0	0.007 3	0.005 9	0.004 7	0.003 7	0.002 2	0.001 3	0.000 8	0.000 4	0.000 2	0.000 1	0.000 1					
80	0.009 2	0.008 2	0.006 5	0.005 2	0.004 0	0.003 1	0.001 8	0.001 0	0.000 6	0.000 3	0.000 2	0.000 1						
85	0.008 5	0.007 5	0.005 9	0.004 6	0.003 5	0.002 6	0.001 5	0.000 8	0.000 4	0.000 2	0.000 1	0.000 1						
90	0.007 8	0.006 9	0.005 3	0.004 0	0.003 0	0.002 3	0.001 2	0.000 6	0.000 3	0.000 2	0.000 1							
95	0.007 3	0.006 4	0.004 8	0.003 6	0.002 6	0.001 9	0.001 0	0.000 5	0.000 2	0.000 1	0.000 1							
100	0.006 8	0.005 9	0.004 4	0.003 2	0.002 3	0.001 6	0.000 8	0.000 4	0.000 2	0.000 1	0.000 0							

表 A.5

$(P/A, i, n)$

n / i	0.75%	1%	1.50%	2%	2.50%	3%	4%	5%	6%	7%	8%	9%	10%	12%	15%	20%	25%	30%
1	0.992 6	0.990 1	0.985 2	0.980 4	0.975 6	0.970 9	0.961 5	0.952 4	0.943 4	0.934 6	0.925 9	0.917 4	0.909 1	0.892 9	0.869 6	0.833 3	0.800 0	0.769 2
2	1.977 7	1.970 4	1.955 9	1.941 6	1.927 4	1.913 5	1.886 1	1.859 4	1.833 4	1.808 0	1.783 3	1.759 1	1.735 5	1.690 1	1.625 7	1.527 8	1.440 0	1.360 9
3	2.955 6	2.941 0	2.912 2	2.883 9	2.856 0	2.828 6	2.775 1	2.723 2	2.673 0	2.624 3	2.577 1	2.531 3	2.486 9	2.401 8	2.283 2	2.106 5	1.952 0	1.816 1
4	3.926 1	3.902 0	3.854 4	3.807 7	3.762 0	3.717 1	3.629 9	3.546 0	3.465 1	3.387 2	3.312 1	3.239 7	3.169 9	3.037 3	2.855 0	2.588 7	2.361 6	2.166 2
5	4.889 4	4.853 4	4.782 6	4.713 5	4.645 8	4.579 7	4.451 8	4.329 5	4.212 4	4.100 2	3.992 7	3.889 7	3.790 8	3.604 8	3.352 2	2.990 6	2.689 3	2.435 6
6	5.845 6	5.795 5	5.697 2	5.601 4	5.508 1	5.417 2	5.242 1	5.075 7	4.917 3	4.766 5	4.622 9	4.485 9	4.355 3	4.111 4	3.784 5	3.325 5	2.951 4	2.642 7
7	6.794 6	6.728 2	6.598 2	6.472 0	6.349 4	6.230 3	6.002 1	5.786 4	5.582 4	5.389 3	5.206 4	5.033 0	4.868 4	4.563 8	4.160 4	3.604 6	3.161 1	2.802 1
8	7.736 6	7.651 7	7.485 9	7.325 5	7.170 1	7.019 7	6.732 7	6.463 2	6.209 8	5.971 3	5.746 6	5.534 8	5.334 9	4.967 6	4.487 3	3.837 2	3.328 9	2.924 7
9	8.671 6	8.566 0	8.360 5	8.162 2	7.970 9	7.786 1	7.435 3	7.107 8	6.801 7	6.515 2	6.246 9	5.995 2	5.759 0	5.328 2	4.771 6	4.031 0	3.463 1	3.019 0
10	9.599 6	9.471 3	9.222 2	8.982 6	8.752 1	8.530 2	8.110 9	7.721 7	7.360 1	7.023 6	6.710 1	6.417 7	6.144 6	5.650 2	5.018 8	4.192 5	3.570 5	3.091 5
11	10.520 7	10.367 6	10.071 1	9.786 8	9.514 2	9.252 6	8.760 5	8.306 4	7.886 9	7.498 7	7.139 0	6.805 2	6.495 1	5.937 7	5.233 7	4.327 1	3.656 4	3.147 3
12	11.434 9	11.255 1	10.907 5	10.575 3	10.257 8	9.954 0	9.385 1	8.863 3	8.383 8	7.942 7	7.536 1	7.160 7	6.813 7	6.194 4	5.420 6	4.439 2	3.725 1	3.190 3
13	12.342 3	12.133 7	11.731 5	11.348 4	10.983 2	10.635 0	9.985 6	9.393 6	8.852 7	8.357 7	7.903 8	7.486 9	7.103 4	6.423 5	5.583 1	4.532 7	3.780 1	3.223 3
14	13.243 0	13.003 7	12.543 4	12.106 2	11.690 9	11.296 1	10.563 1	9.898 6	9.295 0	8.745 5	8.244 2	7.786 2	7.366 7	6.628 2	5.724 5	4.610 6	3.824 1	3.248 7
15	14.137 0	13.865 1	13.343 2	12.849 3	12.381 4	11.937 9	11.118 4	10.379 7	9.712 2	9.107 9	8.559 5	8.060 7	7.606 1	6.810 9	5.847 4	4.675 5	3.859 3	3.268 2
16	15.024 3	14.717 9	14.131 3	13.577 7	13.055 0	12.561 1	11.652 3	10.837 8	10.105 9	9.446 6	8.851 4	8.312 6	7.823 7	6.974 0	5.954 2	4.729 6	3.887 4	3.283 2
17	15.905 0	15.562 3	14.907 6	14.291 9	13.712 2	13.166 1	12.165 7	11.274 1	10.477 3	9.763 2	9.121 6	8.543 6	8.021 6	7.119 6	6.047 2	4.774 6	3.909 9	3.294 8
18	16.779 2	16.398 3	15.672 6	14.992 0	14.353 4	13.753 5	12.659 3	11.689 6	10.827 6	10.059 1	9.371 9	8.755 6	8.201 4	7.249 7	6.128 0	4.812 2	3.927 9	3.303 7
19	17.646 8	17.226 0	16.426 2	15.678 5	14.978 9	14.323 8	13.133 9	12.085 3	11.158 1	10.335 6	9.603 6	8.950 1	8.364 9	7.365 8	6.198 2	4.843 5	3.942 4	3.310 5
20	18.508 0	18.045 6	17.168 6	16.351 4	15.589 2	14.877 5	13.590 3	12.462 2	11.469 9	10.594	9.818 1	9.128 5	8.513 6	7.469 4	6.259 3	4.869 6	3.953 9	3.315 8
21	19.362 8	18.857 0	17.900 1	17.011 2	16.184 5	15.415 0	14.029 2	12.821 2	11.764 1	10.835 5	10.016 8	9.292 2	8.648 7	7.562 0	6.312 5	4.891 3	3.963 1	3.319 8
22	20.211 2	19.660 4	18.620 8	17.658 0	16.765 4	15.936 9	14.451 1	13.163 0	12.041 6	11.061 2	10.200 7	9.442 4	8.771 5	7.644 6	6.358 7	4.909 4	3.970 5	3.323 0
23	21.053 3	20.455 8	19.330 9	18.292 2	17.332 1	16.443 6	14.856 8	13.488 6	12.303 4	11.272 2	10.371 1	9.580 7	8.883 2	7.718 4	6.398 8	4.924 5	3.976 4	3.325 4
24	21.889 1	21.243 4	20.030 4	18.913 9	17.885 0	16.935 5	15.247 0	13.798 6	12.550 4	11.469 3	10.528 8	9.706 6	8.984 7	7.784 3	6.433 8	4.937 1	3.981 1	3.327 2
25	22.718 8	22.023 2	20.719 6	19.523 5	18.424 4	17.413 1	15.622 1	14.093 9	12.783 4	11.653 6	10.674 8	9.822 6	9.077 0	7.843 1	6.464 1	4.947 6	3.984 9	3.328 6
26	23.542 2	22.795 2	21.398 6	20.121 0	18.950 6	17.876 8	15.982 8	14.375 2	13.003 2	11.825 8	10.810 0	9.929 0	9.160 9	7.895 7	6.490 6	4.956 3	3.987 9	3.329 7

续表

i \ n	0.75%	1%	1.50%	2%	2.50%	3%	4%	5%	6%	7%	8%	9%	10%	12%	15%	20%	25%	30%
27	24.359 5	23.559 6	22.067 6	20.706 9	19.464 0	18.327 0	16.329 6	14.643 0	13.210 5	11.986 7	10.935 2	10.026 6	9.237 2	7.942 6	6.513 5	4.963 6	3.990 3	3.330 5
28	25.170 7	24.316 4	22.726 7	21.281 3	19.964 9	18.764 1	16.663 1	14.898 1	13.406 2	12.137 1	11.051 1	10.116 1	9.306 6	7.984 4	6.533 5	4.969 7	3.992 3	3.331 2
29	25.975 9	25.065 8	23.376 1	21.844 4	20.453 5	19.188 5	16.983 7	15.141 1	13.590 7	12.277 7	11.158 4	10.198 3	9.369 6	8.021 8	6.550 9	4.974 7	3.993 8	3.331 7
30	26.775 1	25.807 7	24.015 8	22.396 5	20.930 3	19.600 4	17.292 0	15.372 5	13.764 8	12.409 0	11.257 8	10.273 7	9.426 9	8.055 2	6.566 0	4.978 9	3.995 0	3.332 1
31	27.568 3	26.542 3	24.646 1	22.937 7	21.395 4	20.000 4	17.588 5	15.592 8	13.929 1	12.531 8	11.349 8	10.342 8	9.479 0	8.085 0	6.579 1	4.982 4	3.996 0	3.332 4
32	28.355 7	27.269 6	25.267 1	23.468 3	21.849 2	20.388 8	17.873 6	15.802 7	14.084 0	12.646 6	11.435 0	10.406 2	9.526 4	8.111 6	6.590 5	4.985 4	3.996 8	3.332 6
33	29.137 1	27.989 7	25.879 0	23.988 6	22.291 9	20.765 8	18.147 6	16.002 5	14.230 2	12.753 8	11.513 9	10.464 4	9.569 4	8.135 4	6.600 5	4.987 8	3.997 5	3.332 8
34	29.912 8	28.702 7	26.481 7	24.498 6	22.723 8	21.131 8	18.411 2	16.192 9	14.368 1	12.854 0	11.586 6	10.517 8	9.608 6	8.156 6	6.609 1	4.989 8	3.998 0	3.332 9
35	30.682 7	29.408 6	27.075 6	24.998 6	23.145 2	21.487 2	18.664 6	16.374 2	14.498 2	12.947 7	11.654 6	10.566 8	9.644 2	8.175 5	6.616 6	4.991 5	3.998 4	3.333 0
40	34.446 9	32.834 7	29.915 8	27.355 5	25.102 8	23.114 8	19.792 8	17.159 1	15.046 3	13.331 7	11.924 6	10.757 4	9.779 1	8.243 8	6.641 8	4.996 6	3.999 5	3.333 2
45	38.073 2	36.094 5	32.552 3	29.490 2	26.833 0	24.518 7	20.720 0	17.774 1	15.455 8	13.605 5	12.108 4	10.881 2	9.862 8	8.282 5	6.654 3	4.998 8	3.999 8	3.333 3
50	41.566 4	39.196 1	34.999 7	31.423 6	28.362 3	25.729 8	21.482 2	18.255 9	15.761 9	13.800 7	12.233 5	10.961 7	9.914 8	8.304 5	6.660 5	4.999 5	3.999 9	3.333 3
55	44.931 6	42.147 2	37.271 5	33.174 8	29.714 0	26.774 4	22.108 6	18.633 5	15.990 5	13.939 9	12.318 6	11.014 0	9.947 1	8.317	6.663 6	4.999 8	4.000 0	3.333 3
60	48.173 4	44.955 0	39.380 3	34.760 9	30.908 7	27.675 6	22.623 5	18.929 3	16.161 4	14.039 2	12.376 6	11.048 0	9.967 2	8.324	6.665 1	4.999 9	4.000 0	3.333 3
65	51.296 3	47.626 6	41.337 8	36.197 5	31.964 6	28.452 9	23.046 7	19.161 1	16.289 1	14.109 9	12.416 0	11.070 1	9.979 6	8.328 1	6.665 9	5.000 0	4.000 0	3.333 3
70	54.304 6	50.168 5	43.154 9	37.498 6	32.897 9	29.123 4	23.394 5	19.342 7	16.384 5	14.160 3	12.442 8	11.084 6	9.987 3	8.330 3	6.666 3	5.000 0	4.000 0	3.333 3
75	57.202 7	52.587 1	44.841 6	38.677 1	33.722 7	29.701 8	23.680 4	19.485 0	16.455 8	14.196 4	12.461 1	11.093 8	9.992 1	8.331 6	6.666 5	5.000 0	4.000 0	3.333 3
80	59.994 4	54.888 2	46.407 3	39.744 5	34.451 8	30.200 8	23.915 4	19.596 5	16.509 1	14.222 0	12.473 5	11.099 8	9.995 1	8.332 4	6.666 6	5.000 0	4.000 0	3.333 3
85	62.683 8	57.077 7	47.860 7	40.711 3	35.096 2	30.631 2	24.108 5	19.683 8	16.548 8	14.240 5	12.482 0	11.103 8	9.997 0	8.332 8	6.666 6	5.000 0	4.000 0	3.333 3
90	65.274 6	59.160 9	49.209 9	41.586 9	35.665 8	31.002 4	24.267 3	19.752 3	16.578 7	14.253 3	12.487 7	11.106 4	9.998 1	8.333 0	6.666 6	5.000 0	4.000 0	3.333 3
95	67.770 4	61.143 0	50.462 2	42.380 0	36.169 2	31.322 7	24.397 8	19.805 9	16.600 0	14.262 6	12.491 7	11.108 0	9.998 8	8.333 2	6.666 7	5.000 0	4.000 0	3.333 3
100	70.174 6	63.028 9	51.624 7	43.098 4	36.614 1	31.598 9	24.505 0	19.847 9	16.617 5	14.269 3	12.494 3	11.109 1	9.999 3	8.333 3	6.666 7	5.000 0	4.000 0	3.3333

表 A.6

$(A/P, i, n)$

n \ i	0.75%	1%	1.50%	2%	2.50%	3%	4%	5%	6%	7%	8%	9%	10%	12%	15%	20%	25%	30%
1	1.007 5	1.010 0	1.015 0	1.020 0	1.025 0	1.030 0	1.040 0	1.050 0	1.060 0	1.070 0	1.080 0	1.090 0	1.100 0	1.120 0	1.150 0	1.200 0	1.250 0	1.300 0
2	0.505 6	0.507 5	0.511 3	0.515 0	0.518 8	0.522 6	0.530 2	0.537 8	0.545 4	0.553 1	0.560 8	0.568 5	0.576 2	0.591 7	0.615 1	0.654 5	0.694 4	0.734 8
3	0.338 3	0.340 0	0.343 4	0.346 8	0.350 1	0.353 5	0.360 3	0.367 2	0.374 1	0.381 1	0.388 0	0.395 1	0.402 1	0.416 3	0.438 0	0.474 7	0.512 3	0.550 6
4	0.254 7	0.256 3	0.259 4	0.262 6	0.265 8	0.269 0	0.275 5	0.282 0	0.288 6	0.295 2	0.301 9	0.308 7	0.315 5	0.329 2	0.350 3	0.386 3	0.423 4	0.461 6
5	0.204 5	0.206 0	0.209 1	0.212 2	0.215 2	0.218 4	0.224 6	0.231 0	0.237 4	0.243 9	0.250 5	0.257 1	0.263 8	0.277 4	0.298 3	0.334 4	0.371 8	0.410 6
6	0.171 1	0.172 5	0.175 5	0.178 5	0.181 5	0.184 6	0.190 8	0.197 0	0.203 4	0.209 8	0.216 3	0.222 9	0.229 6	0.243 2	0.264 2	0.300 7	0.338 8	0.378 4
7	0.147 2	0.148 6	0.151 6	0.154 5	0.157 5	0.160 5	0.166 6	0.172 8	0.179 1	0.185 6	0.192 1	0.198 7	0.205 4	0.219 1	0.240 4	0.277 4	0.316 3	0.356 9
8	0.129 3	0.130 7	0.133 6	0.136 5	0.139 5	0.142 5	0.148 5	0.154 7	0.161 0	0.167 5	0.174 0	0.180 7	0.187 4	0.201 3	0.222 9	0.260 6	0.300 4	0.341 9
9	0.115 3	0.116 7	0.119 6	0.122 5	0.125 5	0.128 4	0.134 5	0.140 7	0.147 0	0.153 5	0.160 1	0.166 8	0.173 6	0.187 7	0.209 6	0.248 1	0.288 8	0.331 2
10	0.104 2	0.105 6	0.108 4	0.111 3	0.114 3	0.117 2	0.123 3	0.129 5	0.135 9	0.142 4	0.149 0	0.155 8	0.162 7	0.177 0	0.199 3	0.238 5	0.280 1	0.323 5
11	0.095 1	0.096 5	0.099 3	0.102 2	0.105 1	0.108 1	0.114 1	0.120 4	0.126 8	0.133 4	0.140 1	0.146 9	0.154 0	0.168 4	0.191 1	0.231 1	0.273 5	0.317 7
12	0.087 5	0.088 8	0.091 7	0.094 6	0.097 5	0.100 5	0.106 6	0.112 8	0.119 3	0.125 7	0.132 7	0.139 7	0.146 8	0.161 4	0.184 5	0.225 3	0.268 4	0.313 5
13	0.081 0	0.082 4	0.085 2	0.088 1	0.091 0	0.094 0	0.100 1	0.106 5	0.113 0	0.119 7	0.126 5	0.133 6	0.140 8	0.155 7	0.179 1	0.220 6	0.264 5	0.310 2
14	0.075 5	0.076 9	0.079 7	0.082 6	0.085 5	0.088 5	0.094 7	0.101 0	0.107 6	0.114 3	0.121 3	0.128 4	0.135 7	0.150 9	0.174 7	0.216 9	0.261 5	0.307 8
15	0.070 7	0.072 1	0.074 9	0.077 8	0.080 8	0.083 8	0.089 9	0.096 3	0.103 0	0.109 8	0.116 8	0.124 1	0.131 5	0.146 8	0.171 0	0.213 9	0.259 1	0.306 0
16	0.066 6	0.067 9	0.070 8	0.073 7	0.076 6	0.079 6	0.085 8	0.092 3	0.099 0	0.105 9	0.113 0	0.120 3	0.127 8	0.143 4	0.167 9	0.211 4	0.257 2	0.304 6
17	0.062 9	0.064 3	0.067 1	0.070 0	0.072 9	0.076 0	0.082 2	0.088 7	0.095 4	0.102 4	0.109 6	0.117 0	0.124 7	0.140 5	0.165 4	0.209 4	0.255 8	0.303 5
18	0.059 6	0.061 0	0.063 8	0.066 7	0.069 7	0.072 7	0.079 0	0.085 5	0.092 4	0.099 4	0.106 7	0.114 2	0.121 9	0.137 9	0.163 2	0.207 8	0.254 6	0.302 7
19	0.056 7	0.058 1	0.060 9	0.063 8	0.066 8	0.069 8	0.076 1	0.082 7	0.089 6	0.096 8	0.104 1	0.111 7	0.119 5	0.135 8	0.161 3	0.206 5	0.253 7	0.302 1
20	0.054 0	0.055 4	0.058 2	0.061 2	0.064 1	0.067 2	0.073 6	0.080 2	0.087 2	0.094 4	0.101 9	0.109 5	0.117 5	0.133 9	0.159 8	0.205 4	0.252 9	0.301 6
21	0.051 6	0.053 0	0.055 9	0.058 8	0.061 8	0.064 9	0.071 3	0.078 0	0.085 0	0.092 3	0.099 8	0.107 6	0.115 6	0.132 2	0.158 4	0.204 4	0.252 3	0.301 2
22	0.049 5	0.050 9	0.053 7	0.056 6	0.059 6	0.062 7	0.069 2	0.076 0	0.083 0	0.090 4	0.098 0	0.106 0	0.114 0	0.130 8	0.157 3	0.203 7	0.251 9	0.300 9
23	0.047 5	0.048 9	0.051 7	0.054 7	0.057 7	0.060 8	0.067 3	0.074 1	0.081 3	0.088 7	0.096 4	0.104 4	0.112 6	0.129 6	0.156 3	0.203 1	0.251 5	0.300 7
24	0.045 7	0.047 1	0.049 9	0.052 9	0.055 9	0.059 0	0.065 6	0.072 5	0.079 7	0.087 2	0.095 0	0.103 0	0.111 3	0.128 5	0.155 4	0.202 5	0.251 2	0.300 6
25	0.044 0	0.045 4	0.048 3	0.051 2	0.054 3	0.057 4	0.064 0	0.071 0	0.078 2	0.085 8	0.093 7	0.101 8	0.110 2	0.127 5	0.154 7	0.202 1	0.251 0	0.300 4
26	0.042 5	0.043 9	0.046 7	0.049 7	0.052 8	0.055 9	0.062 6	0.069 6	0.076 9	0.084 6	0.092 5	0.100 7	0.109 2	0.126 7	0.154 1	0.201 8	0.250 8	0.300 3

续表

n ＼ i	0.75%	1%	1.50%	2%	2.50%	3%	4%	5%	6%	7%	8%	9%	10%	12%	15%	20%	25%	30%
27	0.041 1	0.042 4	0.045 3	0.048 3	0.051 4	0.054 6	0.061 2	0.068 3	0.075 7	0.083 4	0.091 4	0.099 7	0.108 3	0.125 9	0.153 5	0.201 5	0.250 6	0.300 3
28	0.039 7	0.041 1	0.044 0	0.047 0	0.050 1	0.053 3	0.060 0	0.067 1	0.074 6	0.082 4	0.090 5	0.098 9	0.107 5	0.125 2	0.153 1	0.201 2	0.250 5	0.300 2
29	0.038 5	0.039 9	0.042 8	0.045 8	0.048 9	0.052 1	0.058 9	0.066 0	0.073 6	0.081 4	0.089 6	0.098 1	0.106 7	0.124 7	0.152 7	0.201 0	0.250 4	0.300 1
30	0.037 3	0.038 7	0.041 6	0.044 6	0.047 8	0.051 0	0.057 8	0.065 1	0.072 6	0.080 6	0.088 8	0.097 3	0.106 1	0.124 1	0.152 3	0.200 8	0.250 3	0.300 1
31	0.036 3	0.037 7	0.040 6	0.043 6	0.046 7	0.050 0	0.056 9	0.064 1	0.071 8	0.079 8	0.088 1	0.096 7	0.105 5	0.123 7	0.152 0	0.200 7	0.250 2	0.300 1
32	0.035 3	0.036 7	0.039 6	0.042 6	0.045 8	0.049 0	0.055 9	0.063 3	0.071 0	0.079 1	0.087 5	0.096 1	0.105 0	0.123 3	0.151 7	0.200 6	0.250 2	0.300 1
33	0.034 3	0.035 7	0.038 6	0.041 7	0.044 9	0.048 2	0.055 1	0.062 5	0.070 3	0.078 4	0.086 9	0.095 6	0.104 5	0.122 9	0.151 5	0.200 5	0.250 2	0.300 1
34	0.033 4	0.034 8	0.037 8	0.040 8	0.044 0	0.047 3	0.054 3	0.061 8	0.069 6	0.077 8	0.086 3	0.095 1	0.104 1	0.122 6	0.151 3	0.200 4	0.250 1	0.300 1
35	0.032 6	0.034 0	0.036 9	0.040 0	0.043 2	0.046 5	0.053 6	0.061 1	0.069 0	0.077 2	0.085 8	0.094 6	0.103 7	0.122 3	0.151 1	0.200 3	0.250 1	0.300 0
40	0.029 0	0.030 5	0.033 4	0.036 6	0.039 8	0.043 3	0.050 5	0.058 3	0.066 5	0.075 0	0.083 9	0.093 0	0.102 3	0.121 3	0.150 6	0.200 1	0.250 0	0.300 0
45	0.026 3	0.027 7	0.030 7	0.033 9	0.037 3	0.040 8	0.048 3	0.056 3	0.064 7	0.073 5	0.082 6	0.091 9	0.101 4	0.120 7	0.150 3	0.200 1	0.250 0	0.300 0
50	0.024 1	0.025 5	0.028 6	0.031 8	0.035 3	0.038 9	0.046 6	0.054 8	0.063 4	0.072 5	0.081 7	0.091 2	0.100 9	0.120 4	0.150 1	0.200 0	0.250 0	0.300 0
55	0.022 3	0.023 7	0.026 8	0.030 1	0.033 7	0.037 3	0.045 2	0.053 7	0.062 5	0.071 7	0.081 2	0.090 8	0.100 5	0.120 2	0.150 1	0.200 0	0.250 0	0.300 0
60	0.020 8	0.022 2	0.025 4	0.028 8	0.032 4	0.036 1	0.044 2	0.052 8	0.061 9	0.071 2	0.080 8	0.090 5	0.100 3	0.120 1	0.150 0	0.200 0	0.250 0	0.300 0
65	0.019 5	0.021 0	0.024 2	0.027 6	0.031 3	0.035 1	0.043 4	0.052 2	0.061 4	0.070 9	0.080 5	0.090 3	0.100 1	0.120 1	0.150 0	0.200 0	0.250 0	0.300 0
70	0.018 4	0.019 9	0.023 2	0.026 7	0.030 4	0.034 3	0.042 7	0.051 7	0.061 0	0.070 6	0.080 4	0.090 2	0.100 1	0.120 0	0.150 0	0.200 0	0.250 0	0.300 0
75	0.017 5	0.019 0	0.022 3	0.025 9	0.029 7	0.033 7	0.042 2	0.051 3	0.060 8	0.070 4	0.080 2	0.090 1	0.100 1	0.120 0	0.150 0	0.200 0	0.250 0	0.300 0
80	0.016 7	0.018 2	0.021 5	0.025 2	0.029 0	0.033 1	0.041 8	0.051 0	0.060 6	0.070 3	0.080 2	0.090 1	0.100 0	0.120 0	0.150 0	0.200 0	0.250 0	0.300 0
85	0.016 0	0.017 5	0.020 9	0.024 6	0.028 5	0.032 6	0.041 5	0.050 8	0.060 4	0.070 2	0.080 1	0.090 1	0.100 0	0.120 0	0.150 0	0.200 0	0.250 0	0.300 0
90	0.015 3	0.016 9	0.020 3	0.024 0	0.028 0	0.032 3	0.041 2	0.050 6	0.060 3	0.070 2	0.080 1	0.090 0	0.100 0	0.120 0	0.150 0	0.200 0	0.250 0	0.300 0
95	0.014 8	0.016 4	0.019 8	0.023 6	0.027 6	0.031 9	0.041 0	0.050 5	0.060 2	0.070 1	0.080 1	0.090 0	0.100 0	0.120 0	0.150 0	0.200 0	0.250 0	0.300 0
100	0.014 3	0.015 9	0.019 4	0.023 2	0.027 3	0.031 6	0.040 8	0.050 4	0.060 2	0.070 1	0.080 0	0.090 0	0.100 0	0.120 0	0.150 0	0.200 0	0.250 0	0.300 0

表 A.7

$(A/G, i, n)$

n	0.75%	1%	1.50%	2%	2.50%	3%	4%	5%	6%	7%	8%	9%	10%	12%	15%	20%	25%	30%
1	0.000 0	0.000 0	0.000 0	0.000 0	0.000 0	0.000 0	0.000 0	0.000 0	0.000 0	0.000 0	0.000 0	0.000 0	0.000 0	0.000 0	0.000 0	0.000 0	0.000 0	0.000 0
2	0.498 1	0.497 5	0.496 3	0.495 0	0.493 8	0.492 5	0.490 2	0.487 7	0.485 4	0.483 1	0.480 8	0.478 5	0.476 2	0.471 7	0.465 1	0.454 5	0.444 4	0.434 8
3	0.995 0	0.993 4	0.990 1	0.986 8	0.983 5	0.980 3	0.973 9	0.967 1	0.961 2	0.954 9	0.948 7	0.942 6	0.936 6	0.924 6	0.907 1	0.879 1	0.852 5	0.827 1
4	1.490 7	1.487 6	1.481 4	1.475 2	1.469 1	1.463 1	1.451 0	1.439 1	1.427 2	1.415 5	1.404 0	1.392 5	1.381 2	1.358 9	1.326 3	1.274 2	1.224 9	1.178 3
5	1.985 1	1.980 1	1.970 2	1.960 4	1.950 6	1.940 9	1.921 6	1.902 5	1.883 6	1.865 5	1.846 5	1.828 2	1.810 1	1.774 6	1.722 8	1.640 5	1.563 1	1.490 3
6	2.478 2	2.471 0	2.456 6	2.442 3	2.428 0	2.413 8	2.385 7	2.357 0	2.330 4	2.303 2	2.276 3	2.249 8	2.223 6	2.172 0	2.097 2	1.978 8	1.868 3	1.765 4
7	2.970 1	2.960 2	2.940 5	2.920 8	2.901 3	2.881 9	2.843 3	2.805 2	2.767 6	2.730 4	2.693 7	2.657 4	2.621 6	2.551 5	2.449 8	2.290 2	2.142 4	2.006 3
8	3.460 8	3.447 8	3.421 9	3.396 1	3.370 4	3.345 0	3.294 4	3.244 5	3.195 2	3.146 5	3.098 5	3.051 2	3.004 5	2.913 1	2.781 3	2.575 6	2.387 2	2.215 6
9	3.950 2	3.933 7	3.900 8	3.868 1	3.835 5	3.803 2	3.739 1	3.675 8	3.613 3	3.551 7	3.491 0	3.431 2	3.372 4	3.257 4	3.092 2	2.836 4	2.604 8	2.396 3
10	4.438 4	4.417 9	4.377 2	4.336 7	4.296 5	4.256 5	4.177 3	4.099 1	4.022 0	3.946 1	3.871 3	3.797 8	3.725 5	3.584 7	3.383 2	3.073 9	2.797 1	2.551 2
11	4.925 3	4.900 5	4.851 2	4.802 1	4.753 4	4.704 9	4.609 0	4.514 4	4.421 3	4.329 6	4.239 5	4.151 0	4.064 1	3.895 3	3.654 9	3.289 3	2.966 3	2.683 3
12	5.411 0	5.381 5	5.322 7	5.264 2	5.206 2	5.148 5	5.034 3	4.921 9	4.811 3	4.702 5	4.595 7	4.491 0	4.388 4	4.189 7	3.908 2	3.484 1	3.114 5	2.795 2
13	5.895 4	5.860 7	5.791 7	5.723 1	5.654 9	5.587 2	5.453 3	5.321 5	5.192 0	5.064 8	4.940 2	4.818 2	4.698 8	4.468 3	4.143 8	3.659 7	3.243 7	2.889 5
14	6.378 6	6.338 4	6.258 2	6.178 6	6.099 1	6.021 0	5.865 6	5.713 3	5.563 5	5.416 7	5.273 1	5.132 6	4.995 5	4.731 7	4.362 4	3.817 5	3.355 9	2.968 5
15	6.860 6	6.814 3	6.722 3	6.630 9	6.540 1	6.450 0	6.272 1	6.097 3	5.926 0	5.758 3	5.594 5	5.434 6	5.278 9	4.980 3	4.565 0	3.958 8	3.453 0	3.034 4
16	7.341 3	7.288 6	7.183 9	7.079 9	6.976 6	6.874 2	6.672 0	6.473 6	6.279 4	6.089 7	5.904 6	5.724 5	5.549 3	5.214 7	4.752 2	4.085 1	3.536 6	3.089 2
17	7.820 7	7.761 3	7.643 1	7.525 6	7.409 1	7.293 6	7.065 6	6.842 3	6.624 0	6.411 0	6.203 7	6.002 4	5.807 1	5.435 3	4.925 1	4.197 6	3.608 4	3.134 5
18	8.298 9	8.232 3	8.099 7	7.968 1	7.837 0	7.708 1	7.453 0	7.203 0	6.959 7	6.722 5	6.492 0	6.268 7	6.052 6	5.642 7	5.084 3	4.297 5	3.669 8	3.171 8
19	8.775 9	8.701 7	8.553 9	8.407 3	8.261 8	8.117 9	7.834 3	7.556 9	7.286 7	7.024 2	6.769 7	6.523 6	6.286 1	5.837 5	5.230 7	4.386 1	3.722 2	3.202 5
20	9.251 6	9.169 4	9.005 7	8.843 3	8.682 3	8.522 9	8.209 1	7.903 0	7.605 1	7.316 3	7.036 9	6.767 4	6.508 1	6.020 2	5.365 1	4.464 3	3.766 7	3.227 5
21	9.726 1	9.635 4	9.455 0	9.276 0	9.098 6	8.923 1	8.577 2	8.241 6	7.915 1	7.599 0	7.294 0	7.000 6	6.718 9	6.191 3	5.488 3	4.533 4	3.804 5	3.248 0
22	10.199 4	10.099 8	9.901 1	9.705 5	9.511 0	9.318 6	8.940 7	8.573 0	8.216 6	7.872 5	7.541 2	7.223 2	6.918 9	6.351 4	5.601 0	4.594 1	3.836 5	3.264 6
23	10.671 4	10.562 6	10.346 2	10.131 7	9.919 3	9.709 3	9.297 3	8.897 9	8.509 9	8.136 9	7.778 6	7.435 7	7.108 5	6.501 0	5.704 0	4.647 5	3.863 4	3.278 0
24	11.142 2	11.023 7	10.788 1	10.554 7	10.323 2	10.095 6	9.647 9	9.214 0	8.795 1	8.392 5	8.006 6	7.638 4	7.288 1	6.640 6	5.797 9	4.694 3	3.886 1	3.289 0
25	11.611 7	11.483 1	11.227 6	10.974 5	10.724 1	10.476 8	9.992 5	9.523 8	9.072 2	8.639 1	8.225 4	7.831 6	7.458 0	6.770 8	5.883 4	4.735 2	3.905 2	3.297 9
26	12.080 1	11.940 9	11.664 6	11.391 0	11.120 5	10.853 5	10.331 2	9.826 6	9.341 4	8.877 3	8.435 2	8.015 6	7.618 6	6.892 1	5.961 2	4.770 9	3.921 2	3.305 0

续表

n \ i	0.75%	1%	1.50%	2%	2.50%	3%	4%	5%	6%	7%	8%	9%	10%	12%	15%	20%	25%	30%
27	12.547 0	12.397 1	12.099 2	11.804 3	11.513 0	11.225 5	10.664 0	10.122 4	9.602 9	9.107 2	8.636 3	8.190 6	7.770 4	7.004 9	6.031 9	4.802 0	3.934 6	3.310 7
28	13.012 8	12.851 6	12.531 3	12.214 5	11.901 5	11.593 0	10.990 0	10.411 4	9.856 8	9.328 9	8.828 9	8.357 1	7.913 7	7.109 8	6.096 0	4.829 1	3.945 7	3.315 3
29	13.477 4	13.304 4	12.961 0	12.621 6	12.286 1	11.955 8	11.312 0	10.693 6	10.103 2	9.542 7	9.013 3	8.515 4	8.048 9	7.207 1	6.154 1	4.852 7	3.955 1	3.318 9
30	13.940 7	13.755 7	13.388 3	13.025 1	12.666 8	12.314 1	11.627 4	10.969 1	10.342 2	9.748 7	9.189 7	8.665 7	8.176 2	7.297 4	6.206 6	4.873 1	3.962 8	3.321 9
31	14.402 8	14.205 2	13.813 1	13.425 7	13.043 6	12.667 9	11.937 1	11.238 1	10.574 0	9.947 1	9.358 4	8.808 3	8.296 2	7.381 1	6.254 1	4.890 8	3.969 3	3.324 2
32	14.863 6	14.653 2	14.235 5	13.823 0	13.416 2	13.016 9	12.241 1	11.500 5	10.798 8	10.138 1	9.519 7	8.943 6	8.409 1	7.458 6	6.297 0	4.906 1	3.974 6	3.326 1
33	15.323 2	15.099 5	14.655 5	14.217 2	13.785 6	13.361 6	12.539 6	11.756 6	11.016 6	10.321 9	9.673 7	9.071 8	8.515 2	7.530 2	6.335 7	4.919 4	3.979 1	3.327 6
34	15.781 6	15.544 1	15.073 1	14.608 3	14.150 8	13.701 8	12.832 4	12.006 3	11.227 6	10.498 7	9.820 8	9.193 3	8.614 9	7.596 5	6.370 5	4.930 8	3.982 8	3.328 8
35	16.238 7	15.987 0	15.488 2	14.996 1	14.512 2	14.037 5	13.119 8	12.249 8	11.431 9	10.668 7	9.961 1	9.308 3	8.708 6	7.657 7	6.401 9	4.940 6	3.985 8	3.329 7
40	18.505 8	18.177 6	17.527 1	16.888 5	16.262 6	15.650 2	14.476 5	13.377 5	12.359 0	11.423 3	10.569 9	9.795 7	9.096 2	7.898 8	6.516 8	4.972 8	3.994 7	3.332 2
45	20.742 1	20.327 3	19.507 4	18.703 4	17.918 5	17.155 5	15.704 7	14.364 4	13.141 3	12.036 0	11.044 7	10.160 3	9.374 0	8.057 2	6.583 0	4.987 7	3.998 0	3.333 0
50	22.947 6	22.436 3	21.427 7	20.442 0	19.483 9	18.557 5	16.812 2	15.223 3	13.796 4	12.528 7	11.410 7	10.429 5	9.570 4	8.159 7	6.620 5	4.994 5	3.999 3	3.333 2
55	25.122 3	24.504 9	23.289 4	22.105 7	20.960 8	19.860 0	17.807 0	15.966 4	14.341 1	12.921 5	11.690 2	10.626 1	9.707 5	8.225 1	6.641 4	4.997 6	3.999 7	3.333 3
60	27.266 5	26.533 3	25.093 0	23.696 1	22.351 8	21.067 4	18.697 2	16.606 2	14.790 9	13.232 1	11.901 5	10.768 3	9.802 3	8.266 4	6.653 0	4.998 9	3.999 9	3.333 3
65	29.380 1	28.521 7	26.839 3	25.214 7	23.660 0	22.184 1	19.490 9	17.154 1	15.160 1	13.476 0	12.060 2	10.870 2	9.867 2	8.292 2	6.659 3	4.999 5	3.999 9	3.333 3
70	31.463 4	30.470 3	28.529 0	26.663 1	24.888 1	23.214 5	20.196 1	17.621 2	15.461 3	13.666 2	12.178 3	10.942 7	9.911 3	8.308 2	6.662 7	4.999 8	4.000 0	3.333 3
75	33.516 3	32.379 3	30.163 1	28.043 4	26.039 3	24.163 4	20.820 6	18.017 6	15.705 8	13.813 6	12.265 8	10.994 0	9.941 0	8.318 1	6.664 6	4.999 9	4.000 0	3.333 3
80	35.539 1	34.249 2	31.742 3	29.357 2	27.116 7	25.035 1	21.371 8	18.352 6	15.903 3	13.927 3	12.330 1	11.029 9	9.960 9	8.324 1	6.665 6	5.000 0	4.000 0	3.333 3
85	37.531 8	36.080 1	33.267 6	30.606 4	28.123 5	25.834 8	21.856 9	18.634 6	16.062 0	14.014 6	12.377 2	11.055 1	9.974 2	8.327 8	6.666 1	5.000 0	4.000 0	3.333 3
90	39.494 6	37.872 4	34.739 9	31.792 9	29.062 9	26.566 7	22.282 6	18.871 2	16.189 1	14.081 2	12.411 6	11.072 6	9.983 1	8.330 0	6.666 4	5.000 0	4.000 0	3.333 3
95	41.427 7	39.626 5	36.160 2	32.918 9	29.938 2	27.235 1	22.655 0	19.068 9	16.290 5	14.131 9	12.436 5	11.084 7	9.988 9	8.331 3	6.666 5	5.000 0	4.000 0	3.333 3
100	43.331 1	41.342 6	37.529 5	33.986 3	30.752 5	27.844 4	22.980 0	19.233 7	16.371 1	14.170 3	12.454 5	11.093 0	9.992 7	8.332 1	6.666 6	5.000 0	4.000 0	3.333 3

参 考 文 献

[1] 黄有亮，徐向阳，谈飞，等 . 工程经济学 . 3 版 . 南京：东南大学出版社，2015.

[2] 刘晓君 . 工程经济学 . 3 版 . 北京：中国建筑工业出版社，2015.

[3] 武献华，宋维佳，屈哲 . 工程经济学 . 5 版 . 大连：东北财经大学出版社，2020.

[4] 黄渝祥，邢爱芳，等 . 工程经济学 . 3 版 . 上海：同济大学出版社，2005.

[5] 徐莉 . 技术经济学 . 武汉：武汉大学出版社，2003.

[6] 康峰 . 建筑工程经济 . 2 版 . 北京：中国电力出版社，2014.

[7] 时思，邢彦茹，郝家龙，等 . 工程经济学 . 2 版 . 北京：科学出版社，2011.

[8] 王恩茂 . 工程经济学 . 北京：科学出版社，2010.

[9] 陈云钢，肖全东 . 工程经济学 . 武汉：武汉理工大学出版社，2015.

[10] 赵峰，周燕 . 工程经济学 . 3 版 . 武汉：武汉理工大学出版社，2016.

[11] 注册咨询工程师（投资）考试教材编写委员会 . 项目决策分析与评价 . 北京：中国计划出版
社，2011.

[12] 全国咨询工程师（投资）职业资格考试参考教材编写委员会 . 宏观经济政策与发展规划 . 北京：中国
统计出版社，2021.

[13] 全国咨询工程师（投资）职业资格考试参考教材编写委员会 . 工程项目组织与管理 . 北京：中国统计
出版社，2021.

[14] 全国咨询工程师（投资）职业资格考试参考教材编写委员会 . 现代咨询方法与实务 . 北京：中国统计
出版社，2021.

[15] 邵颖红，黄渝祥 . 工程经济学概论 . 北京：电子工业出版社，2003.

[16] 李相然 . 工程经济学 . 北京：中国建材工业出版社，2005.

[17] 《投资项目可行性研究指南》编写组 . 投资项目可行性研究指南 . 北京：中国电力出版社，2002.

[18] 国家发展改革委，建设部 . 建设项目经济评价方法与参数 . 3 版 . 北京：中国计划出版社，2006.

[19] 建设部标准定额研究所 . 建设项目经济评价参数研究 . 北京：中国计划出版社，2004.

[20] 全国造价工程师执业资格考试培训教材编审组 . 工程造价管理基础理论与相关法规 . 3 版 . 北京：中
国计划出版社，2009.

[21] 全国造价工程师执业资格考试培训教材编审组 . 工程造价计价与控制 . 3 版 . 北京：中国计划出版
社，2009.

[22] 全国一级建造师执业资格考试用书编写委员会 . 建设工程经济 . 北京：中国建筑工业出版社，2011.

[23] 綦振平，杨汉宏 . 工程经济学 . 北京：煤炭工业出版社，2002.

[24] 全国造价工程师执业资格考试培训教材编审委员会 . 建设工程造价管理 . 北京：中国城市出版
社，2010.

[25] 郭献芳 . 工程经济学 . 2 版 . 北京：机械工业出版社，2010.

[26] 黄如宝，杨德华，顾韬 . 建设项目投资控制：原理、方法与信息系统 . 上海：同济大学出版
社，1995.

[27] 王雪青 . 建设工程投资控制 . 北京：知识产权出版社，2003.

[28] 林晓言，王红梅 . 技术经济学教程 . 北京：经济管理出版社，2005.

[29] 吴添祖 . 技术经济学概论 . 3 版 . 北京：高等教育出版社，2010.

[30] 瞿富强 . 房地产开发与经营 . 3 版 . 北京：化学工业出版社，2018.

[31] 孔凡文，张沈生．房地产开发与管理．2 版．大连：大连理工出版社，2006.

[32] 中国房地产估价师与房地产经纪人学会．房地产开发经营与管理．北京：中国建筑工业出版社，2021.

[33] 宋伟，王恩茂．工程经济学．北京：人民交通出版社，2007.

[34] 李南．工程经济学．北京：科学出版社，2017.

[35] 李娜，张珂峰．建筑工程经济．西安：西安交通大学出版社，2011.